Anton Huonder

Deutsche Jesuitenmissionare des 17. und 18. Jahrunderts

ein Beitrag zur Missionsgeschichte und zur deutschen Biographie

Anton Huonder

Deutsche Jesuitenmissionare des 17. und 18. Jahrunderts
ein Beitrag zur Missionsgeschichte und zur deutschen Biographie

ISBN/EAN: 9783742890825

Hergestellt in Europa, USA, Kanada, Australien, Japan

Cover: Foto ©ninafisch / pixelio.de

Manufactured and distributed by brebook publishing software
(www.brebook.com)

Anton Huonder

Deutsche Jesuitenmissionare des 17. und 18. Jahrunderts

Deutsche Jesuitenmissionäre

des 17. und 18. Jahrhunderts.

Ein Beitrag zur Missionsgeschichte und zur deutschen
Biographie.

Von

Anton Huonder S. J.

(Ergänzungshefte zu den „Stimmen aus Maria-Laach". — 74.)

———— •♦• ————

Freiburg im Breisgau.
Herder'sche Verlagshandlung.
1899.
Zweigniederlassungen in Wien, Straßburg, München und St. Louis, Mo.

Inhaltsverzeichniß.

II. Asien.

III. Afrika.

IV. Türkei und Persien.

Anhang.

———

Einleitung.

„Es ist schwer zu entscheiden," so schreibt St. J. Neher[1], „welche Nation des katholischen Europa in früherer Zeit am thätigsten und erfolgreichsten für die Missionen gewirkt habe, da hier Italiener, Deutsche, Spanier, Portugiesen und Franzosen gleichberechtigt um den Vorrang stritten. Jedenfalls muß man aber, wenn man den ganzen Erfolg der Missionsthätigkeit ins Auge faßt, den Spaniern im Verein mit den Deutschen einen Vorzug zuerkennen, da sie die großartigsten und dauerndsten Erfolge errungen haben. Ein großer Theil von Amerika und ein Theil Oceaniens (richtiger Indonesiens) ist durch Spanier und Deutsche bekehrt worden. Namentlich war es Oesterreich und unter seinen Provinzen vorzüglich Böhmen, das eine unzählige Menge von Missionären in die Neue Welt gesendet hat, so daß die Hälfte der Jesuitenmissionäre in Amerika, auf den Philippinen, Marianen und Karolinen aus Deutschen, namentlich Oesterreichern, bestand[2]. Erst als die politische Loslösung Deutschlands von Spanien stattfand, und noch mehr nach Aufhebung des Jesuitenordens, wurden die französischen und italienischen Missionäre vorwiegend."

Diese Worte Nehers dürften manchen überraschen. Sie weisen hin auf eine noch viel zu wenig gewürdigte Thatsache. Zwar ist ja allgemein bekannt, daß in den Missionsgebieten des fernen Ostens und Westens schon früh auch deutsche Apostel gearbeitet und geblutet haben, aber wenige dürften ahnen, wie bedeutend ihre Zahl, wie gesegnet ihr Wirken und wie beliebt und geschätzt sie waren. Was P. Pachtler („Das Christenthum in Tonkin

---

[1] Der Missionsverein oder das Werk der Glaubensverbreitung (Freiburg, Herder, 1894) S. 12.

[2] Diese Angabe ist übertrieben, wie sich später ergeben wird.

und Cochinchina" [Paderborn 1861], Vorrede) von Hinterindien hervor-
hebt, gilt so ziemlich für alle übrigen Länder. „Eine Lücke war aus-
zufüllen: die Thätigkeit der deutschen Glaubensboten in Cochinchina im
18. Jahrhundert, und zwei große Männer, die Patres Siebert und Koffler,
mußten nach Verdienst in helleres Licht gesetzt werden. Ueberhaupt
nehmen Deutsche in der Missionsgeschichte Hinterasiens
eine ehrenvolle Stelle ein, und es ist hierin noch manches
zu thun übrig."

Wenn wir hier der deutschen Missionsarbeit in älterer Zeit rühmend
gedenken, so sind wir selbstverständlich weit davon entfernt, den Verdiensten
anderer Nationen zu nahe zu treten. Es steht ja außer allem Zweifel,
daß die romanischen Völker seit dem Zeitalter der Entdeckungen auf diesem
Gebiete es allen andern zuvorgethan, und daß in diesem Jahrhundert die
Franzosen die unbestrittene Führerschaft übernommen haben. Erst in den
letzten Jahrzehnten ist auch Deutschland in einen edlen Wettbewerb mit-
eingetreten. Dieses erfreuliche Erwachen deutschen Missionseifers legt es
doppelt nahe und macht es zu einer Art Pietätspflicht, daß wir uns auch
der Verdienste der ältern deutschen Missionäre wieder erinnern.

Freilich sind es bloß die deutschen Jesuiten, die wir in den
Kreis unserer Darstellung hineinziehen, weil für sie allein die Quellen uns
zugänglich waren. Viel glänzender würde der Antheil Deutschlands an
der Christianisirung Amerikas und Asiens hervortreten, wenn wir zeigen
könnten, was auch deutsche Benediktiner, Dominikaner, Franziskaner, Kapuziner, Karmeliten ꝛc. als Apostel gewirkt. Vielleicht daß unser schwacher Versuch die Anregung gibt zu ähnlichen Forschungen in den Annalen und Archiven anderer Orden. Eine kleine
Vorarbeit in dieser Richtung brachte schon vor Jahren der „Kalender für
katholische Christen" (Sulzbach, Jahrg. 1889, 119; 1890, 102; 1891,
122; 1892, 130), wo unter dem Titel „Katholische Missionäre aus Bayern"
schon eine stattliche Anzahl Namen aus dem Franziskaner-, Benediktiner-,
Karmeliter-, Kapuziner-, Jesuitenorden ꝛc. gesammelt sind.

Trotz aller Bemühung war es selbst innerhalb der von uns gezogenen
Grenze nicht möglich, auf den ersten Wurf eine abschließende Vollständig-
keit und Fehlerlosigkeit zu erzielen. Man weiß ja, wie die Stürme, die
am Ende des vorigen Jahrhunderts über die Gesellschaft Jesu hereinbrachen,
auch die Quellen ihrer Geschichte zum Theil vernichteten oder in alle Winde
zerstreuten. So wird eine weitere Forschung noch manche Berichtigung
und Ergänzung bringen müssen.

Immerhin ist es uns gelungen, aus gedruckten und ungedruckten Quellen im ganzen an die achthundert deutsche Jesuitenmissionäre namhaft zu machen, die hauptsächlich zwischen 1670 und 1770 in den überseeischen Missionsgebieten [1] gewirkt haben, und von denen die weitaus größere Zahl so gut wie unbekannt ist. Die biographischen Daten mußten, um den uns gesteckten Rahmen nicht zu überschreiten, vorderhand auf das kürzeste Maß beschränkt bleiben. Doch wurden alle aufgefundenen Belegstellen genau vermerkt, um so etwaigen weitern Arbeiten über einzelne Missionäre die Bausteine zu liefern.

Bei der Bedeutung mancher dieser Männer muß es billig wunder-nehmen, wenn ein Werk wie die „Allgemeine deutsche Biographie", das seinem Programm gemäß alle jene Männer berücksichtigen will, „in deren Thaten und Werken sich die Entwicklung Deutschlands in Ge-schichte, Wissenschaft, Kunst, Handel und Gewerbe, kurz, in allen Zweigen des politischen und Culturlebens darstellt", selbst an Namen wie Kögler, Herdtrich, Gogeisl, Terenz, Bayer, Bischopinck, Hanx-leben, H. Roth, Baegert, Habestadt, A. Eckart und so vielen andern achtlos vorbeigegangen ist. Und doch hätten sie nicht bloß als treffliche Missionäre, sondern auch als Sprachforscher und Gelehrte ebensogut oder mehr als hundert andere, denen die Spalten der „Biographie" sich weit geöffnet, ein Plätzchen verdient, um so mehr, da sie vielfach selbst in aus-ländischen biographischen Werken, wie z. B. in der Biographie Universelle und in der Cyclopaedia of American Biography (New York 1888 ff.), die ihnen gebührende Beachtung gefunden haben.

Mit Recht glauben wir daher unsere Arbeit einen bescheidenen „Bei-trag zur deutschen Biographie" nennen zu dürfen.

Was die literarischen Leistungen der deutschen Missionäre betrifft, so hätte in vielen Fällen füglich ein einfacher Hinweis auf die Bibliothèque de la Société de Jésus. Nouv. édit. par Carlos Sommervogel (Bruxelles 1890 ss.) genügt. Doch empfahl es sich, wenigstens kurz die hauptsächlichsten literarischen Erzeugnisse zusammenzustellen, um so eine Vor-stellung zu geben, wieviel diese deutschen Missionäre auch auf wissenschaft-lichem Gebiete geleistet haben. Zugleich ergab sich so die Gelegenheit, manche gewiß willkommene Ergänzung zu dem großen bibliographischen Werke nachzutragen.

---

[1] Die nordischen Missionen in Skandinavien und Rußland (Moskowitische Mission) blieben vorläufig unberücksichtigt.

Noch ist zu entscheiden, was unter dem Namen „deutsche Jesuiten-missionäre" einzubegreifen ist. Name und ursprüngliche Herkunft kann hier natürlich nicht allein bestimmend sein. Wir finden ja auch heute in den deutschen Ordensprovinzen viele, aus deren fremdländischen Namen man mit Unrecht auf fremde Nationalität schließen würde.

Wir nehmen zunächst den Begriff „Deutschland" selbstverständlich in dem Sinn und Umfang, den er im 16. bis 18. Jahrhundert hatte, und rechnen also als deutsche Jesuitenmissionäre alle Mitglieder der ehemaligen deutschen Ordensprovinzen, nämlich der oberdeutschen (Germania Superior), der österreichischen (Austria), der oberrheinischen (Rhenana Superior), der niederrheinischen (Rhenana Inferior) und der bayrischen. Desgleichen gehören hierher die Angehörigen der böhmischen Provinz (Bohemia), 1623 errichtet, da dieselbe bekanntlich außer Böhmen und Mähren ganz Schlesien und Sachsen umfaßte und größtentheils, zu etwa zwei Drittel, aus deutschen Elementen bestand[1]. Von den Trägern czechischer, polnischer, ungarischer, kroatischer Namen sind diejenigen auf-geführt, die in den Berichten ausdrücklich als „Missionarii teutscher Nation" genannt werden und oft mit Emphase sich selbst als solche einführen. Mehrere sind auch hinzugenommen worden, deren deutscher Charakter außer Zweifel steht, obschon die Zugehörigkeit zu einer deutschen Provinz sich nicht erweisen ließ. Der damals so häufige Austausch zwischen den Provinzen macht die Zuweisung oft schwierig.

Es gäbe ein herrliches Bild, wollten wir diese deutschen Männer und ihr Wirken, Land für Land durcheilend, in zusammenfassender Darstellung schildern und den Antheil messen, den sie an der Christianisirung jener Welttheile genommen haben. Dies mag später einmal geschehen. Für den Augenblick müssen wir uns aber begnügen, im ersten Theil einige Hauptmomente, die zur Charakterisirung des Missionswesens jener Zeit besonders wichtig erscheinen, hervorzuheben und gleichsam als Einleitung zu unserer bio-bibliographischen Liste im zweiten Theil voraus-zuschicken.

Was wir bieten, soll nur ein bescheidener Baustein sein zu einer kritischen, auf Quellenforschung beruhenden Geschichte der Missionen. Kaum ein anderes Gebiet der Kirchengeschichte ist bei uns in Deutschland bislang

---

[1] Siehe die „Karte . . . der deutschen Assistenz S. J. im Jahre 1725" in *Pachtler*, Ratio Studiorum . . . S. J. vol. III, Beilage (Monumenta Germ. Paedag. vol. IX).

so wenig bebaut worden wie dieses. Und doch wären gerade hier noch ganz ungeahnte Schätze zu erschließen und vielfach eine terra incognita neu zu entdecken.

*   *   *

Noch bleibt mir die angenehme Pflicht, denjenigen meiner Mitbrüder, die mich in meiner Arbeit besonders unterstützt haben, hier öffentlich meinen herzlichsten Dank auszusprechen. Er gilt vor allen den beiden hochw. PP. Joh. Bapt. van Meurs und Bernh. Duhr. Ersterem verdanke ich ganz wesentliche Hilfe bei der Vervollständigung und Berichtigung der biographischen Angaben meiner Liste; letzterer hat in uneigennützigster Weise mir eine Reihe werthvoller handschriftlicher Verzeichnisse und Notizen aus den Archiven von Wien, Simancas u. a. zur Benutzung überlassen, und beide haben mir auch sonst in liebevollster Weise geholfen.

Erster Theil.

1. Die erste Aussendung deutscher Jesuiten.

Ueber ein Jahrhundert lang ruhte das Missionswerk in den neu entdeckten Ländern Amerikas, Asiens und Afrikas hauptsächlich auf den Schultern Spaniens und Portugals. Daneben stellten zunächst Italien und die Niederlande, die ja theilweise zur spanischen Krone gehörten, die meisten Missionäre, während Frankreich erst seit dem Beginn und das durch die Glaubensspaltung so hart geprüfte Deutschland erst gegen Ende des 17. Jahrhunderts ausgiebiger sich am Missionswerk betheiligten. Das an Aposteln einst so reiche England und das unglückliche Irland gaben auf lange Zeit hinaus fast gar keine Glaubensboten mehr ab. Was hier im allgemeinen gesagt ist, gilt im besondern auch von der Gesellschaft Jesu, deren Gründung gerade in den Beginn der neuen Missionsepoche hineinfiel und die von Anfang an die Heidenmission als eine ihrer Hauptaufgaben betrachtete. Die Jesuiten der romanischen Länder und der Niederlande waren die ersten und lange Zeit fast die einzigen, die den Orden auf dem Missionsfelde vertraten. Erst viel später folgten ihnen auch die deutschen Ordensgenossen nach[1]. Der Grund dieser Verzögerung war zunächst die geringe Zahl deutscher Jesuiten und die geistliche Noth des eigenen Vaterlandes. Erst 1556 hatte der Ordensstifter eine eigene ober- und niederdeutsche[2] Ordensprovinz errichtet; 1563 schied sich die österreichische, 1564 die

---

[1] In seiner Synopsis Annalium S. J. in Lusitania ab anno 1540 usque ad annum 1725 (Augustae Vindel. 1726) gibt P. A. Franco eine interessante Liste: Catalogus Virorum S. J., qui ad propagandam fidem ex Lusitania ad Indias regiones navigarunt ab anno 1541 usque ad annum 1725, welche in etwa das Verhältniß veranschaulicht. Die Gesamtzahl der Jesuiten, die in dieser Zeit allein über Lissabon in die Missionen gingen, betrug 1714. Davon waren Portugiesen 1093, Spanier 85, Italiener 322, Franzosen 22, Belgier und Niederländer 35, Deutsche 53; von den übrigen 84 sind einige Polen, 4 Engländer, 2 Irländer und solche ohne nähere Angabe. Uebrigens begann erst nach 1725 der stärkere Zuzug von Deutschen nach den portugiesischen Missionen. Der Weg in die spanischen Kolonien ging natürlich über die spanischen Häfen, nur nach den Philippinen anfangs über Lissabon-Goa.

[2] Der Schwerpunkt der niederdeutschen lag aber anfangs in Belgien.

rheinische (Rhenana) davon ab. Die Zahl ihrer Mitglieder wuchs anfangs nur langsam[1], und die Bedürfnisse der deutschen Kirche, zumal die von allen Seiten erfolgende Nachfrage nach Collegien, waren so groß, daß man nicht bloß keine Leute für die Missionen abgeben konnte, sondern selbst auf Zuzug und Hilfe aus den romanischen Provinzen angewiesen war.

Konnte man sich aber auch nicht an dem Heidenapostolate betheiligen, so machte sich doch die Begeisterung und der Zug nach den auswärtigen Missionen, der dem Ordensinstitut so wesentlich war, von Anfang an auch in den deutschen Provinzen bemerkbar. Der selige Petrus Canisius, erster Provincial der oberdeutschen Provinz, wandte neben seiner großen Lebensaufgabe in Deutschland auch der äußern Missionsthätigkeit seines Ordens das lebhafteste Interesse zu. Er selbst erklärt sich wiederholt bereit, nach „Indien" zu gehen[2]. Mit Eifer liest er die Missionsbriefe, die aus Indien, Afrika, Brasilien u. s. w. einlaufen, läßt sie in den Häusern seiner Provinz rundgehen, freut sich, daß dieselben durch den Druck weiter zugänglich gemacht werden, und hebt den Nutzen hervor, den ihre Lesung auch in Deutschland bewirken würde[3]. Noch mehr; trotz des empfindlichen Mangels an Kräften in der eigenen Provinz faßte er den Entschluß, wenigstens einige deutsche Jesuiten jetzt schon nach „Indien" zu senden, und bot dem damaligen Vicarius Generalis der Gesellschaft Jesu, P. Salmeron, diese Erstlinge an. „Möge der Herr dieses Opfer unserer Provinz annehmen, welches nicht das letzte sein wird, um die Gesellschaft Jesu in den indischen Missionen zu unterstützen."[4] Die übrigen jungen Leute, die sich gemeldet, seien noch nicht hinlänglich erprobt für eine so wichtige Bestimmung.

Das Opfer wurde nicht angenommen. Am 3. Januar 1562 kam von Rom der Bescheid, daß dieses Jahr keine Missionäre mehr nach „Indien" abgingen, und daß die deutsche Provinz vorderhand überhaupt

---

[1] Im Jahre 1586 zählte die Germania Superior 218 Mann (alles eingerechnet), die Austria 243, die Rhenana 310; 1592: Germania 281, Austria 300, Rhenana 350; 1607: Germania 422, Austria 389, Rhenana 476 (Litterae annuae 1586. 1592. 1607).

[2] „Indien" bedeutet, um dies hier ein für allemal zu bemerken, nach dem damaligen Sprachgebrauch ohne Unterschied sämtliche Missionsgebiete in den spanischportugiesischen Kolonien Amerikas und Asiens, und „nach Indien gehen" war gleichbedeutend mit „in die Missionen gehen".

[3] Cf. *Braunsberger*, B. Petri Canisii Epistulae et Acta I, 119. 147. 263. 269. 293. 304; II, 69. 206. 259. 263. 269. 281. 680.

[4] Brief vom 13. Dec. 1561, mitgetheilt von P. O. Braunsberger.

keine ihrer Mitglieder in die äußern Missionen senden solle, da sie in Deutschland selbst nothwendiger seien[1]. Bei diesem Entscheid blieb es denn auch auf längere Zeit hinaus, und der Hamburger P. Joh. Hermes (siehe unten die Liste von Brasilien) ist der einzige deutsche Jesuit, den wir vor 1616 in den Missionen nachweisen können.

Inzwischen erhielten die Briefe aus „Indien", die von den Thaten der übrigen Ordensbrüder in den fernen Heidenländern Kunde gaben, den apostolischen Eifer wach, und es brauchte bloß einen äußern Anlaß, um die stille Gluth mächtig zu entfachen.

Diese Anregung brachte 1615 der berühmte belgische Missionär P. Nikolaus Trigault (Trigautius)[2], der, seit 1605 in China thätig, nunmehr nach Europa zurückgekehrt war, um für die chinesische Mission neue Arbeiter und Unterstützung zu werben.

Auf seinem Rundgang an den katholischen Fürstenhöfen brachte ihn der Weg auch in die bayrische Hauptstadt. Er fand am kurfürstlichen Hofe die freundlichste Aufnahme. Namentlich war der alte Herzog Wilhelm ein eifriger Leser der Missionsbriefe und liebte es, mit den Missionären über ihr Wirken sich zu unterhalten. Mit regem Interesse lauschten auch der Kurprinz Maximilian, der spätere Kurfürst, und seine Brüder und Verwandten den Berichten über das Wunderland China, die Sitten seiner Bewohner, den Fortschritt, den das Christenthum dort machte. Reiche Unterstützung und das Versprechen weiterer Förderung der Mission waren die Frucht des Besuches[3]. Natürlich kehrte P. Trigault auch in den deutschen Ordenshäusern ein und weckte hier überall die schlummernde Gluth zu hellen Flammen. „Viele in der Provinz", so schrieb P. Ferdinand Reinmann an den General in Rom (1. Februar 1616), „verlangen sehnsüchtig, in die Missionen geschickt zu werden."[4]

Eine ganze Fluth von Briefen und Bittgesuchen ging nach Rom an den Ordensobern, und dieser Bittsturm hielt das ganze Jahrhundert hindurch und darüber hinaus noch an[5].

---

[1] Mitgetheilt von P. O. Braunsberger.
[2] Geboren zu Douai 3. März 1577.
[3] Kropf, Hist. Prov. Germ. Sup. Dec. VIII, n. 59 sqq.
[4] Handschr. in Privatbesitz.
[5] Noch findet sich in Privatbesitz eine reiche Sammlung solcher handschriftlicher Bittbriefe von Patres, Fratres und Brüdern, welche dieser mächtigen Sehnsucht nach den Missionen in ergreifender Weise Ausdruck geben. Allein aus der oberdeutschen Provinz sind nicht weniger als 438, aus der oberrheinischen (die Rhenana wurde 1626 in eine Rhenana Superior und Inferior getheilt) 140, aus der nieder-

Dies beweist, daß die beutſchen Jeſuiten ſchon damals keiner andern
Nation an Miſſionsbegeiſterung nachſtanden. Aus der großen Zahl der
Bewerber wurden aber vorläufig nur vier ausgewählt: Andreas Agricola
aus Engen im babiſchen Seekreis, Kaſpar Rues aus Haunſtetten bei
Augsburg, Ferdinand Reinmann aus Meran in Tirol und Michael Durſt
aus Augsburg. Der erſte ward für Paraguay, die übrigen für Peru
beſtimmt (*Kropf* l. c. n. 262).

„Es iſt unglaublich," ſo ſchrieb Fr. Johann Irling, 24. Januar 1616,
aus Ingolſtadt an den P. General Mutius Vitelleſchi, „mit welchem Jubel

---

rheiniſchen 182 Briefe dieſer Art aus den Jahren 1610—1730 erhalten. Da in
manchen auf ſchon früher geſchriebene Bittgeſuche hingewieſen wird und viele verloren gingen, ſo dürfte die wirkliche Zahl noch ungleich größer ſein. Die Oeſterreicher und Böhmen blieben nicht zurück, ſo daß die Geſamtzahl dieſer ſprechenden
Zeugniſſe deutſchen Miſſionseifers in die Tauſende gehen dürfte. Manche dieſer
Miſſionsaſpiranten ſchrieben mit ſteigender Wärme drei-, vier-, fünf-, acht-, neun-,
zehn- und mehrmal. Manche griffen in ihren alten Tagen noch einmal auf den
Lieblingsgedanken ihrer Jugend zurück. Alle nur denkbaren Gründe im Himmel
und auf Erden werden aufgeboten, um die Gewährung des innigſten Herzens-
wunſches zu erlangen. Alles in ihnen, ſchreiben ſie, dränge ſie unwiderſtehlich auf
den Miſſionspfad, Tag und Nacht laſſe ihnen der Gedanke keine Ruhe, der Ruf
Gottes, die Noth der armen Wilden, alles rufe ſie mächtig über die Meere. Manche
haben in Krankheit und Noth ein Gelübde gemacht, ſich den Miſſionen zu weihen.
Ein Michael Staubacher, der von 1643—1646 neunmal immer dringender gefleht,
ſendet dem P. General ſein mit Blut geſchriebenes Gelübbe. Oft kehrt der Gedanke wieder: man ſage, Deutſchland ſelber ſei ein „zweites Indien" (quod nos
domi nostrae alteram Indiam haberemus), allein das hindere doch nicht, daß
wenigſtens einige Deutſche den Spuren des hl. Franz Xaver folgten. Dieſer habe
ja Belgier und Deutſche beſonders für Japan als die geeignetſten bezeichnet.
Manche berufen ſich darauf, daß der Gedanke an die Miſſionen ſie in die Geſellſchaft geführt, andere machen ihre Kenntniſſe in der Muſik, Mathematik, Aſtronomie,
im Bauſach u ſ. w. geltend, die ja in jenen Ländern, beſonders in Aſien, ſo große
Dienſte leiſteten. Ein ſchlichter Laienbruder, Johann Stengele aus Bayern, läßt
ſchreiben, er ſelbſt könne nicht leſen noch ſchreiben, wohl aber für Chriſtus leiden
und arbeiten. Er habe auf ſeinen weiten Wanderſchaften durch Deutſchland die
härteſten Beſchwerden ertragen gelernt, ſei im beſten Alter und eine echte deutſche
Kraftnatur, wie man ſie bei den Wilden gerade brauchen könne. Andere banken in
Ausdrücken des höchſten Jubels für die endliche Gewährung ihrer Bitte oder für
die ihnen gemachte Hoffnung. Jedes Rundſchreiben der Generale, das zum apoſtoliſchen Eifer ermunterte, jeder Beſuch eines Miſſionsprocurators aus China,
Amerika ꝛc. in Deutſchland hatte eine neue Hochfluth von Bittgeſuchen zur Folge.
Unter den Bittſtellern finden ſich eine Reihe klangvoller Namen, wie Tobias Lohner,
Franz Hallauer, Leonard Lerchenfeld, Friedrich v. Spee, Athanaſius Kircher, Jakob
Conßen ꝛc. Der heiligmäßige Volksmiſſionär P. Philipp Jeningen meldete ſich
noch als Sechzigjähriger für „Indien". Wir laſſen im Anhang wenigſtens die eine
oder andere Probe folgen.

die außerordentliche, am 23. Januar hier eingelaufene Botschaft Ew. Paternität, durch welche vier aus den vielen trefflichen jungen Leuten dieses Hauses für die Reise nach Indien bestimmt und ausersehen wurden, das ganze Colleg erfüllt hat. O ewig denkwürdiger Tag! Die Obern sahen sich gezwungen, bezüglich der Regel des Stillschweigens ein Auge zuzudrücken, damit die über= strömenden Gefühle des Herzens einen Ausweg fänden. Keiner konnte mehr ein Buch anrühren, keiner den gewohnten Geschäften nachgehen, keiner sich ruhig halten; ein Gedanke beherrschte alle, ein Wort war in aller Munde, eines be= schäftigte alle: die unglaubliche Wohlthat, welche durch die Aussendung jener glücklichen vier Mitbrüder unserer Provinz und diesem Colleg zu theil geworden. Traurig waren nur jene, die ihren eigenen Herzenswunsch noch unerfüllt sahen. Sie klagten laut ihre Unvollkommenheiten und still alles an, was etwa schuld sein mochte, daß eine so große Gnade ihnen noch vorenthalten blieb. Darunter gehöre auch ich Unwürdiger. . . ."

Und nun schüttet er mit jugendlicher Beredsamkeit sein ganzes Herz aus und fleht und bittet, daß doch auch er wenigstens hoffen dürfe.

Kaspar Rues, einer der glücklichen Auserwählten, schreibt am 31. Ja= nuar 1616 einen innigen Dankbrief:

„Ich weiß gar nicht, wo ich anfangen soll. Ich bin so voll des Jubels und außer mir vor Freude. Wahrhaft beseligt hat mich Ew. Paternität durch die so frohe Botschaft. Ich weiß auch nicht, was ich auf Erden Lieberes hätte vernehmen können. Ja ich gehe, ich fliege, wohin der gute Gott, wohin der heilige Gehorsam mich ruft. Nicht schrecken mich die blutige Mörderhand, nicht vermögen weder die Fluthen des unermeßlichen Oceans noch die wilden, grau= samen Sitten der Barbaren mich einen Augenblick in meinem Vorhaben wankend zu machen. . . ."

Er dankt aus frohester Brust und verspricht, täglich für Se. Paternität ganz besonders zu beten. Dann beschreibt er, mit welch väterlicher Güte und Freigebigkeit die Obern für die Ausrüstung der Reisenden Sorge trügen und mit welch herzlicher Theilnahme alle Mitbrüder sie umgäben. In der Nachschrift fügt er noch bei, daß ein junger Mitbruder, J. Kling, ihn gebeten, wenigstens mit einer Zeile für ihn Fürsprache einzulegen, damit auch er recht bald den Abgehenden folgen dürfe.

In den zwei Jahren 1615—1616 gingen allein aus dem Colleg von Ingolstadt etwa 40 Bittgesuche an den General. Zwei andere junge Deutsche, P. Johann Terenz (eigentlich Schreck) aus Konstanz und P. Jo= hann Alberich, sollten im folgenden Jahre P. Trigault nach China folgen. Der Erstgenannte erreichte sein Ziel und wurde der verdienstvolle Vor= läufer des bekannten P. Adam Schall; Alberich starb auf der Fahrt mit vier andern Genossen an der Ruhr.

Das Feuer der Begeiſterung, das dieſe erſten Ausſendungen an-
gezündet, erhielt neue Nahrung durch einen Brief des Spaniers P. Johann
Vasquez, der als Miſſionsprocurator die vier oben Genannten mit nach
Amerika genommen hatte. Er habe, ſo ſchrieb er, dieſe Deutſchen ſchon auf
der Reiſe ſo ſchätzen gelernt, daß er bringend wünſche, bald noch mehr
ſolcher Leute aus Deutſchland zu erhalten[1]. Daß die Obern dieſem
Wunſche nicht willfahren konnten, wird von Kropf[2] ausführlich begründet.
Gewiß ſei dieſer Eintritt der deutſchen Provinz in die Heidenmiſſion an
ſich überaus wünſchenswerth und würde Gott das Opfer ſolcher Männer
dem eigenen Lande zweifellos entgelten. Allein der Zeiten Noth im deutſchen
Vaterlande, das ſelbſt ſeeleneifriger Männer ſo dringend bedürfe, ließe es
bei der ohnehin noch verhältnißmäßig geringen Mitgliederzahl der Provinz
als geboten erſcheinen, dieſen Drang nach den auswärtigen Miſſionen
vorderhand noch zu zügeln und beſſere Zeiten abzuwarten.

Dieſer Anſicht war auch der heiligmäßige P. Jakob Rem, damals
Miniſter in Ingolſtadt. Auf die Kunde von der Abreiſe der vier erſten
deutſchen Miſſionäre ſoll er bemerkt haben: „Warum gehen ſie in jene
entlegenen Länder? Die Zeit iſt nahe, wo wir in Deutſchland ſelber ein
Indien haben werden, für welches die Zahl der Arbeiter, die jetzt in der
Provinz ſind, nicht ausreichen wird."[3]

Als P. Kaſpar Lechner, der ſich ſelbſt für Indien gemeldet, den hoch-
angeſehenen Gottesmann fragte, was er über dieſe Anmeldungen denke,
äußerte er ſich wiederum im gleichen Sinne. An ſich, ſo ſagte er, ſei dieſer
Eifer ja ſehr lobenswerth; „dennoch kann ich die Sache, aufrichtig ge-
ſtanden, nicht billigen". — „Warum nicht?" — „Weil wir ſo unſere
Provinz der Hilfskräfte berauben. In 20 Jahren wird die katholiſche
Religion in Deutſchland wieder ein ſolches Wachsthum haben und werden
überall aus allen Ständen und Klaſſen ſo zahlreiche Bekehrungen erfolgen,
daß beim Mangel an Weltclerus auch die Unſrigen nicht ausreichen werden,
um alle irrenden Schäflein in Chriſti Hürde zu bringen."[4] Der Aus-
gang beſtätigte dieſes prophetiſche Wort.

Auch in Rom ſchloß man ſich dieſer ſo wohlbegründeten Anſchauung
an, und ſo können wir, ſoweit unſere Quellen reichen, von 1600 bis
1620 nur 11, von 1620 bis 1670 nur etwa 20 deutſche Miſſionäre in
den beiden „Indien" nachweiſen.

---

[1] *Kropf* l. c. n. 264.   [2] Ibid.
[3] Vgl. Hattler, Der ehrw. P. Jakob Rem (Regensburg 1881) S. 184 f.
[4] „Sodalis Parthenius" (Dilling. 1628) l. 1, c. 9, n. 8.

Inzwischen hatte sich die Mitgliederzahl der verschiedenen deutschen Provinzen so stattlich vermehrt[1] und hatten die kirchlichen Verhältnisse im Vaterlande sich derart gekräftigt, daß einer stärkern Betheiligung an den Arbeiten des Ordens jenseits der Meere von dieser Seite kein Hinderniß mehr entgegenstand.

Dafür trat aber ein anderes Hemmniß dazwischen, nämlich die argwöhnisch ablehnende Haltung der spanisch-portugiesischen Regierung gegen die Zulassung ausländischer Missionäre in den Kolonien beider Mächte. Die Sache wirft ein so interessantes Licht auf die Missionsverhältnisse älterer Zeit überhaupt und greift so bedeutungsvoll auch in das Wirken der deutschen Missionäre ein, daß wir sie etwas eingehender erörtern müssen.

2. Das spanisch-portugiesische Patronat.

Es würde uns viel zu weit führen, wollten wir hier die geschichtliche Entwicklung des spanisch-portugiesischen Patronats in den zwischen beiden Kronen getheilten Ländern jenseits der Meere auch nur in den Hauptumrissen zeichnen und dasselbe nach seinen Licht- und Schattenseiten würdigen.

Es genüge darum, kurz an die bekannte Thatsache zu erinnern, daß die Päpste, wie Martin V., Nikolaus V., Calixtus III., Alexander VI., Leo X., Paul III., IV. und V., Gregor XIII. u. s. w., den spanischen und portugiesischen Königen die weitgehendsten Rechte und Privilegien einräumten, welche denselben auch auf die Regelung der innerkirchlichen Angelegenheiten, wie Kirchenzehnten, Gründung und Besetzung von Bischofssitzen, Canonikaten x., sowie auf das gesamte Missionswesen in jenen Ländern den tiefgreifendsten Einfluß gewährten (vgl. Hist. et Memorias da Academia R. de Sciencias de Lisboa [1825, 4⁰], vol. IX, p. 239 sg.).

Diesen Rechten entsprach von seiten der beiden Kronen die heilige Pflicht, die christliche Religion in den neuen Besitzungen nach Kräften zu schützen, die nothwendig gewordenen Bisthümer, Kapitel, Seminarien x. zu dotiren und für die Aussendung und Ausstattung einer hinlänglichen Anzahl Missionäre Sorge zu tragen[2].

---

[1] Im Jahre 1650 zählte die Germania Superior 637, die Rhenana Superior 288, die Rhenana Inferior 493, die Austria 800, die Bohemia (1623 von der Austria abgetrennt) 611 Mitglieder, zusammen also 2829 deutsche (zum Theil slawische) Jesuiten.

[2] „Wir befehlen Euch", schreibt Alexander VI. 4. Mai 1493 an den spanischen König, „im Namen des heiligen Gehorsams, auf die genannten Festländer und Inseln tüchtige, gottesfürchtige Männer zu senden, die fähig und geeignet sind, die Einwohner besagter Gebiete in der katholischen Lehre und guten Sitte zu unterrichten."

Solange die spanisch-portugiesischen Könige von wahrhaft christlichem Geiste durchdrungen und im unbestrittenen Besitze der neuen Eroberungen blieben, brachte das Patronat zweifellos manche Vortheile, und es ist anzuerkennen, daß beide Kronen für die Christianisirung Amerikas und Asiens Großartiges geleistet haben.

Es war aber mit den Kronprivilegien die große Gefahr verbunden, daß die Kirche in den Missionsländern zu sehr in Abhängigkeit vom Staat gerieth, daß dieser ihre freie Bewegung durch bureaukratische Bevormundung hemmte und schließlich, wenn er nicht mehr willig oder nicht mehr im stande war, seine Verpflichtungen einzulösen, an den ihm zugestandenen Rechten zum Schaden der Kirche und ihrer Missionen festhielt. Es ist ja bekannt, welches Unheil später zumal das portugiesische Padroado über die indische Missionskirche brachte.

Uns interessirt hier speciell die Beziehung, in welcher die Missionäre zur Krone standen. Von ihrer Seite hatten die spanischen und portugiesischen Könige die Verpflichtung übernommen, stets eine hinreichende Zahl von Glaubensboten in die beiden „Indien" zu senden, für ihre Ueberfahrt Sorge zu tragen und sie bei ihren Arbeiten und Gründungen auch durch jährliche Subsidien zu unterstützen. In der That fuhr kaum je eine spanisch-portugiesische Flotte über den Ocean, die nicht Missionäre mit an Bord führte.

Dagegen beanspruchte die Krone nun auch das Recht, Zahl und Auswahl der Missionäre näher zu bestimmen oder doch zu controlliren. Ja selbst den Weg schrieb sie ihnen theilweise vor. So hatte Portugal sich das Privileg erworben, daß alle Missionäre, die für Ostasien bestimmt waren, ihren Weg ausschließlich über Lissabon nähmen. Da diese Bestimmung mit der Zeit sehr unbequem und hinderlich wurde, hob Paul V. sie auf Bitten Philipps III. von Spanien[1] durch Breve vom 11. Juni 1608[2] auf, und Urban VIII. bestätigte 22. Februar 1633 diese Entscheidung[3]. Die Zeiten hätten sich geändert und das Wohl der Missionen verlange diese Zurücknahme eines Privilegiums; es stehe darum allen Ordensobern frei, ihre Missionäre auf jedem beliebigen Wege nach

---

[1] Die Krone Portugals war bekanntlich 1580—1640 mit der spanischen vereint.

[2] „Sedis Apostolicae providentia", Bull. S. C. de Prop. Fide I (Romae 1839), 143; die Aufhebung war thatsächlich schon durch Clemens VIII., Breve vom 12. December 1600 („Onerosa pastoralis officii cura", Bull. Roman. X [Romae 1867], 631), geschehen.

[3] „Ex debito pastoralis officii", Bull. S. C. de Prop. Fide I, 81.

Ostindien, Japan und die Philippinen zu senden [1]. Aber kaum hatte Portugal 1640 seine Selbständigkeit wieder erlangt, so bestand es auch wieder trotz der päpstlichen Entscheidungen auf seinen Privilegien. Auf Anregung P. Adam Schalls und mit Zustimmung des Ordensgenerals hatten 1661 der Deutsche P. Johann Grueber und der Belgier P. Albert be Dorville sich von Peking aufgemacht, um statt des weiten, unsichern Seeweges einen kürzern Landweg quer durch die Tartarei, Tibet, Nordindien, Persien und Kleinasien zu finden [2]. Der Versuch gelang. In Lissabon war man aber über den neuen Plan wenig erbaut. In einem Briefe vom 17. Juli 1664 an den Ordensgeneral P. Paul Oliva beklagt sich Alfons VI. (1656 bis 1667) bitter darüber, daß die Missionäre gegen den alten Brauch und gegen den Willen der Krone statt über Lissabon auf andern Wegen nach „Indien" gingen, und droht mit Entziehung seiner Huld und Gnade [3].

In ähnlicher Weise ging der Weg in die spanischen Kolonien ausschließlich über die spanischen Häfen Sevilla und Cabix.

Es ist nach dem Gesagten nicht zu verwundern, daß die beiden Kronen auch bezüglich der Auswahl der Missionäre, insbesondere hinsichtlich deren Nationalität, ihre Wünsche geltend machten und sich dabei von politischen Erwägungen mehr leiten ließen, als im Interesse des Missionswerkes lag.

Dabei spielte die Rivalität der beiden Mächte eine wichtige und wenig ansprechende Rolle. Ging doch dieselbe so weit, daß, wenigstens im allgemeinen, Spanien keine portugiesischen und Portugal keine spanischen Missionäre in seinen Gebieten wünschte. Ein bezeichnendes Beispiel dieser Art berichtet u. a. Charlevoix in seiner „Geschichte von Paraguay". Danach mußten die portugiesischen Patres, die auf den Ruf des Bischofs von Asuncion, Franz Victoria O. P., aus Brasilien herbeigeeilt waren, schon bald wieder umkehren. „Man konnte nämlich unter keinen Umständen erwarten, daß der Königliche Rath von Indien darein einwilligen werde, in dem Staate Sr. Katholischen Majestät Missionäre zuzulassen, die nicht seine rechtmäßigen Unterthanen wären, noch daß der Hof von Lissabon es

---

[1] Etiam per alias vias quam per Lusitaniam libere et liciti mittere possint et valeant. Später schärfte Clemens X. („Iniuncti nobis coelitus", 23 Dec. 1673, Bull. S. C. de Prop. Fide I, 190) noch einmal diese Bestimmung ein. Schon diese öftere Wiederholung beweist, wie hartnäckig Portugal an seinen „Privilegien" wie an unveräußerlichen Rechten festhielt.

[2] Vgl. darüber v. Richthofen, China I, 671.

[3] Siehe den Brief im Anhang.

auf ſich nähme, einem Lande, das nicht zur Krone Portugals gehörte, Miſſionäre zu verſchaffen." [1]

In betreff der übrigen Ausländer beſtanden zunächſt keine Schwierig- keiten für die Unterthanen jener Länder, die, wie Mailand, Neapel, Sicilien, Sardinien und die Niederlande, ſeit Karl I. (V.) zur ſpaniſchen Krone gehörten. So finden wir denn von Anfang an zahlreiche italieniſche und auch belgiſche Jeſuiten in den Kolonien beider Kronen.

„In den beiden Anfangs des 17. Jahrhunderts getrennten oſtindiſchen Pro- vinzen Goa und Malabar", ſo ſchreibt Müllbauer [2], „arbeiteten ſchon damals neben portugieſiſchen Miſſionären zahlreiche Mitglieder anderer Provinzen. Dieſe Ausländer mußten indes nach dem beſtehenden Patronatsrechte Portugals alle dem König den Eid der Treue ſchwören und ſozuſagen ihre Nationalität aufgeben. Bereits auf der [indiſchen] Provincialcongregation von 1575 war die Frage aufgeworfen worden, ob man in Europa beantragen ſolle, daß nur portugieſiſche Jeſuiten nach Indien ge- ſendet würden. Man einigte ſich aber dahin, im Mutterlande die Bitte zu ſtellen, ſo viele Mitglieder der Geſellſchaft als möglich, und zwar auch aus andern Provinzen Europas, zu ſchicken." [3]

Franzöſiſche Jeſuiten wurden indes in den ſpaniſchen Kolonien nur ganz vereinzelt zugelaſſen, was ſich aus der politiſchen Spannung, die jahrhundertelang zwiſchen den beiden Ländern beſtand, wohl erklärt. Es iſt intereſſant, zu hören, wie ein Franzoſe ſelber ſich darüber äußert. „Warum", ſo ſchreibt P. Dominicus le Jeunehomme in ſeiner Relation d'un voyage à Lisbonne en 1627 [4], „hat man ſchon vor zehn Jahren Schwierigkeiten gemacht, nicht bloß Franzoſen nach Oſtaſien zu ſenden, ſondern ſelbſt Italiener, falls ſie nicht Unterthanen des Königs waren? Ich antworte: einiger Briefe wegen, welche von den Unſrigen in wenig

---

[1] Histoire du Paraguay I (Paris 1756), 208 s. Ueber die portugieſiſche Handelspolitik und ihre engherzigen Beſtimmungen vgl. u. a. E. Carel, Vieira, sa vie et ses œuvres chap. 3 (Paris, ohne Jahreszahl).

[2] Geſchichte der kathol. Miſſionen in Oſtindien (München 1851) S. 85.

[3] Illud quoque visum est in deliberationem vocandum, an alios praeter Lusitanos expediret in Indiam ex Europa Socios mitti: ubi summo omnium acclamatum consensu, non modo ex aliis quibusvis provinciis cum gratiarum actione excipiendos libentissime, sed etiam invitandos rogandosque, et suppli- candum Patri Generali, ut, quando una provincia Lusitania nequaquam sibi ipsi Brasillaeque et Indiarum tot tamque amplia regionibus posset sufficere, nullo modo Spiritui Sancto Dominoque messis Operarios in messem mittenti, praecludi aditum sineret (Sacchini, Hist. S. J. p. iv. 93).

[4] Manuſcript im ehemaligen Collège de Clermont, herausgeg. von P. Aug. Carayon S. J.: Docum. inéd. concern. la Comp. de Jésus III (Poitiers 1864), 54.

kluger Weise geschrieben und nicht bloß hier in Portugal, sondern auch vom Rathe in Indien gelesen worden waren. Dies Verbot ist nun in Bezug auf die Italiener und die Unterthanen des Kaisers cassirt worden; Franzosen will man aber vorderhand immer noch keine. Warum nicht? *Pronum est cogitare.* Was Westindien angeht, so macht man, weil es gut gedeckt ist und nur sehr wenige Eng-länder, Holländer und Franzosen dort sind, keine Schwierigkeit, wie P. Crespo (der Procurator der westindischen Missionen) mir versicherte."[1]

Seit Ludwig XIV. (1643—1715), der mit seinen weitausschauenden Kolonisationsplänen die portugiesischen Interessen in Ostindien bedrohte, wurde die Abneigung gegen die französischen Missionäre und ihre arg-wöhnische Ueberwachung noch gesteigert[2].

Was nun die Missionäre der deutschen und österreichischen Länder angeht, so standen ihrer Zulassung an sich keine politischen Be-denken im Wege. Auf dem spanischen Throne saßen ja seit Karl I. (V.) die Habsburger (1516—1700), und zwischen dem österreichischen Hause und den beiden Kronen Spaniens und Portugals herrschten im allgemeinen die besten Beziehungen. Gegen die ersten deutschen Jesuiten, die im Be-ginn des 17. Jahrhunderts vereinzelt in die Missionen gingen, wurden darum auch, soviel wir wissen, keine Schwierigkeiten erhoben. Allein die unglückseligen politischen Verwicklungen Spaniens, zumal unter Philipp IV. (1621—1665), die Aufstände im Innern und in den italienischen Be-sitzungen und vor allem die immer gefährlichere Rivalität der fremden Seemächte machten die Regierung sehr argwöhnisch gegen alle Ausländer und führten zu allerlei büreaukratisch-engherzigen Beschränkungen. Die-selben hielten nicht bloß das Missionswerk in seiner Entwicklung auf, sondern schädigten auch die spanischen Kolonien selber, wie der gelehrte Exjesuit Abbé Dobrizhoffer in seiner bekannten „Geschichte der Abiponer"[3] mit Bezug auf die La Plata-Länder eingehend darlegt.

Im Jahre 1644, so führte er aus, sei der damalige Missions-procurator von Paraguay, P. Johann Pastor, nach Europa gereist, um neue Verstärkung zu holen.

---

[1] Weiter oben S. 17 hatte Le Jeunehomme berichtet, daß die portugiesische Flotte nicht alle Missionäre mitnehmen konnte. Es wurden daher zuerst die Castilianer (Spanier) zurückgestellt, „weil diese leichter umkehren konnten und weil man dieselben weniger gern mitziehen sah; denn die Portugiesen wollen in ihrem Indien keine Spanier".

[2] Ein Beispiel dieser Art bei *Franco,* Synopsis Annallum S. J. in Lusitania (Aug. Vindel. 1726) 427, 8.   [3] Wien 1783, III, 129 ff.

Er habe auch thatsächlich „aus verschiedenen Provinzen eine für den Unterricht so vieler Wilden hinlängliche Anzahl Jesuiten zusammengebracht, die mit ihm nach Paraguay schiffen sollten. Allein eben wie er mit seinen apostolischen Gehilfen zu Cadix unter Segel gehen wollte, hätte der Königliche Staatsrath zu Madrid ein Verbot ergehen lassen, kraft dessen kein Ausländer nach Paraguay geführt werden durfte. Die übrigen, deren die meisten Priester waren, hätten daher wieder nach Italien, Deutschland, die Niederlande 2c., kurz, in ihr Vaterland geführt werden müssen, und er wäre mit wenigen spanischen Jünglingen, die nach der bei uns vormals eingeführten Gewohnheit erst nach vielen Jahren zu Priestern geweiht werden konnten, nach Paraguay gesegelt, ungeachtet die Provinz [von Paraguay] wegen ihrer vielen Kolonien einen unbeschreiblichen Mangel an Priestern hatte. Wie betrübend mag dieser Anblick für den P. Pastor gewesen sein! Da er die bereits zur Ernte reisen Früchte aus Mangel an Schnittern zu Grunde gehen sah, konnte er sich der Thränen nicht enthalten. Das Verbot der Großen in Madrid, welches alle Fremden von Paraguay ausschloß, war von äußerst verderblichen Folgen auch für die Spanier selbst. Hätte P. Pastor seine ausländischen Ordensgenossen aus Deutschland, Italien und den Niederlanden mit sich nach Paraguay gebracht, so zweifle ich nicht, daß sie schon damals die Abipouer, Mokobier und Tobas zu Christen und zu Unterthanen des Katholischen Königs gemacht hätten, anstatt daß man sie wegen Mangels an Priestern beinahe ein ganzes Jahrhundert in ihrer Wildheit lassen mußte, während welcher Zeit sie in dem ganzen Lande weit und breit als Feinde, und zwar meistens als siegreiche Feinde, herumstreiften, wie aus allem bisher Gesagten erhellet. Durch das vergossene Blut so vieler Spanier und ihre beständigen Siege von Tag zu Tag mehr verwildert, schlugen sie in den folgenden Jahren die Freundschaft der Spanier und die Taufe beständig aus, wiewohl unsere Patres keine Gelegenheit, sie zahm zu machen, unbenutzt ließen, und deshalb öfters selbst ihr Leben in Gefahr setzten.

„Doch erfahren wir auch hier wiederum, daß sich der Sinn der Menschen mit den Zeiten ändert. Da das eben nicht sehr volkreiche Spanien für seine ausgedehnten Kolonien in Amerika nicht genug Priester abgeben konnte, so entschloß sich der Madrider Hof, auswärtige Jesuiten, denen es vorher den Eintritt in Paraguay verboten, nicht nur dahin einzuladen, sondern selbst auf königliche Kosten dahin bringen zu lassen zum sichtlichen Vortheil der Monarchie.“

3. Zulassung ausländischer Missionäre.

Trotz dieser Absonderung der Nationen und trotz des gegenseitigen Mißtrauens gelangten doch mit der Zeit deutsche Missionäre in fast alle Missionsgebiete, wenn auch die spanisch-portugiesischen Kolonien ihr hauptsächlichstes Arbeitsfeld blieben. Zunächst gelang es den vereinten Bemühungen der Päpste, Ordensobern und Missionsprocuratoren, allmählich die Bedenken der spanischen Regierung gegen die Zulassung ausländischer

Miſſionäre zu heben. In einem Rundſchreiben vom 29. November 1664
an die Provinzen meldete der derzeitige Ordensgeneral der Geſellſchaft
Jeſu, Paul Oliva, dieſe günſtige Wendung.

„Ich erhalte aus Spanien erfreuliche Kunde. Sie wird wie ein Trompeten‐
ſtoß viele der Unſrigen anregen, ſich für die Miſſionen von Spaniſch Weſtindien
zu melden, d. h. für Paraguay, die Philippinen, Mexico, Peru, Chile und Neu‐
Granada. Seit Jahren war der Zugang zu jenen Gebieten allen andern
außer den Spaniern verſchloſſen. Nun erhalte ich von verſchiedenen Seiten die
brieſliche Nachricht, daß der Indiſche Rath Sr. Majeſtät nach Aufhebung der
frühern Beſtimmung auch ausländiſche Ordensgenoſſen in die indiſche Miſſion
zulaſſen wolle, mit der nähern Beſtimmung, daß der vierte Theil einer jeden
Miſſion aus Unterthanen des Katholiſchen Königs ſowie des Kaiſers und irgend
eines Fürſten aus dem öſterreichiſchen Hauſe beſtehen dürfe. In dieſe Er‐
laubniß ſind ſomit faſt alle eingeſchloſſen, welche zur öſterreichiſchen, böhmiſchen,
flandro‐belgiſchen, gallo‐belgiſchen Provinz gehören, ſowie jener Theil der ober‐
deutſchen Provinz, welcher unter den öſterreichiſchen Erzherzögen von Innsbruck
ſteht. Ja man ſagt mir, daß daſſelbe auch für die Unterthanen aller andern
Fürſten gelte, welche mit dem Haus Oeſterreich befreundet ſind. Ich wollte
Ew. Hochwürden an meiner Freude über dieſe frohe Kunde theilnehmen laſſen,
damit alle diejenigen, die der große Hausvater dahin ruft (und alle Mitglieder
der Geſellſchaft ſind ja deſſen Kinder), jener der Reife ſchon nahen Ernte Hilfe
bringen. Damit aber alles mit rechter Auswahl geſchehe, ſollen jene, welche
von jenem Verlangen entflammt ſind, Ew. Hochwürden ihren Namen angeben,
und Sie werden die Liſte mir zuſenden mit dem Beifügen, was Sie über jeden
Einzelnen, ſeine Fähigkeit und ſeine geiſtigen und körperlichen Anlagen urtheilen.
Denn daß in jenen Ländern ebenſowohl eine ſtarke Geſundheit wie eine ſtarke
Tugend erforderlich iſt, lehrt die Erfahrung täglich klarer. Diejenigen aber,
welche zwar gleichfalls ein heiliger Eifer nach jenen weiten apoſtoliſchen Wander‐
pfaden drängt, die aber der heilige Gehorſam, d. h. die Hand Gottes, in der
Provinz zurückhält, ſollen ſich zu Hauſe als das bewähren, was ſie draußen zu
ſein wünſchten — als wahre Xaverii.“ [1]

Man kann ſich denken, welchen Jubel dieſe Nachricht in den deutſchen
Provinzen erregte. Von dieſer Zeit ab datiren denn auch die regelmäßigen
Sendungen deutſcher und öſterreichiſcher Jeſuiten, erſt in kleinerer, dann in
jährlich wachſender Anzahl. Doch hatten ſie immer noch auf lange Zeit
hinaus mehr oder minder mit einer gewiſſen Abneigung und allerlei klein‐
lichen Plackereien von ſeiten der ſpaniſchen Büreaukratie zu leiden, und
oft genug kam es vor, daß ſie, bereits in Spanien angelangt und ſich am
Ziel ihrer Wünſche wähnend, unverrichteter Dinge in die Heimat zurück‐
kehren mußten.

---

[1] Handſchrift in Privatbeſitz.

Um ihren Charakter als Ausländer zu verdecken, pflegten daher im Anfang manche, wahrſcheinlich auf den Rath der ſpaniſchen Miſſionsprocuratoren, ihren dem caſtiliſchen Ohre ſo fremdartig und rauh klingenden deutſchen Familien und Ortsnamen durch einen volltönenden ſpaniſchen zu erſetzen. Näheres über dieſe Namensänderung erfahren wir u. a. aus einem Briefe „des gottſeligen P. Caroli Boranga, aus der Oeſterr. Provinz"[1].

„Bevor ich das Schiff beſteige," ſchreibt derſelbe am 21. März 1681 aus Acapulco (Mexico), „muß ich Euer Ehrwürden unſere neue Spaniſche Nahmen, mit welchen wir in das Königliche Protocoll eingetragen ſeynd, anſagen: P. Andreas Mancker heißt nunmehro P. Alphonſus de Caſtro de Viennas; Ich aber Juan Bautiſta Perez natural de Calabajul, das iſt, naturaliſirt auf Bilbili in Arragonien; P. Joannes Tilpe wird genannt P. Luis Turcotti, natural de Niſſa de Auſtria; P. Auguſtin Strobach hingegen P. Carolus Xavier Calvaneſe de Calva natural de Milan[2]; P. Theophilus de Angelis führt den Nahmen P. Juan de Loyola, natural de Azpeithia de Biscaya."

Aehnlich verfuhr man in Portugal. Oft genügte es auch wohl, den deutſchen Namen zu überſetzen und z. B. Kerſchpaumer in Cereſo, Sonnenberg in Montes zu verwandeln oder ihm ſonſt durch kleinere oder größere Aenderungen ſpaniſches oder portugieſiſches Gepräge zu verſchaffen, indem man beiſpielsweiſe Bürgin zu Borges, Herbtrich zu Henriquez machte. Nicht ſelten warf man den Familiennamen ab und behielt bloß zwei Taufnamen mit oder ohne Beiſatz. „Dem Patri Andreae Wolffgango Koffler haben die Portugieſen den Nahmen verändert", ſchreibt P. Boym[3], „und Andream Xavier genannt." „Die Spanier", ſo ſchreibt P. Ernſt Steigmiller aus Santa Fe de Bogotá, 30. September 1724, „haben meinen Nahmen in etwas beſchnitten und mich Herneſtum Eſteymiller zu nennen beliebet."[4]

Glücklicherweiſe unterſchrieben die Patres ſich in ihren Briefen meiſt immer noch mit ihrem ehrlichen deutſchen Namen, z. B. „Joannes Tilpe, der Geſ. Jeſu Miſſionarius. Mit meinem ſpaniſchen Nahmen Ludovicus Turcotti von Niſſa genannt", oder „Andreas Mancker, der G. J. Miſſionarius, mit meinem Spaniſchen Nahmen Alphonſus de Caſtro genannt"[5], und ſo öfters.

Aber ſelbſt wo der deutſche Name blieb, wurde er in ſpaniſchportugieſiſcher Ausſprache und Niederſchrift oft bis zur völligen Unkenntlichkeit ſo verballhornt, daß erſt anderweitige Anzeichen auf die richtige Spur führen müſſen. So wurde beiſpielsweiſe Stumpf zu Eſtum, Dobriz

---

[1] Siehe „Welt-Bott" Nr. 2. [2] Mailand war damals ſpaniſch.
[3] „Welt-Bott" Nr. 13, 45. [4] Ebb. Nr. 229, 2. [5] Ebb. Nr. 3 u. 12.

hoffer zu Dubrisofrer, Stancel zu Eftancél, Ginzel zu Guinfol, Henis zu
Enis, Jentfchte zu Jensque, Kobl zu Kovell, Konfag zu Gonfago, Koppf
zu Koph und Kephet,. Leitenberger zu Leytemberg, Perret zu Perez oder
Perius, Pefchte zu Pesqui, Pfefferkorn zu Fefelscolt, Seblmayr zu Soto
Mayor, Steffl zu Stephel, Strobl zu Eftrobél, Wiefer zu Vifer, Weiden-
felt zu Uncidenfeld u. ä. m. Aus Xenodofen, Chespue, Filiscus u. a. ift
fchon gar nicht klug zu werden. Aehnliches gilt von den deutfchen Ortsnamen. Viele Räthfel diefer Art bleiben für den Augenblick noch ungelöft.

In Bezug auf die Angehörigkeit zu einem unter Oesterreich ftehenden
Lande brauchte man es übrigens nicht fo genau zu nehmen, da die fpanifchen Beamten bei ihren mangelhaften geographifchen Kenntniffen darüber
fich felbft nicht klar waren.

Einige recht intereffante Mittheilungen über diefe ganze Angelegenheit
macht der biedere Tiroler P. Anton Sepp von Rechegg in feiner „Reiß-
befchreibung" (Nürnberg 1698) S. 154 ff. Er landete mit dem bayrifchen
Ordensgenoffen P. Anton Böhm am 6. April 1691 in Buenos Aires und
eröffnete die lange Reihe von deutfchen Apofteln, die auf diefem gefegneten
Arbeitsfelde von Paraguay fo Großes wirken follten. Sie gewannen durch
ihre mufikalifchen Leiftungen und ihr munteres Benehmen fofort die Liebe
der fpanifchen Patres.

„Fragten uns gleich, aus was für einer Provinz wir wären und woher
es doch komme, daß die Provinz Germaniae superioris bißhero kein einziges
Subjectum oder Missionarium in diefe Indios gefchicket. Wie es dann auch
alfo in der Sach ift; denn hier feynd aus allen Provinzen, fogar Gallo-
Belgica, die halb franzöfifch, einige Patres von Anfang biß jetzigen Zeiten
gewefen. Alleinig, fo redeten fie von unferer heiligen Provinz, hat es das An-
fehen, daß felbige entweder gar zu gefperrig, oder die Indien nicht fchätzen oder
keine Indianifche Candidatos und Prätenbenten habe. Welche alle brey Puncten
mit gebührlicher Modestia wir widerleget, fprechend: Die einzige Urfach deffen
feye, daß wir gar wenig Collegia und folgends Subjecta haben, die immediate
dem Hauß Oefterreich unterworffen. Sie widerfetzen: Ob dann nicht das
ganze Römifche Reich Kaiferlicher Faktion? Wir bejaheten es. Wann diefem
alfo, fagten fie, und unfere Collegia im Römifchen Reich, was hindert dann,
daß diefe nicht gefchickt werden: infonberheit, weilen das Hauß Spanien nicht
nur alleinig Oefterreichifch, fondern auch Kayferifch: die Bayern aber belangend,
nunmehro ganz Kayferifch, zu Oefterreichifch und Spanifch wegen ihrer Durchlaucht Maria Antonia."[1] Man fei alfo in der oberdeutfchen Provinz nicht

---

[1] Maria Antonia (geb. 18. Jan. 1669, geft. 24. Dec. 1692) war die Tochter
Kaifer Leopolds I. und feit dem 15. Juli 1685 mit Maximilian Maria Emanuel,
drittem Kurfürft zu Bayern, vermählt.

recht informirt, wenn man meine, bloß unmittelbare Unterthanen Oesterreichs würden in die Mission zugelassen. „Es seyn Bayern, Schwaben, Schweitzer, Pfaltzer u. s. w., ist ebensoviel als wären es Tyroler, ja Wiener: man giebet in Hispania auf dieses ganz und gar nicht Achtung. Ja, die Spanier bestinguiren gar die Nationes nicht von einander, weilen alles zu dem Römischen Reich und Teutschland gehörig, wie sie sagen: Genug ist, daß die, so wir ad Indios schickten, seyen Provinciae Germaniae superioris, und nicht Franzosen, welche Nation alleinig in Hispania verhaßt und ausgeschlossen wird."

Auch zu dem gewiß unschuldigen Manöver der Namensänderung, das oft eine köstlich komische Seite hatte, bringt er einen Beitrag.

In der Meinung, daß er als Bayer und nicht unmittelbarer österreichischer Unterthan bei den spanischen Beamten auf Schwierigkeiten stoßen könnte.

„ware mein lieber Pater Antonius Böhm überaus sorgfältig, daß man ihn für keinen Amberger oder Pfaltzer ansehete, und darumben nicht etwan möchte von Indien ausgeschlossen werden; veränderte also in etwas den Namen [und setzte] Antonius Adami Bohemi; Adam von seinem gnädigen Herrn Vattern seeligen; dazu Montipolitanus, d. h. ein Amberger aus Innsbrugg; heißet ebensoviel als Venetia von München. In einer andern Information, so man allezeit nacher Madritt dem Königl. Rath von denen Missionariis Namen und Herkommen überschicken muß, ward er also geschrieben: P. Antonius Adami Bohemi Montipolitanus Ratisbonae in Tiroli natus, anno... Wer lachen will, der lache. Ich und mein geliebter Pater Antonius lacheten ein gutes Stück herab, und hatten einen guten Muth. Dieses ware in der Sach selber ein Fehler; denn der Pater Procurator Indiarum, damit er nicht so viel unterschiedliche Nomina der Länder schreiben müßte, setzte die Patres einer Provinz alle unter einem Nomine Patrio; weilen aber unsere zwey Nomina gleich bey einander und mich ex Tyroli schriebe, mußte der gute Pater auch ein Tyroler seyn, und zwar von Regensburg."

Trotz dieser und anderer Chicanen, von denen wir weiter unten noch mehr erfahren, war man froh, daß wenigstens die Hauptsache erreicht war und der Zulassung deutscher Missionäre keine grundsätzlichen Schwierigkeiten mehr in den Weg gelegt wurden. Freilich dauerte es noch Jahrzehnte, bis auch die letzten Reste der alten büreaukratischen Maßregelungen und Einschränkungen fielen, und es bedurfte von seiten der Päpste [1], der Ordens-

---

[1] In einem Breve „Adeo nobis cordi est" (Romae 26 Aprilis 1695) empfiehlt beispielsweise der Papst Innocenz XII. dem Wohlwollen des spanischen Königs Karl II. den aus Paraguay kommenden P. Ignaz Frias und bittet, diesem die Vollmacht zu ertheilen, neue Missionäre mitzunehmen, von denen die Hälfte Spanier, die übrigen spanische Unterthanen in Italien oder Unterthanen des österreichischen Kaiserhauses seien (Synopsis Act. S. Sedis in Causa S. J. [Lovanii 1895] 418, 21).

und Missionsobern immer wieder neuer drängenden Vorstellungen und Bitten, so oft es sich um nothwendige Verstärkungen des Missionspersonals handelte. Namentlich drohte der spanische Erbfolgekrieg (1701—1714) nach dem Tod des letzten spanischen Habsburgers, Karl II. († 1. November 1700), den deutschen Missionären aus den am Krieg betheiligten Ländern abermals einen Riegel vorzuschieben. Es war vornehmlich der beredten Fürsprache der königlichen Beichtväter, die einen großen Einfluß bei Hofe besaßen, zu danken, daß die engherzigen Bureaukraten im Indischen Rathe nicht durchdrangen. Noch liegen in dem königl. Archiv von Simancas zahlreiche diese Angelegenheit betreffende Actenstücke[1]. Beispielsweise findet sich darunter das Original-Gutachten[2] des frühern Beichtvaters Sr. Katholischen Majestät, P. Juan Martinez de Ripalda, vom 22. März 1702, in welchem er für die Zulassung acht deutscher Missionäre folgende Gründe geltend macht: 1. die Obern und die Arbeitsgenossen seien Spanier; 2. diese Deutschen würden ja doch voneinander getrennt sein; 3. es seien sehr gute Religiosen (son sujetos de grande espíritu y religion).

Die Bitte scheint jedoch damals nicht gewährt worden zu sein. In einem andern Gutachten des Beichtvaters vom 16. October 1711 wird nämlich gesagt: Er habe das Gutachten des Staatsrathes in betreff von sechs neuen Missionären für Chile gelesen (vier aus Bayern, einer aus der Schweiz, einer aus Genua). Der Staatsrath berufe sich auf eine Entscheidung von 1702, welche dahin gelautet, daß den acht deutschen Missionären die Abreise nicht zu gestatten sei. Die Gründe der Verweigerung in beiden Gutachten seien, daß ein Gesetz für Indien (d. h. die spanischen Kolonien) verbiete, Nicht-Spanier dahin abzusenden. Diese Bestimmung sei aber nicht ausführbar, da Spanien allein nicht hinreichend Leute habe. Das bewiesen schon die Mühe und die vielen Unkosten, welche die Procuratoren der Missionen aufwendeten, um anderswoher Kräfte zu gewinnen, was sie gewiß nicht thun würden, falls genug in Spanien selbst zu finden wären. Uebrigens habe der König schon oft von jenem Gesetze dispensirt.

Der zweite Grund des Staatsrathes für seine Weigerung laute, die fremden Missionäre seien in betreff ihrer loyalen Gesinnung für die spanische Krone nicht verläßlich. Darauf sei zu erwidern: Man könne ja Ausländer nehmen, die einer befreundeten Nation zugehörten; auch die Bayern machten

---

[1] Wir verdanken die folgenden Mittheilungen der Güte unseres Mitbrubers P. Bernhard Duhr, der längere Zeit am Archiv von Simancas gearbeitet hat.
[2] Simanc. Grac. y Just. Leg. 666.

keine Schwierigkeit, weil ſie für ihren Kurfürſten [1] und gegen Oeſterreich ſeien. Dazu komme, daß die Deutſchen im allgemeinen Leute von robuſter Conſtitution, vorzügliche Arbeiter, voll Eifer und Befähigung ſeien, die fremden Sprachen zu lernen. Stets wären die Leute dieſer Nation, die nach Indien gegangen, ſehr hoch geſchätzt worden als unermüdliche und ausgezeichnete Miſſionäre [2]. Deßhalb möge die Regierung dem Geſuche willfahren.

In der That konnte Spanien allein unmöglich den gewaltigen Anforderungen genügen, welche ſeine Patronatspflichten ihm auferlegten. Je mehr das Miſſionsfeld ſich erweiterte, deſto empfindlicher wurde der Mangel an hinreichenden Miſſionskräften gefühlt. Im Jahre 1701 gingen zwei chileniſche Procuratoren nach Rom.

„Ihr vornehmſtes Geſchäft", ſo ſchreibt der Böhme P. Suppetius an den Provincial der böhmiſchen Provinz, „beſteht in dem, daß ſie aus Europa ſoviel geiſtliche Gehülffen aus unſerem Orden hieher bringen, als ſie immer werden erlangen können. Darum ich, als dermal ein Glied dieſer Chileniſchen Provintz, nicht hab unterlaſſen ſollen, Euer Ehrwürden zu bitten, aus ihrer ſo volkreichen Provintz der unſerigen mit einigen Apoſtoliſchen Recruten zu Hülff zu kommen.

„Ermehnte unſere Provinz allhier, beſtehet dermal (1701) in 150 Perſonen, unter welchen Spanier, Wälſche, Franzoſen, Teutſche, Niederländer, Oeſterreicher, Böhmen, Sardinier, Sicilianer, Neapolitaner, Maylänber, Portugeſen, mit einem Wort, einige aus faſt jeglicher Europäiſcher Provintz (die Polniſche und Lithauiſche allein ausgenommen) durch das Band geiſtlicher Liebe oder Apoſtoliſcher Gemeinſchaft ſich zwar vereinbaren, aber wegen ihrer geringen Zahl einem dermaſſen wichtigen Werk, als wir vor uns haben, auf keine Weiſe gewachſen ſind, geſtaltſam dieſe Provintz biß über die Magellaniſche Meer-Enge erſtrecket."

Aus der einheimiſchen Jugend ſei ſchwer einen hinreichenden Nachwuchs ſich heranzuziehen, da die meiſten jungen Leute ſich der Militär- oder Kaufmanns-Carriere weihten. Er ſelbſt ſei nun Novizenmeiſter geworden und habe vierzehn junge Leute, theils Spanier und Wälſche, theils Peruaner oder andere Amerikaner, unter ſich — eine ganz ungewöhnlich große Zahl. — Er erneuert dann nochmals die Bitte, den chileniſchen Procuratoren entgegenzukommen und „ihnen mit tauglichen jungen Leuten aus der böhmiſchen Provintz an die Hand zu gehen" [3].

„Wenn auch," ſo berichtet P. Franz Havier über die neue Miſſion von Sonora in Nordmexico, „ein ganz Provintz Jeſuiter aus Europa ſolte in ſelbe

---

[1] Einer der Kronprätendenten war bekanntlich der Kurprinz von Bayern, den Karl II. ſelbſt durch Teſtament zum Erben eingeſetzt hatte, der aber vor ihm ſtarb.

[2] Añado que universalmente los Alemanes son de complexion robusta, grandes trabajadores, zelosos y muy dociles para aprender lenguas estrangeras, y he oydo hacer siempre grande estimacion de los de aquella nacion que han pasado a Indias como de infatigables y excelentes Misioneros.

[3] „Welt-Bott" Nr. 70, 38 f.

Gegend kommen, würden alle insgesamt Arbeit genug finden; welches ich nur dernwegen hab melden wollen, damit ich in einigen die bereits in ihrem Herzen glimmende Begierde zu denn Missionen mehr anblase."[1]

In einem Briefe aus Anboa (Marañon) vom 3. Jänner 1728 drückt P. Franz Xaver von Zephyris, ein Oesterreicher, seine Freude über die guten Nachrichten aus Paraguay aus, fügt aber hinzu:

„Ich wünsche zwar der Paraguarischen Provinz Glück zu dem Wachstum, so dieselbe durch den mühesamen Schweiß dieser neuen Aposteln aus Teutsch- land erwerben wird; doch wäre zugleich mein Verlangen, daß auch unsere Missiones an dem Marañon mit einem und dem andern teutschen Gehülffen vermehrt wurden, derer Abgang die Sach allhier schon so weit gebracht hat, daß uns in dieser Gegend in Krafft des Heil. Gehorsams biß auf weitern Bescheid verbotten ist, neue Heyden um der Bekehrung willen aufzusuchen, oder unsere Christenheiten weiteres auszustrecken, und letztlich uns in solche Ort zu verfügen, in welchen wir vermuthlich unser Leben in Gefahr setzen werden: maßen unsere Obern billig besorgen, es mögten gegenwärtige Missionen, falls sie unserem Eiffer den Zügel nicht kürzer hielten, in wenig Zeit all ihrer Priestern beraubt werden: da doch dermalen unmöglich ist, dergleichen Abgang zu ersetzen; woraus ein gänzlicher Abfall der neu-bekehrten Heyden und völliger Untergang deren Christenheiten am Marañon erfolgen wurden. Es gibt zwar in der Provinz Quito tapffere Männer gnug, nahmentlich die Patres Schindler, Maroni und Brentano, welche immerfür bey den Obern um die Missionen eiffrigst anhalten, und dannoch biß zur Ankunfft Frisch-Apostolischer Recrouten aus Europa nicht können erhört werden, weil es auch unsern Collegiis an der Zahl nöthiger Schul-Lehrern und anderer Arbeitern gebricht. Die gröste Ursach, warum ich so jung und bald meinen Zweck erlangt hab, beruhet meistens in dem, daß ich vor meiner Ankunfft in Indien, bereits all meine Studia vollendet habe."[1]

Die überaus günstigen Berichte, die über die deutschen Missionäre fortwährend einliefen, machten so guten Eindruck, daß ihrer Zulassung auch unter den spanischen Bourbonen (seit 1701) keine ernstliche Schwierig- keit mehr entgegengestellt wurde.

Ein Gutachten des Staatsrathes, datirt Madrid 19. November 1715, hält dafür, daß dem Ersuchen des Generalprocurators der Provinz Para- guay, sechzig Missionäre aus Europa kommen zu lassen, stattzugeben sei.

Eine ähnliche Eingabe der Provinz Quito um zwanzig Missionäre für die Marañon-Mission wird gleichfalls befürwortet (1. September 1715).

Im selben Jahre erneuerte Philipp V. in einem Schreiben an den General der Gesellschaft Jesu die bereits früher gegebene Erlaubniß, daß

---

[1] „Welt-Bott" Nr. 212, 42.   [2] Ebd. Nr. 390.

derselbe künftig auch aus andern Provinzen, wie Polen, Bayern (damals oberdeutsche Provinz), Belgien, dem Kirchenstaat, Venedig, Genua, überhaupt ganz Italien, Priester, Scholastiker und Laienbrüder in die Kolonien senden dürfe. Ausdrücklich ausgenommen wurden jedoch das Königreich Neapel und das Herzogthum Mailand, eine Clausel, die sich aus der damaligen politischen Situation leicht erklärt[1].

„Wir haben es R. Patri b'Abenton, Jhro Majestät des Königs in Spanien Beicht-Vattern, zu dancken, daß er bei dem Hof zu Madrit denen Teutschen, auch sogar benenjenigen, die aus Kaiserlichen Erb-Ländern gebürtig seyend, die Erlaubniß wieder, wie vor Altem, nach beyden Spanischen Jndien auf die Missiones zu gehen ausgewürckt hat. Der erste Teutsche Jesuiter, welcher sich dieser erneuerten Freyheit bedienet hat, ist P. Michael Choller, aus unserer Oesterreichischen Provinz, welcher mit 27 Andern größten Theils Teutschen Missionariis zu Genua den 13. Heumonat 1722 unter Segel gegangen ist."[2]

Im folgenden Jahre waren unter der zahlreichen Schar apostolischer Arbeiter, die nach „Jndien" abging, abermals vierundzwanzig Deutsche und Oesterreicher.

Völlig freie Bahn schuf endlich der 12. Artikel des berühmten „Endurtheils über das, was in den Missionen und Dorfschaften der Indianer in den Statthalterschaften von Paraguay und Buenos Aires, soweit dieselben unter der Obsorge der Jesuiten stehen, zu beobachten ist", 17. September 1743[3]. Der Artikel lautet:

„An letzter Stelle werde ich in Kenntniß gesetzt, eine der gegen die Väter der Gesellschaft vorgebrachten Beschuldigungen bestehe darin, daß sie in ihre Missionen auch ausländische Ordensgenossen zögen. Demgegenüber erinnere ich, daß sie dies auf Grund königlicher Bewilligungen gethan, und daß ich selbst durch Decret vom 17. September 1737 dem General des Ordens (R. P. Franz Retz) die Befugniß zugestanden habe, daß bei jeder neuen Sendung von Missionären in meine indischen Besitzungen der vierte Theil deutsche Ordensgenossen sein dürften. Ich habe nämlich in Erfahrung gebracht, daß dieselben bei jeder Gelegenheit ihre loyale Gesinnung bewährt, und daß im Jahre 1737 der

---

[1] Vgl. Peramas (De Vita et Moribus XIII Virorum Paraguaycorum [Faventiae 1793] p. 409, Anm.), der eine Abschrift dieses Decretes im handschriftlichen Nachlaß des Missionärs P. Michael Marimon vorfand.

[2] „Sammelbrief österreichischer Missionäre, geschrieben von Carthagena in Amerika, 21. März 1724", im „Welt-Bott" Nr. 210, 30.

[3] Das Decret, datirt von Buenretiro 28. Dec. 1743, findet sich deutsch im Anhang von „Das glückliche Christenthum in Paraguay ... von L. A. Muratorio", Wien, Prag, Triest 1758; spanisch-französisch bei Charlevoix, Hist. du Paraguay III, Pièces Justificatives CCXXI.

P. Thomas Werle, ein Bayer, der mit 4000 Guaraniern an der Belagerung der Kolonie del Sacramento theilnahm, von einem feindlichen Büchsenschuß getroffen fiel. Im übrigen habe ich mit Bezug darauf es für gut befunden, den Patres bei der Auswahl der Missionäre, zumal wo es sich um Unterthanen fremder Seemächte handelt, die größte Vorsicht zu empfehlen."

Jedes Jahr sah nun die Zahl deutscher Apostel in allen Ländern der spanischen Krone sich mehren, war doch von allen fünf sogen. Assistenzen, aus welchen der Jesuitenorden sich zusammensetzte, die deutsche bei weitem die zahlreichste. Während 1750 die drei Assistenzen von Frankreich, Portugal und Italien mit ihren 17 Provinzen 8730 Mitglieder zählten, war die deutsche mit 10 Provinzen (dazu gehörten freilich auch Polen, England, Irland und die Niederlande) 8749 Mann stark, bildete also fast zwei Fünftel der ganzen Gesellschaft Jesu (22 500 Mann). Sie konnte also ohne Schaden ein starkes Contingent zu den Missionsländern stellen[1].

Wir haben im vorausgehenden vornehmlich die spanischen Kolonien berücksichtigt. Was die unter portugiesischem Patronate stehenden Gebiete betrifft, so scheinen wenigstens für Ostasien gegen die Zulaffung deutscher Missionäre keine besondern Schwierigkeiten gemacht worden zu sein. Nach Brasilien dagegen, besonders nach den Missionen des untern Marañon, kamen deutsche Missionäre in größerer Anzahl erst seit der Mitte des 18. Jahrhunderts.

Ueber die Veranlaffung erfahren wir Näheres aus dem für unsern Gegenstand überhaupt sehr lehrreichen Werke v. Murrs: „Reisen einiger Missionäre der Gesellschaft Jesu in Amerika, speciell aus ,des Herrn P. Anselm Eckart ... Zusätzen zu Pedro Cudenas Beschreibung der Länder von Brasilien'"[2]. Eckart erklärt hier, wie es kam, daß er und sein Mitbruder P. Meisterburg nach den portugiesischen und nicht nach den spanischen Missionen kamen, zu welchen sich die meisten Deutschen sonst verfügt hätten.

---

[1] 1750 zählte die oberdeutsche Provinz (Germania Sup.) 1060 (202 Priester) Mitglieder, die oberrheinische (Rhenana Sup.) 497 (240), die niederrheinische (Rhenana Inf.) 772 (308), die österreichische 1772 (751), die böhmische 1239 (673), Summa: 5340 deutsche Jesuiten. Bezeichnend für die starke Betheiligung des deutschen Elementes ist folgende Stelle aus einem handschriftlichen Briefe des P. Joseph Lenz (Rhenana Inf.) aus Sevilla 9. März 1750: Illud ridiculum, quod cum pro more nuper coram Gaditano [Cadix] Magistratu recensendi essent transmarini Missionarii, *visus fuerit tantus germanorum numerus,* ut nonnisi petita *singillatim* Madrito facultate, permittendum putaverint tot extraneis hominibus transitum ad suas Americanas colonias. Servet Deus regem, qui credit *jesuitas apostolos esse, atque adeo totius mundi cives.*

[2] Nürnberg 1785, II, 467 ff.

„Davon war P. Rochus Hundertpfund, aus der oberdeutschen Provinz, die Ursache. Er ward 1749 von der Viceprovinz Maranhão [Marañon] und Pará Geschäfte halber nach Lissabon geschickt, zu der um diese Zeit regierenden Königin Maria Anna von Oestreich, wegen langwieriger Krankheit des Königs Don Joan V. Diese gottselige östreichische Princessin[1] fragte den P. Hundert- pfund, in was für einem Stande sich die Missionen seiner Viceprovinz be- fänden. Er antwortete, sie stünden zwar ziemlich wohl; sie könnten aber noch mehr floriren, wenn mehr Missionäre, besonders deutsche, da wären. Hierauf ließ die Königin an den General der Societät, P. Franciscus Retz, ein Schreiben ergehen, und begehrte von ihm zwölf deutsche Patres. Im Jahre 1750 kamen schon zween aus der niederrheinischen Provinz in einem Schiffe von Amsterdam zu Lissabon an, nämlich P. Laurentius Kaulen und P. Anton Meisterburg, welche in demselben Jahre mit P. Hundertpfund nach America absegelten. 1752 landeten von Genua in einem engländischen Schiffe noch zween andere Patres in dem Hafen von Lissabon an, P. Martin Schwarz aus der oberdeutschen Provinz und P. Anselm Eckart aus der oberrheinischen am 19. August, und am 31. October gemelketen Jahres wurde die Zahl mit vier aus der östreichischen Provinz vermehrt. Diese waren P. David Fay, P. Henricus Hoffmayer, P. Johann Nepomuc Szlulha und P. Joseph Kayling. Alle sechs fuhren das folgende Jahr 1753 mit der portugiesischen Flotte nach Maranhão ab."

Ihnen folgten bald zahlreiche andere deutsche Ordensgenossen nach; aber leider zogen sich schon die düstern Wolken zu jenem Sturme zusammen, der sie im Jahre 1758 so grausam aus ihrem Wirken herausreißen sollte.

Ein ähnliches Geschick traf wenige Jahre darauf die spanischen Mis- sionen. Mit einem Schlage wurden die herrlich blühenden Missionen der Gesellschaft Jesu in Mexico, Südamerika, in Ostindien, China und den Philippinen der Vernichtung anheimgegeben und rund 3300 opferfreudige und tüchtige Missionäre dem Weltapostolate der Kirche entzogen[2].

---

[1] Sie war die Tochter Kaiser Leopolds und mit Johann V. vermählt seit 27. Oct. 1708.

[2] Eine Liste vom Jahre 1760 gibt folgende Uebersicht über die Missionen der Gesellschaft Jesu.

Portugiesische Missionen.	Missionäre.	Spanische Missionen.	Missionäre.	Französische Missionen.	Missionäre.
Goa	160	Peru	526	Franz. Antillen	54
Malabar	47	Chile	242	Canada	50
Japan (Tonking, Cochinchina)	57	Neu-Granada	193	Griechenland	23
China	54	Mexico	572	Syrien	17
Brasilien	445	Paraguay	303	Persien	7
Marañon	146	Quito	209	China	23
	909	Philippinen	126	Indien	22
			2171		196

Summe: 3276.

Ueber das tragische Ende der Gesellschaft und die Rolle, welche die deutschen Missionäre in diesem schmerzlichen Schlußacte in den Kerkern von San Julian, Puerto de Santa Maria ꝛc. spielen, ließe sich ein ergreifendes Buch schreiben[1].

Trotz der regen Betheiligung der deutschen Jesuiten am Missionswerk ist immerhin festzuhalten, daß, wenigstens was die Zahl angeht, der Löwenantheil bis zum Ende den Spaniern und Portugiesen verblieb. Nach den officiellen Listen betrug die Gesamtzahl der allein aus den spanischen Kolonien i. J. 1767 gewaltsam deportirten Jesuitenmissionäre 2617. Davon waren nur 277 Ausländer, also noch nicht einmal der vierte Theil, wie das Decret Philipps V. (s. oben) es gestattete[2]. Aehnlich war das Verhältniß in den portugiesischen Kolonien, soweit sich dies aus den unvollkommen erhaltenen Theillisten[3] ersehen läßt. In einzelnen Missionsgebieten jedoch, wie in Paraguay, Chile und besonders in den Missionen am obern und untern Marañon[4], sowie in Nordmexico (Sonora, Tarahumara) und Niedercalifornien bildeten deutsche Missionäre einen sehr bedeutenden Bruchtheil. Viele Missionen in den genannten Gebieten verdanken deutscher Missionsarbeit ihre Gründung oder in erster Linie ihre günstige Entwicklung und Blüthe.

In die unter französischem Protectorate stehenden Missionen des Orients kamen, soviel wir finden konnten, deutsche Patres erst ziemlich spät und nur vereinzelt. Ein Hauptgrund, sie dorthin zu ziehen, war die

---

[1] Vgl. u. a. Duhr, Pombal, 35. Ergänzungsheft zu den „Stimmen aus Maria-Laach", Freiburg 1891. v. Murr, Geschichte der Jesuiten in Portugal. Nürnberg 1787. *Carayon*, Docum. inéd. XI (Poitiers 1865), Doc. 1; XVI, 307 ss. 353 ss. *A. Weld*, The Suppression of the Society of Jesus in the Portug. Dominions. London 1877.

[2] So wenigstens nach Peramas (l. c. p. 411 Anm.). Eine Liste von Simancas zählt 114 Deutsche auf. Viel günstiger würde jedoch das Verhältniß, falls in der Liste die Missionäre im engern Sinn des Wortes, d. h. jene in den Heidenmissionen, von denen, welche in den Collegien und Städten unter der weißen oder Mischlings-Bevölkerung wirkten, getrennt würden, da die Deutschen und Niederländer das erstere Arbeitsfeld besonders sich ausbaten und mit Vorliebe dafür verwendet wurden.

[3] Bei v. Murr, Geschichte der Jesuiten in Portugal II, 182 ff.; ergänzt durch einige handschriftliche Verzeichnisse in Privatbesitz.

[4] „Diese weitläufftige Weltgegend [Marañon] ist eigentlich derjenige Weingarten, den Gott unsern Teutschen Jesuitern allein scheinet vorzubehalten, nachdem dieselbe durch ihre standhaffte Gedult die erste Beschwehrnussen längst überwunden, ja die erste Saat mit ihrem Blut angefeuchtet haben" („Welt-Bott", Vorrede zum 11. Theil).

religiöse Verlassenheit der zahlreichen in türkischer Sklaverei seufzenden
deutschen Gefangenen. In einem Brief vom 29. August 1693 aus
Würzburg bittet P. Friedrich Geiger (Rhen. Sup.) den Ordensgeneral
um die Mission bei den Türken. Er habe von P. Jakob Abelmann,
dem ehemaligen Beichtvater der französischen Kronprinzessin (wahrscheinlich ist Maria Anna, Tochter des Kurfürsten von Bayern, gemeint, die
seit dem 7. März 1680 mit dem Dauphin Ludwig, Sohn Louis' XIV.,
vermählt war), gehört, der französische Provincial wünsche dringend, in die
Mission des Orients auch deutsche Patres zu schicken, da sich in der Türkei
Tausende von katholischen Christen fänden, die aus Ungarn, Oesterreich
und andern Nachbarländern dorthin in die Sklaverei geschleppt worden
seien und keinen Geistlichen hätten, der sich ihrer annehmen könne. Aehnlich schildert P. Paul Tafferner, früher Beichtvater (?) bei der kaiserlichen
Gesandtschaft in Konstantinopel, in einem Briefe (1668?) an den Ordensgeneral die Lage der gefangenen Deutschen, Ungarn, Slawonier in düstern
Farben und bittet dringend um Hinsendung deutscher Patres [1].

Nach den Vereinigten Staaten endlich wurden erst seit der
zweiten Hälfte des 18. Jahrhunderts, wohl wegen der bereits zunehmenden
deutschen Einwanderung, einige deutsche Patres abgeordnet. Sie waren
mit die ersten deutschen Priester in den Vereinigten Staaten und gehören
zu den hochverdienten Pionieren der amerikanischen Kirche [2].

4. Missionsreisen in älterer Zeit.

Wie reisten die deutschen Missionäre damals nach Amerika und Asien?
Die Beantwortung dieser Frage führt uns ein interessantes Stück Missions-
und Culturgeschichte aus älterer Zeit vor Augen und darf daher nicht
ganz übergangen werden.

---

[1] Handschrift in Privatbesitz. Vgl. die Schrift: Caesarea Legatio, quam
mandante Aug. Rom. Imp. Leopoldo I. ad Portam Ottomanicam suscepit . . .
Exc. D. Walterus, S. R. I. Comes de Leslie. . . . Viennae 1668. 1672. Deutsch:
D. Röm. Kays. May. Leopoldi I. an den grossen Türken Sultan Mehmet Cham . . .
anno 1665 . . . abgeordnete Bottschafft. Wien 1672; Breslau 1680.

[2] Recht interessante Einzelheiten über die damaligen Seelsorgsverhältnisse in
Maryland, Pennsylvanien c. und die Verdienste dieser ersten deutschen Priester finden
sich im „Pastoralblatt, herausgeg. von mehreren kathol. Geistlichen Nordamerikas"
(St. Louis), Jahrg. VII (1873) S. 47 ff.; Jahrg. VIII (1874) S. 6 ff. „Im
Jahre 1774 gab es bloss 16 Missionäre in Maryland und Pennsylvanien, alle
(Ex-)Jesuiten" (ebb. 1873 S. 77).

1. **Ausgangspunkt** der Seereise war und blieb für die portugiesischen Kolonien Lissabon, für die spanischen Kolonien von 1503 bis
1720 Sevilla, dann infolge der Versandung des Guabalquivir bis 1748
fast ausschließlich Cadix[1]. Diese Hafenorte, in denen der gesamte portu-
giesisch-spanische Schiffsverkehr sich concentrirte, bildeten also das nächste
Reiseziel der deutschen Missionäre. Der Weg dahin ging für Oesterreicher
und Süddeutsche gewöhnlich über Tirol, quer durch Norditalien nach
Genua und von hier in der Regel auf französischen oder englischen Schiffen
nach Sevilla-Cadix bezw. Lissabon. In späterer Zeit reisten zumal die
norddeutschen Jesuiten nicht selten nach den Nordseehäfen und segelten auf
deutschen und holländischen Schiffen nach Spanien und Portugal[2]. Dort
galt es, die nächste Schiffsgelegenheit nach den beiden Indien abzuwarten.
Sie war selten genug. Der ganze Handels- und Schiffsverkehr Spaniens
und Portugals mit ihren Kolonien stand bekanntlich unter strengster staat-
licher Controlle und wurde hauptsächlich durch die jährlich ein- bis zweimal
abfahrenden königlichen Galeonenflotten besorgt. Erst seit 1720 kam dazu
die regelmäßige Absendung von sogen. „Registerschiffen", die aber, wie es
scheint, schon mit Rücksicht auf die geringere Sicherheit von den Missionären
nur selten benutzt wurden[3]. Die Missionäre mußten also geduldig eine dieser
seltenen Fahrgelegenheiten abwarten. Die Folge war, daß inzwischen sich in
den Abfahrtshäfen eine große Anzahl Passagiere sammelte und die Schiffe
dann entweder überfüllt oder ein Theil der Reiselustigen bis zur nächsten
Fahrt zurückgestellt wurden. So kam es, daß manche deutsche Missionäre
in Spanien oder Portugal volle ein bis zwei Jahre sich gedulden mußten.
Immer und immer wieder kehren in ihren Briefen die bittersten Klagen
über diese heillosen Verschleppungen ihrer Abreise wieder. So harrten
beispielsweise P. Martin Schmid mit seinen Begleitern vom 11. September

---

[1] „Der gesamte Verkehr [des Mutterlandes mit den Kolonien] wurde von
1403—1503 über Cadix, von 1503 bis zum Anfang des 18. Jahrhunderts über
das entlegene Sevilla geleitet. . . . Hier mußte jedes abgehende oder ankommende
Schiff sich besichtigen lassen und seine Waren einnehmen oder ausladen. . . . Von
1720 an verlegte man die Centralstelle wieder nach Cadix" (Zimmermann, Die
Kolonialpolitik Portugals und Spaniens [Berlin 1896] S. 426). Vgl. Bluntschli,
Deutsches Staatswörterbuch V, 637 f., aus dem Zimmermann geschöpft.

[2] Vgl. u. a. „Welt-Bott" Nr. 508, 108; Nr. 198, 21 und oben S. 30.

[3] Erst 1748 wurden die Galeonenflotten abgeschafft und erst 1765 der west-
indische Handel freigegeben. Vgl. Bluntschli a. a. O. S. 639. La Fuente,
Hist. Gener. de España XIII, 346. Ausführliches über das spanische Seewesen
jener Zeit „Welt-Bott" Nr. 528.

1726 bis zu Weihnachten 1728, P. Kropf mit ſeinen Gefährten vom 3. Auguſt 1729 bis zum 16. November 1730, P. J. B. Roſſi mit andern gleichfalls ein volles Jahr auf eine Fahrgelegenheit.

„Unſere Mitgefährten", ſo ſchrieb P. Roſſi 31. Juli 1730 aus Cabix, „ſeynd nach derer von Quito Abreiſe von Seviglia anhero nach Cabix in un= ſere Wohnung beruffen worden, damit wir miteinander auf die nächſte Ge= legenheiten nach Vera Cruz und Buenos=Ayres lauern. Etwelche haben ihr letztes Examen daſelbſt ausgeſtanden, andere hingegen wohlbedacht verſchoben. Unſere Procuratores ſeynd zwar nach Capella, wo der Hof dermalen ſich auf= hält, abgereiſet, um einen Königlichen Befehl auszuwürcken, vermög deſſen wir ohne längern Verzug nach Indien ſollen befürdert werden; gleichwie herogegen dieſe Sach von dem geheimen Staats=Secretario Herrn von Patinho abhangt (der ſich ihren Beginnen mit jenen Worten: nescitis quid petatis: ihr wiſſet nicht, was ihr begehrt, ſtets widerſetzt), alſo iſt unſchwer zu ſchließen, daß wir uns in Europa noch länger werden gedulden müſſen, abſonderlich da deß Königs Beicht=Vatter ebenmäßig von ſeinem für uns bezeugten Eyffer abſtehet." Zwar fehlte es nie an Schiffsgelegenheit, allein „die Schiff=Capitaine wollen obgedachten Herrn Patinho nicht vor den Kopf ſtoſſen, oder ſie begehren für . jede Perſon anſtatt 500 ohne Scheu 800 Gulden"[1].

Außer den hier angedeuteten Urſachen hatten die Verſchleppungen noch einen andern Grund.

Seit dem Verluſte der „Armada" war das ſpaniſche Uebergewicht zur See unwiederbringlich dahin. Immer mehr traten England, Holland und Frankreich mit Spanien und Portugal in Concurrenz. Ihre kühnen Seefahrer benützten die faſt beſtändigen politiſchen Conflicte mit den beiden Kronen, um einen gewinnreichen Kaperkrieg in Gang zu halten. Hunderte von ſpaniſchen und portugieſiſchen Schiffen wurden abgefangen, und ſeit dem Ende des 16. Jahrhunderts mußte die ſpaniſche Galeonenflotte ſich ſtets auf ſolche Begegnungen gefaßt machen. Die Holländiſch=weſtindiſche Geſellſchaft allein nahm von 1623 bis 1636 nicht weniger als 547 Priſen, von denen beiſpielsweiſe eine einzige einen Werth von 11½ Millionen Gulden repräſentirte[2]. Dieſe zunehmende Unſicherheit der Meere beein= flußte natürlich auch die Miſſionsfahrten in ſehr unliebſamer Weiſe.

„Wir ſeynd", ſo ſchreibt P. Matthias Strobel 15. Februar 1727 aus Sevilla, „bereits unſerer 80 Missionarii beyſammen, welche alle nach ver= ſchiedenen Spaniſchen Landſchafften in Oſt= und Weſt=Indien befürdert werden... Wir können nicht ehender nach Indien ſegeln, biß nicht die Engliſche Flott, ſo

---

[1] „Welt=Bott" Nr. 448, 103.
[2] *Barlaeus*, Hist. rerum in Brasilia et alibi nuper gestarum (1647) p. 45.

dermalen den Spanischen Fahrzeugen aufpaßt, sich wird zurückgezogen haben, sintemal kein Kauffmann einige Waaren auf die Schiff laden und sich in Gefahr setzen will, zugleich was er noch auf der Silber-Flott und noch zu Hauß übrig hat, zu verlieren. Gott verleihe denen Europaeischen Potentaten ein bald ein standhafften Fried, auf daß wir das Zihl unsers Beruffs besto geschwinder erreichen mögen."[1]

Uebrigens ging diese unfreiwillige Mußezeit den deutschen Missionären nicht verloren. Die jüngern Ordensmitglieder setzten in den spanischen Collegien ihre Studien fort, andere halfen in den Schulen und alle übten sich in der Landessprache, so daß sie gewöhnlich schon an Bord und bei ihrer Ankunft in den Missionen sofort Beicht hören und predigen konnten.

„Zu Sevilla", so schreibt der Oesterreicher P. Johann Ratkay 1680, „haben wir uns die zwey Jahre hindurch, als wir dort seynd aufgehalten worden, uns in der Stern-Kunst, in der Mäthematic und andern fürwitzigen Wissenschaften nicht allein geübt, sondern auch allerhand Tandelwerk zu einem künftigen Vorrath eigenhändig verfertiget und verschiedene Handwerk getrieben. Etliche aus uns machten Compaß oder Sonnen-Uhren, andere hingegen Futteral darüber, diese nähten Kleider aus Belzwerck zusammen, jene lerneten Flaschen und andere Spengler-Arbeit löthen; einer verlegte sich auf das Wasserbrennen, der andere auf die Bildhauer-Kunst oder Drehebanck, damit wir nur mit dergleichen Waaren und Wissenschaften die Gemüther dern wilden Heyden einnehmen und die Wahrheiten des Christlichen Glaubens ihnen besto leichter mögten einflößen."[2]

Freilich sank der ganze Vorrath dieser schönen Sachen bei einem Schiffbruch dicht vor dem Hafen von Cabix auf den Meeresgrund.

2. **Missionshospize.** Es lag nahe, für die zahlreichen durchreisenden Missionäre in Cabix ein eigenes Absteigequartier zu schaffen. Ueber dieses Hospitium indicum erfahren wir Näheres aus einem Briefe des P. Joseph Wilhelmi (25. Juli 1741).

„Die Indianischen Missionarii, sowohl welche aus Europa in Indien, als welche aus Indien in Europa abreisen, haben da (im Hafen S. Mariae bei Cabix) ein schönes Absteigequartier, welches erst vor zehn Jahren auf allgemeine Kosten beren Indianischen Provinzen ist aufgebauet worden. Es wird gemeiniglich die **Herberg deren Indianischen Missionarien** genennet. Das Haus hat vier Stockwerk und mehr als 80 Wohn-Zimmer, welche aber zuweilen nicht erklecklich seynd, alle ankommende Indianische Gäst bequem zu bewirten. Wir haben dermalen nebst denen gewöhnlichen vier Hauß-Inwohnern, welchen ein gebohrener Indianer aus dem Reich Pern als Oberer vorstehet, nur 10 Gäst, in allen eine Anzahl von 15 Personen angetroffen,

---

[1] „Welt-Bott" Nr. 509, 125.   [2] Ebb. Nr. 28, 97.

die aber durch unſere, und deren, die bald auf uns folgen ſollen, zahlreichere Ankunft alſo anwachſen wird, daß wir, glaub ich, weil unſere Abreis vielleicht möchte weiter hinaus gezogen werden, um dieſem Hauß nicht zum Laſt zu ſeyn, in andere umliegende Stäbt und Collegia werden eingetheilt werden.

„Es ſoll jüngſthin von Rom der Befehl unſeres Wohl-Ehrwürdigen P. Generals an die Obere dieſer Provinz angelangt ſeyn, daß ſie die Abtheilung deren neuen Indianiſchen Miſſionarien, beſonders deren Teutſchen, alſobald vor die Hand nehmen, und ſelbe in ſolche Häuſer verlegen ſollen, wo ſie die Spaniſche, auch in Indien höchſt nöthige Sprach aus dem Grund erlernen möchten.“ [1]

Aehnliche Hoſpize fanden ſich in Liſſabon [2] und Mozambique, je eines in Mexico [3] und Goa, d. h. an all den Zwiſchenſtatiónen, wo die Miſſionäre günſtigen Wind und eine der ſeltenen Fahrgelegenheiten für die Weiterreiſe abwarten mußten.

3. Muſterung. Da die Anſtellung und Sendung neuer Miſſionäre zu den Pflichten des Patronats gehörte und die Krone für jeden Einzelnen eine beſtimmte Jahresſubvention verſprach, ſo wurde natürlich über die Miſſionäre genau Buch geführt. Darum mußte vor der Einſchiffung „Reviſta“, d. h. Muſterung, gehalten werden, damit ja keiner unbefugterweiſe ſich einſchleiche.

„Einige Wochen zuvor,“ berichtet darüber P. Joſeph Wilhelmi, „als wir von unſerer Peregrina [ſo hieß ſein Schiff] den Beſitz nahmen, mußten wir nach hergebrachtem Gebrauch durch die Muſterung gehen, und uns zu Cadix in dem Collegio, in Gegenwart unſeres P. Procuratoris und mehr anderer Hauß-Inwohner, einem eigends zu dieſen Verrichtungen beſtimmten Schiff-Commiſſario vorſtellen, welcher unſere Tauf- und Zu-Namen, Alter, Geburts-Stäbt und Länder, die Geſtalt unſeres Angeſichts und Beſtellung des übrigen Leibs genau zu Papier bringen, wir aber ihm für dieſe unſere Abcontrafaiung jeder drey Reichs-Thaler zur Belohnung aufzehlen mußten.“ [4]

Noch genauere Angaben macht über dieſelbe Angelegenheit der Bayer P. Joſeph Kropf S. J. [5]

---

[1] „Welt-Bott“ Nr. 654; vgl. Nr. 128, 42 u. a.

[2] Hier diente die Reſidenz S. Borgia für die Procuratoren der transmariniſchen Miſſionen und die durchreiſenden Patres. Ebendort war ein Noviziat für die Miſſionen von Goa, Japan und China. Cf. *Carayon*, Docum. inéd. IX, 51.

[3] „Das Landgut S. Borgiae, unweit Mexico auf eynem freyen Feld gelegen, und die gemeinſame Herberg der neu aus Europa ankommenden Philippiniſchen Miſſionarien iſt, bis dieſe durch das ſo genannte Schiff von China endlich in die Philippiniſchen Eyländer ſelbſt überbracht werden“ („Welt-Bott“ Nr. 657, 88; vgl. Nr. 537, 41; Nr. 108; Nr. 109; Nr. 448 u. a.).

[4] „Welt-Bott“ Nr. 657, 65.

[5] Reis-Beſchreibung, im „Welt-Bott“ Nr. 328, 44.

„Es kamen von Cadix 2 Herren Beamte in unser Behausung und namen mit uns die Revista vor, d. i.: es mußte sich ein jeder aus uns darstellen, erstlich sein Vatter=Land, Dioeces und Alter angeben; darnach ob er Priester, Student, Bruder oder Noviz wäre, ansagen, und endlich sich wohl betrachten lassen, damit seine Leibes=Stellung, Gesichts=Aussehung und Haar=Farb von denen Beamten genau mögte zu Papier gebracht werden. Das Papier, oder Register, worinn alles dieses aufgezeichnet worden, übergibt man sofort dem Schiff=Capitän, darmit zu verhüten, daß sich ja niemand ohne Königliche Er= laubniß zu Schiff begeben und mit in Indien abgehen möge. Denn sollte da einer mit eingeschlichen kommen, müßte er gewärtig seyn, entweders an die Galeeren angeschmiedet, oder unter die Indianische Kriegs=Besatzungen geworffen zu werden. Die Missionarii aber müssen dessentwegen auch durch dergleichen Revista passiren, damit der König versichert werde, daß nicht mehr Missionarii ad Indias abgehen, als seine Mayestät zugelassen. Und ist die Aufzeigung des über die Revista gemachten Registers und abermalige Revista auch in Indien vonnöhten, wollen anders die PP. Procuratores für die mitgebrachte missiones das gewöhnliche Almosen erheben."[1]

4. **Reisekosten.** Die Ueberfahrt auch auf der spanisch=portu= giesischen Flotte war für die Missionäre, wenigstens in späterer Zeit, keineswegs kostenfrei, vielmehr bildete der Fahrpreis auch damals schon einen der schwersten Jahresposten der Missionsprocuren. Auf jeden Mis= sionär rechnete man in Spanien durchschnittlich 2000 Thaler Reise= und Ausstattungskosten. Beispielsweise zahlte P. Andreas Strobl aus der oberdeutschen Provinz 1737 für die Ueberfahrt von Genua nach Lissabon (12. December bis 15. Januar) dem protestantischen Schiffspatron über 500 Gulden für die Ernährung, die dazu noch herzlich schlecht war[2].

Die Ueberfahrt von Lissabon nach Goa kostete die Patres (7 deutsche und böhmische Priester, 2 portugiesische Scholastiker und 1 österreichischer Bruder) 3200 Gulden. Dabei hatten sie jedoch das Privileg einer „ob= schon engen, doch sehr gut gelegenen Wohnung im obern Theil des Schiffes", und das andere, daß sie auf besondere Anordnung des Königs die bessere Kost der Schiffsbeamten bezogen[3].

„Für einen jeden, der nach Paraguarien gewidmet ist," bezeugt P. Matthias Strobel, „muß unser Procurator dem Schiffer samt der Kost 350 pesos, sage 700 Gulden, der Schiffer hergegen dem König so vielmal 25 Groschen oder 5 Realen de Plata erlegen, als viel Spannen Platz auf dem Schiff gezahlt werden."[4]

---

[1] Nur auf Vorweisung der „Königlichen Anordnungen" hin durften die Beamten den Missionären die „Nothdurfft" verabreichen. Vgl. „Welt=Bott" Nr. 17, 52 u. a.
[2] „Welt=Bott" Nr. 641, 8. [3] Ebd. Nr. 642, 8. [4] Ebd. Nr. 509, 125.

Den P. v. Laimbeckhoven und seine Gefährten kostete die Fahrt von Genua nach Lissabon 200 Rheinische Gulden[1], obschon ihre Lagerstatt einem „Todten-Sarge" glich. Auf der Fahrt von Lissabon nach Goa kam allein der Preis für die Kajüte (für 9 Mann) auf 2500 Gulden[2]. Dem Kapitän der „Peregrina", die 1744 den P. Joseph Wilhelmi mit andern für Mexico und die Philippinen bestimmten Missionären (im ganzen 40: 19 Patres, 14 Scholastiker, 7 Brüder) nach Mexico bringen sollte, „waren", so schreibt P. Wilhelmi, „für unsere Verpflegung 12000 Reichsthaler aufgezählt worden". Und doch hielt der Kapitän sie sehr schlecht.

„Zu Mittag wurde uns eine gar geringe, zu Nachts aber gar keine Speis auf die Tafel gesetzet; 2 Fläschlein Wein für 40 und des Wassers auch so wenig, daß der zweyte Trunk auf mich nicht gereichte."[3]

Ueberhaupt war die Ueberfahrt bei dem Stande der damaligen Schifffahrt und den mangelhaften Einrichtungen nichts weniger als eine Vergnügungsreise.

5. Beschwerden und Gefahren der Schiffahrt. Bei der Seltenheit der Fahrgelegenheiten waren die Schiffe meist stark überfüllt, oft fanden sich 300, 400, 500, 600, 800, ja bis 1000 Passagiere an Bord, dichtgedrängt wie Heringe, so daß an Bequemlichkeit nicht zu denken war. Sehr häufig verdarben auf der monatelangen Fahrt die Nahrung und das Wasser und trat, zumal bei Windstillen und ähnlichen widrigen Zwischenfällen, die mit der Segelfahrt unzertrennlich verbunden waren, der bitterste Mangel ein[4]. Kein Wunder, daß oft ansteckende Krankheiten ausbrachen und das ganze Schiff zum Spital und die Missionäre zu Krankenwärtern wurden. Eine große Zahl auch deutscher Missionäre starb so bereits an Bord im Dienste der Kranken, z. B. die PP. Aigenler, Amrhyn, Wilhelm Weber, Wilhelm Meyer u. a. Schiffbrüche waren geradezu an der Tagesordnung; die eine Angabe, daß von 1686 bis 1727, also in rund 40 Jahren, 113 Jesuitenmissionäre durch

---

[1] Reiß-Beschreibung S. 7.   [2] „Welt-Bott" Nr. 554, 66.
[3] „Welt-Bott" Nr. 657, 66. Vgl. u. a. v. Laimbeckhoven, Reiß-Beschreibung S. 61. „Welt-Bott" Nr. 27, 72; Nr. 31, 101; Nr. 438, 73; Nr. 509, 125; Nr. 528, 44; Nr. 529, 111; Nr. 554, 55; Nr. 555, 66 u. a. Eine Aussendung von 80 für Südamerika bestimmten Missionären, die Weihnachten 1728 dahin absegelten, kam auf rund 80 000—90 000 Gulden (nach heutigem Geldwerth etwa 200 000 Mark) zu stehen. Sie wurden theils vom König theils von der Mission gezahlt („Kathol. Missionen" 1876 S. 91).
[4] Ueberdies konnte der deutsche Magen im allgemeinen „sich in die Spanische Kuchel gar nicht schicken" („Welt-Bott" Nr. 438, 66).

Schiffbruch ihr Leben verloren, ist bezeichnend genug [1]. Beispielsweise ging 1719 die ganze für Südamerika bestimmte Schar, 40 Mann, in der Nähe der Canarischen Inseln unter. Unter ihnen waren fünf Patres aus der oberdeutschen Provinz [2]. Im Jahre 1744 scheiterte ein Schiff bei der Insel Santa Catharina an der brasilianischen Küste, wobei vierundzwanzig Missionäre, unter ihnen P. Türck aus Altkirch (Elsaß), P. Paul Waib aus Kaltern (Tirol) und P. Joseph Tolpeit aus dem Pusterthal, ertranken [3].

Dazu kam die große Unsicherheit der Meere, die häufigen Zusammenstöße mit Seeräubern oder holländischen, englischen, französischen Kapern. 1725 wurden beispielsweise zwei „indische Procuratoren" auf der Fahrt nach Europa von Engländern gefangen, völlig ausgeraubt, „doch zu einer sonderbaren Gnad unweit Carthagena an das Land gesetzet" [4]. 1733 fiel ein portugiesisches Schiff maurischen Seeräubern in die Hände, die unter andern Gefangenen auch vier Patres und einen Magister in die Sklaverei nach Mequinez bei Marokko führten und erst gegen ein ungeheures Lösegeld (für jeden wurden 25 000 Cruzados [5], 10 englische Doggen u. a. m. gefordert), das der König von Portugal erlegte, freigaben. Das spanische Schiff, das u. a. die deutschen PP. Johann Wilhelm, Weiß und Würsch 1744 nach Mexico führen sollte, stieß bei Cuba mit englischen Kapern zusammen, wurde nach längerem Kampfe überwunden, ein Theil der Mannschaft und Missionäre zeitweise auf einer öden Felseninsel ausgesetzt und später nach Jamaica gebracht. Nach vielen Leiden und Abenteuern erreichten die Patres nach etwa sieben Monaten ihr Ziel [6].

Oft hielt die Furcht vor den fremden Kapern die spanische Silberflotte und Handelsschiffe wochen- und monatelang in den Häfen fest. „Die verdrießlichsten Hindernisse", schreibt z. B. P. Anton Spedbacher 5. Aug. 1685 aus Puerto Bello, „verursachen uns die französischen und englischen Kaperschiffe, welche mit ihren 14 Raubschiffen im besagten Sud-Meer kreuzen." [7]

Die Flotte wurde daher meist von einer Anzahl Kriegsschiffe zum Schutze begleitet. Oft genug ist in den Briefen von ängstigenden Zusammenstößen und Alarmscenen beim Auftauchen feindlicher Segel die Rede [8].

---

[1] v. Weiß, Weltgesch. (1. Aufl.) XII, 94. Vgl. „Welt-Bott" u. a. Nr. 31, 100; Nr. 49, 61. 65; Nr. 283, 89; Nr. 392, 116; Nr. 528, 57; Nr. 558, 43.
[2] „Welt-Bott" Nr. 172, 46; Nr. 206, 51; Nr. 207, 31.
[3] Lang a. a. O. S. 87. „Welt-Bott" Nr. 657, 64.　[4] „Welt-Bott" Nr. 283, 89.
[5] 1 Cruzado = 1 fl. 24 kr. damaliger Währung.
[6] „Welt-Bott" Nr. 657.　[7] Ebd. Nr. 19, 55.
[8] Vgl. u. a. „Welt-Bott" Nr. 27, 72 ff; Nr. 28, 80; Nr. 30, 87; Nr. 102, 44; Nr. 210, 36; Nr. 509, 125; Nr. 528, 67 u. a.

6. Seelsorge an Bord. Troß aller Entbehrungen, Leiden und Gefahren bot sich während der langen Fahrt den Missionären reichlich Gelegenheit, ihren apostolischen Eifer zu üben. In der Tagesordnung an Bord der spanischen und portugiesischen Schiffe kam auch die Religion voll und ganz zur Geltung. Früh am Morgen, so schildert u. a. P. Johann Ratkay das Reglement, wurde der Kapitän geweckt und der Befehl zur Ablösung der Nachtwache erbeten. Trommeln schlugen dann Reveille, das Segelwerk wurde gerichtet, dann folgte die heilige Messe oder wenigstens das öffentliche Morgengebet, welches von allen, vom Kapitän bis zu den Schiffsknechten hinab, gemeinsam täglich verrichtet wurde. Um 9 Uhr war Frühstück, um 4 Uhr Mittagsmahl. Nach Sonnenuntergang erfolgte das Zeichen zum Abendgebet, unter welchem auch die Lauretanische Litanei und das Salve Regina gesungen wurden[1]. Sonn- und Festtage wurden so feierlich als möglich begangen. Selbst die Frohnleichnamsprocession fand statt; Kapitän und Offiziere gingen mit brennenden Kerzen, an vier Altären wurde der Segen gegeben, die Kanonen krachten, Fahnen und Wimpel wehten[2].

„Alle Tage", berichtet P. Franz Xavier, „lasen wir wenigstens 3 heilige Messen, hielten auch theils bey der Cajuten für den Adel, theils in dem Schnabel (Vordertheil) für das gemeine Volk sehr viel Predigt. Alle andern Tage legten wir öffentlich die christliche Lehr aus, hörten unzählige Beichten mit erfolgtem Gruß des hl. Altar-Sakraments." Alle Abend war Rosenkranz und Salve. „Alle 10 Tag stellten wir eine neue Andacht an, deren jegliche 9 Tag in einem Stück gewährt hat zu Ehren verschiedentlicher Heiligen."[3] In der Fastenzeit war nach P. Joseph Bonani täglich Predigt, die Ceremonien der heiligen Karwoche fehlten auch nicht und das ganze Schiffspersonal, eine ganze Pfarrgemeinde, ging zur Osterbeicht und Ostercommunion. „Und ich kann versichern, daß besagte Kirchen-Gebräuche auf dem Schiff mit nicht geringerer Andacht und Pracht als in jeglicher Kirche gehalten wurden, das hl. Grab ausgenommen, weil außer dem hl. Meß-Opfer verboten ist, das allerh. Altar-Sakrament aufzubewahren."[4]

Noch mehr. Fast regelmäßig bei längern Fahrten hielten die Patres für das Schiffspersonal förmliche Volksmissionen.

„Um aber", berichtet beispielsweise P. Andreas Maucker, „auf die Flotte und auf unsere Reise zurückzukehren, so haben wir nebst häufig gehaltenen Predigen und Christlichen Lehren eine öffentliche Mission auf unserem Schiff angestellet, und solche nach vielen Tagen hindurch angestellten Predigten und

[1] „Welt-Bott" Nr. 28. [2] Ebd. Nr. 701, 17 ff. u. a.
[3] Ebd. Nr. 212, 41. [4] Ebd. Nr. 150, 2.

Andachten an Mariae Geburt [8. September 1680] mit einer Lob=Reb und gesungenen Hoch=Amt feyerlich beschlossen, unter welchem, um den vollkommenen Ablaß zu gewinnen die meisten (nur einen oder den andern ausgenommen) nach vorgegangener Beichte communiciret haben: welches sie auch vorher an S. Ignatii= Tag [31. Juli] und an Portiunculae Kirchweyhe [2. August] gethan hatten."[1]

„Unter Wegs", so P. Adam Gilg, „stellten wir eine acht=tägige Mission mit täglicher Prebig und Christlicher Lehr samt andern Andachten an, zu welcher Beschluß alle, so sich auf unserem Schiff befanden, gebeichtet und auf St. Ignatii unseres Stiffters Tag den göttlichen Frohnleichnam empfangen haben; welches Fest wir mit erster und anderter Vesper, Hoch=Amt, Los= brennung dern Stücken, Aussteckung dern Flaggen und einem Schauspiel, so die Botts=Leut Abends hielten, hochfeyerlich begangen haben."[2]

7. **Reiserouten und Entfernungen.** Wir können uns heute, im Zeitalter des raschen und bequemen Verkehrs, kaum mehr eine Vor= stellung machen von den Beschwerden und Mühsalen der Seefahrten alter Zeit. Eine kurze Angabe der hauptsächlichsten Reiserouten nach Amerika und Asien und ihrer Entfernungen wird uns dies am klarsten machen und bietet zudem ein nicht geringes culturgeschichtliches Interesse.

Der Weg in die westindischen Missionen.

Nach Mexico fuhr jährlich wenigstens eine Galeonenflotte von durch= schnittlich 24 Segel. Sie segelte über (Portorico, Domingo) Habana (Cuba) nach Veracruz. Von hier aus ging der Landweg auf dem Rücken von Maulthieren ins mexicanische Hochland[3].

Die für die Provinzen Neu-Granada und Quito bestimmten Missionäre fuhren mit der westindischen Galeonenflotte, durchschnittlich 27 Segel stark, zunächst nach Cartagena, dem spanischen Haupthafen des Karaiben=Meeres. Von hier trat man theils auf Barken, theils im Sattel den sehr beschwerlichen Wasser= und Landweg nach Quito oder Santa Fe de Bogotá an[4].

---

[1] „Welt-Bott" Nr. 30, 85.

[2] Ebb. Nr. 33, 107; vgl. Nr. 116; Nr. 150, 2; Nr. 160, 74; Nr. 172, 74; Nr. 283, 89; Nr. 438, 67; Nr. 528, 59 u. a.

[3] Beispiele. P. Joh. Ratlah: ab Cadiz 11. Juli 1680, an Portorico 18. Aug., Veracruz 15. Sept.; ab Veracruz 23. Sept., an Mexico 10. Oct. (Reisezeit 91 Tage). — P. Adam Gilg: ab Cadiz 30. Juni 1687, an Mexico 5. Oct. (97 Tage). — P. Jof. Bonani: ab Cadiz 28. Juli 1717, an Portorico 6. Sept., Veracruz 15. Oct. (49 Tage).

[4] Beispiele. P. Nikol. Schindler braucht von Graz nach Quito 14 Monate („Welt-Bott" Nr 282); P. Franz v. Zephyris von Cadiz bis Quito 8 Monate („Welt= Bott" Nr. 283); P. Jak. Elder von Cadiz nach Cartagena vom 21. Dcc. 1723 bis

Nach Chile und Peru war der Weg in der erſten Periode außerordentlich beſchwerlich. Von Cadix ging es zunächſt nach Cartagena, wie
oben; von hier zu Schiff nach Puerto Bello am Iſthmus, dann auf Reit-
thieren quer über die Landenge nach Panama, dann mit Küſtenfahrern in
40 bis 50 Tagen nach Payta (Peru), weiter auf Maulthieren nach Truxillo
und Lima, von wo die Chile-Fahrer abermals zu Schiff oder Land ihr Ziel
zu erreichen ſuchten. Allein dieſer „Todesweg über Panama" und die be-
rüchtigte Fahrt längs der „Südſee"-Küſte koſtete ſo furchtbare Opfer und
war ſo unſicher und beſchwerlich, daß man ſich ſpäter, ſeit dem Anfang
des 18. Jahrhunderts, entſchloß, die für Peru und Chile beſtimmten Miſſionäre über Paraguay zu ſchiden [1].

Nach Paraguay (Chile und Peru) ſegelte alle ein bis zwei Jahre
eine kleine ſpaniſche Galeonenflotte direct auf Montevideo oder Buenos
Aires. Von hier zogen dann (in ſpäterer Zeit) die für Chile und Peru
beſtimmten Miſſionäre auf Ochſenkarren quer durch die Pampas, die einen
weſtlich nach Mendoza und von dort über die Anden nach Santiago in
Chile, die andern in nordweſtlicher Richtung quer durch Tucuman über
Santiago del Eſtero, Salta, Jujuy bis Potoſi u. ſ. w. nach Hoch-Peru [2].

---

17. Febr. 1724, alſo 58 Tage, was recht günſtig war („Welt-Bott" Nr. 323). Acht
Oeſterreicher, die 4. Juni 1722 von Graz abreiſen, langen über Innsbruck, Görz,
Trieſt, Venedig, Padua, Verona, Mailand, Pavia am 3. Juli in Genua an; ab
Genua 9. Juli, an Cadix 15. Aug.; ab Cadix 31. Dec. 1723, an Cartagena
10. Febr. 1724; alſo von Graz bis Cartagena (den Aufenthalt in Spanien abgerechnet)
122 Tage. — P. Heinr. Richter: ab Cadix 24. Sept. 1684, an Cartagena 28. Nov.;
ab Cartagena (Landweg) 25. Dec., an Popayan 6. Juni 1685, in Paſto 21. Juli,
in Ibarra 15. Aug., in Quito Ende Auguſt; alſo von Cadix nach Quito 337 Tage,
die kleinern Aufenthalte eingerechnet.

[1] Siehe „Welt-Bott" Nr. 230 u. a. P. Brandt, der mit andern Jeſuiten 1686
den Todesweg über Panama nahm, erzählt, daß in Puerto Bello und auf dem Landweg nach Panama bereits fünf Patres, darunter drei Deutſche, dem Fieber erlagen.
In Puerto Bello ſtarben von der Mannſchaft einer Flotte einmal 1600 Mann.
Vom Rector von Panama erfuhr P. Brandt, daß auf der Küſtenfahrt nach Peru
die meiſten Miſſionäre umkämen („Welt-Bott" Nr. 27).

[2] Siehe Werner, Miſſions-Atlas (Freiburg 1885) Nr. 26 und 27. —
Beiſpiele. P. Adolf Skal: ab Cadix 13. Dec. 1733, an Montevideo 22. März 1734
(95 Tage). — P. Anton Sepp: ab Cadix 17. Jan. 1691, an Buenos Aires 6. April
(76 Tage). — Br. Michael Herre: ab Wien 10. Juni 1722, an Cadix 8. Sept. 1722;
ab Cadix 21. Nov. 1722, an Buenos Aires 29. März 1723; ab Buenos Aires
(Landweg) 2. Aug. 1723, an Mendoza 15. Dec. 1723; ab Mendoza 21. Jan. 1724,
an Santiago 4. Febr. 1724; alſo von Wien nach Chile 604 Tage (Aufenthalt eingerechnet). — P. Domin. Mayr: ab Buenos Aires 19. Sept. 1717 (80 Ochſen,
400 Meilen durch Pampas), an Santa Fé 2. Oct., an Santiago del Eſtero 24. Oct.,

Nach Brasilien dauerte die Fahrt von Lissabon nach Bahia andert-
halb bis zwei Monate [1].

Der Weg nach Ostasien.

Nach den Philippinen ging die Fahrt anfangs den gewöhnlichen
portugiesischen Seeweg über Ostindien, später jedoch, d. h. bereits zur Zeit,
da auch deutsche Jesuiten dahin zu ziehen begannen, regelmäßig über Mexico.
Die „Philippenser" ruhten dann in dem Hospitium indicum San Borgia
in der Nähe der mexicanischen Hauptstadt aus und warteten die Abfahrt
der Flotte ab, die jährlich einmal zwischen Acapulco an der mexicanischen
Westküste und Manila verkehrte. Die Fahrt von Acapulco nach Manila
dauerte durchweg drei Monate [2].

Die Haupt-Etappen des Weges nach den portugiesischen Besitzungen in Vorder- und Hinterindien waren Moçambique an
der afrikanischen Ostküste, wo gewöhnlich „überwintert" wurde, um die
günstigen Winde abzuwarten, dann Goa, die Metropole von Portugiesisch
Indien und Centrum der Missionen Ostasiens [3].

Nach China ging anfangs der Weg gleichfalls über Moçambique-
Goa, was die Reise außerordentlich verzögerte. Der deutsche Pater Kastner
bemühte sich mit Erfolg, der portugiesischen Regierung eine directere Route
zu empfehlen [4], die mit Umgehung von Moçambique oder wenigstens von
Goa direct von der Südspitze Afrikas aus auf die Sunda-Inseln zu hielt

---

an Jujuy 20. Nov.; ab Jujuy 24. Dec. 1717, an Potosi 11. Jan. 1718; ab Potosi
1. Febr., an Oruro 18. Febr., an Santa Cruz de Sierra 9. April: genau zwei
Jahre seit der Abreise aus Dillingen („Welt-Bott" Nr. 167).

[1] Beispiel. P. Franz Wolff: ab Lissabon 30. April 1738, an Bahia
24. Juni 1738 (55 Tage).

[2] Beispiele. P. Lorenz John: ab Acapulco 31. März 1732, an Manila 15. Juli
(106 Tage). — P. Jos. Bonani: ab Mexico (Landweg) 4. März 1718, an Acapulco
17. März; ab Acapulco 30. März, an Philippinen 16. Juni 1718 (104 Tage). — P. Jos.
Wilhelmi: ab Acapulco 21. März 1745, an Marianen 29. Mai (69 Tage, sehr günstig).

[3] Beispiele. P. Andr. Strobl brauchte von Lissabon nach Goa 17 Monate, da
der Aufenthalt in Moçambique volle 10 Monate dauerte („Welt-Bott" Nr. 642, 9). —
Br. Christ. Matter: ab Lissabon 8. April 1709, an Goa 12. Sept. 1709 (156 Tage).

[4] Plurimus fuit [P. Kastner] in evadenda navigatione ad insulam Timor
dictam, quam sciebat breviorem petentibus Sinas e Lusitania. Non parvas vicit
difficultates; ac tandem obtinuit, ut recta Macaum e Lusitania naves irent: cum
ad tempus, qui e Lusitania contendebant ad Sinam, prius attingerent Goam, et
non nisi secundo anno inde vela faciebant in Sinam. Hanc noxiam ambagem
vitarunt Lusitani, P. Castneri consilio annis sequentibus adhaerentes. Utilissi-
mum docet experientia (*Franco*, Synopsis p. 424).

und zwiſchen ihnen hinburch nach Macao führte. Dieſe Aenberung be-
beutete für Miſſionäre und Miſſion einen wichtigen Vortheil und über
ein halbes Jahr Zeiterſparniß. Immerhin kommt man heute raſcher um
die Welt herum als bamals von Europa nach bem fernen Reich ber Mitte [1].

5. Miſſionsalmoſen in alter Zeit.

Auch in ben Miſſionen ſpielt ber nervus rerum eine weſentliche
Rolle. So iſt es immer geweſen, und bie Frage: „Woher ſollen wir

---

[1] Beiſpiele. **Alte Route**: P. v. Laimbeckhoven: ab Genua 30. Oct. 1735,
an Liſſabon 16. Nov.; ab Liſſabon 25. April 1736, an Moçambique 28. Sept.
1736; ab Moçambique 16. Aug. 1737, an Goa 19. Sept. 1737; ab Goa 6. Mai
1738, an Malacca 20. Juni; ab Malacca 9. Juli, an Macao 31. Juli 1738.
Alſo Liſſabon-Goa: 223, Goa-Macao: 86 Tage, ſomit Liſſabon-China: 309 Tage. —
P. E. Fribelli: ab Liſſabon 8. April 1704, an Kap ber guten Hoffnung 20. Juli (mit
Uebergehung von Moçambique), an Goa 4. Oct. 1704; ab Goa Enbe Mai 1705,
an Macao 8. Aug. 1705; alſo Liſſabon-Goa: 179, Goa-Macao: 81, Liſſabon-China:
260 Tage. — P. B. Müller: ab Liſſabon 17. April 1717, an Macao 27. Mai 1718,
alſo 372 Tage. — Eine intereſſante Angabe, bie hierher gehört, findet ſich im Reichsarchiv München (Jesuitica in genere Nr. 278):

Iter Sinense — Ingolstadio–Pekinum.

	Gradus	Mill. german.
Ingolstadio-Genuam	7	105
Genua-Ulyssiponem	25	375
Ulyssip.- ad Promontorium bonae spei .	114	1710
A Promontorio b. sp. Goam . . .	78	1170
Goa-Malacam	24	360
Malaca-Macaum	20	300
Macao-Quantuum (Kanton) . . .	4	60
Quantuo-Nanguinum (Nanking) . . .	17	255
Nanguino-Pekinum	7	105
	296	4440

Dazu ber Vermerk: Hoc iter *pedestri via* absolverit intra 15 menses, si quotidie
10 milliaria germ. percurrerit. — **Neue Route**: P. Karl Slaviczek: ab Liſſabon
13. März 1716, Kap ber guten Hoffnung 2. Juni (birect weiter nach ben Sunbas),
an Sunba-Straße 31. Juli, an Macao 30. Aug. („nachbem wir 24 Wochen, 1 Tag
unb 12 Stunben ohne Umſchweife, ohne jemals auszuſteigen, auf bem Meere gefahren ſinb"); alſo Liſſabon-China: 170 Tage. — Man vergleiche bamit einmal bie
heutigen Routen, z. B. ber franzöſiſchen Miſſionäre. Nach bem Atlas bes Missions
de la Société des Missions Etrangères (Lille 1890) brauchen bie Miſſionäre mit
ben Messageries Maritimes von Marſeille nach Ponbicherry 23 Tage, nach Singapore
25—28, nach Hongkong 32—35, nach Schanghai 36—40, nach Süb-Japan 40 bis
42 Tage. Unb erſt ber Unterſchieb ber mobernen bequemen Schiffseinrichtung gegen
bie ber alten unpraktiſchen Galeonen!

das Brod nehmen?" ist ja auch heute im Munde aller Missionäre. In der Periode der spanisch-portugiesischen Herrschaft über die weiten Ländergebiete Asiens und Amerikas war diese Unterhaltsfrage der Missionen wenigstens zum großen Theil dadurch gelöst, daß die beiden Kronen kraft ihrer Patronatspflichten die Aussteuer und Unterstützung der Missionäre übernahmen. Auf Jahrhunderte hinaus haben die Könige Portugals und Spaniens dieser Pflicht in hochherzigster Weise entsprochen und Milliarden für das Werk der Glaubensverbreitung gespendet[1]. Es wird die Aufgabe eines zukünftigen Geschichtschreibers der katholischen Missionen sein, diese wichtige Thatsache besser, als bisher geschehen ist, ans Licht zu ziehen[2]. Unzählige Male kehren auch in den Briefen der deutschen Missionäre die Ergüsse wärmster Anerkennung dieser königlichen Munificenz wieder. „Der König von Spanien", so schreibt 1628, um wenigstens das eine oder andere Beispiel anzuführen, der Oesterreicher P. Joh. Ratkay, „gibt einem jeglichen neugekommenen Missionario 300 Thlr. Almosen, mit welchen er sich ausstaffiren und einrichten muß. Eben so viel hat ein Missionarius von der Königl. Kammer zu seiner jährlichen Auskunfft."[3] „Für einen Unterhalt", so P. Kaspar Pöck aus Neu-Granada, „hat mir samt meinen 3 Gesellen der königl. Rath ein jährliches Einkommen von 400 Pataconen oder Reichsthalern nebst 6 Spanischen Soldaten als Leib-

---

[1] Nach Gons. d'Avila, Teatro eclesiástico de las Indias occident. t. I, Vorrede, zählte die Kirche des spanischen Amerika schon 1549 1 Patriarchenstuhl, 6 Erzbisthümer, 346 Beneficien, 2 Abteien, 840 Klöster. Man nehme dazu all die Kirchen, Spitäler, Collegien, Universitäten ꝛc., alle gegründet und reich dotirt durch die Krone.

[2] Im Wiener Staatsarchiv, Filiale (Oesterr. Acten, Geistl. Archiv Nr. 410), findet sich ein Epitome Rei Numariae, quam Reges Hispaniae dicatam habent in Missionarios S. J. in India alendos. Es schließt: Omnes denique impensae, quas singulis annis plerumque facit Rex Hisp. in bonum singularum Provinciarum quas Soc. Jesu in Indiis habet, explent hanc summam:

In Nova Hispania	57 100
„ Philippin.	42 500
„ Novo Regno (Neu-Granaba) . .	80 400
„ Peru	6000
„ Paraquaria . . .	28 925
„ Chile	4325

Summa: 219 250 Scutata argentea, nach unserem heutigen Geldwerth eine wirklich königliche Spende. Nicht umsonst hatte 1646 die achte Generalcongregation der Gesellschaft (Decr. 38)- eine besondere Dankadresse an den Katholischen König votirt für die großmüthige den überseeischen Missionen der Gesellschaft gewährte Unterstützung.

[3] „Welt-Bott" Nr. 28, 31.

schützen angewiesen, mit Versprechen bey dem Catholischen König auszuwürcken, daß 40 Missionarii aus unserer Societät auf Königl. Unkosten daselbst ins künfftige gestellt und vor dies wilde Volck eine Stadt gebaut werde." [1] Für die californische Jesuitenmission warf Philipp V. jährlich 6000 Thaler aus, „womit eine nicht geringe Zahl Apost. Arbeiter erhalten werden kann" [2]. Se. Königl. Majestät von Portugal wird von P. Neugebauer in einem Briefe von 1746 einfachhin „der Stifter und Vater aller dieser Missionen" (Ostasiens) genannt [3].

Man darf aber ja nicht glauben, diese königlichen Zuwendungen hätten die Missionäre aller Sorgen enthoben und für alle Bedürfnisse ausgereicht. Nichts wäre irrthümlicher. Zahlreiche Stellen aus den Briefen der Missionäre belehren uns vom Gegentheil. Die Ausgaben für die weiten See- und Landreisen verschlangen allein schon riesige Summen. Dazu kamen die oft fast unerschwinglichen Preise für die verschiedenen nothwendigen Ausstattungsgegenstände und jene Artikel, welche in die noch wilden, weit entlegenen Missionsgebiete eingeführt werden mußten [4].

Der allmähliche Niedergang der portugiesisch-spanischen Macht im Kampfe gegen die jugendkräftigen und unternehmenden Seemächte England und Holland, der Verfall des Handels u. s. w. ließ die königlichen Finanzen und damit die Hauptquelle der Missionsunterstützung mehr und mehr versiegen. Besonders hart mitgenommen wurden seit der Mitte des 17. Jahrhunderts die Missionen in Portugiesisch Ostasien. Immer mehr mußte hier Portugal vor den Holländern und Engländern zurückweichen. Ehedem fanden die Missionen des fernen Ostens eine gute Stütze an Goa.

„Aber von der Zeit an," so schreibt 1743/1744 P. Joseph Neugebauer aus Cochinchina, „da der an der Goanischen Küsten streiffende Marata der Japonischen Provinz, unter welche auch die Mission von Cochinchina gehöret, mit

---

[1] „Welt-Bott" Nr. 18, 55. [2] Ebd. Nr. 72, 39. Vgl. „Nachrichten aus Californien" S. 99 f. 203 ff. 220. 262 u. a. [3] „Welt-Bott" Nr. 715, 99. [4] Beispielsweise kam in Paraguay ein Quintalcentner Eisen von Buenos Aires nach P. Sepp auf 16 Aurei, eine Elle Leinwand auf 4 und mehr alte Reichsthaler, eine Spitzenalbe auf 120 Reichsthaler zu stehen. In Chile zahlte man für eine Elle Tuch 8—10 Thaler („Welt-Bott" Nr. 46, 39); nach P. Pfefferkorn, der in seinem interessanten Buche „Sonora" diese Frage ausführlich behandelt (I, 442 ff.), kostete z. B. in Mexico eine Elle Leinwand 4 Florin; in Lima ein Hemd 10 Pesos (= 23 Gulden 30 Stüber); ein Hufeisen in Mexico kam auf 10 Gulden 14 Stüber, in Sonora (Nordprovinz) eine Elle grober Leinwand auf 31 Gulden 2 Stüber, ebendort eine Maß Wein auf 10 Gulden 10 Stüber, im Innern von Neu-Granata eine halbe Ohm sogar auf 250 Gulden u. s. w.

benen alldortigen Landgütern fast alle Einkünfte räuberisch entzogen hat, reichet der P. Superior unserer Mission jedem Missionario nebst 15 Bouteillen Weins zum hlg. Meß=Opfer und so vielen Mehls, als die sogenannten Hostien zu backen erklecklich, jährlich zu seiner und der Seinigen Unterhaltung 140 Gulden, mit welcher Summa er sich Kost und Kleidung anschaffen, Haus= und Kirchen= Geräth erhalten, seine Catechisten, Schüler und Bediente kleiden, ernähren und für sie dem König den gewöhnlichen Kopf=Zins entrichten muß. Von mir kann ich in Wahrheit sagen, daß ich weder jemalen in einem Collegio noch auf meiner ganzen Reise so arm und mühselig gelebt, als ich jetzt in meiner Mission lebe."[1]

Es lag nahe, daß sich die Missionäre in ihrer Nothlage anderweitig nach Hilfe umsahen, und daß die ausländischen, beispielsweise die deutschen und niederländischen Jesuiten mit besonderem Vertrauen an ihre deutschen Landesfürsten sich wandten[2]. Dies führt uns auf eine interessante und wenig bekannte Thatsache, nämlich den Antheil des katholischen Deutsch- lands jener Zeit, besonders seiner Fürsten, an dem Missionswerke unter den Heiden.

1. Das österreichische Kaiserhaus. Das Haus Oesterreich zählte von Anfang an zu den größten Gönnern und Wohlthätern der Gesellschaft Jesu. Bald erstreckte sich diese kaiserliche Huld auch auf die Missionsarbeit derselben in fernen Ländern. „Schon Unserem erlauchten Großvater und Vater, Ferdinand II. und Ferdinand III. hochseligen An- denkens," so schrieb 17. September 1664 Kaiser Leopold I. an den Ordensgeneral P. Paul Oliva[3], „war es ein Herzenswunsch, daß das Evangelium Christi unter den Heidenvölkern so weit als nur möglich ver- breitet werde, besonders aber in dem unermeßlichen Reiche von China. Deßhalb hat auch vor 10 Jahren Ferdinand III. eine Summe dafür ausgeworfen, 1000 Gulden jährlich, daß Väter der Gesellschaft Jesu in jene Mission geschickt und in derselben unterhalten werden könnten."[4]

---

[1] „Welt=Bott" Nr. 709, 71.

[2] An eine Missionsunterstützung im großen aus den untern Kreisen der Bevölkerung war in früherer Zeit nicht zu denken. Das gewöhnliche Volk wußte von den Missionen nur wenig. Es bestanden keine billigen Missionszeitschriften, welche das Interesse weckten und in weite Kreise trugen. „Die allgemeine Mit- betheiligung der Laienwelt an dem weltumspannenden Missionswerk der Kirche ist das charakteristische Merkmal der neuern Missionsgeschichte" („Katholik" 1898 I, Heft 2, S. 110). An Stelle der Fürsten und Prälaten ist heute das Volk getreten.

[3] Der Brief steht in deutscher Uebersetzung in den „Stimmen aus Maria- Laach" LVI (1890), 123 ff. Das Original siehe unten im Anhang.

[4] Diese 1000 Gulden wurden aus der Salz= und Biersteuer in Böhmen er- bracht. Leopold I. erlaubte, daß die Summe eine Zeitlang der hartbedrängten

Unter Leopold I. finden wir den ersten Versuch, die **deutschen Missionäre in China unter ein eigenes kaiserlich deutsches Protectorat zu stellen.** Der Plan dazu wird in dem eben angezogenen Schreiben ausführlich dargelegt. Da der Seeweg nach China über Portugal-Goa, so führt der Kaiser aus, durch die Holländer gesperrt werde und die zum Unterhalt jener Mission bestimmte Summe ohne offenbare Gefahr des Verlustes über das Meer nicht gesendet werden könne, so sei es ersprießlicher, daß die deutschen Missionäre künftig den Landweg durch Rußland oder die Türkei und Persien nähmen, den ja mehrere Patres schon mit Erfolg eingeschlagen hätten. Dementsprechend solle die kaiserliche Subvention unter deutscher Verwaltung bleiben und für diese Landreise verwendet werden. Um die Ausführung des Planes „für die Zukunft noch fester zu verbürgen, erklären Wir Uns durch Gegenwärtiges zum Begründer und Protector der Fundation für besagten Landweg". Gleichzeitig werde er (der Kaiser) die Sache auch dem Heiligen Vater darlegen lassen, damit etwa sich erhebende Hindernisse (von seiten der Krone Portugals) durch die Autorität des Heiligen Stuhles beseitigt werden.

Rücksichten auf die leicht erregbaren Empfindlichkeiten der Krone Portugal (s. oben S. 17) und die noch immer bestehenden großen Schwierigkeiten des Landweges [1] hielten den Ordensgeneral P. Oliva für jetzt zurück, auf diese so weitblickenden wie edelsinnigen Gedanken des Kaisers einzugehen. Er konnte sich aber nicht versagen, in einem vertrauten Briefchen

---

ungarischen Mission zugewandt wurde. Dann ging sie wieder regelmäßig nach China, soviel wir wissen, bis zur Mitte des 18. Jahrhunderts. Dem Verlangen der österreichischen Missionäre 1717, daß dieses österreichische Geld ihnen auch besonders zu gute komme, wurde jedoch nicht entsprochen, vielmehr bestimmte der General, daß es den Ordenssatzungen gemäß wie andere Almosen in die gemeinsame chinesische Missionskasse gehe (handschriftl. Urkunde in Privatbesitz).

[1] Ueber den Landweg nach China siehe im 2. Theil s. v. Gruber, P. Johann. Wie außerordentlich schwierig der Landweg nach Ostindien war, ersieht man aus der „Ostindianischen Reisebeschreibung des Herrn Joh. Kaspar Schillinger", Nürnberg 1707; abgedruckt im „Welt-Bott" Nr. 03. Schillinger schloß sich den Patres Weber, Mayer, Hanxleden an. Die Haupt-Etappen der Route waren folgende. Ab Augsburg 3. Oct. 1699 (über Innsbruck, Trient, Venedig, Ferrara, Bologna, Florenz, Pisa) nach Livorno; ab Livorno 3. Nov. 1699, an Alexandrette 15. Dec.; ab Alexandrette (Karawane) 19. Dec. 1699, an Aleppo 26. Jan. 1700, an Murasch am Euphrat 1. Febr.; dann quer durch Armenien, Persien an den Persischen Meerbusen, an Ormuz Ende Oct. 1700, ab zu Schiff 3. November. Auf der Fahrt starben die beiden Patres Mayer und Weber; Schillinger und Hanxleden landen in Surat auf indischem Boden; von hier zog Hanxleden weiter nach Goa, wo er Anfangs 1701 anlangte. Die sehr beschwerliche Reise hatte also über ein Jahr gedauert.

an den kaiserlichen Beichtvater P. Miller (1. November 1664) seiner Bewunderung Ausdruck zu geben über „jenes große Herz, das des Kaisers Brust beseele", und das „unter einer so erdrückenden Last von Sorgen noch Raum finde für so väterliche, so hochherzige, so seeleneifrige Absichten und Pläne" [1].

Dem Kaiser Leopold I. als dem großen Gönner der chinesischen Mission sind denn auch zwei der ersten bedeutendern Schriften deutscher Patres über China gewidmet: die Sinensis Historia, Decas I (Monachii 1658), des P. Martin Martini und die Historica Narratio de initio et progressu Missionis S. J. apud Chinenses … ex litteris R. P. Adami Schall (Viennae 1665). In beiden (Epist. dedicatoria) wird der hochherzigen Munificenz des österreichischen Kaiserhauses der gebührende Tribut der Dankbarkeit dargebracht. Auch Athan. Kirchers Prachtwerk: China Monumentis illustrata (Amstelod. 1667), ist Leopoldo I Munificentissimo Mecenati dedicirt. Das lebhafte Interesse Leopolds I. an der chinesischen Mission bezeugt u. a. der Oesterreicher P. Hieron. Franchi. „Ihre Römische Kayserliche Majestät", so schrieb er 28. October 1706 aus China, „hatte bey der Urlaubs-Audienz allergnädigst befohlen, öfters zu schreiben und dieselbe mit Sinischen Nachrichten zu ergötzen." [2]

Auch Joseph I. (1705—1711) verwandte sich (14. April 1706) im Namen des Papstes Clemens XI. beim Zaren Peter dem Großen zu Gunsten der deutschen Missionäre in Moskau und bat um freien Durchlaß der für China bestimmten Jesuiten [3], da dieselben auf dem Seeweg viele Zeit verlören und oft gar nicht ans Ziel gelangten [4]. „Nicht allein ich," meint P. Franchi (20. Oct. 1710), sondern auch sehr viel andere Missionarii in Sina halten dafür, daß an Erhaltung des Allerdurchlauchtigsten Erz-Hauses Oesterreich die Ruhe gesamter Christlichen Kirchen und **dieser Sinischen Mission** gelegen seyn." [5]

Der Gedanke eines kaiserlichen Missions-Protectorats der deutschen Missionäre in Ostasien erhielt eine neue Anregung und Grundlage, als Oesterreich unter Kaiser Karl VI. (1711—1740) durch Gründung der **Kaiserlich ostindischen Handelscompagnie** von Ostende auch

---

[1] „Stimmen aus Maria-Laach" a. a. O.
[2] „Welt-Bott" Nr. 104, 50.
[3] Handschriftl. Copien des kaiserlichen Schreibens und der zusagenden Antwort des Fürsten Menschikow (20. Oct. 1706) in Privatbesitz. Vgl. auch Clementis XI P. M. Epistolae et Brevia selectiora (Romae 1729) col. 2235 sq.
[4] Von 1655—1660 kamen nicht weniger als achtzehn Jesuiten auf der Seereise nach China um (J. D. Gabiani, Increment. Sin. Eccles. Viennae 1673).
[5] „Welt-Bott" Nr. 108, 55.

eine Seemacht zu werden versprach[1]. Der Aufschwung Hollands und Englands, welche durch ihren Seehandel gewaltigen Reichthum und Einfluß errangen, reizte zur Nachahmung. Der Friede von Utrecht (1713) hatte die spanischen Niederlande mit ihren Nordseehäfen an Oesterreich gebracht. Die Gelegenheit, sich von dem lästigen Handelsmonopol Englands und Hollands unabhängig zu machen und von Ostende aus selbständige Verbindungen mit Ostasien anzuknüpfen, war günstig. Der unternehmende Generalstatthalter der österreichischen Niederlande, Prinz Eugen, befürwortete den Plan mit Wärme. So bildete sich zuerst mit kaiserlicher Genehmigung ein Privatconsortium von englischen, in Belgien angesiedelten Kapitalisten, denen bald brabantische und flandrische Kaufherren sich anschlossen. Von 1715 an fuhren ihre Schiffe in jährlich wachsender Zahl unter kaiserlicher Flagge nach Ostindien. Ihr glücklicher Erfolg ermunterte den Kaiser zu weiterem Vorgehen. Am 16. Juni 1722 unterzeichnete Karl VI. die Acte, durch welche die Ostendesche Handelsgesellschaft ins Dasein trat. Die Gründung zeigte sich lebensfähig. An verschiedenen Hafenplätzen, wie in Coblon, fünf Meilen von Madras, an der Küste von Bengalen, in Kanton, wurden Factoreien angelegt. Die Geschäfte gingen glänzend. Ein Handelsvertrag und eine Art Alliance mit Spanien versprach der Gesellschaft den festen Rückhalt an eine größere Seemacht. Allein die bald wieder erwachende Eifersucht Spaniens und Portugals zerstörte im Verein mit dem Handelsneid Englands und Hollands schon bald wieder die Hoffnungen, welche Kaiser Karl VI. an diese Lieblingsschöpfung geknüpft hatte. Der Wiener Vertrag vom 16. März 1731 löste die Ostendesche Handelsgesellschaft wieder auf.

Bei den deutschen Missionären hatte die nationale Gründung das lebhafteste Interesse und den größten Jubel erweckt.

„Auf dieser Reise" (von Brasilien nach Lissabon), so schreibt P. Joh. Güntzel 7. September 1720, „ist uns mitten auf dem Meer ein mit Römisch-Kayserlicher Flaggen prangendes Ostendisches Schiff begegnet, auf welches unsere Capitana oder [portugies.] Haupt-Schiff einen scharfen Stück-Schuß gethan, hiemit aber dasselbe sich uns zu stellen gezwungen hat. Mich freuete der Anblick gedachter Flaggen desto mehr, je weniger man vor Zeiten sich hätte einbilden dürffen, daß jemals ein dergleichen Schiff mit dem Wappen des Allerdurchlauchtigsten Hauß von Oesterreich deutscher Nation auf dem großen Welt-Meer sich würde sehen lassen."[2]

„Die Ostendische Schiff," schreibt P. Stöcklein in der Vorrede zum 8. Theil des „Welt-Bott", „so bald sie mit Römisch-Kayserlichen Flaggen zu Macao und

---

[1] v. Arneth, Prinz Eugen III, 125 ff. Dumont, Corps univ. diplom. VIII, 2, 41 ss. 114 ss. Vgl. Krones, Gesch. Oesterreichs IV, 127 f. 461. 493.

[2] „Welt-Bott" Nr. 207, 31.

Canton zum erstenmal erschienen, haben bey manchen Neidern zwar ein großes Aufsehen, bei denn Teutschen, Böhmischen, Niederländischen und Welschen Missionariis aber, welche bißher bey andern Europaeischen Nationen nicht ohne Beschwerde sich hatten einbetteln müssen, eine unbeschreibliche Freud erweckt, wegen geschöpfter Hoffnung, fürhin, gleich andern Catholischen Priestern, in China ihres eigenen allerhöchsten Monarchens, verstehe Jhro Röm. Kayserlicher Majestät Caroli VI. allergnädigsten Schutz unmittelbar zu geniessen.

„Die Ostendischen Schiff-Capitaines haben gleich Anfangs aller Missionarien Hochachtung und Liebe gewonnen, als sie nicht allein diser Apostolischen Männer Brief und Päcklein richtiger, dann alle andere, an behörige Orth besürdert, sondern auch bereits vil Ober- und Nibertentsche Priester gar willig hin und hergeführt haben."

„Den 13. Juli 1718", berichtet der Oesterreicher P. Balth. Miller (13. September 1718) aus China mit sichtlicher Befriedigung, „ist zu Canton ein Schiff aus denen Oesterreichisch-Kayserlichen Niederlanden, der Printz Eugenius genannt, mit denen Flaggen Jhro heutiges Tags Glorwürdigst regierenden Römisch-Kayserlichen Catholischen Majestät Caroli VI. mit zweyen Priestern unserer Gesellschafft glücklich angelangt. Es waren 2 Niederländer, und die Nachrichten von den glorreichen Siegen Ihrer allerhöchst gedachten Kayserlichen Majestät über die Türken erweckten unter den Teutschen allgemeine Begeisterung."[1]

„Etliche Europaeer freilich", bemerkt ein anderer Oesterreicher, P. Joh. Baroozky (Brief aus Kanton, 9. April 1723). „sehen die Kayserlichen von Ostende in diesen Haafen [Kanton] eingeloffenen Schiff mit scheelen Augen an: obschon dieselbe die Sinische Mission nicht wenig besürdern. Solcher Unwillen kommt theils von einer Sorg her, Jhro Römische Kayserliche Majestät mögten (gleichwie es die meisten Missionarii, zumalen aus Wälsch-Teutsch- und Niederland wünschen) die Sinische Mission in bero Allerhöchsten Schutz nemmen, theils von einer Begierde, das Gewerb mit Ausschließung aller anderen Nationen an sich zu ziehen."[2]

Von den andern Gliedern des kaiserlichen Hauses, die sich um die Missionen und besonders die „Missionarii teutscher Nation" verdient gemacht, müssen besonders zwei edle Fürstinnen hier namhaft gemacht werden: Maria Anna[3], die Tochter Kaiser Ferdinands III. und zweite Gemahlin König Philipps IV. von Spanien, und Maria Anna[4], Tochter Kaiser Leopolds I. und Gemahlin König Johanns V. von Portugal. Erstere war die Hauptwohlthäterin der Mission auf den Marianen, welche „ihren Nahmen von ihrer mildreichen Stifterin ererbt haben"[5]. Die Mission

---

[1] „Welt-Bott" Nr. 160, 43.   [2] Ebd. Nr. 200.

[3] Geb. 8. Nov. 1644, gest. 16. Mai 1696.

[4] Geb. 9. Sept. 1683, vermählt 27. Oct. 1708.

[5] Brief des P. Joseph Bonani vom 27. Mai 1719 („Welt-Bott" Nr. 131, 3).

war sehr schwierig und entbehrte der nothwendigen Mittel. Da wandte sich P. San Vitores an die Königin und hielt um „eine zulängliche Stiftung an. Welches er auch von Dero dem Haus von Oesterreich angeborenen Gottseeligkeit leicht und reichlich erhalten". Auf ihren Befehl (18. April 1673) wies der Marquis de Manceta, Vicekönig von Mexico, der Mission aus der königlichen Kasse eine Jahressubvention von 3000 Pesos zu. Weiter gab sie Ordre, eine Garnison zum Schutz der Mission auf die Inselgruppe zu legen, ließ durch den Statthalter von Manila für die Missionäre ein eigenes Schiff bauen, damit sie leichter von Insel zu Insel die frohe Botschaft tragen könnten, und schärfte den hohen Beamten ein, keine Opfer zu scheuen, um diese ihre Mission in jeder Weise zu fördern[1].

Womöglich noch freigebiger und liebevoller nahm sich die Königin Maria Anna von Portugal der Missionen und ihrer lieben deutschen Missionäre an. P. Johann Siebert in Cochinchina nennt sie in einem Briefe (31. Juli 1745) an die Gräfin Fugger „eine mildreichste Mutter aller Missionen"[2]. Alle deutschen Missionäre, die über Lissabon reisten, empfing sie oft wiederholt zur Audienz, nahm sie in der liebevollsten Weise auf und sorgte mütterlich für alle ihre Bedürfnisse. P. Baucke nennt sie bei Gelegenheit, wo er von dieser Audienz erzählt, „eine wahrhaft heilige Frau, welche durch ihre Tugend und Frömmigkeit zeigte, welchem Hause sie entsprossen"[3].

„Wenn jemahlen," so äußert sich der Oesterreicher P. Gottfried v. Laimbeckhoven, der 1735 vor der Abreise nach China die Königin sah, „so wünschte ich mir anjetzo Worte genug, um in etwa die Huld-, Freund- und Leutseligkeit, mit welcher uns diese durchlauchtigste Königin empfangen, an den Tag zu geben. Ihr ganzes Ansehen war ein lauter Anmuth, ihre Rede aber ein ungemeine und recht österreichische Güte."[4]

Sie war es, welche die ausgiebigere Sendung von deutschen Missionären nach Brasilien veranlaßte[5], dieselben dort und im fernen Ostasien in wirksamster Weise unterstützte und mit ihnen theils persönlich theils durch ihren Beichtvater P. Joseph Ritter einen regen Briefwechsel unterhielt[6].

---

[1] Ausführlich „Welt-Bott" Nr. 539, 63 ff.   [2] Ebd. Nr. 711, 79.
[3] Baucke, Ein Jesuit in Paraguay. Herausgeg. von A. Kobler (Regensburg 1870). S. 16. 19. 25. Vgl. „Welt-Bott" Nr. 566, 84; Nr. 151, 3; Nr. 508, 113.
[4] „Neue umständl. Reiß-Beschreibung" (Wien 1740) S. 31 ff.
[5] Siehe oben S. 30.
[6] Briefe von Missionären an die Königin aus Vorder- und Hinterindien und China „Welt-Bott" Nr. 634. 640. 648. 713; an ihren Beichtvater ebd. Nr. 646.

Immer und immer wieder kehren in den Missionsbriefen die Ergüsse wärmster
Dankbarkeit gegen die königliche Wohlthäterin wieder, die jede Gelegenheit
benutzte, um ihren Schützlingen eine Freude zu machen[1]. Einen sehr
wichtigen Dienst erwies sie benselben u. a. dadurch, daß sie, um ihnen
die schwierige Correspondenz zu erleichtern und zu sichern, „dem jährlich
nach Macao segelnden Compagnie-Schiff anbefohlen hatte, alle Briefe und
Paquetten deren Missionariorum, ohne Entgeld aufzunehmen und nach
Lissabon zu überbringen"[2].

2. **Das bayerische Fürstenhaus.** Neben dem österreichischen
Kaiserhaus waren die Fürsten Bayerns die größten Wohlthäter der deutschen
Jesuiten daheim und in den fernen Missionen. Schon Herzog Albert V.
(† 1580) zeigte lebhaftes Interesse an den Missionen der Gesellschaft Jesu,
las mit Freude die ihm vom sel. Petrus Canisius zugesandten Briefe aus
Indien und ließ dieselben überseßen, damit auch seine fromme Gemahlin
Anna (Tochter Kaiser Ferdinands I.) sie lesen könnte[3]. Der Besuch des
P. Trigault 1616 am kurfürstlichen Hofe in München[4] weckte dort die
lebhafteste Theilnahme für die chinesische und japanische Mission. Herzog
Wilhelm V. „der Fromme" warf zu deren Unterstützung mit fürstlicher
Freigebigkeit einen Jahresbeitrag von 500 Gulden aus[5]. Herzog Maximilian

---

647. 649. 650. 681. 687. 710. 714. 017; Briefe der Königin an Missionäre ebb.
Nr. 039, 126. v. Murr, Gesch. der Jesuiten in Portugal S. 200 f.

[1] „Welt-Bott" Nr. 723, 145; 639, 126 u. a.

[2] „Welt-Bott" Nr 723, 145. Mit der Correspondenz der Missionäre
stand es damals bei den gewaltigen Entfernungen, den seltenen Fahrgelegenheiten
und dem unvollkommenen Postwesen sehr schlecht. Einige Angaben mögen genügen.
Zunächst gingen ungezählte Brief- und Postsachen theils durch Kaperschiffe oder
andere Ursachen verloren. So klagt z. B. P. Andr. Strobl, daß vier seiner Briefe
an die Königin von Portugal nicht angelangt seien („Welt-Bott" Nr. 646, 22; vgl.
391, 110). Oder die Briefe trafen mit ungeheurer Verspätung ein. P. Steigmiller
im Innern Neu-Granadas erhielt einen vom 3. Juli 1726 aus Graz datirten Brief
am 23. Sept. 1727; P. Joseph Bonani auf den Marianen einen Brief von Triest,
datirt 26. Sept. 1735, im Juli 1740; P. Joh. Siebert am Hof von Cochinchina ein
Schreiben der Gräfin Fugger, datirt 29. Oct. 1742, erst am 28. Jan. 1745, u. ä. m.
Ein Grund dieser Verzögerung war nach P. v. Hallerstein die Nachlässigkeit der
portugiesischen Post, „als welche schon öfters bei ihr aufgebürdete Briefschaften
ziemlich langweilig und unsicher an Ort und End überbracht, wie es nicht unlängst
unser altbetagte P. Ernbertus Fribelli erfahren, dem ein vor 13 Jahren in
Europa geschriebener Brief erst heuer 1740 zur Antwort über-
reicht worden" („Welt-Bott" Nr. 539, 93).

[3] *Braunsberger*, B. P. Canisii Epist. et Acta II, 281. 292[1].

[4] Siehe oben S. 11.

[5] Reichsarchiv München, Jesuitica in genere fasc. 16, n. 276.

ſchenkte für die Miſſion eine koſtbare Bücherſammlung und einige für den Kaiſer von China beſtimmte Präſente, wahre Wunderwerke mechaniſcher Kunſt[1]. Maximilian I., der erſte Kurfürſt von Bayern (ſeit 25. Februar 1623), beſtätigte 16. März 1626 die von ſeinem Vater ausgeworfene Jahresrente von 500 Gulden[2]. Die Zahlung wurde auch unter den Nachfolgern regelmäßig fortgeſetzt, mit Ausnahme der Kriegsjahre 1632 bis 1652. Unter dem 26. September 1654 erneuerte die Kurfürſtin von Bayern ausdrücklich die Bewilligung[3]. Sie dauerte fort, bis Kurfürſt Max Emanuel 1687 ſie wegen der großen Kriegsausgaben endgiltig abſtellte[4]. Dafür gewann die Miſſion eine andere große Wohlthäterin an der Gemahlin des kinderloſen Herzogs Maximilian Philipp († 20. März 1705), Mauritia Febronia geb. de la Tour d'Auvergne. Dieſelbe beſtimmte 1703 eine Jahresrente von 200 Gulden zum Unterhalte eines Miſſionärs in China[5], vermachte in ihrem Teſtament von 1705[6] 50 000 Gulden zur „Fundation einiger Miſſionäre in China“ und in einem Codicill vom 10. Juli 1706 weitere 10 000 Gulden für den „Bau eines kleinen Seminariums“. Das Legat wurde wegen eines Formfehlers vom Reichsgericht als null und nichtig erklärt, allein den Bemühungen des Generalprocurators der indiſchen Miſſionen, P. Franz de Fonſeca, gelang es 1717, das Legat in causas pias aufrecht zu erhalten und deſſen Auszahlung durchzuſetzen[7]. Auf derſelben Reiſe gewann P. de Fonſeca am Kurfürſten von der Pfalz in Neuburg einen neuen Gönner der Miſſionen[8].

Die Miſſionäre bezeigten auch hier ihre Dankbarkeit dadurch, daß ſie die über China erſchienenen Werke ihren hohen Gönnern widmeten[9] und

---

[1] *Kropf*, Hist. Prov. Germaniae Super., Dec. VIII, 59 sqq. v. Lipowsky, Geſch. der Jeſuiten in Bayern II, 125. Riezler, Geſchichte Bayerns IV, 630. Münſterberg, Bayern und Aſien im 16., 17. und 18. Jahrh. (Zeitſchr. des Münchener Alterthumsver., Neue Folge VIII [1894] 13 ff.).

[2] Reichsarchiv München a. a. O. fasc. 16, n. 276. Lang (Geſch. d. Jeſuiten in Bayern, Nürnberg 1819, S. 84) ſagt: „Für China ſoll Kurfürſt Max I. über 30 000 Gulden bar hergeſchenkt haben.“ (?)

[3] Freyberg, Geſch. der bayer. Geſetzgebung III, 153.

[4] Münſterberg a. a. O. S. 20.

[5] Reichsarchiv München a. a. O. fasc. 16, 260.

[6] Ebb. — Vgl. Söltl, Die frommen und milden Stiftungen der Wittelsbacher (Landshut 1858) S. 100; ſonſt weiß Söltl von dieſen Miſſionsſtiftungen kaum etwas zu melden.

[7] *Franco*, Synopsis Annalium S. J. 437, 12.   [8] Ibid.

[9] So widmet z. B. P. Nikol. Trigantius (Trigault) ein Werk De Christianis apud Japonios triumphis ... libri 5 (München 1623) „ad Serenissimos utriusque Bavariae duces Guilielmum Parentem, Maximilianum, Ferdinandum, Albertum

sie durch Zusendung von chinesischen und japanischen Kunstwerken und interessanten Raritäten zu erfreuen suchten[1].

3. Auch zahlreiche andere deutsche Fürsten und Herren erwiesen sich als Gönner und Freunde der Missionen. Die Thatsache beweist, wie lebhaft das Missionsinteresse, wenigstens in den gebildeten Kreisen, damals schon war.

Unter den geistlichen Fürsten ist an erster Stelle Ferdinand Freiherr von Fürstenberg, Fürstbischof von Paberborn und Münster[2], zu nennen. Ein Schüler und großer Freund der Jesuiten, ein inniger Verehrer des hl. Franz Xaver, Apostels von Indien, wandte er der Missionsarbeit der Gesellschaft Jesu daheim und in den überseeischen Ländern die wärmste Theilnahme und thatkräftigste Förderung zu. 1682 stiftete er aus seinem Vermögen auf ewige Zeiten die bedeutende Summe von 101 740 Thalern, welche jährlich 5087 Thaler Zinsen trugen, zum Unterhalt von 36 Missionären in fünfzehn Missionen: acht in Deutschland, sechs im Norden, dessen Apostol. Delegat er war, endlich eine[3] in Indien und Japan. Das Schreiben, durch welches er der zur Wahl eines neuen Ordens-

---

F. F. F." Er dankt in der Widmungsvorrede für die großmüthige Unterstützung: „testatum volo Christiano orbi universo ... toti posteritatis memoriae ... quam pronis animis ad Sinensem expeditionem Serenissima Bavarorum Ducum familia magnitudinem suam inclinavit" etc. Mehrere andere den Kurfürsten gewidmete Missionsschriften bei Münsterberg a. a. O.

[1] Was Münsterberg a. a. O. gegen die jesuitische Herkunft der meisten dieser noch heute in der königlichen Residenz, im Nationalmuseum, im Münzcabinet, auf den königlichen Schlössern zu Nymphenburg ꝛc. sich befindlichen und zum Theil sehr werthvollen chinesisch-japanesischen Kunstwerke vorbringt, beweist wenig. Die Aussagen der alten Etiquetten werden durch eine aprioristische Späterdatirung der Kunstwerke — was ist problematischer als solche Datirungen, zumal ostasiatischer Producte! — gewiß nicht aufgehoben. Ein reger Verkehr zwischen Hof und Missionären wird ja zugestanden, ein gegenseitiger Austausch von Geschenken ist erwiesen. Wenn die Patres bescheiden die ihrigen als demüthige Gaben der Armut bezeichnen, so folgt daraus nichts gegen deren wirklichen Kunstwerth. Es liegt doch gewiß nahe, daß die ostasiatischen Fürsten die herrlichen Geschenke des bayerischen Hofes durch entsprechende Gegengaben erwiderten und diese durch die Missionäre vermittelten. (Beiläufig bemerkt, sollte Münsterberg wissen, daß Wilhelm V. von Bayern noch nicht „Churfürst" war.)

[2] Geb. 21. Oct. 1626, seit 1661 Fürstbischof von Paberborn, seit 1678 Fürstbischof von Münster, starb 26. Juni 1683. Papst Innocenz XI. rief bei der Todesnachricht aus: „Wir haben eine große Zierde der Kirche verloren." Vgl. F. J. Micus, Denkmale des Landes Paderborn. Paderb. 1844.

[3] „Welt-Bott" Nr. 99, 39 wird genauer angegeben: „acht Missionarios für das Reich Sina auf ewig zu stiften".

generals in Rom versammelten zwölften Generalcongregation diese großartige Stiftung ankündigt, ist ein herrliches Zeugniß seines wahrhaft apostolischen Herzens [1].

„Endlich", so schreibt er mit Bezug auf die Mission im fernen Osten, „habe ich von Ferdinand Verbiest, Vice=Provincial in Eurer Gesellschaft in dem ungeheuren Chinesischen Reiche, einen Brief erhalten, in welchem er beklagt, daß unzählbare Seelen, die zur Aufnahme der göttlichen Gnade bereit seien, aus Mangel an Verkündern des hl. Evangeliums daselbst, auf ewig in bedauerns= würdiger Weise verloren gehen. Indem der oben erwähnte Lehrer der Völker [St. Paul] uns diese Worte zuruft: ,Wie sollen die Menschen an den glauben, von welchem sie nicht gehört haben? Wie sollen sie hören ohne Prediger? Wie sollen diese predigen, wenn sie nicht gesandt werden?' da glaubten wir den P. Franz Xaver, unsern besondern und liebevollsten Patron, der mehr aus Sehnsucht, den Griechen das Evangelium zu predigen, als von der Krankheit überwältigt, starb, dieselbe Mahnung wiederholt uns zurufen zu hören. Darum haben wir diesen erwähnten 14 heiligen Missionen die 15. Chinesische und Japanesische hinzugefügt, damit jenen im fernsten Osten wohnenden, aber des Lichts des wahren Glaubens beraubten Völkern aufgehe die Sonne der Gerechtigkeit und der Glanz des ewigen Lichtes, Christus Jesus, zu welchem nach dem Zeugniß der Heiligen Schrift der himmlische Vater sprach: ,Ich habe dich gegeben zum Licht der Völker, damit du mein Heil seist bis zum Ende der Erde.'"

Das Schreiben wurde in öffentlicher Versammlung vorgelesen, und sogleich votirte die Generalcongregation ein inniges Dankschreiben und sagte in der ganzen Gesellschaft heilige Opfer und Gebete für den hohen Gönner an [2]. Als der edle Fürstbischof dieses Antwortschreiben erhalten, verrichtete er das heilige Opfer am Altare, auf welchem ein Papier lag, das u. a. folgende eigenhändig geschriebene Worte enthielt: „Damit die chinesische und japanische Mission glücklichen Erfolg habe und recht große Früchte bringe, opfere ich zweitausend heilige Messen auf." [3]

Auch P. Verbiest in China spricht dem ausgezeichneten Wohlthäter in einem sehr schönen, vom 9. October 1684 aus Peking datirten Schreiben im Namen der ganzen Mission seinen tiefgefühlten Dank aus. Er habe den Brief auf den Knieen geschrieben, als ob er persönlich vor dem Fürst= bischof sich befände, und biete ihm als kleine Gegenspende u. a. die 25 000 Rosenkränze an, welche die Christen Pekings für ihren hohen Gönner beten wollten [4].

---

[1] Micus a. a. O. S. 66 ff.
[2] Constit. S. J. Decreta Congr. Gen., Congr. XII, d. 27.
[3] Micus a. a. O. S. 08. [4] Handschrift in Privatbesitz.

Der Fürstenbergischen Stiftung erging es wie so mancher andern. Sie wurde, wenigstens zeitweise, gegen die Absicht des Schenkgebers zu andern frommen Zwecken verwendet, aber 1708 von dem Fürstbischof Franz Arnold v. Metternich ihrer ursprünglichen Bestimmung zurückgegeben [1].

Als einen Wohlthäter der ostasiatischen Missionen lernen wir auch den Kurfürsten Clemens August [2] von Köln kennen, der als kurbayerischer Prinz eigentlich schon oben zu erwähnen war. In einem Schreiben vom 10. Januar 1736 aus Macao bezeichnet P. Philipp Sibin S. J., Visitator der chinesisch-japanischen Provinz, es als seine Schuldigkeit, ihm, dem Fürsten, als dem besondern Wohlthäter der Gesellschaft Jesu und zumal der chinesischen Mission, Nachricht über deren Stand zu geben [3].

Als eine wahre „Mutter der deutschen Missionäre in Ostasien" erwies sich unter andern hochadeligen Damen vor allen die Frau Maria Theresia Gräfin von Fugger zu Wellenburg, geborene Truchseß zu Zeil. Eine Reihe von deutschen Missionären in China und Hinterindien stehen mit ihr im regsten Briefwechsel, senden ihr Berichte über den Stand der Missionen, danken für die empfangenen Wohlthaten, geben Rechenschaft über deren Verwendung [4], senden ihr Geschenke [5].

---

[1] Der Vermittler dieser Transaction war auch hier der rührige General-Procurator der indischen Missionen P. Franz de Fonseca (siehe oben S. 54). Er hatte den portugiesischen Grafen Villa Mayor auf dessen Brautwerbung um die österreichische Kaiserstochter Maria Anna für Johann V. von Portugal als Beichtvater begleitet. Auf seiner Rückreise „non solum conduxit secum 8 egregios Missionarios pro India, sed in suo reditu iter per Monasterium Westphalorum instituens accepit a Celsissimo S. R. I. Principe Francisco Arnoldo de Metternicht [sic] Episc. Paderb. et Monast. 5700 florin. Ex fructibus legati, quod piissimus et Celsissimus Princeps Ferdinandus de Fürstenberg fundaverat pro missionibus Sinensi et Japonensi, qui multos annos contra pium Fundatoris mentem ac expressam in Tabulis fundationis voluntatem aliis operibus sanctis piisque fuerunt applicati" (Franco, Synopsis p. 429).

[2] Geb. 17. Aug. 1700, Sohn des Kurfürsten Ferdinand von Bayern, wurde schon 10. Dec 1715 Fürstbischof von Regensburg, 6. März 1715 Bischof von Münster, 27. März 1715 von Paderborn, 9. März 1722 Coadjutor von Köln und 12. Nov. 1723 Kurfürst und Erzbischof von Köln. Er erhielt später noch die Bisthümer Hildesheim und Osnabrück und starb zu Koblenz 6. Febr. 1761.

[3] Brief bei v. Lipowsky a. a. O. II, 336, IV.

[4] Briefe an Gräfin Fugger im „Welt-Bott" Nr. 684. 690. 693. 706. 711. 721. 722.

[5] Aus einem im Wiener Staats-Archiv (Geistl. Angel. Nr. 415) aufbewahrten Briefe des P. Ignaz Ponschab aus Burghausen in Bayern vom 26. Jan. 1753 nach Böhmen erfahren wir u. a., daß die PP. Koffler aus Cochinchina und Bahr aus Peking „an die Gräfin de Welleburg (zu München) eine 203 Pfund schwere

„Es haben", so schreibt z. B. P. Johann Walter 1747 aus Peking an
Gräfin Fugger, „viele freygebige Wohlthäter die milde Hände ausgestrecket,
ihre Armuth [gemeint ist die Residenz der Patres in Peking] zu unterstützen
und ihr, in gegenwärtigen betrüblichen Umständen [es war das blutige Ver-
folgungsjahr] erfreuliche Hülf zu leisten. Ihre Majestät, die Durchlauchtigste
Königin von Portugal: der Durchlauchtigste Prinz und Erzbischof zu
Praga: Seine Excellenz, der Vorsteher des Indianischen Raths und vor-
maliger Abgesandter am Pekingischen Hof, haben aus Portugall: viele aus
unserem Teutschland, ein namhaftes Allmosen heuer anhero übermachet..."
Euer Hoch-Gräfliche Excellenz wollen dem zeitlichen reichen Allmosen, um welches
wir uns höchst verbunden erkennen, auch das geistliche beysetzen und die dermalen so bedrängte Chinesische Kirch, Gott, in ihren heiligen Andachtsübungen,
eifrigst anbefehlen." [1]

In einem Briefe vom 15. November 1744 aus Peking an die Gräfin
gibt P. Florian Bahr auf deren Anfrage nähere Auskunft über das Werk der
chinesischen Findelkinder. Die nothwendigen Mittel würden durch freiwillige
Gaben gedeckt. „Es haben sich in Europa mildherzige Guttäter gefunden,
welche zu diesem Ziel jährliches Allmosen nach China übermachen. Unter diesen
seynd einige Hochadelige Damen, deren Namen ich da, weilen es mir von ihrer
Demut also gebotten worden, nicht ohne Zwang verschweige. Eine derselben
[gemeint ist die Gräfin] ist Euer Hoch-Gräflichen Excellenz nur gar zu bekannt,
und ist eben diejenige, die mir und Patri Walter aus einer immerfort dauern-
den Freygebigkeit jährliche gewisse Geld-Summen anschaffet, mit welcher wir
das heilige Werk beständig befördern, ja von Jahr zu Jahr höher treiben
können. Ihr und allen übrigen Wohlthätern mag zum Troste dienen, daß
sie mit ihrem mitleidigen Allmosen, allein dieses Jahr, eintausend siebenhundert
neun und achtzig Kindern das ewige Leben erkauffet haben." [2]

Um 1747 entschuldigt sich P. Florian Bahr in einem nicht näher
datirten Briefe bei seinem Ordensbruder P. Ulrich Probst, „Domprediger
bei St. Moritz in Augsburg", daß er ihm nicht schon früher gedankt.
Wohl habe er von seiner „mächtigen Wohlredenheit" und seinen „saftigen
Predigten" viel Ruhmwürdiges gehört, aber nicht gewußt, daß er sich
derselben „auch zum Nutzen eines in der äußersten Welt-Gränzen ver-
borgenen Missionarii" bedient hätte, zumal er ihn früher kaum näher
gekannt habe.

Kiste voll höchst interessanter und kostbarer Merkwürdigkeiten geschickt hatten, die
wohl würdig wären zu Geschenken an die Fürsten und selbst an
den Kaiser. Man brauche mehr als einen Tag, um all die Wunderdinge zu
betrachten" (vgl. dazu oben S. 55, Anm. 1). Als Gegenleistung sei von München
aus eine andere Kiste an die genannten Patres abgegangen, mit europäischen Geschenken, die in jenen Ländern gute Dienste leisten würden.
　[1] „Welt-Bott" Nr. 690, 46.　　　[2] Ebd. Nr. 848, 100 f.

„Jetzt da ich von Rom aus versichert worden, daß ich und unsere ganze Mission dem kräftigen Vor-Wort Euer Ehrwürden, großen Theils jene sonder=baren Guttthaten zu danken hätten, mit welchen uns einige hohe Gönner, diese Jahre her, so mildthätig überhäuffet, habe ich nicht unterlassen wollen, für selbes unser schuldigst=verbundene Danksagung, mit all möglichster Erkenntlich=keit, in Gegenwart abzustatten.‟

Er bittet dann, seinen innigsten Dank den „großmüthigen Gönnern‟ zu vermitteln, mit dem Versprechen, täglich beim heiligen Meßopfer derselben ge=denken zu wollen. „Insonderheit überreiche ich Euer Ehrwürden sechs heilige Meß=Opfer zu einem geringen Zeichen meiner unterthänigsten Erkenntlichkeit, für jene mildthätige Hand, aus deren Güte ich neulich einen Wechsel von fast 300 Rheinischer Gulden erhalten hab, und wie man mir die angenehmste Hoff=nung macht, künftighin alljährlich erhalten werde. O! warum haltet man uns die Namen unserer so großen Wohlthäter so lang und sorgfältig verborgen? Warum legt man uns ein so hartes Stillschweigen auf, daß es uns nicht ein=mal erlaubet seyn solle, die Frag zu stellen, wem wir für so ausnehmende Freigebigkeit unsere schuldigste Danksagung zu leisten hätten?‟ Vielleicht irre er aber nicht, wenn er annehme, daß diese neue große Wohlthat von derselben „Hoch= und Wohlgebohrenen Reichs=Gräfin‟ herstamme, deren Gewissensführer P. Probst sei und die mit ihm „alle die Jahre seiner Anwesenheit in China einen beständigen Briefwechsel zu führen sich würdige. Wenn dem also, würde mir eine ganz besondere Freud seyn, sofern mich Euer Ehrwürden durch einige Zeilen dessen versicherten, von dieser Hochadelichen Gutthäterin aber zur Er=füllung aller vorigen Gnaden auch diese erbitten würden, daß mir sie, als welche ich in meinem Gemüt allzeit als eine meiner größten Wohlthäter er=kennet, in meinen Briessen für eine solche dankbar zu verehren gnädigst erlaubet werde; dann daß ich mich dessen bishero, nicht ohne Zwang enthalten, ist nicht aus Undank, sondern Ehrforcht: nicht aus Vergessenheit, sondern Gehorsam geschehen.

„Unterdessen wollen Euer Ehrwürden, deme als geistlichen Vatern etwas mehreres erlaubet seyn wird, Seine Hoch=Gräfliche Excellenz mit meinem Worte der erste als eine Chinesische Gutthäterin betituln, Ihr das obgemachte Geschenk deren Heil. Meß=Opfern bemüßigst anerbieten, und sich in meinem Namen für so viele reiche, andächtige und seltsame Geschenk: für die kostbare Casel und Antipendium, für die künstlich=gefaßte Reliquiarien, für die aus Bein, Holz, Glas und Silber, von Europaeischen Meistern verfertigte Kunst=Stücke 2c. 2c. in aller Unterthänigkeit bedanken. Es dienen mir diese letztere nicht allein für große Mandarinen und Königl. Personen, bey welchen ich mit Europaeischen Spiegeln und Feder=Blumen schon manchmal große Ehr auf=gehoben, sondern ich hoffe, daß zu seiner Zeit, Seine Majestät unser Kayser selbst, an dergleichen Geschenken ein gnädigstes Wohlgefallen zu tragen, be=lieben werden.‟ [1]

---

[1] „Welt=Bott‟ Nr. 692, 83 f.

Der Pater gibt dann ausführlich und ins einzelne gehend an, wie er die Almosen und Geschenke zur Ehre Gottes und zum Heil der Seelen verwendet habe.

Im selben Briefe spricht P. Bahr von 114 Unzen Silbers, die er von einem Wohlthäter, wenn er nicht irre, aus Augsburg, erhalten habe, und gibt auch über deren Verwendung genaue Auskunft.

Nach „Europaeischen Kunstsachen", wie Kreuzlein, Bildchen, „Ablaßpfennigen", Glasperlen, Kunstwerken u. dgl., die zu Geschenken an Fürsten und Große und an die neu bekehrten Christen sich eignen, ist in den Missionsbriefen häufig Nachfrage.

„Es hat mich", so schreibt z. B. P. Andreas Strobl 17. April 1737 aus Lissabon an seinen Bruder, regulirten Chorherrn O. S. Aug. zu St. Andrä, „schon öfters gereut, daß ich mir in unserem Teutschland keine Vorsehung von allerhand Spiegel, Fern und Vergrößerungs-Gläsern: von verschiedener Berchtolsgadner-Arbeit gemacht habe, angesehen, durch solche Kleinigkeiten, ihnen [sich] die Missionarien in denen Barbarischen Ländern, öfters die Freyheit das Evangelium zu predigen, oder die Sicherheit von feindlichen Nachstellungen erwerben können."

Er bittet seinen Bruder, ihm bei Gelegenheit einen Vorrath nach Indien nachzuschicken[1]. P. Florian Bahr (15. November 1744) gibt auf eine diesbezügliche Anfrage der Gräfin Fugger ein langes Verzeichniß dieser Dinge, die in China sich nützlich erweisen. „Dergleichen seynd SackSpiegeln, Messerlein, Scheerlein, Gläser und zinnerne Fläschlein . . . Kupferstich, besonders illuminirte . . . Kreutzlein, Ringlein, Rosenkränz und was immer aus Glas und Bein nach Europaeischer Art etwas zarter gearbeitet ist."[2]

Als besondere Wohlthäter der chinesischen Mission werden außer den Angeführten aus dem Adel noch genannt u. a. der Dompropst von Olmütz Graf v. Kolowrat[3], „Se. Hochfreiherrliche Excellenz Herr Baron v. Engelshoffen, commandirender General im Temeswarer Bannat"[4] u. a. Neben dem hohen Adel und den reichen Prälaten kamen für die Missionäre, wenigstens vereinzelt, ihre Verwandten und die Bekannten aus dem engern Heimatskreise in Betracht, die durch Briefe für die Missionen interessirt wurden und freigebig für deren Bedürfnisse beisteuerten.

---

[1] „Welt-Bott" Nr. 641, 6.

[2] Ebd. Nr. 684, 101; vgl. Nr. 105, 51; 163, 47; 199, 23; 212, 42; 444, 92; 510, 131; 589, 98; 617, 83; 640, 129 u. a.

[3] „Welt-Bott" Nr. 155, 18.   [4] Ebd. Nr. 686, 78.

„Des Herrn Bürgermeisters von Herestorf", so schreibt 9. März 1750 der Rheinländer P. Joseph Lenz von Sevilla aus nach Köln, „unvergleichliche und bis an der Welt End sich erstreckende Gutthätigkeit werde einsweilen an dem Altare erwiedrigen, bis mir Gelegenheit wird gegeben werden, auch unschuldige Indianer für selbe betten zu lassen."[1]

Der Schweizer Patriziersohn P. Philipp Segesser verlangt in einem Briefe (1. August 1731) aus Nordmexico an seine Familie in Luzern eine Menge Gegenstände für die bevorstehende Einrichtung seiner Mission: Haus- und Feldgeräthschaften, Bestandtheile für eine Sägemühle, für Käsebereitung, Gemüsesämereien, Gegenstände zu kleinen Geschenken für die Indianer, alles Dinge, die im Lande selbst nicht oder nur sehr theuer zu erhalten seien. Die 350 Thaler vom König und was er von Hause mitgebracht und in Guadiana erhalten, seien zum großen Theil durch den Ankauf von Maulthieren und die Reisekosten aufgezehrt worden. Auch eine Flinte zu Schutz und Jagd erbat er sich. Alles sollte in eine Kiste verpackt an Don Juan Felipe de Ansa in Genua, einen Bruder des Commandanten der Provinz Sonora, gesendet werden. Es vergingen drei volle Jahre, bis diese Kiste am Ort ihrer Bestimmung ankam. Sie war geöffnet, zum Theil ihres Inhaltes entledigt und brachte die dreieinhalb Jahre alten Briefe. Eine andere Kiste mit nützlichen Dingen war vier bis fünf Jahre unterwegs gewesen[2].

Natürlich vergißt der Pater nicht, durch Zusendung von fremden Raritäten seine Gutthäter zu erfreuen.

Auch die heute so alltäglichen Missionscollecten in der Heimat waren dazumal, wenn auch in kleinem Maßstabe, schon im Schwung. Zunächst verfehlten die in regelmäßigen Abständen nach Rom gehenden sogen. Missionsprocuratoren nicht, die Zeit ihres Aufenthaltes in Europa zu solchen Rundgängen, namentlich an den Fürstenhöfen, auszunützen. Ein Beispiel hatten wir oben an P. Trigault. Einen echten Missionsbettler finden wir in dem Thüringer P. Wilhelm Weber. Für die malabarische Mission bestimmt, war er 1696 bereits nach Lissabon gekommen. Hier lernte der Procurator der Mission den praktischen und unternehmungslustigen Deutschen so schätzen, daß er ihn für den rechten Mann hielt, die geplante Neugründung einer Mission in Calicut in die Hand zu

---

[1] Handschrift in Privatbesitz.
[2] „Die Berichte des P. Ph. Segesser aus der Gesellschaft Jesu über seine Mission in Sonora, 1731—1761" (Kath. Schweizer-Blätter 1886, S. 368 ff.).

nehmen und dafür die nöthigen Mittel und Kräfte aufzubringen. Weber reiste also nach Rom, besprach mit dem Ordensgeneral die Sache und erhielt alle nöthigen Vollmachten. Damit ausgerüstet, „kehrte er nach Teutschland zurück, durchwanderte einen guten Theil deren Donau- Mayn- und Rheinströmen, damit er nicht allein sich einiger tauglichen apostolischen Mit-Arbeitern, sondern auch mancherley Raritäten, und benöthigter Geld-Mitteln für eine so kostbare Reis und Einrichtung vorgehabter Residenz bewerben möchte". Das sei ihm denn auch gut gelungen, absonderlich in seiner Vaterstadt Erfurt, und so sei er u. a. zu einem ziemlichen Vorrath an allem Zubehör gelangt, „als da sind Brenn- Fern- und Klein-Gläser, camerae obscurae, lucernae magicae, trigona, polygona, Sonnen- Ring, Compaß, verschiedene von kostbarem Holz und Helffenbein gedrehete Büchsen mit allerhand Geometrischen Observationen, die Höhe und Tieffe verschiedener Körper abzumessen" u. s. w. Fast zwei Jahre lang dauerte diese Bettelreise, und was das beste ist, es gelang ihm auch, „etliche taugliche Männer und Jünglinge für seine Mission zu werben"[1].

Damit schließen wir dieses Kapitel. Es beweist unter anderem, wie schon damals in Deutschland ein verhältnißmäßig weit verbreitetes und lebhaftes Interesse für das große Weltapostolat der Kirche bestand und mit der Zunahme deutscher Missionäre und deutscher Missionsliteratur immer weitere Kreise erfaßte. Namentlich trug dazu eine Publication bei, welche man füglich als den alten Vorläufer unserer heutigen „Katholischen Missionen" bezeichnen kann, nämlich die von P. Joseph Stöcklein S. J. 1728 ins Leben gerufene Missionszeitschrift „Der Neue Welt-Bott", heute noch eine der bedeutendsten und viel zu wenig gewürdigten Quellen für die Missionsgeschichte des 17. und 18. Jahrhunderts.

6. Tüchtigkeit der deutschen Missionäre.

Bekannt ist, daß schon der hl. Franz Xaver für die Missionen von China und Japan deutsche und niederländische Patres verlangte.

„Es kam mir der Gedanke," so schrieb er 29. Januar 1552 an den hl. Ignatius, „Belgier und Deutsche, welche Spanisch oder Portugiesisch verständen, würden zu dieser Mission [von Japan] sich eignen. Beide Nationen können Strapazen ertragen und sind von Natur und Erziehung abgehärtet. ...[2]

---

[1] „Welt-Bott" Nr. 03, 59.
[2] Leben und Briefe des hl. Franciscus Xaverius, herausgeg. von P. Eduard de Voß, Priester der Gesellschaft Jesu, II (Regensburg. Manz, 1877), 189.

Wenn diese nach Japan kämen, so könnten sie ausgezeichnet wirken und viele Frucht bringen." In einem Briefe vom 7. April 1552 an P. Simon Rodriguez kommt er darauf zurück: „Ich glaube, daß belgische und deutsche Priester der Gesellschaft sehr geeignet sind, die strenge Kälte jener Gegenden zu ertragen, weil sie schon seit vielen Jahren daran gewöhnt sind. Ich glaube, daß diese überhaupt mehr als andere für Japan und China sich eignen."[1]

Dieses Urtheil wiegt um so schwerer, da der Heilige immer und immer wieder betont, für die beiden Länder seien ganz besonders tüchtige Männer erforderlich.

Thatsächlich erwarben sich die deutschen Jesuiten später überall den Ruhm ausgezeichneter Missionäre und erfreuten sich einer ganz ungewöhnlichen Beliebtheit. Diese für uns Deutsche so ehrenvolle Thatsache steht durch zahlreiche Zeugnisse ganz außer Zweifel.

„Am Ende", so gesteht selbst Lang[2], „kamen die deutschen Missionarien zu einem großen Vorzug und Vertrauen."

„Die deutschen Missionäre", so schreibt auch J. Friedrich in seinen bekanntlich sehr feindseligen „Beiträgen zur Geschichte des Jesuitenordens" (München 1881) S. 35, „waren wegen ihrer Geschicklichkeit in den Arbeiten, ihres Eifers und ihrer Ausdauer gerade als Missionäre sehr geschätzt und gesucht, und es ist nur Autoren wie Crétineau-Joly die Schuld dabon beizumessen, wenn er in seiner Geschichte die deutschen Jesuiten in den Missionen fast gar nicht kennt; er sieht überhaupt mehr auf die romanischen Jesuiten, über die ihm die Quellen leichter zugänglich waren[3]. Die Zeugnisse für die besondere Brauchbarkeit der deutschen Jesuiten in den Missionen sind vielmehr in den von mir durchgesehenen Briefen ziemlich zahlreich und stammen keineswegs bloß von deutschen Jesuitenmissionären selbst, sondern auch von ihren Vorgesetzten", die ja meistens Ausländer waren.

Wie sehr selbst die spanischen Könige die Loyalität der deutschen Missionäre anerkannten und auf Grund der gemachten Erfahrungen ihre Zulassung schließlich begünstigten, haben wir bereits gehört (vgl. oben S. 27 ff.)[4].

---

[1] A. a. O. S. 250.
[2] Gesch. der Jesuiten in Bayern S. 85.
[3] Mit Unrecht behauptet dagegen Friedrich (ebd), daß auch der „Welt-Bott" Stöckleins die Briefe der oberdeutschen Provinz fast gar nicht kenne. Unsere Liste im zweiten Theile weist eine große Zahl derselben auf.
[4] Wie P. Duhr uns versichert, liegen in den Archivschätzen von Simancas noch eine große Anzahl officieller Zeugnisse zu Gunsten deutscher Missionäre. Dieselben waren uns leider noch nicht zugänglich.

1. **Deutſche Jeſuiten als Miſſionsobere.** Beſonders ſtark fällt die Thatſache ins Gewicht, daß in den ſpaniſch-portugieſiſchen Kolonien eine verhältnißmäßig große Anzahl deutſcher Jeſuiten die höchſten und ehrenvollſten Poſten bekleidete. Das iſt um ſo mehr hervorzuheben, da anfangs der Ausſchluß der Ausländer von ſolchen Aemtern förmlich ſtipulirt war (vgl. oben S. 25) und weder den Wünſchen der Krone noch dem Geſchmacke der Spanier und Portugieſen beſonders entſprach. Noch am 17. Juli 1664 ſchrieb Alfons VI. von Portugal in dem ſchon (S. 17) erwähnten Briefe an den Ordensgeneral P. Goſwin Nickel bezw. deſſen Generalvicar Paul Oliva: „Ebenſowenig kann ich es unterlaſſen, Ihnen zu ſagen, daß man in meinem Reiche über die vielen ausländiſchen Viſitatoren und Obern, die man in den dazu gehörigen Provinzen angeſtellt, ungehalten iſt. Sie wiſſen, wie viele bedeutende Männer dieſes Land, Gott ſei Dank, hervorbringt. Mir dünkt, dieſelben hätten Talent und Tugend genug. Wir möchten Ihnen deshalb bringend anbefehlen, in dieſem Punkte Beſſerung eintreten zu laſſen, damit dieſe ſo gerechte Klage einer ganzen Nation verſtumme. Und da ich von Ihrer Klugheit und Ihrem Eifer erwarte, daß Sie alles ſo anordnen, wie der Dienſt Gottes, das Wohl Ihres Ordens und mein Dienſt es erfordern, ſo will ich mich nicht länger bei dieſer Sache aufhalten.“

Wenn trotz dieſer Vorurtheile und Einſchränkungen dennoch eine bedeutende Zahl deutſcher Patres mit den wichtigſten Aemtern betraut wurden und als Obere ganze Provinzen und Miſſionsgebiete leiteten, ſo verdankten ſie dies eben nur ihrer ganz unzweifelhaften und hervorragenden Tüchtigkeit. Da dieſe Thatſache ſo wenig bekannt iſt, ſo dürfte eine kurze Zuſammenſtellung wohl am Platze ſein.

Viſitatoren wurden in jener Zeit meiſt alle drei bis vier Jahre vom Ordensgeneral in die Provinzen diesſeits und jenſeits des Oceans geſandt, um in deſſen Namen den Stand der Provinzen zu prüfen und etwa nöthige Reformen zu veranlaſſen. Ihre Vollmachten waren, beſonders in den Miſſionsländern, ſehr bedeutend und ihre Amtsdauer hier meiſt eine längere, da die ſchwierigen Verkehrsverhältniſſe eine directe Verbindung mit dem Ordensgeneral erſchwerten. Auf dieſem hohen, wichtigen Poſten finden wir eine ganze Reihe deutſcher Jeſuiten, beiſpielsweiſe die PP. v. Hallerſtein, Hinderer (zweimal), Kögler (zweimal), v. Laimbeckhoven (L. war außerdem ſeit 1756 Biſchof von Nanking und bald darauf Adminiſtrator der Diöceſe Peking), Stumpf und Sibin in China; Zwerger in Hinterindien; Walter Victor auf den Marianen; Ducrue,

Hostell, Konsag, Neumann (dreimal), Segesser, Wölff, Franz (zweimal) in Mexico.

Als Provinciale[1] wirkten die PP. v. Hallerstein (zweimal), Kögler, Sibin und Bürgin in den chinesischen und japanischen (Vice-)Provinzen; Heipel und Zanzini auf den Philippinen und Marianen; Brentano in Quito; Hueber in Chile; Nußdorfer in Paraguay; Balthasar in Mexico. (Eine ziemliche Anzahl Deutscher versah auch das Amt eines sogen. Socius Provincialis, einer Art Secretärs und Beraters bei der Verwaltung der Provinz.)

Missions-Superioren[2] waren die PP. Brayer, Julian, Schindler, Zurmühlen über sämtliche Missionen am obern Marañon (Quito)[3]; Perret und Pfeil am untern Marañon (Brasilien); Ducrue, Rapp, Kühn, Nentwich, Neumann in Mexico; Khuen in Chile; Betschon, Brigniel, Nußdorfer, Streicher, Strobl, Cuculin in Paraguay; Deistermann und Huetlin in Vorderindien; John, Bernhard Schmitz, Tilpe und Walter auf den Philippinen und Marianen, Schall und Koffler in China; Bürgin und Graff in Hinterindien.

Auch als Generalprocuratoren[4] der Missionen, die auf den Provincial-Congregationen aus der Zahl der tüchtigsten Patres ausgewählt und als Abgesandte und Bevollmächtigte der Provinzen zu der alle drei bis vier Jahre tagenden Procuratoren-Congregation nach Rom geschickt wurden, treffen wir eine Anzahl deutscher Missionäre an, z. B. die PP. v. Haimbhausen und Hueber aus Chile, Brentano aus Quito, Martini aus China u. a.

Rectoren von Collegien und größern Ordenshäusern waren u. a. folgende dreißig deutsche Patres: Fridelli, Bahr, Miller in Peking; Bischopinck, Bremer, Hausegger, Zech in Vorderindien; Graff und Zwerger in Hinterindien, Fink, Pechtl, Bernhard Schmitz, Sonnenberg, Stainbeck, Urfahrer, Zanzini auf den Philippinen und Marianen; Rauber, Brigniel, Nußdorfer, Christmann, Orocz, Rechberg in Paraguay; Friedl, Haimbhausen,

---

[1] Die höchsten Obern ganzer Provinzen, unmittelbar unter dem Ordensgeneral stehend.

[2] An der Spitze größerer einer Provinz zugehörigen Missionsgebiete, vielfach mit den Vollmachten eines Vice-Provincials ausgestattet.

[3] Quito ist der alte Name für das heutige Ecuador.

[4] Diese Procuratoren sind wohl von denjenigen zu unterscheiden, welche die Geldgeschäfte der einzelnen Häuser oder Provinzen führten. Uebrigens waren deutsche Patres als tüchtige, solide Financiers auch für diesen verantwortungsvollen Posten sehr gesucht.

Kisling, Suppet in Chile; Azzoni in Quito; Stansel in Brasilien; Balthasar, Segesser in Mexico u. a. m.

Eine sehr große Zahl deutscher Patres finden wir sodann als Superioren oder Obere kleinerer Niederlassungen, Residenzen und namentlich von Reductionen. Beispielsweise waren nach einem „Catalogus deren Missionen und Missionarien an dem Fluß Uruguay und Parana" von 1738 in sechs von den siebzehn Reductionen am Uruguay deutsche Patres Vorsteher: in San Nicolás P. Sigismund Aperger, „ein Insbrucker aus der Ober-Teutschen", in San Luis P. Innocenz Erber, „ein Labacher aus der Oesterreichischen", in San Juan P. Joseph Jberacker, „ein Salzburger aus der Ober-Teutschen", in San Xavier P. Joseph Brigniel, „ein Clagenfurter aus der Oesterreichischen", in Concepcion P. Tobias Petola, „ein Freyburger aus der Ober-Teutschen", in San José P. Matthias Strobel, „von Brugg an der Muhr aus der Oesterreichischen"; außerdem in Loreto, einer von den dreizehn Reductionen am Paraná, P. Franz Xaver Limp aus der Oesterreichischen Provinz [1]. Nach einer andern, von Wittmann (Allgem. Geschichte der katholischen Missionen II [Augsburg 1846—1850], 368 f.) mitgetheilten Liste der Moxos-Missionen (Peru) standen im Jahre 1752 von den zweiundzwanzig Reductionen vier oder fünf unter deutschen Obern. Noch günstiger wohl war das Verhältniß in den Missionen von Nordmexico und Californien.

Nur kurz erwähnt sei, daß auch zum wichtigen Amte eines Novizenmeisters oder sogen. Instructors III. anni nicht selten deutsche Patres erwählt wurden (wir nennen u. a. die PP. Julian, v. Haimbhausen, Straßer, v. Hallerstein und Orocz), wie auch mehrere deutsche Jesuiten selbst von den spanischen Statthaltern und Bischöfen zu ihren Seelenführern und Berathern gemacht und mit ihrem besondern Vertrauen beehrt wurden.

„Es ist letzlich," so schreibt P. Franz v. Zephyris vom obern Marañon, Quito 9. März 1725, „was uns Fremdling [Ausländer] belangt, leichter zu bewundern, denn auszusprechen, wie lieb und werth, ja in wie hohem Ansehen die teutschen Missionarii allhier seyen, als welche bereits von viel Jahren her zu Ober-Vorstehern unserer Missionen seynd bestellt worden. Was noch mehr ist, man hat den P. Detre (P. Wilh. b'Etrè war ein Belgier) sogar das Provincialat-Amt auftragen wollen, welches er hingegen aus tieffester Demut bey unserm P. Generali in Rom durch Abbitten von sich abgelehnt hat: womit sich die vornehmsten Provintz-Häupter so fern nicht abschröcken lassen, daß sie nun berathschlagen, ob nicht P. Grebner, ein ge-

---

[1] „Welt-Bott" Nr. 640.

borner Bayer, zu solcher Würde erhoben, P. Julian aber (ebenfalls aus der Oberteutschen Provinz) von denen Missionen zurückberuffen und auf die Theologische Cantzel solle erhoben werden; jetzt zu geschweigen, daß ihrer viel des Vorhabens seynd, den Patrem Zurmillen [P. Bernh. Zurmühlen, Rhen. inf.] in nechster Provincial-Versammlung zu erwählen und als Procuratorem nach Rom zu schicken. Ich zweiffle, ob ihr Teutsche bißfalls in euerem eigenen Vatterland so viel geltet, als in gegenwärtigen fremden Laubschafften."[1]

Dieselbe Wahrnehmung machen wir in den Missionen von Ostasien. „Ich labe", so schreibt z. B. P. Neugebauer in einem Schreiben von 1746/49 aus Cochinchina, „zu diesen Arbeiten alle Ehrwürdige Väter und Brüder meiner liebsten Oesterreichischen Provinz, überhaupt aber alle von der Teutschen Nation ein, als welche, wie es die Erfahrenheit dieser unserer letzten Zeiten lehret, in diesen gegen Aufgang gelegenen heidnischen Ländern so fleißig und nützlich gearbeitet hat und annoch arbeitet, daß sowohl unsere geistliche Ordens-Obrigkeiten, als auch die heidnische Kayser und König an ihrem ersprießlichen Fleiß ein vergnügliches Wohlgefallen zu tragen sich belieben lassen.

„Es mangelt uns an deutlichen Merkmalen dieser ihrer gütigsten Zufriedenheit nicht. Unser allerhöchster Ordens-Vater hat diese letztere Jahre die erste zwey Würdigkeiten eines Provincials und Visitatoris, beyder, der Sinisch- und Japonischen Provinzen, wechselweiß denen Patribus Ignatio Kögler, Philippo Sibin, Augustino Hallerstein, Godefrido Laimbeckhoven: das Amt eines Vorstehers der ganzen Mission in Tunkin und Cochinchina denen Patribus Wenceslao Paliczek und Jacobo Graff, allen von der teutschen Nation, aufgetragen. . . . Der mächtigste Kayser in China hat die zwei teutsche Missionarios, Patrem Kögler und Hallerstein, seinem Mathematischen Rath, als Häupter vorgestellet, andere aber, als P. Antonium Gogeisl, Florianum Bahr, Joannem Walter und Ignatium Sichelbart zu seinen Königl. Hof-Diensten vou Macao nach Peking beruffen. Der jetzig und letzt verstorbene König in Cochinchina haben denen Patribus Joanni Siebert, Carolo Slamenski und Joanni Koffler, allen breyen aus der Böheimischen Provinz, nebst der Verwaltung der Astronomie auch als Hof- und Leib-Medicis ihre selbst eigene allerhöchste Personen anzuvertrauen kein Bedenken getragen.

„Es gehet auch der Ruff, als ob Seine Königliche Majestät in Portugall, Stifter und Vater aller dieser Missionen, zwei teutsche Missionarios, Patrem Godefridum Laimbeckhoven, aus der Oesterreichischen, und P. Jacobum Graff, aus der Nieder-Rheinischen Provinz, bey dem Römischen Stuhl für die zwey Bistümer, das Nankinische in China, und das Cochinchinische, vorzuschlagen sich gewürdigt hätten, um einer ganzen Christlichen Welt vor Augen und an den Tag zu legen, was allerhöchstes Belieben sie an denen eifrigen Arbeiten dieser teutschen Aposteln trugen, und was großer Belohnung sie deren Bemühung würdig hielten. So werden in diesen Ländern heut zu Tag die Missionarii von der teutschen Nation geehret."[2]

---

[1] „Welt-Bott" Nr. 388, 98.   [2] Ebd. Nr. 715, 99.

Er hätte beifügen können, daß am Hofe von Peking keine andern Jesuiten sich der Gunst der Kaiser in höherem Grade erfreuten und von ihnen mehr ausgezeichnet wurden als der Kölner P. Adam Schall und der Bayer P. Ignaz Kögler.

„Es gedeyet", schreibt P. Stöcklein in der Vorrede zum 8. Theil des Welt=Botts, „der teutschen Nation zu sonderbahrem Ruhm, daß beide Sinische Kayser Schuntschi und Camhi Tartarischer Herkunft die Präsidenten=Stelle über ihr höchstes Mathematische Hof=Gericht zu Peking schier beständig einem teutschen Jesuiten, nemlich P. Adamo Schall, P. Ferdinando Werbiest (Belg.), P. Antonio Thoma (Belg.), P. Kiliano Stumpf und letzlich P. Ignatio Kögler anvertraut haben."

Dem gelehrten Sinologen P. Herdtrich setzte der Kaiser eigenhändig eine Grabschrift auf; dem Böhmen P. Ignaz Sickelpart ließ Kaiser Kian-lung zu dessen siebzigstem Geburtstag Auszeichnungen zu theil werden, wie sie sonst nur den angesehensten Reichsfürsten und Großwürdenträgern erwiesen wurden[1]. Der treuherzige Schweizer Br. Stadelin war ein Liebling des großen Kaisers Kanghi, der oft stundenlang in dessen Werkstätte verweilte und mit ihm sich unterhielt. Eine ähnliche Stellung nahmen die Deutschen PP. Siebert und Koffler am cochinchinesischen Hofe zu Hué ein.

2. Deutsche Missionäre als Künstler und Handwerker. Daß gerade die deutschen und neben ihnen besonders auch die niederländischen Jesuiten in allen Missionen so beliebt und, wie wir noch sehen werden, so gesucht waren, hatten sie ganz besonders ihrem praktischen Sinn und Geschick auch für die materielle Seite des Missionswesens zu verdanken. Man kann ohne Uebertreibung sagen, daß jene abgeschlossene Vollendung und wirtschaftlich-gewerbliche Blüthe, welche manche der südamerikanischen Missionen — einschließlich der berühmten Reductionen von Paraguay — im Laufe des 18. Jahrhunderts erlangten, erst durch die Mitwirkung deutscher und niederländischer Patres und Brüder ermöglicht wurde, und daß ihnen das Hauptverdienst dafür zukommt. Wir werden den Beweis für diese manchen überraschende Behauptung nicht schuldig bleiben.

Zur Erklärung muß zunächst darauf hingewiesen werden, daß in Spanien selbst seit dem Zeitalter der Eroberungen die einheimische Industrie immer mehr zurückgegangen war und die wirtschaftliche Lage eine

---

[1] „Kath. Missionen" 1878, S. 185.

immer trauriger wurde. Es ist hier nicht der Ort, auf die Ursachen
dieser Zustände näher einzugehen. Die Thatsache steht fest und wird auch
durch zahlreiche Berichte deutscher Missionäre, die in Spanien längere oder
kürzere Zeit sich aufhielten, bestätigt.

„In Bezug auf Künste und Handwerke", so schreibt u. a. P. Michael
Streicher noch um 1725 aus Sevilla [1], „herrscht hier in der ersten Stadt von
ganz Spanien eine solche Rohheit, daß es Niemand glauben möchte, der es
nicht sieht. Daher kommt es, daß die Spanier fast aller jener Dinge ent-
behren, welche nicht die Freigebigkeit der Natur oder die Betriebsamkeit der
Ausländer ihnen gleichsam widerwillig aufdrängen. Einen Uhrmacher, der
‚Sackuhren' machte, gibt es in Sevilla nicht; unsere Laternen und Hand-
lampen staunen sie gleichsam an wie Meerungeheuer. Die Büchereinbände sind
im wahrsten Sinne barbarisch.... Wenn sie nach deutscher oder französischer
Art gebundene sehen, bewundern und loben sie auch die Buchbinder, aber sie
nachzuahmen fühlen sie keinen Antrieb; und fragt man sie, warum sie es nicht
selbst so machen, so antworten sie: Die Spanier wollen keine so zierliche Arbeit
als die Deutschen."

Die Uhren im Colleg und in der Stadt waren ohne Zeiger u. s. w. In
einem Briefe des P. Franz Wagner vom 1. September 1735 wird gesagt, daß
es aus Mangel an Druckereien wenig Druckwerke gebe; in Köln allein seien
mehr Druckereien als in ganz Spanien..." Aehnlich spricht sich auch P. Matthias Strobel in einem Brief vom 15. Februar 1727 über den Rückstand von
Industrie und Gewerbe in Spanien aus. „Kurz," so faßt er seine Aus-
führungen zusammen, „die Künsten [er meint die mechanischen] in Spanien
stehen beynahe so hoch, als sie vor etwann hundert Jahren in Teutschland gewesen seynd." Infolgedessen machten ausländische, italienische, französische, auch
deutsche Händler hier gute Geschäfte, indem sie ihre Waren weit über ihrem
Preise losschlugen.

Es ist bei diesen Zuständen im Mutterlande gewiß nicht zu verwundern, wenn auch in den überseeischen Kolonien die wirtschaftlichen und
gewerblichen Verhältnisse vielfach recht primitiv waren. Wie sehr dies
z. B. in den La Plata-Ländern der Fall war, beweisen die einstimmigen
Zeugnisse der deutschen Missionäre, die seit dem Ende des 17. Jahrhunderts
nach Paraguay gingen.

P. Sepp, der im Jahre 1690 in Buenos Aires landete, gibt von
der Hauptstadt der Kolonie folgende Beschreibung: „Die Häuser haben
alle nur eine Contignation oder Zimmer-Stock, seynd nicht aus Holz noch
aus Stein, sondern aus gewissen Erdschollen, Laim oder harten Lett-

---

[1] Abhandl. d. kgl. bayer. Akad. der Wissensch., III. Kl., XVI. Bd., 1. Abth.
S. 29 ff.

Klotzen gebauet, können dahero kaum 7 Jahre lang dauern, fallen gleich
ein und zu Boden; die Dächer seynd aus Binsen." Die Jesuiten hätten
vor kurzem zuerst Kalk zu brennen und Ziegel zu machen angefangen und
die ersten soliden Bauten dieser Art aufgeführt [1]. Noch im Jahre 1723
nennt der Oesterreicher Br. Michael Herre die Stadt „einen schlechten
Ort". Sie habe nur drei Gotteshäuser. Nur die Domkirche sei aus
Ziegeln oder Brandsteinen und Kalk gebaut, „alle andern Gebäu aber
seien aus Flechten und Koth [Lehm] auf Schwalbenart gebaut".

Der an deutschen Fleiß gewohnte Bruder ist auf die einheimischen
Spanier schlecht zu sprechen. Sie unterscheiden sich von den übrigen Be-
wohnern in Aussprache und Kleidung, „nicht aber an der Kost und Wohnung, so durchgehends bettelhaft aussehen. Nichtsdestoweniger stellen sie
sich hoffärtig und stolz. Sie verachten alle Künsten; wer etwas verstehet
und gern arbeitet, wird verachtet als ein Sklav; wer hingegen nichts kann
und müßig geht, der ist ein Caballero oder Ritter und Edelmann. . . ."
„Die Spanier wollen nur andern befehlen und selbst keine Hand an-
legen. . . ." Das neue Colleg der Jesuiten sei „von einem deutschen
Jesuiter-Bruder, namens Kraus vor Jahren von Calch und Backstein
angelegt worden" und werde nun von einem mailändischen Bruder ver-
größert [2].

Nicht besser sah es in den andern Städten der Kolonie aus. Cordoba,
Asuncion, Santa Fé, Tucuman, Salta u. s. w., so versichert im Jahre
1729 P. Matthias Strobel, führten zwar den stolzen Namen „Städte",
glichen aber der Gestalt nach ebenfalls „Raitzischen Dörfern" [3].

Der Laienbruder H. Peschke versichert (18. Januar 1702), das Ordens-
gewand sei hier „von so grobem Faden, wie in Teutschland die schlechtesten
Kotzen oder Beth-Decken", und müsse das Zeug noch von Quito eingeführt
werden. Von Strümpfen wisse man nichts. Leinwand werde gleichfalls
aus Europa importirt und sei deswegen selten. Darum beständen „die
Hember aus baumwollenem Rupfen, welches gröber ist als Pack-Leinwand
und die Haut so stark aufreibt, daß wir keines Striegels bedürfen" [4].
Aehnlich stand es mit den meisten andern Handwerken und Industrie-
zweigen. Fast alles mußte von Spanien eingeführt werden und war deshalb unerschwinglich theuer. Bei dieser Lage der Dinge kann man leicht

---

[1] Reis-Beschreybung I, 13 f. [2] „Welt-Bott" Nr. 438, 75 ff.
[3] Ebd. Nr. 510, 129. Aehnlich in andern Briefen.
[4] „Welt-Bott" Nr. 606.

begreifen, welch kostbares neues Element die in allen Handwerken und
Künsten erfahrenen und mit praktischem Sinne und Geschick ungewöhnlich
begabten deutschen und niederländischen Patres und Brüder den Missionen
dieser Länder zubrachten.

Unter ihnen waren tüchtige Architekten. So baute beispielsweise
Br. Johann Kraus u. a. das neue Noviziatshaus in Cordoba und das
neue Colleg in Buenos Aires „aus Kalk und Backstein"[1]. Der Münchener Br. Joseph Klausner war nach dem Zeugniß des Spaniers Peramas
„der erste, der den Gebrauch von Zinngeschirren in Tucuman einführte
zum größten Nutzen der Provinz"[2].

„Mein Haupt=Geschäfft", so schreibt er selbst an seinen ehemaligen Meister
in München (19. März 1719), „ist mein von Euch erlerntes Handwerk, mit
welchem ich oder vielmehr mein Lehrmeister durch mich unbeschreibliche Ehr und
Danck einlegt, nicht allein zu Corduba, sondern weit und breit in denen herum=
liegenden Landschafften; denn ich kann versichern, daß unsere Patres, wie auch
die Indianer die Göttliche Vorsichtigkeit preisen, weil dieselbe ihnen einen Zinn=
gießer hat zuschicken wollen und für denjenigen beten, welcher mich diese Kunst
gelehrt hat." Das Land habe Ueberfluß an Zinn; aber niemand verstehe es
zu bearbeiten. Die daraus gefertigten Gefäße würden wie Silber aufgewogen.
Er habe, um alle die Collegien, welche vorher aus unglasirtem irdenem Ge=
schirr gegessen hatten, mit „Schüsseln, Tellern, Salz=Büchslein und Kannen zu
versehen schon bis 107 Centner Zinn verschmelzet." Er unterrichte nun etliche
Indianer in seiner Kunst, damit er um so eher in die heißbegehrten Indianer=
missionen komme, wo er auch das Amt eines procuratoris vertreten solle.
Nebenbei treibe er allerlei „Nebenhandthierungen, in welchen ich zwar nur ein
Stümpler bin, als eines Glocken=Gießers, Spenglers, Balbierers, ja sogar eines
Küffers; weil an solchen Handwercks=Leuten dieser Orten ein
allgemeiner Mangel ist".

Dies komme theils auf Rechnung der Unwissenheit, theils der Faul-
heit, „weil die Spanier zur Hand=Arbeit gar wenig Lust haben, infolglich
dieselbe meistens denen Fremden, die Handwerker aber denen
Teutschen überlassen"[3].

Aehnlich meldet Br. Bitterich 15. April 1710 aus Santiago (Chile):

„Mein Amt und Geschäfft betreffend habe ich allhier über die maßen viel
für diese gantze Provintz Chile zu arbeiten, weil unsere Obern aller Orten
Bild=Säulen, Altar und Gebäu zwar hefftig verlangen, aber weder einen Bild=
hauer, noch Baumeister, die ihre Künsten gründlich verstünden, in diesen

---

[1] „Welt-Bott" Nr. 438, 75.   [2] *Peramas* l. c. p. 425.
[3] „Welt-Bott" Nr. 168, 60 f.

Ländern auftreiben können." Er bittet darum seinen alten deutschen Provincial, den Ueberbringern des Briefes, nämlich den zwei chilenischen Missionsprocura= toren, die sich an ihn wenden würden, mit etlichen deutschen Jesuiten, besonders Brüdern, ‚an die Hand zu gehen' und 2 Schreiner oder Tischler, 1 oder 2 Maurer und 1 Bildhauer zu senden, „weil in dieser Welt=Gegend dergleichen junge Leute nicht zu finden, mithin die Obern aus Noth gezwungen sind, ungeschickte Leut, die weder Handwerck noch Kunst verstehen, noch einen steiffen Beruf mitbringen, in die Societät aufzunemmen und vielmal wieder zu entlaſſen"[1].

Ganz besonders aber kam der Zuzug von Deutschen den berühmten Reductionen von Paraguay zu gute. In fast hundertjährigem mühevollen Ringen hatten spanische und italienische Jesuiten die wilden Stämme am Paraná und Uruguay aufgesucht, bekehrt und in festen Ort= schaften angesiedelt. Die Gründung der Reductionen ist ganz ihr Werk und Verdienst, die Frucht heroischer Opfer und Mühen. Entsprechend der einfachen, bedürfnißlosen Lebensart der Spanier und im Einklang mit den oben kurz angedeuteten Verhältnissen der ganzen La Plata=Kolonie trugen aber diese Reductionen noch am Ende des 17. Jahrhunderts, was ihre äußere Einrichtung und den wirtschaftlichen Betrieb angeht, im großen und ganzen ein ziemlich schlichtes, nach deutschen Begriffen vielfach sogar ärm= liches Gepräge. Hier war noch ein großer Fortschritt möglich, und daß die Reductionen in ihrer letzten Glanzperiode von 1700—1767 auch in materieller Hinsicht sich so herrlich entwickelten, ist in erster Linie dem praktischen Geschick und unverdrossenen Fleiß der ca. 120 deutschen und zahlreichen niederländischen Missionäre[2] zu danken, die in diesem Zeit= abschnitt hier wirkten.

Bezüglich der jüngern Chiquitos=Mission besitzen wir dafür das werth= volle Zeugniß des Spaniers P. J. Peramas, eines der besten Kenner der Paraguay=Missionen, in seiner trefflichen Biographie des Schweizers P. Martin Schmid aus Baar im Kanton Zug. Derselbe langte im Jahre 1729 in Paraguay an[3]. Um zu würdigen, was die Mission diesem einen Manne verdanke, müsse man, so führt Peramas aus, wissen, in welchem Zustande sie sich bei seiner Ankunft befunden habe. Die ersten

---

[1] „Welt=Bott" Nr. 206, 31.

[2] Nach einer Liste des P. F. Rieckens S. J. — Les Anciens Missionnaires Belges (Précis hist. 1079, 147 s.) — gingen von 1616 bis 1726 28 belgische Jesuiten nach Paraguay, die Holländer nicht mit einbegriffen.

[3] De Vita et Moribus XIII Virorum Parag. p. 422 sqq. Vgl. „Katho= lische Missionen" 1876, S. 89 ff.

Missionäre hätten all ihre Kraft darauf richten müssen, die wilden Stämme zu gewinnen und zur festen Ansiedelung zu vermögen. Diese ersten Ansiedelungen waren anfangs noch sehr primitiv (informia erant et vix aliud quam asylum quoddam, ubi qui convenerant instituebantur), gerade gut genug, um den bereits gesammelten Wilden als vorläufiger Zufluchtsort zu dienen, wo sie der eine der beiden Missionäre unterrichtete, während der andere auf neue apostolische Eroberungen ausging.

„Da so beide Tag und Nacht mit der vor allem nothwendigen apostolischen Arbeit beschäftigt waren, konnten sie nicht daran denken, den materiellen Fortschritt der Indianer zu fördern und ordentliche Bauten aufzuführen. Die Folge war, daß Kunst und Gewerbe entweder noch ganz darniederlagen oder doch sehr unentwickelt waren. Dazu kam, daß die Patres sich die nothwendigen Werkzeuge nirgendsher beschaffen konnten, da fürs erste ihnen jene Unterstützungssumme noch nicht ausbezahlt wurde, welche der katholische König für die Indianerseelsorger ausgeworfen hatte.

„So ungefähr war der Stand der Chiquitos-Mission zur Zeit, als P. Schmid dahin kam. Durch ihn wurde das Angesicht der Indianerdörfer völlig verändert. Ein Mann von großem Talent und außerordentlich praktischem Geschick, faßte er gleich den Plan, keine Mühe zu scheuen, um die öffentliche Wohlfahrt zu fördern. Darum verwandte er alle Zeit, die ihm der Gottesdienst und die Seelsorge frei ließ, darauf, den Chiquitos die verschiedenartigsten Künste: Bildhauerei, Drechslerei, Zeichnen, das Schlosser- und Schmiedehandwerk und die übrigen Arbeiten in Holz und Metall, durch mündliche Unterweisung und praktisches Vormachen beizubringen.“

Mit sichtlicher Begeisterung folgt nun Peramas dem deutschen Allerweltskünstler in die verschiedenen Werkstätten und zeigt ihn uns, wie er den Indianergesellen die verschiedenen Hantirungen beibringt. Von ihm lernten die Chiquitos die Kunst, zu weben, Bilder zu malen, Statuen zu schnitzen und zu polychromiren u. s. w. Er führte die nützliche Töpferkunst in der Mission ein und die Zinngießerei, die er wahrscheinlich von Br. Klausner erlernt hatte. Er baute die ersten Orgeln und goß die ersten Glocken. Er war der General-Uhrenmacher der Mission, der einzige, der die alten Uhren repariren und neue machen konnte. Um die Schlaguhren in den verschiedenen Stationen einheitlich zu reguliren, stellte er überall Sonnenuhren mit den nöthigen Tabellen auf. Damit die Missionäre auf ihren Reisen auch in der Nacht Zeit und Stunde wüßten — denn Taschenuhren waren damals selten —, construirte er in geistreicher Weise einen Apparat, welcher, aus zwei drehbaren Metallscheiben mit Zeiger und Zifferblatt bestehend, ihnen nach der wechselnden

Stellung der vier das Südliche Kreuz bildenden Sterne die Zeit annähernd genau angab.

Sein größtes Verdienſt aber war, daß er der Miſſion ſtatt der bis⸗ herigen rohen, kunſtloſen Nothbehelfe die erſten würdigen und ſchönen Kirchen gab. Die von St. Raphael, Concepcion, St. Xaver, St. Michael baute er ſelbſt (letztere war nach dem Zeugniß Peramas wenigſtens ſo ſchön als die von einem italieniſchen Architekten erbaute Kathedrale von Santa Cruz de la Sierra), andere wurden nach ſeinen Plänen von den aus ſeiner Schule hervorgegangenen Künſtlern gebaut und aus⸗ geſchmückt.

Was Schmid, Meßner, Knogler u. a. bei den Chiquitos, das waren die PP. Sepp, Brigniel, Nußdorfer, Cierhaim u. ſ. w. für die Guaranis⸗ Reductionen am Paraná und Uruguay, die PP. Baucke, Klein, Dobriz⸗ hoffer, Lehmann u. a. für die Pampas⸗Miſſionen, unter den Macobis, Abiponern und andern Stämmen. Leider geſtattet der Raum es nicht, dies ausgiebiger nachzuweiſen[1]. Einige Zeugniſſe müſſen genügen.

Beſonders werthvoll iſt dasjenige, das P. Michael Streicher um das Jahr 1725 aus dem Munde des ſpaniſchen Generalprocurators der ſüd⸗ amerikaniſchen Miſſionen vernahm.. In Paraguay, ſo ſagte derſelbe, ſei nunmehr in jeder Beziehung, ſowohl in geiſtlichen wie auch in zeit⸗ lichen Dingen, ein zunehmender Fortſchritt zu erkennen. Das ſei, wie er des öftern wiederholte, einzig den Deutſchen zu ver⸗ danken. Bereits denke man ernſtlich auch an die Errichtung einer Papier⸗ und Glasfabrik. Ein deutſcher Pater habe auch aus eigener Initiative und ohne Koſten eine Druckerei eingerichtet, die ſich ſo bewähre, daß be⸗ reits verſchiedene kleinere und größere Werke daraus hervorgegangen ſeien.''[2]

---

[1] Die ebenſo lehrreichen als anſchaulichen Berichte und Schilderungen eines Sepp, Baucke, Dobrizhoffer ſind ja in weiten Kreiſen bekannt.

[2] Aliqua de Missione nostra et Paraquariae provinciâ addam ... dicam autem aliqua, prout ex ore R. P. Procuratoris nostri, viri sane prudentis et sancti, quique satis diu Missionibus insudavit, accepi. Ait is, messem copiosissimam nos exspectare, atque hos centum Missionarios (tot enim futuros, omnibus computatis, mihi ipse dixit, licet res aliquo modo celanda sit) paucos esse, dixit, pro copia messis, et necessitate, atque si mille secum afferret, omnium operam non utilem tantum, sed necessariam fore. Ait praeterea, sensim in Paraquaria omnia meliora fieri, non in spiritualibus tantum, sed etiam in temporalibus rebus. Artes plerasque erexerunt, *sed eas omnes Germanis* deberi, saepius jam est fassus. Et modo nos serio meditamur de fabrica pro papyro et vitro faciendo. Dixit etiam, *Germanum unum quandam typographiam parasse proprio marte et industria,* ac sine sumptibus, eamque tam utilem, ut jam modo

Aehnliche Anerkennung wie in Paraguay erwarben sich die deutschen Patres und Brüder in den andern Missionen Südamerikas.

So verdankte Chile den Aufschwung und die Entwicklung einer ein= heimischen Kunst und Industrie vor allem den Bemühungen der deutschen Missionäre. Dies wird auch in spanischen Quellen ausdrücklich anerkannt.

In seinem großen, auf vielfach ganz neuen Archivalien beruhenden Werke Estudios críticos acerca do la Dominación Española en América schildert P. R. Cappa S. J. die Verdienste Spaniens und be= sonders auch der deutschen Missionäre um die culturelle und wirtschaftliche Hebung seiner südamerikanischen Kolonien.

„Was die Gesellschaft Jesu angeht," schreibt er u. a.[1], „so war es nament= lich Chile, das ihr auf diesem Gebiete große Förderung verdankt. Der [Bayer] P. Carlos Haymhausen ließ aus Deutschland eine Anzahl Künstler kommen und richtete auf der Hacienda von Calera bei Santiago verschiedene Werk= stätten ein, aus welchen ganz vorzügliche Kunstwerke hervorgingen, unter an= berem ein prachtvolles Uhrwerk mit vier Zifferblättern, dessen Glocken die Stunden und Viertel mit größter Genauigkeit schlugen und das 1765 in den Thurm der Jesuitenkirche von Santiago kam.

„Ein anderes Meisterwerk derselben Künstler war eine andere Uhr, die 1756 für die Sakristei der Kirche verfertigt wurde, die zwar von kleinerem Umfang war, aber durch einen sinnreichen Mechanismus nicht bloß mit staunenswerther Pünktlichkeit die Stunden zeigte, sondern auch den Umlauf und die Phasen des Mondes und die scheinbare Bewegung der Sonne in der Ekliptik darstellte."

An einer andern Stelle (S. 230) führt er folgendes Zeugniß des spanischen Historikers Barros Arana an. In den von P. Haymhausen eingerichteten Werkstätten zu Calera, 8 Stunden von Santiago, „wurden Glocken von einer Größe und Vollendung gegossen, wie sie bisher in Chile unerhört gewesen. Andere machten seine Tischlerarbeiten, besonders Kunstmöbel für die Kirchen und Sakristeien, von einer Solidität und Großartigkeit der Ausführung, welche die Bewunderung der Zeitgenossen erregten. Ebendort waren Webstühle zur Herstellung von Wollstoffen und eine Schmiede in großem Stile einge= richtet.... Aus der geübten Hand von Goldarbeitern und Juwelieren gingen hier Leuchter, Custodien, Monstranzen, Kelche und andere zum Culte und zum Schmuck der Kirche bestimmte Gegenstände hervor, die mit Recht für Kunst= werke ersten Ranges betrachtet wurden.... In Calera wohnten 3 Patres und 10 Laienbrüder. Von diesen letztern waren 7 Deutsche: 2 von ihnen Wollweber, 2 Goldschmiede, 1 Schlosser und 1 Uhrmacher; der siebente war

---

libellos varios, imo et aliquos maiores impresserint (bei Friedrich a. a. O. S. 75 f.). Vgl. auch meine Artikel: „Der wirtschaftliche Betrieb in den Re= ductionen von Paraguay" in den „Katholischen Missionen" 1894, S. 150 ff., und 1897, S. 155 ff.

[1] Industrias mecánicas, tom. VIII (Madrid 1892), 103 sg.

geistesschwach. In der Sakristei der Kathedrale befindet sich noch ein Schrank, der aus der Hauptkirche der Jesuiten stammt und in welchem sie ihren Kirchen=schmuck aufbewahrten: unter andern Kleinodien befand sich darunter ein gol=bener Kelch von wunderbar vollendeter Arbeit. Außer andern hochfein aus=geführten Verzierungen sah man die verschiedenen Leidensscenen des Herrn in so kleinen Dimensionen dargestellt, daß ohne ein starkes Vergrößerungsglas auch das beste Auge die einzelnen Details nicht unterscheiden konnte. Die Kathedrale besitzt außerdem eine kostbare Custodie und eine Orgel, die beide aus den Werkstätten der Jesuiten hervorgegangen sind."

Noch wärmere Anerkennung zollt ein anderer Spanier, P. Enrich[1], den Verdiensten der deutschen Missionäre in Chile. Von ihm erfahren wir unter anderem, daß die erste Wasserleitung, welche Ustariz aus dem Rio Maipo mit Wasser versorgte, der Prachtbau des Collegs in Concepcion, eine Reihe der schönsten Kirchen in Achao, Talca, San Fernando Quillota, San Juan de Cuyo, Valparaiso ganz oder theilweise das Werk deutscher Brüder, besonders der drei Brüder Bitterich, Herre und Miller, waren, daß durch deutsche Brüder die kunstgerechte Weberindustrie und die erste Glas=fabrik begründet wurde u. s. w.

Zahlreiche Zeugnisse ließen sich aus den andern Missionsgebieten Amerikas und Asiens sammeln. Immer wieder wird in den bringenden Bittgesuchen um deutsche Missionäre ihre Tüchtigkeit in Künsten und Ge=werben besonders hervorgehoben[2].

---

[1] Hist. de la Comp. de Jesús en Chile (Barcelona 1891) II, 108 sgs. 194 sgs. 239 sg. 292 sg. 354.; IV, 355 u. a.

[2] Auch sonst werden in den Missionsberichten deutsche Landsleute aus dem Laienstande erwähnt, die sich durch ihr praktisches Geschick und ihre Kunstfertigkeit einen Namen machten. So erwarb sich der Bayer Georg Schippel (ein Propa-gandist) am Hof von Peking eine Stellung als Bildhauer ("Welt-Bott" Nr. 205, 83). Der "tapfere Held, Herr Franz Freyherr von Gallenfels" oder Don Francisco Alemão, wie die Portugiesen ihn nennen, erwirbt sich in Goa durch seinen Ge-rechtigkeitssinn, seine Kriegserfahrung und Tapferkeit einen solchen Ruhm, daß der Vicekönig "ihm, obschon einem Ausländer, Dium, den Schlüssel zu Indien und in dieser Gegend die erste und wichtigste Vestung, anvertraute, welches eine Sach ohne Beispiel ist" ("Welt-Bott" Nr. 586, 78; 587, 92). Die wichtigen Siege des portugiesischen Vicekönigs Marchese di Lavrical (um 1740) über die Holländer und die damit verbündeten eingeborenen Fürsten und die Eroberung mehrerer festen Plätze war in erster Linie "den neu erfundenen von Lisabon anhero gebrachten Geschwind-Stuck [Schnellfeuergeschütz] zu danken, welche unlängst von einem Teutschen, mit Namen Weinholz, zu dieser Vollkommenheit sind gebracht worden. Sie schießen in einer Minute wenigstens 15mal. Dieses ungewöhnliche Hagel-Wetter brachte den sonst zu streiten wohlgeübten Feind bald in Unordnung und Zaghafftigkeit" ("Welt-Bott" Nr. 636, 111).

Die beste Stütze der westindischen Provinzen, so schrieb bereits am 14. Januar 1699 der Generalprocurator der westindischen Missionen, P. J. Martinez de Ripalda, an den Provincial der oberdeutschen Provinz, bildeten die deutschen Ordensmitglieder; sie seien die tüchtigsten, unermüdlichsten, ausdauerndsten Arbeiter. Solcher Leute, besonders auch Brüder, welche gelernte Apotheker oder Chirurgen oder sonst in einem praktischen Fache beschlagen seien, bedürfe die Mission ganz besonders. Sie seien für die dortigen Collegien sowohl wie für die Missionsstationen unbezahlbar. Er habe in der Provinz Neu-Granada einen achtzigjährigen deutschen Bruder gekannt, der durch den Bau des Collegs und der Kirche von Santa Fé de Bogotá sich die größten Verdienste erworben habe. Danach sei es leicht verständlich, daß die Procuratoren ganz besonders darauf aus seien, Deutsche für die dortigen Missionen zu gewinnen [1].

Im Namen des Pater Visitators der Mission am Marañon bittet P. Alois Pfeil in einem Brief vom Jahre 1681 dringend, daß man doch zwei deutsche Laienbrüder oder Patres schicken solle, von denen der eine in der Baukunst, der andere in der Malerei beschlagen sei. „Ich habe hierüber dem Assistenten Deutschlands geschrieben, ohne speciell Ihre Provinz zu nennen; ich habe bloß angedeutet, daß die portugiesischen Patres zum Bau von Kirchen Deutsche oder Belgier wünschten, welche sie den wenig beliebten Italienern und allen andern vorziehen [2].

„Ich schreibe", meldete P. Stanislaus Arlet (2. September 1698) aus der Moxos-Mission (Peru), „unserm Wohl-Erwürdigen Patri-General nach Rom, er wolle doch aus vätterlicher Gnad zween Schreiner und zwey Zimmerleut aus Teutschland samt einem Mahler aus Welschland hieher schicken." [3]

---

[1] Praecipua Indicarum provinciarum auxiliatrix societas Germanica est.... Germana profecto est nostrorum Alemanorum virtus, ut Societatis inter illustres viros tot enumeret martyres quot alumnos invexit ad gentiles. Infracta laboribus aerumnarumque patiens illa etiam est; ... his enim (qui vel pharmacopoei, vel chirurgi, vel aliquo alio officio inservire valent) valde indigemus, et maximae utilitati Indiarum collegiis ac missionibus sua industria esse poterunt. Novi in provincia novi regni e Germania fratellum octogenarium, cui et ecclesiae et collegii Sancta-Fidensis fabrica debetur, insignisque ejusdem exstitit benefactor. His et proficua adeo experimentis mirabitur nemo, Procuratoris animus si propendeat in Germanos, et quos nobis deus vere fecit esse germanos (bei Friedrich a. a. O. S. 36).

[2] quos prae Italis exosis ceterisque universis genio suo aptiores esse judicant (ebb.).

[3] „Welt-Bott" Nr. 441.

Aehnlich schreibt P. Zephyris aus der Mission von Quito (9. März 1725):

„Wann künfftighin Brüder aus Teutschland nach Americam solten geschickt werden, ist nöthig solche Männer auszusuchen, welche entweder gute Apothecker oder Schreiner, Mahler, Baumeister, Bildhauer oder Uhrmacher seyen und ihre Kunst meisterlich besitzen. Hingegen können die Schneider, Schmid, Schlosser, Fleischhacker und dergleichen sicher ausbleiben; denn solche Handwerck zu treiben würden allhier einem geistlichen Ordensmann und dem Orden selbst für eine Schand ausgebeutet. Haushälter und Schaffner werden aus Spanien hieher verschrieben. Was aber Sacristanen, Köch, Pförtner und Krankenwärter belangt, solcher wachsen gnug in America.“[1]

Aeußerungen dieser Art kehren häufig wieder. Kein Wunder, daß die Missionsprocuratoren bei ihren Europareisen mit Vorliebe nach deutschen Brüdern sich umsahen.

Im Jahre 1718 reisten die PP. Castillo und Ovalle als Procuratoren für Chile nach Europa.

„Da einer ihrer Hauptaufträge darin bestand, für die Mission tüchtige in Handwerken erfahrene deutsche Laienbrüder zu gewinnen, so führten sie einen Brief von Br. Pitterich [Bitterich] an seinen ehemaligen deutschen Provincial mit sich, in welchem derselbe um wenigstens 5 Brüder: 2 Kunstschreiner, 2 Maurer und 1 Bildhauer, anhielt.“ Die Provinz habe Mangel an solchen Leuten und zähle im ganzen bloß rund 200 Mitglieder. Handwerker spanischer Herkunft seien im Lande selten, und so komme es, daß unter den im Lande eintretenden Brüdern nur wenige taugliche Männer sich fänden, die treu im Berufe aushielten. „Die Empfehlung des guten Br. Bitterich hatte solchen Erfolg, daß die beiden Abgesandten aus Teutschland nicht bloß 5, sondern 18 neue Missionäre erhielten, davon bloß drei Patres, alle übrigen Brudernovizen und Brudercandidaten.“[2]

Im vorhergehenden Jahre, 1717, waren zehn deutsche Patres und vier Brüder nach Paraguay abgegangen. Da ihre Zahl noch immer nicht genügte, bestimmte der Ordensgeneral P. Franz Retz in einem Rundschreiben an die deutschen Provinzen (2. Februar 1732), man möge sich auch nach Laien umsehen, die geschickte Baumeister, Handwerker, Apotheker wären und Lust für die Missionen zeigten, und dieselben nach einem zweijährigen Noviziat in die Missionen schicken[3]. Thatsächlich wurden denn auch seit dieser Zeit viele deutsche Brüder direct für die Missionen aufgenommen und oft noch als Candidaten über das Meer geschickt.

---

[1] „Welt-Bott“ Nr. 284, 96.
[2] P. *Enrich* S. J., Hist. de la Comp. de Jesús en Chile II, 108, n. 4.
[3] Handschrift in Privatbesitz (siehe Anhang).

Als P. Karl v. Haimbhauſen um das Jahr 1740 aus Chile als Miſſionsprocurator nach Europa kam, ließ er die andern Procuratoren ruhig Prieſter und Scholaſtiker werben, während er ſelbſt faſt ausſchließlich ſich eine ordentliche Zahl deutſcher Brüder zu verſchaffen ſuchte. Er bereiſte zu dem Zweck die verſchiedenen deutſchen Provinzen und ſah ſich überall nach tüchtigen Handwerkern: Goldſchmieden, Uhrmachern, Malern, Bildhauern, Zimmerleuten, Webern, Walkern und Apothekern um. Mehr noch; er ging in den deutſchen Städten in den Werkſtätten umher, knüpfte mit den Geſellen ein Geſpräch an, erzählte ihnen von den Miſſionen, weckte in ihnen die Luſt, mitzugehen, und brachte ſie dann bis zu ſeiner Abreiſe in deutſchen Noviziaten unter. Bei ſeiner Rückkehr im Jahre 1748 nahm er vierzig deutſche Jeſuiten, meiſt Laienbrüder, mit [1]. Wir haben oben geſehen, was Chile ihnen verdankte.

Ueberzeugt von der Wichtigkeit dieſer praktiſchen Künſte und Fertigkeiten für den Miſſionsberuf, übten ſich die angehenden jungen deutſchen Apoſtel ſchon im voraus und ſuchten das eine oder andere Gewerbe zu erlernen. So heißt es beiſpielsweiſe von P. Wilhelm Weber aus Erfurt: „Mittlerweile (b. h. während ſeiner Studien, die er mit einem actus publicus ſchloß) unterließe er nicht, gleich nach dem Novitiat ſich im Drehen [Drechſeln], Reiſſen [Zeichnen], Glaßſchleiffen und dergleichen mechaniſchen Künſten wie nicht weniger in dem inbrünſtigen Seelen-Eiffer aus Abſehen der Oſt-Indianiſchen Miſſion zu üben." [2]

3. Deutſche Apotheker. Mit der Arzneikunde ſcheint es durchweg in den ſpaniſch-portugieſiſchen Kolonien nicht zum beſten beſtellt geweſen zu ſein; zumal waren gelernte Apotheker ſehr ſelten. Da die deutſchen Miſſionäre auch auf dieſem Gebiete ſich gut beſchlagen zeigten, ſo war bald die Nachfrage nach deutſchen Apothekern ſehr groß. So finden wir denn im 18. Jahrhundert eine hübſche Anzahl, faſt in ſämtlichen Miſſionen; ſo in Chile die Brüder Pauſch, Saitor (Seither), Zeittler, Schmablpauer, Sterzl u. a.; in Paraguay P. Aperger und die Brüder Dalhammer, Hehrle, Jenig, Korumayr, Chriſtian Maier, Peſchke u. a.; in Peru Joſeph Mayer; in Mexico Steinefer, deſſen treffliches Arznei- und Kräuterbuch auch den andern Miſſionären vorzügliche Dienſte leiſtete [3]; auf den Philippinen die Brüder Camell, Haller, Riedl, Schenk u. a.; in Vorderindien die Brüder Matter und Jakob Müller [4]; in Hinterindien die PP. Koſſler

---

[1] *Enrich* l. c. p. 116. 194. 239.   [2] „Welt-Bott" Nr. 93, 58. [3] Sonora II, 404.   [4] „Kathol. Miſſionen" 1891, S. 137 ff.

und Slamenski; im Orient den geschickten Heilkünstler P. Richelius; und in Afrika Br. Höchstetter, P. Thomann u. s. w. Aber auch sonst besaßen sehr viele der deutschen Missionäre mehr oder weniger ärztliche Kenntnisse und verstanden es, sich in ihren Missionen kleine Hausapotheken anzulegen.

Anfangs scheinen gegen die deutsche Heilmethode vielfach Vorurtheile bestanden zu haben, die aber durch deren überraschende Erfolge bald überwunden waren.

„Nicht weniger", so meldet 8. März 1688 P. Kaller aus Mexico, „gelten allhier unsere Brüder-Apothecker, welche mit teutschen Artzneyen vielen Siechen aufhelffen, die von den Medicis als unheilbar verlassen wurden, indem sie für eine gewisse, aber in der That falsche Grund-Regul halten, die Teutsche Mediziner thäten hier zu Land mehr Schaden als Nutzen, folgens, da sie von ihrem Irrwahn nicht wollen abstehen, täglich erfahren müssen, daß gleichwie sie die Gottes-Aecker mit Leichen anfüllen, also durch die teutsche Artzney-Kunst unzählich viel, an denen sie verzweifeln, wieder aufkommen."[1]

Die von dem Bayer Br. Joseph Zeittler eingerichteten Apotheken in den Collegien von Santiago und Concepcion in Chile waren die einzigen des Landes. Als daher im Jahre 1767 die Vertreibung der Jesuiten erfolgte, hielt der Statthalter den deutschen Bruder noch vier Jahre lang im Lande zurück, „damit nicht die Hauptstadt einer so nothwendigen Anstalt beraubt würde" und der Bruder inzwischen einige Apotheker heranbilde, die an seine Stelle treten könnten[2].

„Die Pest", so schreibt Br. Klausner aus Cordoba in „Paraguay", „hat vergangenes Jahr (1718) allhier bis 300 Meilen herum grausamlich gehaust und viel tausend Menschen hinweggenommen." Die Seuche sei durch die auf englischen Schiffen gebrachten Mohrensklaven eingeschleppt worden. „Sie würde in dieser Stadt noch mehr Leute aufgezehrt haben, wann nicht unsere Teutsche Patres dem überhand nehmenden Uebel mit Artzney-Mitteln gesteuert hätten, zumalen P. Aperger, ein Tyroler aus Innspruck, welcher die Stelle eines Arztes mit großem Glück und Lob vertretten hat; gestaltsam in diesen Ländern ein erbärmlicher Abgang sowohl an Heil-Mitteln als an Medici ist. Wer eine würcksame Purgation weiß zu machen, der wird als Artzney-Kundiger hoch in Ehren gehalten. Wann der Baber auf der sogen. Hunds-Kugel von München bey uns wäre, würde man ihm gewißlich seine Mühewaltung und Curen mit mehr Gold und Silber bezahlen, als er selbst wiegt."[3]

„Mir", meldet Br. Heinrich Peschke aus Paraguay (18. Januar 1702) „wurd die Apothecken übergeben, damit ich sie kunst-mäßig einrichte, anerwogen

---

[1] „Welt-Bott" Nr. 52, 73.　　　[2] Enrich l. c. IV, 357.
[3] „Welt-Bott" Nr. 168, 60.

vor meiner Ankunft diß Orts bißher kein gelehrter Apo=
thecker war gesehen worden, sondern nur Bader und Balbierer. Deß=
halben finde ich der behörigen Sachen wenig; hergegen triffe ich einige ganz
unnöthige Possen an, die zum vorgesetzten Zweck nicht dienen." Der Apotheker
müsse hier zugleich den Arzt machen. Die Indianer und gemeinen Spanier
heilten sich mit Kräutern und fragten wenig nach den Apothekern. Um so
nothwendiger sei derselbe für die Ordensgenossen, da unter den jungen Leuten
viele die Luft nicht vertrügen und kaum einer anzutreffen sei, der nicht öfters un=
päßlich gewesen. Er müsse seine Kräuter selbst von mehr als 60 Meilen her
holen. Die Kräuter seien gar eigenartig und von wunderbarer Heilkraft. Bei
seinen Streifereien sei er schon zweimal einem Tiger=Thier begegnet, „allein der
allmächtige Herr, dem ich diene, hat ihm den Rachen versperrt". Bei der
Pestilenz im Jahre 1700 habe er die Patres auf ihren weiten und vielen Verseh=
gängen oft 15 bis 20 Meilen weit bei Sturm und Wetter und glühender Hitze
begleitet und den Pferden tüchtig die Sporen gegeben, um nicht zu spät zu
kommen. Es verlange ihn gar mächtig, in die eigentlichen Indianermissionen
zu kommen, allein als einziger Apotheker sei er im Colleg nothwendig. Hoffent=
lich kämen bald aus Europa andere Apotheker, daß er frei werde[1].

Einen besondern Namen erwarb sich als geschickter Arzt namentlich
P. Sigismund Aperger in Paraguay.

„P. Sigismund Aperger", meldet P. Franz Magg (3. März 1730), „ein
in diesem Lande berühmter Mann, hat sich durch seine glückliche Geschicklichkeit
in der Arzney=Kunst Aller Lieb und Hochschätzung zugezogen. Ich hab einen
Spanischen Pater von ihm sagen gehört: „Wenn dieser Teutsche nicht
gewesen wäre, wäre unser halbe Paraquarische Provinz aus=
gestorben.'"[2]

In Cochinchina war es der ärztlichen Kunst eines P. Siebert, Koffler,
Slamenski u. a. in erster Linie zu danken, daß die Patres überhaupt
noch am Hofe bleiben und den Verfolgungssturm jahrelang beschwören
konnten. Als 1743 zwei neue Jesuiten anlangten, aber kein Astronom
oder Mediciner, wie der König gewünscht hatte, zeigte sich dieser sehr
ungehalten. „Sage deinem Obern," so donnerte er P. Siebert an, „daß
ich, wenn ich nicht sogleich wenigstens einen Doctor erhalte, welcher
dir an die Seite gehen kann, entschlossen bin, auch die beiden jüngst an=
gekommenen Priester nach Macao zurückzuschicken und den Europäern auf
ewige Zeiten den Zutritt in mein Reich zu verbieten." Glücklicherweise
gelang es, in P. Karl Slamenski, der ehemals als Wundarzt bei den
deutschen Reichstruppen gedient, und nach dessen baldigem Tod den Deutsch=
Böhmen P. Koffler als Leibmedicus an den Hof zu bringen. Letzterer

---

[1] „Welt=Bott" Nr. 506, 99 ff.
[2] Ebd. Nr. 558, 45. Vgl. *Southey*, Hist. of Brazil II, 338.

gewann durch viele glückliche Kuren das größte Vertrauen und wurde durch seinen Einfluß auf Jahre hinaus die Hauptstütze der Mission[1].

Hohes Verdienst erwarb sich auch der Apotheker Br. Christoph Mattern zu Goa.

„Nun bin ich", so schreibt er am 26. December 1710, „zu Goa und dieser Gegend der einzige Teutsche Jesuiter oder Jesuiter=Gehülff und der erste teutsche Apothecker. Womit es aber schwer und langsam her= gegangen, bevor ich in solchen Dienst beharrlich eingesetzt wurde. Maßen 3 Provinzen immerfür vergebens um einen gelehrten Apothecker gebeten hatten, sage, die Goanische, die Malabarische und die Japonische oder vielmehr Sinische." Der Streit sei durch den R. P. General Angelus Tamburini dahin geschlichtet worden, daß er (Br. Mattern) dem Colleg St. Paul in Goa zugewiesen wurde.

Mit köstlichem Humor und sehr anschaulich schildert er dann seine Thätigkeit. Zuerst räumte er mit den Resten der frühern Pfuscher=Apotheker auf, richtete im St. Paul=Colleg eine Apotheke und Infirmerie in großem Stile ein, „nach Anleitung der Augustana". Die ihm von den Brüdern Sennel, Wobiezka und Streker in Böhmen „zugeklaubten arcana" kämen ihm in Indien gut zu statten. Alles Geschirr sei aus Porzellan, alle Instrumente aus Edelmetall. Er müsse mit Arzneien auch ein großes Nonnenkloster mit 150 Insassen versehen, „die vierteljährlich für 600 bis 700 Gulden vermediciniren", item den Vicekönig, den Erzbischof und andere hohe Herrschaften. Die Ausgaben decke er mit dem Ertrag eines Cocos= gartens, der jährlich seine 5000 Gulden einbringe. Es koste ihn nicht wenig, die hier üblichen rohen und barbarischen Kurmethoden abzuthun, was nicht immer gelinge. P. de Costa, ein gelehrter Theolog, sei gestorben, weil er ihm nicht gefolgt habe. Die Purgirtränklein bestünden sonst in einem ganzen oder halben Seidel, während er höchstens drei bis vier Unzen gebe; und statt der groben Brech= und Laxirmittel habe er sanfte Schweißmittel eingeführt, „welche übermaßen wohl anschlagen und der teutschen Heil=Kunst großen Ruhm erworben." ... „Gott wolle doch mehrerer Teutschen Apotheker (sie seyen gleich aus der Gesellschaft oder ledigen Standes aus der Welt) Herz rühren, damit sie aus Liebe des Nächsten hieher reisen. Sollten ihrer auch 6 auf einmal anlangen, würden alle Dienst und Arbeit genug finden."[2]

---

[1] Pachtler a. a. O. S. 198 ff. 235 ff. u. a. „Welt=Bott" Nr. 708. 710. 711 ff.
[2] „Welt=Bott" Nr. 508.

Beiläufig sei hier die interessante Thatsache erwähnt, daß nicht wenige dieser deutschen Laienbrüder, die, wie namentlich die Apotheker und Architekten, von Haus aus eine gute Schulbildung mitbrachten und nicht selten auch lateinisch sprachen[1], in den Missionen später wegen ihrer allseitigen Tüchtigkeit zum Priesterthum befördert wurden. Wir nennen beispielsweise die Brüder Schmadlpauer (Paraguay), Camell (Philippinen), Joseph Mayer (Peru), Mattern (Goa), Neugebauer (Cochinchina) u. a. m. Dies waren übrigens besondere Ausnahmen, da solche Beförderungen sonst durch strenge Bestimmungen verpönt waren[2].

4. Deutsche Musiker. Es ist bekannt, welch eine wichtige Rolle die Musik bei der Missionirung wilder Völker oft spielt, und wie sehr sie zur Veredlung der rohen Gemüther beiträgt. Auch in dieser Richtung haben namentlich die deutschen Patres, die ja dem Lande der großen Musiker angehörten, sich große Verdienste erworben.

„Die Paraguarier", so schreibt am 15. Juni 1729 P. Matthias Strobel, „haben diese [ausgezeichnete Leistungen in der Musik] und andere Wissenschaften nicht denen Spaniern noch Indianischen sondern denen Teutschen, Wälschen [d. h. italienischen] und Flammändischen Jesuitern, vorberst aber R. P. Antonio Sepp aus der Ober-Teutschen Provintz zu danken, welcher der erste die Harpffen, Trompetten, Tromben, Schallmeyer, Clarinen und Orgel eingeführt, auch hiemit ihm ein unsterbliches Lob erworben hat."[3]

Daß die edle Kunst in den spanischen Kolonien vielfach jämmerlich daniederlag, geht aus zahlreichen Berichten hervor.

„Die Priester und Studenten", schreibt P. Franz v. Zephyris 1724/25, „können unter denen plumpen Indianern mit der Mathematica keine Ehre einlegen; weil solche Wissenschaft keiner verstehet oder verlanget, wol aber mit der Musik, welche in West-Indien über alles geschätzt wird. Massen unserer Americanern Spiel nicht viel besser herauskommt, als wann Katzen und Hund miteinander zancken. Solches bestehet in liederlichen Leyren, Härpfen, Hackbretten, ungestimmten Geigen, und bruchhafften Trompeten, welche so schön

---

[1] Der eben erwähnte Br. Christoph Mattern hatte auf dem Schiff mit portugiesischen Mönchen, die zur Strafe nach Indien deportirt wurden, einen Disput. „Ich bediente mich hierzu", schreibt er, „der Lateinischen Sprach, so wir Böhmen hurtig reden, sie hergegen sehr langsam herausstammeln konnten" („Welt-Bott" Nr. 508, 112).

[2] Non expedit, ut Provincialibus in India detur facultas promovendi coadjutores temporales ad studia, etiamsi polleant ingenio (Everard. Goan. 1575; Brasil. 1576).

[3] „Welt-Bott" Nr. 500.

zusammenstimmen, daß man aus dem Schall offtmal die Gattung des In=
strumentes nicht ausnemmen kann, ob es nemlich ein Seiten= oder Hornspiel
seye, und ob dasselbe geblasen, gestrichen oder geschlagen werde." [1]

Als der schon genannte Tiroler P. Anton Sepp und sein Reisegefährte
P. Anton Böhm aus Amberg im Jahre 1691 als die ersten deutschen
Missionäre in Buenos Aires eintrafen und im dortigen Colleg vorläufigen
Aufenthalt nahmen, wurden sie von dem spanischen Provincial und den
übrigen Patres gleich gedrängt, eine Probe ihrer Kunst zu geben.

„Schlagte ihnen also eines auf der großen, so ich von Augspurg, ein
anderes auf der kleinen Tiorba [2], so ich von Genua mitgebracht..., dergleichen
diese Patres noch nie gehört. Alsbann hat das liebliche Psalterium vor allen
das Herz ihnen abgenommen. Ich ließe anfänglich mir keinen zusehen, sondern
mußten alleinig dem Gehör von weitem Platz geben, so sie dermassen einge=
nommen, daß sie sich nicht mehr halten kunnten, gleich alle zuzulaufen, einige
lautere Ohren, andere lautere Augen seyn wollten. Nach diesem blasete ich
und der P. Antoni [Böhm] auf unterschiedlichen Flöthen, so ich zu Genua ge=
kauffet. Auf denen Violen stimmete ich auch ein wenig, gleichermaßen auf der
Trompa Marina [3], welche ich zu Cadiz hatte machen lassen, meinem Brauch
nach wenig, von denen Patribus nichtsdestoweniger hoch geschätzet und mit
sonder geneigtem Gemüth aufgenommen." [4]

In den Reductionen hatten einige Niederländer, wie P. Johann Vaes
(† 1623) aus Tournay, einstmaliger Hofmusicus bei Erzherzog Albert,
schon in etwa vorgearbeitet. Aber erst durch die deutschen Patres wurde
die Kunstmusik in den Reductionen allgemein eingeführt oder auf einen
bessern Fuß gebracht. P. Sepp wurden junge Indianer aus den ver=
schiedenen Missionen zum Unterricht zugesandt. „Alle Patres sind voll
Freuden", so schreibt er u. a., „und danken dem höchsten Gott, daß er
einmal nach so vielen Jahren einen Mann geschickt, der die
Musik in einen guten Stand brächte. Zur Dankbarkeit schicket
mir der eine da, der andere dort ein Fäßlein Honig, Zucker und ameri=
kanische Früchte zu." [5] In köstlich anschaulicher Weise beschreibt er die
Fortschritte und allgemein bewunderten Leistungen seiner indianischen Musik=
kapelle. Andere deutsche Patres, wie Briegniel, Messner, Schmid, Baucke,

---

[1] „Welt-Bott" Nr. 283, 95.   [2] Ein der Laute ähnliches Instrument.
[3] Tromba mar., ein einsaitiges Instrument, das fast wie eine Trompete klingt.
[4] Reiß-Beschreybung (Nürnberg 1698) S. 149 ff.
[5] Reiß-Beschreybung S. 269. Vgl. S. 250 ff. Vgl. „Katholische Missionen"
1894, S. 202 f.

setzten später sein Werk fort. Letzterer zog einst, einer Einladung folgend, mit seinem von ihm gebildeten Indianer=Orchester — es bestand aus 20 Mann, von denen die ältesten etwa 16 Jahre alt waren — am Feste des hl. Ignatius nach Santa Fé, um in der Kirche des dortigen Collegs Vesper und Hochamt mit ihrer Kunst zu verherrlichen. „Ungeheuer war der Zulauf des Volkes, und auf allgemeinen Wunsch wurden die Musiker nicht auf dem gewöhnlichen Chor der Kirche, sondern im Mittelschiff, nicht weit vom Hochaltar, aufgestellt. Viele vornehme Spanier konnten sich beim Anblick dieser Knaben, die vor wenigen Jahren noch nichts von einem Gott gewußt, und jetzt den wahren Gott in seinem Tempel durch Musik verherrlichten, der Thränen nicht enthalten." Weitere Einladungen riefen die gefeierten Musiker bis zur Hauptstadt Buenos Aires. Bischof, Statt= halter und das ganze Volk waren entzückt über die Leistungen; nur mit Mühe gelang es P. Baucke, den Plan, ihn und seine Kunst in Buenos Aires festzuhalten, zu vereiteln[1].

Was die PP. Sepp, Brigniel, Baucke u. a. bei den Guaranis und Makobis, das leistete der Schweizer P. Martin Schmid bei den Chiquitos. Selbst ein ausgezeichneter Musiker und Componist, bildete er die ersten ordentlichen Knabenchöre, lehrte sie singen, die verschiedenen Instrumente spielen, bildete sie aus und schickte sie dann in die übrigen Reductionen als Lehrer. Ihm und dem Böhmen P. Johann Meßner (seit 1736 bei den Chiquitos), seinem treuen Gehilfen, ist es nach Peramas zu danken, daß jede Chiquitos=Reduction einen Kirchenchor erhielt, dessen Leistungen selbst ein geschultes Ohr befriedigten. Nicht bloß sorgten sie durch zahlreiche eigene Compositionen für ein ausreichendes Repertorium, auch die Instrumente: Harfen, Flöten, Geigen ꝛc., gingen aus ihren ge= schickten Händen hervor. Von allen Seiten, selbst von Ober=Peru, schickten die spanischen Patres ihre Indianer zu diesem deutschen Meister in die Schule[2].

Aehnlich kam das deutsche Musiktalent den übrigen Missionen Amerikas zu gute[3]. Aber auch im fernsten Osten erwarb es sich Lorbeeren. Zwar war anfangs, so meldet der kaiserliche Hofmusicus in Peking P. Florian Bahr 3. November 1739 an die Gräfin Fugger, „meiner Erfahrenheit in

---

[1] Baucke (Kobler) S. 427 ff.; vgl. S. 579 ff.
[2] *Peramas* l. c. p. 430 sqq.
[3] Vgl. auch die interessante Notiz in den „Kath. Missionen" 1891, S. 259. Die noch heute bei den Mozos vorgefundenen Compositionen stammen sicherlich von den deutschen Missionären her.

der Music kein Anfrag gewesen, maßen S. Majestät zu dieser Kunst keine Zuneigung zeigen" [1]. Vier Jahre später aber (19. October 1743) meldet P. Johann Walter an dieselbe Gräfin:

„Noch größere Ehr ist denen drey Vorstehern der Europäischen Music, dem hochw. Herrn Theob. Pedrini, Patri Floriano Bahr und mir widerfahren. Es ließen sich endlich S. Majestät belieben, die Lieblichkeit der Europäischen Music zu verkosten; zu welchem End er uns 18 seiner Hof-Junkern anvertrauet, die wir in der Europäischen Art, auf verschiedenen Instrumenten zu spielen, unterrichten sollten. Kaum hatten diese Lehrlinge ein und anderes Stück zu spielen erlernet, als sie der Kayser, theils zu erfahren, was sie unter unserer Anführung für einen Fortgang machten, theils zu hören, was doch die Europäische Music wäre, vor sich rufte und mit solcher Vergnügtheit spielen hörte, daß er Befehl ertheilet, denen Lehrlingen jedem ein gutes Stück Geld, uns Lehr-Meistern aber, jedem ein Stück Seiden-Tuch, so wir Damasc nennen, von der besten Gattung darzureichen." [2]

Allein nicht bloß in den praktischen und schönen Künsten, sondern auch auf höhern Gebieten zeichneten die deutschen Missionäre sich aus.

5. **Die deutschen Missionäre und die Wissenschaft.** Es war bekanntlich der goldene Schlüssel der Wissenschaft und Kunst, welcher den Jesuiten den Zugang zu den verschlossenen alten Culturreichen Ostasiens eröffnete. Das Ansehen, das sie an den Höfen von Peking, Cochinchina, im Reich des Großmoguls 2c. als Gelehrte sich erwarben, mußte vielfach als Vorwand und Stütze des eigentlichen Missionswerkes dienen.

„Diese Europaeische Künste", schreibt P. Joseph Neugebauer 1741 aus Cochinchina, „und Künstler [Mathematik, Mechanik, Astronomie, Malerei, Musik, Arzneikunde] seynd die einzige Stütze, die unser heiliges Christenthum, welches in diesem Reich immer auf wankendem Fuße stehet, aufrecht und die Gesinnungen des Monarchens gegen die Europaeer günstig und geneigt erhalten." [3]

Welch ehrenvollen Platz die deutschen Jesuiten auch auf diesem Felde sich erworben haben, zeigt schon ein Blick auf die unten folgende bio-bibliographische Liste, wo sich auch die nähern Belege für das Folgende finden. Es gibt wirklich kaum einen Wissenszweig, in welchem sie nicht gearbeitet und zu welchem sie nicht größere oder kleinere Beiträge, zum Theil anerkannt ausgezeichnete Leistungen [4], geliefert hätten. Stellen wir auch hier die bedeutendsten Namen in kurzer Uebersicht zusammen.

---

[1] „Welt-Bott" Nr. 620, 72.   [2] Ebd. Nr. 680, 68.   [3] Ebd. Nr. 705, 40.

[4] Schon das Gepräge, welches die Berichte deutscher Missionäre an sich tragen, beweisen ihren wissenschaftlichen Sinn und ihre scharfe, treue Beobachtung. Was Müllbauer (Gesch. der kathol. Missionen in Ostindien S. 202, Anm.) von den

Geographie und Kartographie. An den berühmten kartographischen Aufnahmen des chinesischen Reiches haben die deutschen Patres Fridelli, v. Hallerstein, Kögler, Slaviczek, Hinderer, Tillisch und vor allen Martini [1] keinen geringen Antheil [2]. Das Stromgebiet des gewaltigen Marañon von seinen Quellen bis zur Mündung wurde von den deutschen Patres Samuel Fritz, Brentano, Magnin, Maroni, Sluha, Szentmartonyi erforscht und theilweise zum erstenmal kartographisch aufgenommen. Den deutschen Patres Kino, Baegert, Konsag, Sedlmayr verdanken wir mit die ersten und genauesten Beschreibungen und kartographischen Aufnahmen von Niedercalifornien und Nordmexico. Die zum Theil umfangreichen und eingehenden Reisebeschreibungen und geographischen Werke der PP. Tieffenthaler, Grueber, Veigl, Eder, Baegert, Pfefferkorn, Dobrizhoffer, Sepp, Bayer u. s. w. haben heute noch ihren von Männern wie Ratzel, Waitz u. a. anerkannten Werth.

In der mathematischen und astronomischen Wissenschaft stellten die deutschen Provinzen nicht bloß in Europa, sondern auch in den Missionen mit die bedeutendsten Vertreter, so die PP. Schall, Gogeisl, Kögler, v. Hallerstein, Stumpf, Castner, Kirwitzer, Terenz ꝛc., sämtlich am Pekinger Hof; die PP. Siebert, Koffler, Neugebauer in Cochinchina;

---

in den Lettres édifiantes veröffentlichten Briefen der französischen Jesuiten sagt, gilt im selben Maße von denen der deutschen. „Sie stimmen im wesentlichen mit denen der Portugiesen und Italiener überein, unterscheiden sich aber insofern von ihnen, als sie näher auf die religiösen und politischen Verhältnisse, sowie auf die Naturbeschreibung des Landes eingehen und in sehr anziehender und belehrender Weise abgefaßt sind, während die italienischen und portugiesischen sich rein auf die Thätigkeit der Missionäre beschränken und durch ihre Einförmigkeit manchmal ermüden."

[1] v. Richthofen (China I, 674 ff.) nennt ihn den bedeutendsten Geograph unter allen Missionären, „der selbst während des 18. Jahrhunderts nicht überboten, kaum erreicht worden".... „Nicht ein einziger Missionär vor und nach ihm hat so geflissentlich seine Zeit auf die Kenntniß des Landes verwendet wie er.... Sein großes Werk (Novus Atlas Sinensis, Wien 1653) läßt schließen, daß er die meisten Provinzen von China selbst durchwandert hat.... Es ist die vollständigste geographische Einzelbeschreibung von China, die wir besitzen. Martini ist [dadurch] der Vater der geographischen Kenntniß von China geworden." Von der großen geographischen Arbeit der Jesuiten urtheilt v. Richthofen, sie könne „im ganzen als ein Meisterwerk bezeichnet werden". Das Hauptverdienst kommt den französischen Jesuiten zu; doch haben auch die deutschen einen sehr bedeutenden Antheil daran. Siehe ebb. S. 682. 688. 692.

[2] Vgl. u. a. Journal of the Royal Geogr. Society 1870, p. 298. v. Hellwald, Culturgesch. Bd. II. Zeitschr. der Ges. für Erdkunde zu Berlin XXVIII (1893), 202.

Strobl und Tieffenthaler, welch letzterer eines der besten ältern Werke über Hindostan verfaßte, am Hofe des Großmoguls in Nordindien; endlich P. Rueß in Peru und P. Stancel in Brasilien. Daß ihre Verdienste von der gelehrten Welt gewürdigt wurden, ließe sich durch zahlreiche Citate darthun.

„Dieser Jesuitenmission in China", schreibt z. B. Mädler, „muß hier nothwendig Erwähnung geschehen, denn obgleich ihr Hauptzweck ein propagandistischer war, so hat doch dieser Orden ... sich namentlich auch in China und in Ostasien überhaupt wesentliche Verdienste um Förderung der Himmelskunde erworben." [1] Er hebt dann die Arbeiten der einzelnen Patres hervor, so P. Hallersteins, dem wir „besonders gute correspondirende Beobachtungen der Jupitertrabanten-Verfinsterungen verdanken und dessen Beobachtungen Souciet herausgab"; P. Köglers [2], dessen Beobachtungen Simonelli in sein großes Werk Scientia eclipsium ex imperio et commercio Sinarum illustrata (Luccae 1745) aufgenommen habe. „Slaviczek und Jacques waren seine [Köglers] vieljährigen Mitarbeiter. Die Aufhebung des Jesuitenordens, zuerst 1759 in Frankreich, machten diesen Sendungen ein Ende." „Das Hauptwerk Hallersteins: Observationes astronomicae a PP. Societatis Jesu Pekini Sinarum factae etc., enthält alle dort von 1717—1752 gemachten Beobachtungen vollständig reducirt und ist nach der von Hallerstein nach Europa gesandten Handschrift von M. Kell in Wien 1768 herausgegeben worden. Außerdem besitzen wir von ihm eine Methode für Berechnung der Mondabstände, eine Darstellung des ihm eigenthümlichen Verfahrens, arithmetische Mittel so zu ziehen, daß die bessern Beobachtungen ein ihrer Güte entsprechendes Gewicht erhalten. Für China übernahm er die Berechnung des Reichskalenders, den er wieder in bessere Ordnung brachte. . . . Die Zeit seines Directorats bildet die glänzendste Epoche der Jesuitenmission in China. . . . Bodes Jahrbücher sowie die Memoiren der Petersburger Akademie enthalten mehrere seiner Beobachtungen." [3]

---

[1] Geschichte der Himmelskunde I, 334 ff.; ausführlich bei Duhr, Jesuitenfabeln (3. Aufl.) S. 245 ff.

[2] Ueber Kögler und seine Beobachtungen siehe die interessante Schrift: Litterae Patentes Imperatoris Sinarum Kang-Hi sinice et latine. Cum interpretatione P. Ignatii Koegler S. J. (Ed. Christoph. Murr, Norimbergae 1802). p. 30 sqq. Vgl. Duhr a. a. O. S. 247.

[3] Mädler, Geschichte der Himmelskunde I, 339 f.

Ebenso warme Anerkennung spenden den deutschen Jesuiten in China, zumal den PP. Schall, Kögler, v. Hallerstein, Slaviczek, der große französische Astronom Lalande[1] und Montucla[2]. „Diese Gelehrten", so schreibt letzterer u. a., „begnügten sich nicht damit, die chinesische Astronomie nach den Grundsätzen der europäischen zu verbessern, sondern leisteten durch ihre Beobachtungen auch der Astronomie in Europa große Dienste."

Sprachforschung. Auch auf dem Gebiete der Sprachforschung finden wir manchen klangvollen deutschen Namen. Was Männer wie Herdtrich, Hanxleden, Bischopinck, Roth, Bayer, Havestädt, Ducrue, Gilg, Steffl u. a. in dieser Richtung geleistet, zeigen die unten folgenden bibliographischen Angaben und die trefflich orientirende Schrift P. Dahlmanns[3]. Wir können nur das eine und andere Zeugniß anführen:

„Großen Ruhm", so schreibt Friedrich v. Schlegel (Sämtliche Werke VIII [Wien 1846], 277), „erwarb sich in diesem Fache [Sanskrit] der im Jahre 1699 nach Indien abgegangene Jesuit Hanxleden, der über 30 Jahre (1732 wird sein Tod gemeldet) in der malabarischen Mission arbeitete, selbst vieles in der altindischen und in der gemeinen Landessprache, in Prosa und in Versen, geschrieben, Sprachlehren und Wörterbücher darüber verfaßt, und dessen wahrscheinlich sehr reicher und gehaltvoller Nachlaß sich zu Rom befindet."

Fra Paolino a S. Bartolomeo nennt ihn den besten Kenner des Sanskrit, mit dem auch zu seiner Zeit noch kein Europäer sich messen könne.

„Wären seine Sanskritarbeiten", urtheilt Benfey (Geschichte der Sprachwissenschaft S. 335), „sogleich nach ihrer Abfassung veröffentlicht worden, so würden sie sicherlich in dem für sprachliche Forschungen so sehr enthusiasmirten vorigen Jahrhundert ein bedeutendes Ferment gebildet haben."[4]

„Noch ein anderer Jesuitenmissionär des 17. Jahrhunderts", schreibt M. Müller (Lectures on the Science of Lang. I, 175), „erwarb sich Kenntnisse im Sanskrit, Heinrich Roth († 1668). Während seines Aufenthaltes in Agra gelang es ihm, einen Brahminen zu überreden, daß er ihn die Sanskritsprache lehre, und nach sechs Jahren angestrengten

---

[1] Bibliogr. astronomique p. 446 ss.; bei *Maynard*, Des études et de l'enseignement des Jésuites à l'époque de leur suppression 1750—1773 (Paris 1853) p. 259 ss.

[2] Hist. des mathématiques I, 470; bei *Maynard* l. c.

[3] Die Sprachkunde und die Missionen (Freiburg i. B., Herder, 1891).

[4] Vgl. auch Abelung-Vater, Mithrid. 4. Th., S. 56 Anm.

Studiums war er vollkommen Meister dieser schwierigen Sprache geworden. Im Jahre 1666 finden wir ihn in Rom, und er ist es, der uns die interessante Beschreibung des Sanskritalphabetes entworfen, welche Athanasius Kircher in seiner China Monumentis illustrata (p. 91. 156) veröffentlicht hat." [1]

Vielfach unterhielten die Patres, besonders die Missionäre in China, einen regen wissenschaftlichen Briefwechsel mit europäischen Gelehrten, sowohl aus ihrem eigenen Orden, wie z. B. mit dem bekannten Polyhistor P. Athanasius Kircher, dem Astronomen Hell, dem Geographen Heinrich Scherer ꝛc., als auch mit berühmten Laien, wie Leibniz [2], G. v. Murr, den Botanikern Linné und John Ray in London, den Orientalisten Anquetil Duperron in Paris und Krutzenstein in Kopenhagen, den Astronomen Jos. Nik. de l'Isle in Petersburg [3], Marinoni in Wien, Simonelli in Italien u. a. m., und lieferten ihnen werthvolle Beiträge und Aufschlüsse für ihre Studien und Werke. Beispielsweise stammt ein nicht unbedeutender Theil der Correspondenzen und Mittheilungen zu G. v. Murrs bekanntem „Journal zur Kunstgeschichte und allgemeinen Literatur", 1775 bis 1789 (17 Bände), und „Neuem Journal zur Literatur- und Kunstgeschichte", 1798—1799 (2 Bände), aus der Feder deutscher Missionäre, wie der PP. Castner und Kögler aus China, Werkmaister und Eckard aus Brasilien, Bayer aus Peru, Ducrue aus Mexico u. f. w. P. Kirchner gedenkt in seinen zahlreichen Werken [4] dankbar der ausgiebigen

---

[1] Dahlmann a. a. O. S. 18.

[2] Ueber seine Beziehungen zu den Jesuiten in China vgl. u. a.: God. Guil. Leibnitii Epistolae . . . ed. Christ. Kortholtius (Lipsiae 1734, 1735, 1738), tom. II, Dissert. prooemialis § IX sqq.; über die Beziehungen der Jesuiten zur Königl. Gesellsch. der Wissensch. in London § XII; Briefe französischer Jesuitenmissionäre an Leibniz tom. III, 1 sqq. In Bezug auf die Gefahr, die durch den Ritenstreit der Jesuiten in China drohte, schrieb selbst der feindselige La Croze: Nuper dictum est, eos [Jesuitas] plane ejectos esse [ex China], quod certe nolim, vel ob *commercium eruditum*, cuius scintillae quaedam eorum operâ conservantur (ibid. II, 501).

[3] Le P. Slaviczeck, Jésuite de Bohême, mort en Chine le 24 août 1735 . . . avait fait une grande suite d'observations sur la libration de la lune; il écrivait à ce sujet à Bayer, en 1734, et lui promettait pour de l'Isle un cours entier d'observations et de doctrine sur la libration; il travaillait à faire graver une figure sur la lune; mais sa mort a fait perdre tout ce travail *(Maynard l. c. p. 272 s.).* Vgl. über die Correspondenz mit de l'Isle Revue des questions histor. XXIX (1881), 494 ss.

[4] Vgl. China Mon. illustrata (Amstelod. 1667), Prooemium; Romani Collegii S. J. Musaeum P. A. Kircher S. J. (Amstelod. 1678) p. 3. 8. 23. 65 sq.;

Mitwirkung seiner gelehrten Mitbrüder in den Missionsländern, wie der PP. Martin Martini, Michael Boym (eines Polen), Philipp Marini, Johann Gruber, Heinrich Roth 2c.; desgleichen an zahlreichen Stellen P. Heinrich Scherer in seinem Atlas Novus (August. Vind. 1730). Ueber den Verkehr mit der europäischen Gelehrtenwelt schreibt z. B. P. v. Hallerstein 28. November 1749 aus Peking:

„In dem Jahr 1745 haben uns S. Excellenz, Herr Baron von Korff, damaliger Vorsteher der Academie zu Petersburg, jetzt Gesandter am Schwedischen Hof, im Namen der ganzen gelehrten Petersburgischen Gesell-schaft zu einem gemeinschaftlichen Brief=Wechsel, mit einer ausnehmenden Höflichkeit, eingeladen, auch mit 3 Kisten rarer, von selber Academie zum Druck beförderten gelehrten Werken freygebigst beschenket. Zufolg einer so unerwarteten Einladung und Freygebigkeit, schickten wir, auf gemeinsame Unkosten unserer hiesigen 3 Häusern, deren jedes an der Petersburgischen Gab seinen Antheil genommen, eine Kiste mit Sinischen, theils Mathematisch, theils in anderer Materie von unseren Vorfahren herausgegebenen Büchern und einige wenige, doch genaue Beobachtungen, die wir damal bey Handen hatten, nach Petersburg, mit solchem Vergnügen dieser gelehrten Gesellschaft, daß sie, wie wir heuer ver-nehmen, sich entschlossen, durch die erste Caravanen oder Rußische Kaufleute unsere Bibliotheken mit einem neuen Vorrath Europäischer Bücher und be-sonders, einem neuen Atlas über Sibirien, zu vermehren. Wir erwarten dieses angenehme Geschenk, welches künftiges Jahr eintreffen wird, mit großer Be-gierd." Gleich darauf berichtet v. Hallerstein, wie auch der Secretär der Königl. Londoner Gesellschaft, Sir Cromwell-Mortimer, im letzten Jahre in einem überaus schmeichelhaften Schreiben ihnen seine und seiner Collegen Dienste an-geboten, „von uns aber, in aller Namen, verlanget, daß wir sie unserer Astro-nomischen Arbeiten theilhaftig machen möchten. Aus seiner Gnade haben wir heuer einen Tomum ihrer Transactionum Philosophicarum empfangen, und weylen wir nichts anderes bey Handen hatten, die von meinem Vorfahrer R. P. Kögler in das Sinische übersetzte Tafeln des Newton, samt einem Sinischen Buch von denen Logarithmis, Tangentibus, Secantibus u. s. f. zu einer wenigen Wiedergab nach London abgesendet."[1]

Endlich erwähnt er eines ähnlichen Anerbietens von seiten de l'Jsles.

Auch in einer andern Weise kam das Wissen und die Gelehrsamkeit deutscher Jesuiten den Missionsprovinzen zu gute. Mit Vorliebe wurden im 18. Jahrhundert deutsche Patres mit ihrer soliden wissenschaftlichen Durch-bildung als Professoren der theologischen und philosophischen Fächer an den zahlreichen Seminarien, Collegien und Universitäten der Gesellschaft

---

Magnes sive de arte magnetica ... (ed. III. Romae 1654) p. 314 sqq.; Oedipus Aegyptiacus (Romae 1652) tom. I, 396 sqq.
[1] „Welt-Bott" Nr. 696, 27.

Jeſu in Amerika und Aſien angeſtellt. So finden wir z. B. auf den hohen Lehrſtühlen in Peru die PP. Reinmann und Röhr; in Quito Azzoni; in Chile die PP. Haimbhauſen, Bobart und Hueber; auf der Univerſität von Cordoba (Paraguay) die PP. Orocz, Pfiter und Plantich; in Braſilien die PP. Perret, Stancel und Bellecius, letterer ſpäter Theologieprofeſſor in Freiburg i. Br.; in Goa die PP. Obſtzierer und Przikril, einſt Kanzler der Prager Univerſität; in Ambulacata (Malabar) die PP. Biſchopinck, Bremer, Jackeſch und Krening; in Manila als Lehrer des canoniſchen Rechts P. Märckl, „mit beſonderem Ruhm ſeiner Gelehrſamkeit". Uebrigens fanden ſich auch unter den übrigen Miſſionären genug Männer, die bereits auf hohen Kathedern geſeſſen [1]. Unter den jüngern Ordensmit- gliedern, die ſeit der erſten Hälfte des 18. Jahrhunderts vielfach noch vor ihrer Prieſterweihe, oft ſchon als Novizen, in die Miſſionen geſchickt wurden, um dort ihre Studien zu vollenden und ſich die Landesſprache vollkommener anzueignen, fanden ſich glänzende Talente. Der jugend- liche Fr. Lucas Bakranin, der leider ſchon vor ſeiner Abreiſe aus Spanien (1727) ſtarb, „ſetzte in Sevilla bei einer öffentlichen Dis- putation als Objicient die ſpaniſchen Profeſſoren in Staunen und be- freite ſie aus dem tief eingewurzelten Wahne, daß die ſpeculative Theo- logie außerhalb Spaniens nicht geachtet oder nicht ernſthaft betrieben werde und die dortigen Lehrer denen Spaniſchen Profeſſoribus nicht das Waſſer bieten könnten" [2].

Aehnliche Erfolge werden von andern deutſchen Scholaſtikern, wie Nikolaus Meges in Lima [3], Nikolaus Schindler und Paul Maroni in Quito, gemeldet.

„Wir", ſo ſchreibt der öſterreichiſche Vater Nikolaus Schindler, „vollenden hier [im Colleg zu Quito] zugleich unſere Studien. P. Maroni [gleichfalls Oeſterreicher] und ich, obwohlen wir ſolcher Ehr gar nicht verlangt, werden Theſen aus der ganzen Theologia öffentlich defendiren; welches allhier mit größtem Pracht, ja in Gegenwart aller Königlichen hohen Aemtern und Räthen: wie auch des Biſchoffs ſamt dem Domb-Capitel und aller Ordens-Geiſtlichen nebſt dem hohen Adel pflegt gehalten zu werden." [4]

---

[1] „Welt-Bott" Nr. 392; vgl. Baucke S. 703.

[2] „Welt-Bott" Nr. 334, 93.

[3] Amerik. Neu-aufgerichteter Mayerhof (Augsb. 1747) S. 145.

[4] „Welt-Bott" Nr. 282. Zu dieſen öffentlichen Disputationen wurden ſelbſt- verſtändlich nur die tüchtigſten Talente auserſehen. Bezeichnend iſt, was P. Adam Kaller 1686 aus Mexico ſchreibt: „Ich hab mittler Weile allhier meine Theologiam völlig zu Ende gebracht und das gewöhnliche Examen ausgeſtanden, hiemit aber erfahren, daß hier zu Land die geſchworene Examinatores es wolfeiler verlaufen als in Böhmen und Teutſchland" („Welt-Bott" Nr. 52).

Es war aber den deutschen Missionären sehr wenig um ehrenvolle Professuren u. dgl. zu thun. Ihr ganzes Sehnen ging nach den Indianermissionen, und es war ihnen ein hartes Opfer, wenn sie in den Collegien und Anstalten der Kolonialstädte zurückbehalten wurden. So erging es z. B. dem jungen Oesterreicher P. Schindler nach einer glänzenden öffentlichen Disputation. Er sehnte sich nach den Missionen des Marañon, aber er „hat sich", wie sein Mitbruder P. v. Zephyris schreibt [1], „wider seinen Willen den Weg selbst verhackt, weil er seine stattliche Eigenschaften nicht verborgen, hiedurch aber seinem Oberen Anlaß gegeben, ihn vielmehr in der Provinz mit ehrenhafften Aemtern zu beschäfftigen, als auf die weit entlegene Missionen größten Theils begraben würden, da er hingegen in denen Collegiis selbe zu größerer Ehre Gottes in das Werck stellen und an den hellen Tag legen könnte. Wanns ich schließe, daß er gewaltige Pedarten anschrauben müsse, wann er ihm das Thor zu denen Missionen auffsprengen will." [2]

„Mich anlangend," schreibt z. B. P. Ladislaus Orocz aus der österreichischen Provinz (17. November 1730), „wohne ich in dem Haupt-Collegio zu Corduba in dem Landstrich Tucuman und bekenne zu meiner Schand, daß ich hierselbst die Philosophie (Zweifelsohne aus Verhängnuß Gottes, der hiedurch meine Sünden abstrafft) vorzulesen verdammt sei. War es wohl der Mühe werth, sich aus Hoffnung der Martyr-Cron, aus Begierde das Evangelium denen Heyden zu predigen und aus Verlangen, den heiligen Aposteln im Leben und Todt nachzufolgen, mit tausenderley Lebens-Gefahr über Meer zu schiffen, damit ich anstatt Christi allhier den Aristotelem in Schulen verkündigte? Mir kommt vor, Ew. Ehrwürden lachen hierzu: Ich hergegen weine." Nur der Gedanke, daß Gott nichts besser gefalle als blinder Gehorsam, tröste ihn. Es wird ihm aber recht schwer, das Opfer zu bringen. „Ach", so schließt er, „wie schäme ich mich, den preißwürdigen Titel eines Missionarii zu führen, indem ich in der That keinen Apostel, sondern ein Philosophum spiele." [3]

6. Typen großer Missionäre. Gewiß wird es der Ruhm der romanischen Völker bleiben, seit dem Zeitalter der Entdeckungen nicht nur die meisten, sondern alles in allem auch die bedeutendsten Glaubensboten gestellt zu haben. Und was speciell die Gesellschaft Jesu angeht, so sind Männer wie der hl. Franz Xaver und der sel. Johann de Britto in Asien, der hl. Peter Claver und Anchieta in Südamerika, Jean de Brebeuf, Jogues und Lallemant in Canada u. a. m. für alle Zeiten die Ideale wahrer Apostel. Diese Südländer mit ihrem feurigen Muthe, ihrer unvergleichlichen Bedürfnißlosigkeit, ihrem flammenden Glaubensgeist waren zumal für die erste conquista espiritual, wie die Spanier das Missionswerk nannten,

---

[1] „Welt-Bott" Nr. 333, 91.
[2] „Welt-Bott" ebb. Aehnliche, oft rührende Schmerzensergüsse ebb. 331, 83 ff.; 510, 131 u. a. Baucke S. 704.
[3] „Welt-Bott" Nr. 511, 132; vgl. Nr. 530, 113.

auch wie geschaffen. Indes haben die spätern Zeiten bewiesen, daß auch Deutschland große Missionäre hervorbringen konnte. Männer wie Sepp, Baucke, Arlet, Borinie, Fritz, Richter, Glandorff, Kino u. s. w. stellen sich würdig neben ihre großen Vorbilder. Vor allem ist hervorzuheben, daß im Laufe des 17. und 18. Jahrhunderts eine Reihe von besonders schwierigen Missionsgebieten, wie die der Moxos (Peru), des obern und untern Marañon und die von Nordmexico und Californien, mehr und mehr den deutschen und niederländischen Patres überlassen wurden, während die Spanier und Portugiesen sich in dieser Periode vielfach lieber auf die Thätigkeit in den Collegien und Städten concentrirten.

„So bald ein ausländischer Jesuiter hier ankommt," so schreibt P. Andreas Mancker 25. Februar 1681 aus Mexico, „wird er gleich auf die Missiones befördert, deren diese Provinz allein 70 zehlet, in welchen sich nur 60 Patres befinden; ist also wegen Mangel der Priestern ein mercklicher Abgang tauglicher Arbeitern, zumaln in Erwegung des weitsichtigen Bezirkes besagter Missionen, welche tausend Meilen Weegs in ihrem Umfang begreiffen: ohne zu rechnen eine neue jüngsthin entdeckte Landschafft von 300 Meilen, welcher man das Evangelium verkündigen solte, wann nur Priester vorhanden wären. Zudem kommt noch eine andere erst neulich angefangene Mission in California, von welchem großen Land man noch nicht wissen kan, ob es eine Insul seye oder an ein anderes Erdreich angränze. Auf jeglicher diser Missionen ist nur ein einziger Priester unserer Societät; weil Jhro Catholische Majestät bißher keinen anderen Geistlichen auf benenselbigen haben dulden wollen. Die Länder haben an Viehe und Früchten den größten Ueberfluß; die Luft ist an vielen Gegenden mäßig wie in Teutschland, dessentwegen auch die Teutschen, als welche der rauhen und kalten Luft gewohnet seynd, vor andern dahin taugen. Die Landsprach ... ist nicht schwer zu lernen. Vor so viel Missionen und Völcker würden 6000 Priester kaum erklecken."[1]

Die schwierige Mission am obern Marañon ruhte thatsächlich seit dem Beginn des 18. Jahrhunderts vornehmlich auf den Schultern deutscher Missionäre. Ausführlich schreibt darüber u. a. der genannte P. Nikolaus Schindler 12. Februar 1725: Die neu angekommenen Missionäre, nämlich P. Paul Maroni, P. Karl Brentano und er selbst aus der österreichischen Provinz, P. Ignaz Michel und P. Adam Widman aus Bayern (Germ. Sup.) und P. Leonhard Deubler vom Oberrhein, brannten vor Begierde, „je ehender je lieber auf die Missiones an dem Fluß Marannon und an dem Napi-Strom zu ziehen, und daselbst das Ziel unseres Beruffs zu erreichen; mithin denen Teutschen Missionariis, so dasselbe weitschichtige Feld bauen, zu Hülff zu kommen". Von deutschen Missionären seien bereits da die PP. Samuel Fritz, Wenceslaus Breuer, Bernhard Zurmillen,

---

Franz Rhen, Joh. B. Julian, Wilhelm Grebmer, Peter Gaßner und Franz Xaver v. Zephyris.

„Wir scheinen zwar unser ziemlich viel zu seyn und bennoch ist diese Zahl weit zu gering, alle Missionen zu besetzen, deren manche aus Abgang Teutscher Priester verlassen seynb und gleichsam öde stehen. Von wannen kommt, daß seit dem glorwürdigen Todt V. P. Henrici Richter, das ist seit anno 1695, die Völcker Pyros, Cunivos und Schibaros keinen Priester mehr gesehen haben. Sobald aber wir Teutsche allhier angelangt seynd, ist der alte Apostolische Mut wieder von dem Tod erstanden, indem unser aller insgesamt einziger Wunsch ist, uns ohne Verschub zu eben benenjenigen Völckern zu verfügen, von welchen obgedachter Blut-Zeug und andere Missionarii seynd gemartert worden.“ [1]

Eine große Zahl von bisher verlassenen Indianerstämmen in Paraguay, Peru, Chile, am obern und untern Marañon, in Mexico und Californien und auf den Philippinen wurde zum erstenmal von deutschen Missionären aufgesucht und in den Bereich der Missionsthätigkeit gezogen, und sehr viele neue Missionen und Stationen in den erwähnten Gebieten und in China hatten deutsche Patres zu Gründern oder wurden von ihnen erst zur Blüthe gebracht. Ihre praktische Richtung und Solidität kam nicht bloß der materiellen und wirtschaftlichen Seite der Missionen zu gute, sondern charakterisirte auch ihre seelsorgerliche Thätigkeit. Nachdem P. Matthias Strobel in einem Briefe vom 15. Juni 1729 ausgeführt, wie ungünstig z. B. in Buenos Aires die Feier des Gottesdienstes und der Eifer im Empfang der heiligen Sacramente absteche, fährt er fort: „Auf denen Missionen aber gehet alles lebhaffter und eyffriger zu, gleichwie ohnedem aus anderen Brieffen bekannt ist: Weil nehmlich allda unsere teutschen und wälschen Priester die schönste Policey-Ordnung so wohl in geist- als weltlichem Wesen eingeführt haben.“ [2]

Die bekannten schönen Monographien der PP. Baucke, Sepp, Dobrizhoffer und die von P. Stöcklein gesammelten Briefe bestätigen überall, wieviel die Missionen auch in geistlicher Hinsicht dem Eifer und Geschick der deutschen Patres verdanken.

Sehr schön bezeugt dies unter anderem der Spanier Peramas in seiner oben citirten Biographie des Schweizers P. Martin Schmid, Missionärs bei den Chiquitos. Nach Aufzählung aller Verdienste desselben um die materielle Entwickelung der Missionen hebt er hervor, daß alles dies ihm nur Mittel zum Ziel gewesen, das Seelenheil der Wilden zu fördern und

---

[1] „Welt-Bott“ Nr. 282, 87.   [2] Ebd. Nr. 510, 131.

sie im heiligen Glauben zu festigen. Und nun schildert er eingehend den glühenden, unermüdlichen Seeleneifer, den apostolischen Muth und das heiligmäßige Leben dieses „Vaters der Indianer" [1].

Ganz außerordentliche Männer waren z. B. der Schlesier P. Stanislaus Arlet und der Böhme P. Franz Borinie, beide gleichzeitig bei den Moxos (Peru) thätig. Der Peruaner Saldamando [2] nennt Arlet bewundernd „einen der Jesuitenmissionäre, die sich am meisten ausgezeichnet haben bei der Bekehrung und Civilisirung der Indianer in der Moxos-Provinz".

„P. Borinie", so schreibt P. Arlet, selbst bemüthig seinem Mitbruder alles Lob zuerkennend, „wird von jedermann der Nahmen eines recht=Apostolischen Mannes beygelegt, den er bestens verdient; allermassen er nur in einem Jahr mehr Reisen, als sonst einer, verrichtet: Annebens auch sehr viel unbekannte Länder, in welche vor seiner kein Missionarius jemalen kommen ware, entdeckt und durchwandert hat. Alte Missionarii können seinen brünstigen und Helden=müthigen Eyffer nicht genug loben. Ich hab ein und den andern seufftzen gehört: Ach! sagten sie, wie macht uns dieser einzige Priester aus Böhmen zu Schanden! welcher in so kurtzer Zeit bewerckt, was wir innerhalb so vielen Jahren nicht einmal zu versuchen das Hertz gehabt! Unser allgemeiner Oberste, P. Antonius Orellana, da er einstens mit mir von P. Borinie zu sprechen kam, erhube seine Augen und Händ gen Himmel. Ach! sagte er, mein Pater Stanislae: Warum schenkt uns euer heiliges Böhmen nicht zwölff dergleichen Männer? Ich hab dem allba bestellten Provintzial, R. P. Emmanueli von Boye, wessen Eyffer mir vielfältig ist gerühmt worden, bittend geschrieben, er solle doch mehr solche Missionarios hieher schicken. Beten wir dann, O liebste Patres, daß Gott meinen Wunsch gewähre." [3]

Und wieder in einem andern Briefe: „Mein uralter Gefährt, P. Franciscus Borinie allein arbeitet im Wein=Garten Christi mehr als zwantzig andere Missionarii. Es scheint, Gott habe ihn zu diesen Zeiten und in dem großen Motscherland vor andern Priestern auserwählt zu einem außerordentlichen Bothen, welcher seinen Nahmen gegenwärtiger Heydenschafft überbringen solle. Er hat bißher über hundert vorhin unbekannte Völcker, und zwar einige dererselben in unzugänglichen Eylanden zwischen Pfül, Teichen und Wässern der erste nicht allein entdeckt, sondern auch zum gemeinschafftlichen Leben und zur Heerd Christi gebracht. Darum hat ihm auch der Vice=König von Lima (welche Ehr sonst keinem Missionario jemals widerfahren ist) durch einen absonderlichen Brieff in Nahmen Seiner Catholischen Majestät gnädigsten und verbindlichsten Danck gesagt: Weil durch seine Apostolische Bemühung nicht allein das Reich Gottes, sondern auch die Spanische Monarchie immer anwachßt, wiewohlen

---

[1] De Vita et Moribus XIII Virorum Parag. p. 435 sqq.
[2] Los antiguos Jesuitas del Perú. Biografias . . . (Lima 1882) p. 226.
[3] Brief vom 2. Sept. 1698 („Welt=Bott" Nr. 441).

P. Borinie seine Absicht lediglich auf das Seelen-Heyl ohne anderen Endzweck richtet. Der tapfere Apostel ist bißher schon zweymal mit Pfeilen zwar beschossen, jedoch von Göttlicher Obhut unverletzt beym Leben erhalten worden, damit er die Zahl seiner Schäflein erfülle...." [1]

Von einem andern echt deutschen Missionär, dem Hannoveraner P. Franz Hermann Glandorff, lebt heute noch unter den Indianern Mexicos die Erinnerung an sein wunderbares Leben und Wirken fort. Tomochic in Tarahumara alta, sein Arbeitsfeld, lag in dem wildesten und abgelegensten Theile der riesigen Gebirgskette des nördlichen Mexico und war berüchtigt durch die Barbarei, Unwissenheit und Lasterhaftigkeit seiner Bewohner. Das ganze Gebiet wurde durch P. Glandorff in einen blühenden Gottesgarten verwandelt. Nach den vor dem bischöflichen Gerichte gemachten eidlichen Zeugenaussagen legte er in der rauhen Gebirgsgegend stets zu Fuß oft in unbegreiflich kurzer Frist ungeheure Strecken zurück, schritt trockenen Fußes über Ströme und Flüsse, heilte Kranke durch Ablesung des heiligen Evangeliums über dieselben. Große Sünder kamen fünfzig bis hundert Stunden weit her, um bei ihm zu beichten. Selbst in äußerster Armut und Bußstrenge lebend, sorgte er für seine Indianer wie eine Mutter und genoß ihr unbegrenztes Vertrauen. Sie nannten ihn fast nur „den Pater, der immer von himmlischen Dingen redet". Noch heute weist die sprichwörtliche Redewendung: „Er trägt die Schuhe des Paters Glandorff", auf die Legende zurück, wonach, „wenn der den Pater begleitende Indianer auf den im schnellsten Tempo ausgeführten Wanderungen ermüdete, der fromme Pater seine eigenen Sandalen auszog und sie dem Indianer gab, der dann sogleich wieder mit der frühern Leichtigkeit und Geschwindigkeit ihm folgen konnte, als habe er gar keine Ermüdung gespürt". Von dem Ruf, den dieser deutsche Mann im ganzen Lande genoß, nur das eine oder andere Zeugniß. Der Franziskanerprovincial Fray Antonio Rizo, der auf einer Reise eigens einen Abstecher machte, um den berühmten Missionär zu sehen, sagte später: „Durfte ich wohl diese Gelegenheit versäumen, einen wahren Apostel kennen zu lernen? Glückliche Provinz, die solche Missionäre besitzt, selige Religion, welche unter ihren Kindern einen solchen heiligen Mann zählt!" P. José de Chabarría, Generalvisitator der Missionen Nordmexicos, erklärte nach einem Besuche in Tomochic in seinem amtlichen Berichte an den Ordensgeneral: „er wünsche jetzt nicht mehr länger den heiligen

---

[1] „Welt-Bott" Nr. 442.

Apostel Franz Xaver gekannt zu haben, nachdem er mit dem P. Glandorff Umgang gepflogen"[1].

Männer wie die angeführten stehen unter der Zahl der deutschen
Missionäre keineswegs vereinzelt da. Schon die kurzen biographischen
Notizen, die unten folgen, werden dies beweisen.

Nicht vergessen dürfen wir schließlich, wenigstens mit einem Worte
der deutschen Jesuiten zu gedenken, die ihr Leben als Blutzeugen beschlossen. Es sind unter andern die ehrw. PP. Andreas Koffler († 1651
in China), Kaspar Beck und Christoph Ruebl († 1684 am Orinoco),
Karl v. Boranga und August Strobach († 1684 auf den Marianen),
J. Maria Ratkay († 1685 in Mexico), Heinrich Richter († 1695 am
obern Marañon, Quito), Joh. Baptist Messari († 1723 in Tonking),
J. Kaspar Kratz, dessen Seligsprechungsproceß im Gange ist († 1737 in
Tonking), Hermann Engers († 1741 im Kerker, Tonking), Heinrich Ruhen
(† 1751 in Mexico).

7. Beliebtheit der deutschen Missionäre. Es ist nach dem
Gesagten gewiß nicht zu verwundern, daß die deutschen Missionäre schon
bald sich großer und allgemeiner Beliebtheit und Hochschätzung erfreuten.
Einige Zeugnisse hierfür wurden bereits früher angeführt. Eine kleine
Auswahl anderer mag noch folgen. Die deutsche Missionsarbeit älterer
Zeit ist ja lang genug tobtgeschwiegen oder vergessen worden und darf
deshalb gewiß einmal etwas ins Licht gerückt werden.

„Es soll unseren allgemeinen Ordens-Vater" (A. R. P. Franz Retz),
so schreibt der Oesterreicher P. Ignaz Gößner am 4. August 1749 von Cadix
aus, „zarteft gerühret haben, daß die Inbianische Patres Procuratores für die,
absonderlich der Spanischen Cron unterworffene Missionen um neue Arbeiter
von der teutschen Nation, bittlich angehalten hätten, unter dem Vorwand,
daß eben diese Nation denen schweren Arbeiten dieses mühesamen Berufs, vor anderen, gewachsen seye." Auch biesmal wurde
der größere Theil der „Teutschen Apostel" der mexicanischen Provinz überlassen
und für die folgenden Jahre mit Rücksicht auf die neue Mission in Californien
noch mehr in Aussicht gestellt. „Vielleicht wird der ruhmvolle Ruf, welcher
sich von der Heiligkeit und Wunderthaten eines Mexicanischen teutschen Apostels,
nemlich: Venerabilis Patris Hermanni Glandorff, aus der Unter-Rheinischen

---

[1] Vgl. Vortrag des Freiherrn Otto Engelbert v. Brackel, Mitglieds der Geograph.
mexican. Gesellschaft, gehalten in Caffel, abgedruckt im „St. Elisabeth-Blatt" 1894,
Nr. 518, S. 52. Hier hat ein deutscher Offizier dem deutschen Landsmann ein
schönes Denkmal gesetzt. Die dort mitgetheilten biographischen Daten beruhen auf
eingehendem Studium der Quellen.

Provinz, in Europa ausgebreitet, viele anreizen, daß sie ihr teutsches Vaterland verlassen, um an denen fruchtbaren Arbeiten dieses Heilig=mäßigen Manns einen Antheil zu nehmen und in seine glorreiche Fußstapfen einzutretten." [1] Aehnlich heißt es in einem Sammelbrief vom 1. Juli 1723 bis 21. März 1724, die Procuratoren beider Indien hätten „hefftig in Rom darauf gedrungen, daß wie vor diesen, also auch fürhin nach beyden Indien auf die schwehrern Missionen vor andern meistens Teutsche Priester geschickt würden, als von welchen man die Erfahrnus hätte, daß sie nach dem Beyspiel dern Aposteln durch ihre bapfere Stand= hafftigkeit und Geduld allen Widerwärtigkeiten gewachsen seyen und weder denen Verfolgungen noch Trangsalen unter= liegen." [2]

„Die Erfahrenheit lehret uns," schreibt der Oesterreicher P. Nikolaus Schindler 1736, zu jener Zeit Oberer der Missionen am Amazonas, „daß in diesem mühesamen Weinberg des Herrn keine tauglichere Arbeiter, als eben die von der Teutschen Nation seynd, weßwegen auch diese von denen Spaniern vor anderen geehret, geliebet, und zu diesem großen Werck meistens bestimmt werden." [3]

„Ich kann nicht umgehen, zu bezeugen," meldet P. Innocenz Erber aus Sevilla, 15. Hornung 1727, „daß nicht allein die Spanische Jesuiter uns Teutschen Missionariis mehr Lieb und Ehr als allen andern unser Mit=Gefährten aus fremden Ländern erweisen: sondern auch die Indianische Procuratores einen Teutschen Priester für deroselben Missionen allen übrigen unvergleichlich vorziehen. Welches ich derwegen hab melden wollen, damit diejenige aus unserer Oesterreicher=Provinz, so etwan zu solchem Apostolischen Leben einigen Lust haben, sich wegen widrigen Bericht, der gewißlich keinen Stich hält, nicht abschröcken lassen." [4]

Aehnlich bezeugt P. Anton Sepp: „Die Subjecta der ‚heiligen teutschen Provinz' scheinen, mich allzeit ausgenommen, für diese Indien besonders tauglich zu seyn und werden von denen hiesigen Obern vor allen andern gesetzt und auserwählet." [5]

Beziehen sich diese Zeugnisse vorwiegend auf Mexico und Südamerika, so bestätigen andere dieselbe Thatsache auch für die ostasiatischen Missionen.

„Meine Mitgesellen", so schreibt P. Anton Rauscher 1750 aus den Philippinen, „die vor, nach und mit mir, aus unserer hochschätzbaren Oesterrei= chischen Provinz in diese Eyländer herübergeschiffet, verdienen sich durch genaue Erfüllung aller Schuldigkeiten, sowohl bey ihrem Volk, als unseren Obern, großes Lob; sie arbeiten alle daraußen in dem Weingarten des Herrn mit unermüdeter Geflissenheit, wie länger, wie eifriger." [6]

---

[1] „Welt-Bott" Nr. 664, 125.   [2] Ebb. Nr. 210, 88.
[3] Ebb. Nr. 565, 83.   [4] Ebb. Nr. 334 § 2, S. 93.
[5] Reißbeschreybung I, 157.   [6] „Welt-Bott" Nr. 685, 180.

P. Emanuel de Solorzano, Vice-Provincial der Marianen, dankt in einem Schreiben vom 20. Mai 1682 dem böhmischen Provincial für die beiden ihm gesandten Missionäre, die PP. Augustin Strobach und Johannes Tilpe. Dieselben leisteten treffliche Dienste. Er bittet um mehr solcher Missionäre[1].

„Es stritten", so erzählt P. Neugebauer (damals noch Bruder) in einem Briefe aus Lissabon (26. April 1737), „um uns [Deutsche] in die Wette fünf Indianische Procuratores: zwey zu Rom, welche für Malabarien und Japonien, einer zu Lissabon, der für China und Mogor, einer an dem Maragnon, der für Brasilien, und endlich einer hier zu Genua, der für Peru um teutsche Missionarios bittlich anhalteten."[2]

„Keiner", so versichert Br. Christoph Mattern (Prov. Bohem.) aus Goa, 26. December 1710, „darff sich besorgen, er mögte in diesen Ländern kein Amt noch Arbeit finden, demnach mir R. P. Provincialis gesagt hat, daß, wann auch 100 Missionarii aus Böhmen auf einmal hieher kommen sollten, er sie alle ohne Beschwernuß accomodiren könnte: und fügte hinzu, daß er und seine Vorfahrer von der Böhmischen Provinz niemals wären betrogen worden. Darum lebe ich zu Goa ganz vergnügt, allwo mich jedermann lieb und werth hat."[3]

„Ihr aber", so beschließt P. Heinrich Roth einen Brief aus dem Jahre 1664, „schickt aus unserm Teutschland mehrere Arbeiter in diesen Wein-Garten (zunächst scheint China gemeint), dann die Teutschen und Niederländer thun es aller Orten denen übrigen Missionariis bevor und tragen zur Ehre Gottes das Sieg-Kränzlein davon."[4]

Einen besondern Grund, weshalb die Deutschen vielfach beliebter waren, verräth uns P. Alois Pfeil in der brasilianischen Marañon-Mission. „Diejenigen," so schreibt er, „die aus den deutschen Provinzen hierher kommen, sind durchweg genehmer als die Portugiesen selbst, einmal weil sie unermüdliche Arbeiter und gleichzeitig von jedem Schatten des Ehrgeizes entfernt sind."[5] Der Haß der Indianer gegen die Spanier war ein anderer Grund, daß sie sich mit größerem Vertrauen den deutschen Missionären zuwandten.

„Es ist nicht zu beschreiben," erklärt der Oesterreicher P. Franz v. Zephyris in einem Brief aus Anboa (Marañon) vom 10. Juli 1727, „wie tödtlich unsere Indianer denen Spaniern abhold seyen, und wie gern sie hergegen uns Teutschen Priestern gehorsammen: ich sage Teutschen, gestaltsam alle Missionarii

---

[1] Wiener Staatsarchiv (Filiale für geistl. Angelegenheiten) Nr. 419.
[2] „Welt-Bott" Nr. 700, 10.   [3] Ebb. Nr. 508, 118.
[4] Ebb. Nr. 35, 114.
[5] Nam qui ex Germaniae Provinciis huc veniunt, ii fere Lusitanis sunt gratiores, tum quod laborum sint patientissimi, tum etiam quod vel ab umbra ambitionis sint remotissimi (bei Friedrich a. a. O. S. 35).

diser Länder (biß auf zwey) aus Teutschland herfprießen. Derowegen stehet nicht allein in geist= sondern auch in weltlichen Sachen aller Gewalt in unfern Händen, unerachtet uns weit lieber wäre, aller weltlichen Geschäfften uns zu enthalten."[1] Dieselbe Erscheinung bezeugt für Mexico P. A. Malinsky. „Jene," sagte er, „welche von denen Spaniern abstammen, werden Criolen be= namset und seynd gegen die Ausländer, absonderlich gegen uns Teutsche, sehr freundlich."[2]

Das Gesagte dürfte genügen, um zu zeigen, welche Rolle die deutschen Jesuiten einst in Asien und Amerika gespielt, und daß unsere heutigen deutschen Missionäre in jenen Ländern in den Fußstapfen würdiger Vor= gänger wandeln.

---

[1] „Welt=Bott" Nr. 889, 105.
[2] Brief vom 19. Juli 1731 aus Mexico („Welt=Bott" Nr. 537).

Zweiter Theil.

Verzeichniß deutscher Jesuitenmissionäre des 17. und 18. Jahrhunderts

mit kurzen biographischen und bibliographischen Daten [1].

I. Amerika.

A. Spanisches Amerika.

Provinz von Mexico.

Errichtet 1572, zählte (1619: 340; 1710: 508) 1750: 572 Jesuiten (330 Priester) und 45 Niederlassungen: 1 Profeßhaus, 23 Collegien, 1 Noviziat, 8 Seminarien und Convicte, 4 Residenzen, 8 Missionen. Die Provinz besaß an Indianermissionen. 1. Die Mission von Californien, 1683 begonnen, zählte 20 Reductionen. 2. Die Mission von Sonora mit ca. 23 Reductionen unter den Pimas, Opatas und Eudebes. 3. Die Mission von Tarahumara.

Im ganzen zählten die Jesuitenmissionen 1767 in Mexico 122000 christliche Indianer.

Hier wirkten:

Amarell, P. Max (Bohem.), ging 1688 nach Mexico, wirkte in Tecpari, Sonora (W.-B. Nr. 33, 110); Wiener Verz.).

Aschenbrenner, P. Theophil (Germ. Sup.), geb. 17. Nov. 1702, eingetr. in Ingolstadt (also wahrscheinlich ein Bayer) 28. Sept. 1724, in Mexico 1735—1738. Abreise nach Lang, Geschichte der Jesuiten in Bayern (Nürnberg 1819) S. 85, im Jahre 1735. Vgl. Sulzb. Kal. 1800, 104.

---

[1] An handschriftlichen Verzeichnissen lagen vor: Nomina PP. ac FF. qui ex Provincia Bohemiae S. J. ab anno 1678 in Indias transivere im Wiener Staatsarchiv, Geistl. Angel. Nr. 419 (Wiener Verz.); Syllabus PP. et FF. S. J., qui ex America advecti Portu Gaditano in navi Hispanica R. Elisabeth solverunt Italiam versus 15. Jun. 1768, in den *Miscell.* R. P. Ruffini S. J., Rect. Coll. Monacens. (in Privatbesitz); Relacion de los Exjesuitas muertos 1767—1782 de las 11 Provincias de España y India. *Simancas,* Grac. y Just. 684 (Sim.). — Außerdem wurde eine große Zahl von gedruckten und ungedruckten Katalogen der verschiedenen Provinzen und andere in Privatbesitz befindliche handschriftliche Quellen benutzt.

Baegert [Sim. Bergert], P. Jakob (Rhen. Sup.), geb. zu Schlettstadt (al. Kaysersberg) im Elsaß, geb. 22. Dec. 1717, eingetr. 27. Sept. 1736, ging nach Californien 1751 und wirkte dort bis zur gewaltsamen Vertreibung 1767. Nach Europa deportirt, lebte er in Neuburg an der Donau, wo er 29. Sept. (al. Dec.) 1772 starb. (Lang 202; Sim.) — Schriften: Nachrichten von der Amerikanischen Halbinsel Californien. Mannheim 1771 und 1773. Auszüglich im Berl. Literar. Wochenbl. 1777, II, 625. Englische Bearbeitung in Smithsonian Instit. (Washington) 1863, 352 ff.; 1864, 378 ff. Vgl. Boletin de la Soc. de geogr. y estadist. de la Rep. de México (1872), IV, 31 sgs. 337 sgs. Murr, Journ. XII, 220. „Stimmen aus Maria-Laach" XXXIII, 172 f. Carayon, Doc. inéd. IX, 362. Vgl. Adelung-Vater, Mithrib. III, 3, 186 ff. Handschr. Briefe, 4°. 271 S., in der Stadtbibliothek von Straßburg. Vgl. Sommerv. tom. VIII, col. 1724.

Balthasar, P. Anton Johann, geb. 8. Mai 1692 zu Luzern (Schweiz) als Sohn des Luzerner Schultheißen Joh. Karl Balthasar, trat zu Rom 27. Oct. 1712 in den Orden und ging 1719 nach Mexico. Er gründete mit P. Kino eine Reihe Missionen auf der Halbinsel Californien, war 1744 Visitator generalis, von 1750—1753 Provincial von Mexico, nachher Procurator der Missionen, erblindete fast vollständig und starb als Rector emeritus des Colleg. Maximum S. Gregorii in Mexico 23. April 1763. (Vgl. Revue de la Suisse cathol. 1878, 627. Katholische Schweizer-Blätter 1886, 367. 374; Müllnen, Helv. Sacra II [Bern 1858], 49; Fel. v. Balthasar, Materialien zur Lebensgeschichte berühmter Luzerner I, 66 ff. Manuscript auf der Bürgerbibl. zu Luzern; Balthasar: Histor. Aufschriften 16; Kurzes handschr. Leben im Besitz der deutschen Provinz; Adelung, Natürl. und bürgerl. Geschichte von Californien III, 47. 57; Neu, Helvetisches Lexikon II, 73; Supplement dazu von Holzhalb I, 118; Lutz, Moderne Biogr. ausgezeichneter Schweizer [Lichtensteig 1826] 12 f.) — Schriften: Handschr. Briefe und eine Relatione compendiosa delle conversioni per mezzo delle Missioni della Comp. di Gesù nel Regno della nuova Spagna, im Familien-Archiv der Balthasar. Carta da edificatione. . . . (statistischer Bericht über die Thätigkeit des Ordens in Mexico). 1737, 4°, 25 S.; 1751, 4°, 70 S. Mehreres s. bei Sommerv. s. v.

Bauer [Pauer], P. Franz (Bohem.), aus Prag, seit wenigstens 1749 in Mexico, zur Zeit der Vertreibung in der Mission San Ignacio bei den „obern Pimas". (Sonora II, 340.) In den alten Kirchenregistern von San Francisco (im heutigen Arizona) findet sich die Eintragung: „Am 21. Nov. 1751 erhob sich die ganze Nation der Pimas; dies war der Grund, daß diese Kirche ohne Seelsorger blieb von jenem Datum ab bis zu diesem Jahre 1754. Zur Bezeugung dessen setze ich meine Unterschrift: Francisco Pauer." Missiones Cathol. 1879, p. 408.

Baur, P. Michael (Rhen. Inf.), findet sich 1765 in Mexico. (Misc.; Cat.)

Benz, P. Anton, aus Dillingen, geb. 15. März 1717, eingetr. 9. Oct. 1733, ging 1749 nach Mexico, arbeitete in Sonora, starb 1768 oder 1769. (Lang a. a. O.; Sulzb. Kal. 1890, 23.) — Schriften: Ein Brief vom 31. Mai 1752 im W.-B. Nr. 752.

Berens, Br. Johann, zur Zeit der Vertreibung in Mexico. (Misc.; Sim., hier als Pater angeführt.)

Bischof [Sim. Biscolff], P. Johann Franz Xaver (Bohem.), aus Glatz in Böhmen, zur Zeit der Vertreibung Missionär in Californien. („Nachr. aus Californ." 312; W.-B. Nr. 657, 63; Sim.)

Braun, P. **Barthol.** (Rhen. Inf.), geb. 27. Juni 1717 zu Montabaur (Trier), eingetr. 22. Oct. 1736, ging 1749 nach Mexico, wirkte in Tarahumara, war Superior und Visitator der Mission, starb bei der Vertreibung auf der Meerfahrt 5. Dec. 1767. (Cat.) — Schriften: Carta del P. B. Braun, Visitador de la Provincia Tarahumara . . . sobre la apostólica vida, virtudes, y santa muerte del P. Franc. Hermano Glandorf. Mexico 1764, 4°, 33 p.

Ducrah [Ducreu, Ducrue], P. **Benno** (Germ. Sup.), geb. 10. Juni 1721 zu München (nicht Münster, wie Sommerv.), eingetr. 28. Sept. 1738, ging 1748 nach Mexico, wirkte 20 Jahre in Californien; zur Zeit der Vertreibung „Oberer aller Missionen von Guadelupe" („Nachr. aus Californ." 212. 307), Visitator der Missionen (Clavigero, Geschichte von Mexico, 4. Buch, 20. Kap.), kehrte 1769 in seine Vaterstadt zurück, wo er 30. März 1779 starb. (Sulzb. Kal. 1890, 25. Clavigero, Storia della Calif. II, 203.) — Schriften: Relatio expulsionis S. J. ex Provincia Mexicana et maxime e California a. 1767, bei Murr, Journ. XII, 217—267; Specimina linguae Californ., ibid. 269—274. Vgl. Murr, Nachr. von verschiedenen Ländern des spanischen Amerika II. Theil (Halle 1809), 489 ff.; Carayon, Doc. inéd. IX, 353 es. Sommerv.

Eymer [Eumer], P. **Wencesl.** (Bohem.), geb. zu Melnik (Böhmen), eingetr. 26. Oct. 1678, ging 1691 nach Mexico und wirkte in der Tarahumara-Mission. (Pelzel, Böhmische, mährische und schlesische Gelehrte und Schriftsteller aus dem Orden der Jesuiten [Prag 1756], 139.) — Schriften: Ein Brief von 1696 im W.-B. Nr. 55; Auszug aus einem Brief von 1699, 31. März, in Scherer, Atl. Novus II, 90.

Fabier, P. **Joseph** (Rhen. Inf.), geb. 24. Sept. 1706 zu Köln, eingetr. 20. Oct. 1723, wirkte bis etwa 1740 in Mexico. „Alle, die ihn hier gekannt, haben ihn sehr geliebt und wegen seines Seeleneifers hochgeschätzt" (W.-B. Nr. 657, 88; Nr. 654, 55). In den Cat. von 1740 steht er unter den Verstorbenen. — Schriften: Ein Brief von 1736 im W.-B. Nr. 744.

Fraibenegg [Froibenegg] (von), P. **Georg** (Austr.), geb. auf Schloß Pichelhoffen in Steiermark, trat in Wien ein, war Prof. der Rhetorik, ging März 1756 nach Mexico, war zur Zeit der Vertreibung Oberer der Mission Santa Cruz am Rio Mayo (Provinz Cinaloa), schmachtete in St. Julian, wo er noch vor Ausführung des durch Vermittlung der Kaiserin erlangten Befreiungsbefehles am 1. April 1775 starb. Ausführlicher Bericht über ihn in einer Note des Gesandten v. Lobkovitz an Grimaldi, Dec. 1774, in Sim., Est. leg. 5040, fol. 118 und 5042, 119. (Nach Cat. Par. wäre F. zeitweise in Paraguay gewesen.)

Gerstl, P. **Adam** (Austr.), geb. in Steiermark 12. Juni 1646, eingetr. 21. Oct. 1664, ging 1675 nach Mexico, erlitt vor dem Hafen von Cadix Schiffbruch, bestieg ein zweites Mal das Schiff und langte endlich 1681 in Westindien an; starb um 1702 (?). — Schriften: Brief aus Puebla dos Angelos 1681 im W.-B. Nr. 31; der Brief enthält sehr interessante Aufschlüsse über Spanien und die Spanier zu jener Zeit.

Gerstlacher, P. **Georg** (Rhen. Sup.), zeitweise in Mexico thätig, später auf den Philippinen. (Siehe ebb.; Cat.; Misc.)

Gerstner [Gersner], P. **Michael** (Rhen. Sup.), aus dem Würzburgischen, seit 1755 in Mexico, wirkte besonders in Sonora (Saric), saß nach der

Vertreibung im Cistercienserkloster zu Sandoval in Spanien gefangen bis 1780. Befreiungsacten zu Sim.; vgl. Pfefferkorn, Sonora II, 332 f. 840.

Gilg [span. Gil], P. Adam (Bohem.), geb. zu Römerstadt in Mähren 20. Dec. 1653, eingetr. 30. Sept. 1670, ging 1686—1687 nach Mexico, missionirte mit großem Eifer die Stämme der „Seren" und „Tepolas". (Kath. Schweizer-Blätter 1886, 360; Pelzel 119; Wiener Verz.) — Schriften: Verfaßte ein „Sprach-Buch" des Pima- und Eudeve-Idioms (Dahlmann, Die Sprachkunde u. b. Miss. S. 104) und entwarf eine Karte des Missionsgebietes. Zwei Briefe mit reichen Notizen über die Sitten der Indianer und die Mission im W.-B. Nr. 38 und 53. Handschr. Briefe Oct. 1687 und Febr. 1692 (10 Fol.) mit Kartenskizzen im Wiener Staats-Arch. (Fil.) 419; ein Brief aus Cadix, 20. Sept. 1686, in München; vgl. Friedrich, Beiträge 26.

Gill [Gil], P. Max (Rhen. Sup.), in Mexico bis zur Vertreibung. (Misc.; Sim.; Cat.)

Glandorff, P. Franz Hermann (Rhen. Inf.), geb. 28. Sept. (al. 29. Oct.) 1687 zu Ostercappeln. al. Melle (Osnabrück), eingetr. 23. Mai 1708, seit 1717 in Mexico, wirkte hier vornehmlich in der Tarahumara-Mission (Guadelupe, Toma-chic) 47 Jahre lang mit ganz außerordentlichem Eifer und Segen, das Urbild eines echten Apostels. Noch heute soll Gl. als der große Wundermann in der Erinnerung der von ihm einst missionirten Stämme fortleben (siehe oben S. 96). Man erzähle von diesem „heiligmäßigen Manne außerordentliche Dinge, welche Gott durch ihn gewürket hat und noch würket". Gl. starb 9. Aug. 1763 in Tarahumara. (W.-B. Nr. 654, 65; vgl. Nr. 664, 125; Nr. 752. Vgl. Platzweg 178 ff.; Pfefferkorn, Sonora I, 196 Anm. Ménologe de la Comp. de Jésus. (Assistance de Germanie II [Paris 1898], 109; Vortrag des Freiherrn Otto Engelbert v. Brackel, Mitglied der Geograph. mexican. Gesellsch., abgedruckt im St. Elisabeth-Blatt [Cassel] 1894, Nr. 51 und 52; v. Mering und Reichert, Die Bischöfe und Erzbischöfe von Köln [1844], 518 ff.; Alegre, Hist. de la Comp. de Jesús en Nueva España III, 300; Handschr. Bericht von P. Georg Rhedts, dat. 4. Aug. 1749 aus Cadix, mit vielen Einzelheiten [in Privatbesitz]. Siehe auch oben unter Braun.) — Schriften: Zwei Briefe bei Platzweg, mehrere Schriftstücke im Arch. Prov. Germ.

Gleral, P. Franz (Bohem.), ging 1755 nach Mexico. (Cat.)

Gobl, Br. Joseph (Austr.), aus Wien, eingetr. 1746, Drechsler, in Mexico 1741—1760. (Cat.)

Goebel, P. Joh. Joseph, aus Schlesien, in Mexico zur Zeit der Vertreibung, saß später gefangen in Spanien. (Sehr interessante Actenstücke in Sim.)

Grazhoffer, P. Johann (Austr.), siehe Kratzhoffer.

Gummersbach [de Gumesbac bei Alegre], P. Johann (Rhen. Inf.), geb. 11. Nov. 1691 zu Köln aus vornehmer Familie, eingetr. 8. Mai 1712, ging 1723 nach Mexico, wirkte namentlich in der Stadt Mexico und Umgebung sehr segensreich (Se dedicó enteramente al cultivo de los indios en el Seminario de S. Gregorio: Alegre III, 261), wurde der „Vater der Indianer" genannt, gründete ein Zufluchtshaus für gefährdete Indianermädchen im Kloster Corpus Christi, starb 30. März 1736 im Rufe eines heiligen Ordensmannes. (Alegre l. c.; Hartzheim, Bibl. Col. 178.) — Schriften: Er übersetzte eine Reihe meist ascetischer Schriften ins Mexicanische, barunter zum erstenmal bie Exercitia spiritualia bes hl. Ignatius, gebruckt zu Puebla 1835 und 1841. Siehe Sommerv. s. v. Balthasar und tom. V, 73. Handschr. Brief siehe Anhang.

Haberl, Br. Georg (Germ. Sup.), geb. 1695, eingetr. 1722, nach Cat. Germ. Sup. 1753 in Mexico.

Haffenrichter, Joseph (Bohem.), kam 1755 nach Mexico. (Cat.)

Hellen [Helen], P. Eberard (Rhen. Inf.), geb. im Mai 1673 (al. 1679) zu Xanten, eingetr. 5. Juni 1699, ging 1718 nach Mexico, wirkte seit 1719 in Californien, gründete 1720 die Reduction von Guadelupe, taufte in sechs Jahren über 1700 erwachsene Heiden, trat 1744 in den Ruhestand, „nachdem er benen Missionen in Californien mehr als 15 Jahre obgelegen" (W.-B. Nr. 657, 88), und starb 1757 zu Tepozotlan bei Mexico. (Clavigero, Stor. della Calif. II, 23 sgg.; Ménol. I, 163; Adelung, Geschichte III, 144 ff.)

Hinteregger, Br. (Austr.), aus Wien, eingetr. 1743, Baber (balneator), ging 1747 nach Mexico, war bis 1760 thätig. (W.-B. Nr. 664.)

Hlawa, P. Franz (Bohem.), aus Prag, ging 1755 nach Mexico, missionirte bei den Pimas, Nordmexico, starb 7. Sept. 1767 in Czleta bei ber gewaltsamen Abführung. (Woodstock-Letters 1897, 415.)

Holub, P. Wenceslaus (Bohem.), kam 1755 nach Mexico. (Misc.; Cat.)

Hostell [Hostel, Hotel], P. Lambert, aus Münstereifel, geb. 16. Oct. 1706, eingetr. 18. Oct. 1725, ging 1735 nach Mexico, arbeitete 33 Jahre lang in der Mission von Californien, war 1745 Oberer der brei Reductionen St. Aloysius von Gonzaga, St. Johann Nepomuk und St. Maria Magdalena (Adelung III, 61), Visitator der Mission (W.-B. Nr. 657, 88). „Dieser heilig- mäßige Ordensmann, der 33 Jahre lang in biesem Lande mit großem Muthe gearbeitet, hinterließ [bei der Vertreibung] mit einer zahlreichen Menge burch seinen Eifer bekehrter Inbianer das köstliche Anbenken seiner Tugenden." (Ca- rayon 368. Vgl. auch Clavigero II, 145; „Nachr. aus Californ." 312; Sim.; Cat.) Er kam nach der Vertreibung (1768) nach Deutschland zurück und starb in Paberborn nach der Aufhebung. — Schriften: Vier Briefe im W.-B. Nr. 760 bis 763; ein spanischer handschr. Bericht über die obengenannten drei Reductionen diente bem P. Venegas für seine Hist. de California. Vgl. auch Murr, Journ. XII, 235.

Hostinsky, P. Georg (Bohem.), ging, wie es scheint, 1688 nach Mexico, wirkte besonders in Tarahumara. (W.-B. Nr. 33, 110; Wiener Verz.) — Schriften: Schickt an den Pater General vier Abhandlungen über die Missionen, batirt San Tomas 1. Febr. 1722 (Handschr. in Privatbesitz). H. ist auch der Verfasser eines Buches Ophirium, bas P. Eymer nach Böhmen sandte.

Hüttl, Br. Anton (Bohem.), kam 1755 nach Mexico. (Cat.) — Viel- leicht identisch mit

Hytl [Hütli], P. Anton, Missionär in Tarahumara. (Sim.)

Illing, P. Wilhelm (Bohem.), ging 1687 nach Mexico. (W.-B. Nr. 52, 73; Wiener Verz.)

Inama v. Sternegg, P. Franz (Austr.), geb. 4. Mai 1719 zu Wien, eingetr. 14. Oct. 1735, ging um 1747 nach Mexico (W.-B. 664), wirkte in

Californien bis zur Vertreibung 1767, ein tüchtiger Naturforscher. Kehrte nach der Ausweisung in seine Heimat zurück, war hier in der Seelsorge thätig und starb zu Marschtrenk (?) 1782. („Nachr. von Californ." 67, 312; Sonora I, 317; Sim.) — Schriften: Brief von 1755 im W.-B. Nr. 759. Ueber seine naturwissenschaftlichen Werke siehe Clavigero, Storia della Calif. I, 266. 276.

Kapp [Kappus, Khappus] (von), P. Marcus Anton (Austr.), geb. zu Steinbüchel in der Krain April 1657, eingetr. 27. Oct. 1676, Missionär in Mexico in der Mission von Cucurpe (W.-B. Nr. 33, 110; Wittmann, Allgem. Gesch. der kathol. Mission II, 94), Superior der ganzen Mission von Sonora, starb 30. Nov. 1717. — Schriften: Brief von 1699 im W.-B. Nr. 56. Reiseberichte in der dritten und vierten Serie des Documentos para la hist. de México, Mexico 1853—1857 (siehe unten bei Kino). Vgl. Sommerv.

Keller [Köller, Kheller], P. Ignaz (Bohem.), aus Mähren, ging 1729 nach Mexico, starb 1759 in der Pimeria alta. (Sim., Est. leg. 5040, fol. 118 und 5042, 119; Wiener Verz.; Alegre III, 245. 276; W.-B. Nr. 537; Cat.)

Kern, Philipp (Germ. Sup.), in Mexico 1735—1745. (Cat.)

Kino [Chino, Chinus, Kühn], P. Eusebius (Germ. Sup.), geb. 10. Aug. 1644 im Nonsbergschen (Anvaniensis, Anauniensis) im ehemaligen Hochstift Trient, Welschtirol, eingetr. 20. Nov. 1665, Professor der Mathematik an der Universität von Ingolstadt, ging kraft eines zum hl. Franz Xaver gemachten Gelübbes 1687 nach Mexico, langte nach vielen Abenteuern (Schiffbruch) 1681 dort an, wirkte vorwiegend in Californien, dessen Mission er hauptsächlich begründete. Er erwirkte als Oberer (1686) durch seinen Einfluß beim Vicekönig eine wirksame staatliche Unterstützung des neuen Unternehmens, unternahm als Kosmograph des Königs von Spanien seit 1698 weite Forschungsreisen, bei denen er nach Clavigero über 20 000 Meilen Weges zurücklegte, entdeckte die Mündung des Rio Grande, erforschte die Küste und stellte zum erstenmal fest, daß Niedercalifornien eine Halbinsel sei, drang nordwärts bis an den Rio Colorado, machte sorgfältige Kartenaufnahmen und gründete in den neu erforschten Gebieten eine Reihe Missionen (Pima Opata, Cocomaricopa, Yuna, Quinquina zc.) und taufte angeblich zwischen 40 000 und 50 000 Heiden. Er starb 15. März 1711 zu St. Magdalena, nach einem handschriftl. Brief des P. A. Benz von den aufrührerischen Wilden erschossen. (Platzweg 171 ff.; ebendort das herrliche Zeugniß des Protestanten Semler aus dem „Hamburg. Corresp." 1880; Abelung III, 47 ff. 144 ff. u. a.; Lettres édif. V. Thl. [alte Ausg.], Vorwort; „Nachr. aus Calif." passim, besonders S. 198 ff.; Sonora, Vorrede. I, § 3 ff. II, S. 319 ff. u. a.; Missions Catholiques 1879, p. 397 ss.; A. v. Humboldt, Versuch über die politischen Zustände des Königreichs Neu-Spanien [Tübingen 1810] S. 227; Neumann, Geschichte der Vereinigten Staaten von Amerika III, 128; Gleeson, The Catholic Church in Calif. II, 84 u. a.; Clavigero, Storia della Calif. I, 167 sgg. 203 sgg.) — Clav. nennt K. u. a. primo motore e benefattore singolare di quelle Missioni; Wittmann, Allg. Gesch. b. kath. Missionen II, 94 ff.; Apostólicos afanes de la Comp. de Jesús (Barcelona 1754) p. 242 sgs. Alegre III, 54 sgs. und an vielen a. O.; Nekrolog S. 155 — am Schlusse dieses ehrenvollen Nachrufes heißt es: Hemos propasado los límites de un elogio histórico en lo que hemos dicho *de este grande hombre* lleva dos del dolor que nos causaba *no hallar en nuestro menologio memoria alguna de un varon tan insigne* y apenas algunas generalidades en las noticias de California y Afanes Apostólicos, que no bastaban para formar una idea tan grande como merecen sus virtudes; ähnlich erging es so vielen andern deutschen Missionären; Ménol. I, 238 s.; W.-B. Nr. 71, 32 u. a.) — Schriften: Brief mitgeth. von P. Gilg im W.-B. Nr. 83, 109; werthvoller Brief mit Karte in H. Scherers S. J. Atlas Novus II, 101 sqq. Handschriftlich existiren u. a.: Diario del Viaje hecho por las orillas del Rio Grande ...; Descripcion de la Pimeria alta; Paso por tierra á la California ... descubierto y anando y demarcado por el P. Eus. Fr. Kino, 1698—1701; Mapa del paso por tierra á la Calif., 1706 (Bericht über diese Forschungsreisen und kartograph. Arbeiten in den Mémoires de Trevoux 1703, 676; 1704, 1238 [„Le P. Kino (Jésuite Allemand et fort habile dans les Mathématiques) a dressé une Carte très-exacte de tout ce voyage"]; 1705, 745. Vgl. Recueil 5 des Lettres édifiantes); Viages á la nacion Pima en California en 1674 por los PP. Jesuitas Kino y Kappus, fol., 1634; Hist. de Sonora, citirt von P. Alegre in seiner handschriftl. Geschichte der Jesuiten in Mexico. Verschiedene werthvolle Berichte aufgenommen in Notes upon the first Discovery of California, Washington 1878; Docum. para la hist. de México, Ser. III (México 1856 sg.), 810 sgs. 814 sgs. 817 sgs. Astronomie: Exposicion Astronómica de el Cometa que el año de 1680 ... ha observado en la Ciudad de Cadiz el P. Eusebio Francisco Kino ... (México 1681). Näheres bei Sommerv.

Kirtzel [Kürtzel], P. Heinrich (Bohem.), zur Zeit der Vertreibung Missionär in Nordmexico, starb 23. Aug. 1767 bei der gewaltsamen Abführung in Aquatacan (al. Istlan) in Mexico. „A German, surnamed El Santo" (Woodst.-Lett. 1897, p. 414). Middendorff (siehe unten) erzählt von ihm in seinem Tagebuch (II, 39): „Er war ein ganz kleiner Mann; aber von großer Geschicklichkeit und Tugend. Er pflegte täglich an acht Stunden im Gebete zuzubringen, war von den Indianern sehr geliebt und von allen wegen seiner Unschuld sehr geachtet; er starb im 45. Jahre seines Alters."

Klesinger, P. Johann (Bohem.), ging 1729/30 nach Mexico, starb aber auf der Reise auf der Insel Cuba 4. April 1731. (W.-B. Nr. 528, 102; Nr. 529, 112; Wiener Verz.)

Kloeber v. [spanisch: Claver], P. Emanuel (Rhen. Inf.), geb. 10. Jan. 1720 zu Mannheim, eingetr. 21. Oct. 1737, Professor der Rhetorik, ging 1749 nach Mexico, wirkte hier in der Mission St. Anna (Provinz Chinipa), 1767 deportirt, starb auf der Meerfahrt 8. Dec. 1767. (Cat.) — Schriften: Auszug aus Briefen im W.-B. Nr. 475.

Knapp, P. Alois (Germ. Sup.), geb. zu Rheinfelben (Kanton Aargau, Schweiz) 1720, eingetr. 1740, seit 1740 in Mexico (Sang: Luito), kehrte bei der Vertreibung nach Deutschland zurück und starb nach der Aufhebung der Gesellschaft 1775. (Sang a. a. O.; Arch. Prov. Germ.; Cat.)

Konsag [Konsac, Konschal, Consac, span. Consag oder Gonsago], P. Ferdinand (Austr.), geb. 2. Dec. 1703 zu Warasdin (Kroatien), eingetr. 22. Oct. 1719, ging um 1730 nach Mexico, wirkte seit 1732 in Californien (W.-B. Nr. 448 § 3), erforschte das Küstenland bis zum Rio Colorado, war Oberer von San Ignacio, später Visitator der ganzen Mission. Es wäre nicht leicht, führt Clavigero aus, alles aufzuführen, was dieser unermüdliche Mann trotz seiner schwächlichen Gesundheit geleistet hat. In ihm vereinigten sich der kühne Forscher und der seeleneifrige Missionär. Sein Name zähle unter den berühmtesten

Männern Californiens. Er starb 10. Sept. 1758. („Nachr. von Californ." a. a. O.;
Clavigero, Storia della Calif. Einleitung 12. II, 132. 119 ff. und passim. Eine
Biographie schrieb P. Fr. Zevallos, Mexico 1764. Handschr. Docum. in Simancas,
Est. leg. 5040, 118; 5042, 19; vgl. W.-B. Nr. 448, 110; Ménol. II, 202; Abelung
a. a. O. III, 62 ff.; Alegre l. c. 286 sgs. 300; José Villaseñor, Teatro Ameri-
cano l. 3, c. 39.) — Schriften: Brief von 1731 im W.-B. Nr. 743; über seine
kartogr. Arbeiten Murr, Journ. XII, 234 Anm. Carta del P. F. C. de la Comp.
de Jesús, Visitador de la Mis. de Calif., 4º, 43 p. (1. Oct. 1748). Diario de
Californias (Paris 1767, 8º), aufgenommen in Apost. Afanes S. 891 ff. Bericht
der Forschungsreise an den Rio Colorado in Burriel, Noticias de la Calif.
III, 140. Karte des P. K. in Baegerts „Nachr. von Californ." Handschr. Hist.
de las Mis. de Californ., aufgenommen in P. Venegas Gesch. von Calif. — Descripcion compendiosa de lo descubierto . . . de la Californ., por el P. F. Gon-
zago de la Comp. de Jesús 1746, Manuscr. im Brit. Mus. — Vgl. Sommerv.

Kraßhoffer [Grazhoffer], P. Johann (Austr.), ein Oesterreicher,
kam um 1730 in die Mission, wirkte in Sonora, wurde von den Wilden vergiftet. (Vgl. Brief P. Stigers vom 11. Dec. 1734, im Arch. Prov. Germ.; W.-B.
Nr. 537; Alegre III, 245.)

Lager, Br. Johann, in Mexico zur Zeit der Vertreibung. (Sim.)

Lautner, Br. Georg (Germ. Sup.), geb. zu Abersbach (?) 17. Oct. 1707,
eingetr. 25. März 1738, ging 1742 nach Mexico. (Cat.)

Linck [Sim. Linch], P. Wenceslaus (Bohem.), geb. 29. März 1736 zu
Joachimsthal in Böhmen, eingetr. 18. März 1754, ging 1755 nach Mexico,
1762 nach Californien, drang 1766 bis an den Rio Colorado vor, gründete
und leitete die Reduction San Borgias, bekehrte an 2000 Heiden. 1767 deportirt.
Wirkte später am Colleg in Olmütz, starb nach 1790. (Murr, Journ. XIII,
233; Carayon IX, 367; „Nachr. von Calif." 5 ff., wo ausführlich über seine
Expedition an den Rio Colorado; vgl. ebd. 312; Davila, Continuacion de la hist.
de la Comp. de Jesus de la Nueva-España, spricht im I. Bd. eingehend von L.s
apostol. Thätigkeit und schreibt ihm ein geschätztes Werk über Californ. zu; Clavigero rühmt ihn sehr und spricht von Tagebüchern, in denen er seine Reisen be-
schrieben: II, 147 ff.; 155 ff.; 171 ff.; 175 ff.)

Maisler, Br. Georg, Missionär in Mexico, erwähnt in einem Brief
vom Jahr 1718 im W.-B. Nr. 174, 86 ff., war Koch und Apotheker.

Malek [Malcek], Br. Christian, kam 1755 nach Mexico. (Cat.; Sim.)

Mantinuas, P. Anton (Germ. Sup.), ging 1718 von Burghausen in
Bayern aus nach Mexico. (Lang 86.)

Martini, P. Anton (Germ. Sup.), geb. 30. Sept. 1687 zu Trient,
eingetr. 7. Sept. 1707, in Mexico 1718—1746. (Cat.; Wittmann 94 ff.)

Michel [Sim. Mickel], P. (Br.) Andreas (Bohem.), aus Böhmen, seit
1755 in Mexico, wirkte bei den „untern Pimas" (Ures) bis zur Vertreibung
1767, wurde 1777 durch Vermittlung des österreichischen Gesandten aus seiner Haft
in Spanien entlassen. (Sim., Est. leg. 5047; Sonora II, 340.)

Middendorf, P. Bernhard (Rhen. Inf.), geb. 14. Febr. 1723 zu Vechta
in Oldenburg (al. Riesenbeck, Westfalen), eingetr. 21. Aug. 1741, ging 1754 nach

Mexico, wirkte in Sonora bis zur Vertreibung 1767, saß 6 Jahre gefangen im Kloster der Alcantariner zu Cerralbo (Spanien) bis October 1776. (Befreiungsacten in Sim.) Vgl. Sonora II, 332. — Schriften: Drei Briefe im W.-B. Nr. 755 bis 757. — „Aus dem Tagebuch des mexicanischen Missionarius Gottfried Bernhard Middendorff aus der Gesellschaft Jesu, geb. zu Vechta ... in „Kathol. Magazin für Wissenschaft und Leben" (Münster 1844 ff.) I, 740 ff.; II, 21 ff. 170 ff.

Misalla (?), P. Kaspar, in Mexico zur Zeit der Vertreibung. (Sim.)

Nentwich, P. Johann, aus Schlesien, seit 1749 in Mexico, wirkte bei den Guassabas (Sonora), starb 11. Sept. 1767 bei der gewaltsamen Abführung zu Egleta. „War ein ausgezeichneter Mathematiker und Superior der Mission gewesen." (Woodst.-Lett. 1897, 415; Sonora II, 341.)

Neuhaus, P. Andreas (Rhen. Inf.), geb. Juli 1683 in Ungarn (?) („Neovarin."), eingetr. 27. Sept. 1703, ging 1720 nach Mexico. (Cat.)

Neumann [Neymann], P. Joseph (Bohem.), geb. zu Brüssel 5. Aug. 1648, studirte zu Olmütz und trat in die böhmische Provinz 24. Sept. 1663, ging 1678 nach Mexico, wirkte in Tarahumara (W.-B. Nr. 33, 110), war viermal Oberer in Neu-Biscaya und dreimal Visitator der Mission. „Er wußte mit bewunderungswürdigem Muthe die tobenden Leidenschaften der zügellosen Tarahumarer zu bezähmen, an deren Heil fast alle Missionäre verzweifeln wollten." Nach unbeschreiblichen Anstrengungen wurden allmählich gegen 16000 dieser Wilden in Gemeinden gesammelt (siehe Wittmann, Allgem. Gesch. der kathol. Mission II, 92 ff.). N. gründete als Oberer der Tarahumara-Mission drei neue Stationen (W.-B. Nr. 52); 1731 heißt es von ihm: „Dieser liebe Alte ist bey denen Seinigen in größter Hochschätzung" (W.-B. Nr. 537). Er starb 1. Mai 1732 (W.-B. Nr. 610, 69; Wiener Verz.). P. Rauch verspricht W.-B. Nr. 610, 69 eine Biographie dieses „großen Missionarii". Wir wissen nicht, ob sie erschienen. — Schriften: Brief aus Tarahumara von 1686 im W.-B. Nr. 32; vgl. ebb. Nr. 30, 88 und Nr. 101; handschriftl. Bericht vom 29. Juli 1686 über die Tarahumara-Mission, 4 fol., im Wiener Staats-Archiv, Geistl. Angel. 419. Historia Seditionum, quas adversus Societatis Jesu Missionarios moverunt nationes indicae. Pragae 1730, 8°; bei Pelzel S. 103.

Neumayr, P. Karl (Bohem.), ging 1733 nach Mexico (Cat.; Wiener Verz.), wirkte seit 1745 in Californien, wird von Clavigero II, 155 ff. als ausgezeichneter Missionär und Allerweltskünstler: Architekt, Maurer, Schmied, Tischler, Arzt, gerühmt. Er starb 30. Aug. 1764 in San Borgias.

Nortiel (?), P. Franz, Missionär in Tarahumara zur Zeit der Vertreibung. (Sim.)

Och, P. Joseph (Rhen. Sup.), geb. 21. Febr. 1725 zu Würzburg, eingetr. 26. Sept. 1743, ging 1754 nach Mexico, wirkte besonders bei den Pimas (Sonora) bis zur Vertreibung 1767, kehrte dann nach Bayern zurück und starb Ende 1773 zu Würzburg. (Misc.; Sim.; Sonora II, 332. 340.) — Schriften: P. J. Och's ... Nachr. von seinen Reisen nach dem span. Amerika, seinem dortigen Aufenthalt von 1754—1767, bei Murr, „Nachr. von verschied. Ländern des spanischen Amerika" (Halle 1809) I, 1—292.

Pauer, siehe Bauer.

Pechtler [Pechtl], P. Franz Xaver (Austr.), 1733 in Mexico. (Cat.)

Pfefferkorn [Sim. Fefelscolt], P. Ignaz (Rhen. Inf.), geb. 31. (al. 3.) Juli 1725 in Mannheim, eingetr. 21. Oct. 1742, ging 1754 nach Mexico, arbeitete in der Mission von Sonora bis zur Vertreibung, saß in Spanien gefangen in der Norbertiner-Abtei zu Robrigo. (Interessante Befreiungsurkunden in Sim., Cat. Rhen. Inf.) — Schriften: „Beschreibung der Landschaft Sonora samt andern merkwürdigen Nachrichten ... Von Ign. Pf., eilfjährigem Missionar daselbst". 8°. 2 Bde. Köln 1794/1795.

Piller, Br. Matthias Martinus (Austr.) (Indensla Chartar. ?), in Mexico 1754—1760, nach der Vertreibung 1769—1777 in St. Julian (Lissabon) gefangen. (Cat.; Murr, Gesch. der Jes. in Port. II, 203.)

Plank, Johann (Bohem.), kam 1755 nach Mexico. (Cat.)

Rapicani [Rapicati, de Rapicaneis], P. Alexander (Rhen. Inf.), 1702 „von einem neapolitanischen Vater, in Schweden geboren, zu Bremen erzogen", eingetr. 19. Oct. 1724, ging 1735 nach Mexico, wirkte in Sonora (Batuco) bis zur Vertreibung, „war alt geworden in den Pueblos von Sonora, wo sein Andenken ihn lange überlebte". Er starb nach einer Angabe bei der gewaltsamen Abführung 3. Sept. 1767 auf dem Marsche an die Küste (Joannis A. Maneirae, Veracruciensis, de Vitis aliquot Mexicanorum, 3. vol., Bononiae 1792; vgl. Woodst.-Lett. 1897, 414), nach einer andern 1769 auf der Meerfahrt. (Cat.; Sonora II, 311; Mibben-borff, Tagebuch I, 798; II, 40.) — Schriften: Brief von 1738 im W.-B. Nr. 745.

Ratkay, P. Johann Maria (Austr.), geb. 22. Mai 1647 aus adeligem Geschlecht in Pettau (Steiermark), eingetr. 13. Nov. 1664, einst Edelknabe am Hofe Leopolds I.; ging nach Mexico 1680, wirkte in der Mission von Tarahumara, starb 9. Nov. 1684 (al. 26. Dec. 1683), von den Indianern vergiftet. (W.-B. I. Thl., Vorr.; Wittmann 92; Ménol. II, 507; Bonbardt, Undeni Grae-censes Academici suo sanguine purpurati ... Graecii [1727], p. 124; Stöger, Scriptores Provinciae Austriacae S. J. [Viennae-Ratisbonae 1855], p. 292.) — Schriften: Briefe von 1680 und 1681 im W.-B. Nr. 28 und Nr. 29.

Rauch, P. Balthasar (Germ. Sup.), ging 1717 über Genua nach Mexico (Lang a. a. O.), wirkte dort in der Mission von Tarahumara, wird wiederholt als tüchtiger Missionär und Sprachkenner sehr gelobt. (W.-B. Nr. 212; Wittmann 94 ff.; handschriftl. Brief P. Stigers in Privatbesitz.) — Schriften: Siehe oben unter Neumann.

Rebhs [Rebhs, Rebs, Reß], P. Georg (Rhen. Inf.), geb. 28. April 1717 zu Koblenz, eingetr. 20. Oct. 1733, ging 1748 nach Mexico, wirkte in Californien bis zur Vertreibung 1767, war Oberer der Reduction St. Gertrub, bekehrte an 2000 Indianer, hatte zur Zeit der gewaltsamen Abführung ein Bein gebrochen und wurde deshalb von seinen Indianern an die Küste getragen (Carayon IX, 362. 368). Er starb 8. April 1773 in Trier. (Cat.; Murr, Journ. XII, 227; „Nachr. aus Calif." 312; Sonora I, 136, II, 300, wo eine köstliche Scene aus seinem Missionsleben erzählt wird; Clavigero, Storia II, 133 sgg. 146 sgg.) — Schriften: Handschr. Brief, datirt 4. Aug. 1749 aus Cadix (in Privatbesitz).

Reß, Br. Georg, zur Zeit der Vertreibung in Mexico. (Verzeichniß von Sim., vielleicht identisch mit dem vorigen.)

Ruhen [Rhuen], P. Heinrich (Rhen. Inf), geb. Juli 1718 zu Vorsum (Hildesheim), eingetr. 22. Oct. 1736, ging 1740 nach Mexico, wirkte bei den

Pimas (Sonora) und starb dort von den Wilden ermordet 1750 (al. 1751). (Platz-weg 190; „Nachr. von Calif." 279 — vgl. Kärtchen, wo der Ort der Ermordung verzeichnet; Sonora I, 22; II, 329 ff. u. a. — vgl. Karte; Missions Catholiques 1879, p. 399; Cat.)

Sacher, Br. Johann (Rhen. Sup.), in Mexico zur Zeit der Ver-treibung. (Misc.; Cat.)

Schenk, Br. Leopold (Germ. Sup.), aus Würzburg, wirkte zuerst auf den Philippinen (1731—1734), dann in Mexico als Apotheker. (Cat.; Sulzb. Kal. 1890, 14. 24.)

Sedlmayr [Sedelmair, de Soto Mayor], P. Jakob (Germ. Sup.), geb. 12. (al. 6.) Jan. 1703 in der Diöcese Freising (Bayern), eingetr. 7. Sept. 1722, ging 1735 nach Mexico, arbeitete bei den Pimas in Neu-Biscaya und in Californien, war neben P. Kino wohl der bedeutendste Erforscher der nördlichen Landestheile des damaligen Mexico, drang bis zum Rio Colorado vor, entwarf Karten und genaue Berichte über die erforschten Gebiete. Er saß nach der Ver-treibung im Franziskanerkloster zu Albea de Avila in Spanien gefangen und starb 12. Febr. 1779. (Cat. Bav. 1772—1773; Sulzb. Kal. 1890, 19.) — Schriften: S. ist Verfasser eines spanisch-pimischen Wörterbuchs (Dahlmann, Die Sprach-kunde 104). Ueber seine geogr. Reisen siehe Clavigero, Storia II, 122 sg. 171; Abelung III, 51 ff.; Pfefferkorn, Sonora I, 4; II, 340 u. a.; Alegre 283 sgg. (NB. Ebendort erfahren wir in einer Anmerkung, daß sein Name vielfach in de Soto Mayor hispanisirt wurde.) Brief von 1746 im W.-B. Nr. 750. Briefe und Reiseberichte in Documentos para la hist. de México, México 1856, Ser. I, tom. 31; Ser. III, parte 3, pag. 841 sgs. Vgl. Sommerv.

Segesser [v. Brunegg], P. Philipp (Germ. Sup.), geb. zu Luzern 1. Sept. 1689, eingetr. 14. Oct. 1708, ging 1730 nach Mexico (W.-B. Nr. 528, 56), wo er 40 Jahre lang in der Mission von Sonora meist unter den Pimas trotz schwächlicher Gesundheit mit ungebrochenem Muthe wirkte und u. a. die Re-duction San Xavier bei Bal gründete. Nach Leu (Schweiz. Lex.) wäre S. auch Visitator der mexican. Missionen gewesen. Er starb nach Balthasar (Histor. Aufschr. S. 208) am 28. Sept. 1762 (al. 1766) als Rector des Collegs in Ures, Sonora. Arch. Prov. Germ Ein Lebensbild nach Familienbriefen in den „Kathol. Schweizer-Blättern" 1888, S. 350. 401. 405. (Alegre III, 145; Leu a. a. O. S. 17 u. 33; Holzhalb 5, 482; Mülinen 2, 49.) — Schriften: 64 handschriftl. Briefe im Familienarchiv der von Segesser; 17 Copien im Arch. Prov. Germ.

Simon, Br. [?] (Bohem.), ging 1680 nach Mexico, wirkte als Sacristan im Colleg von Mexico, war so geschätzt, daß der Pater General ihm die Be-förderung zur Priesterweihe anbot, was er aber aus Demuth ausschlug. (W.-B. Nr. 52.)

Steffl [Steffel, Stephel], P. Matthias (Bohem.), geb. in Mähren 20. Sept. 1734, eingetr. 27. Oct. 1754, ging nach Mexico 1755, wirkte in der Mission von Tarahumara bis zur Vertreibung. Um 1773 war er in Prag. (Misc.) — Schriften: St. verfaßte ein „Tarahumarisches Wörterbuch nebst einigen Nachrichten von den Sitten und Gebräuchen der Tarahumaren in Neu-Biscaya". 8°. Brünn 1791. Aufgenommen in Murrs „Nachrichten von ver-schiedenen Ländern des span. Amerika", I. Thl., 293 ff. — Dahlmann a. a. O. S. 102. Vgl. Sommerv.

Steinefer (Steinhöfer, Steinhöffer), Br. Johann (Bohem.), geb. zu Iglau (Mähren) 7. März 1664, eingetr. 26. Sept. 1686, ging 1697 nach Mexico (Wiener Verz.). „Ein vortrefflicher Wundarzt und Apotheker." Er starb in der Mission von Sonora 2. April 1716. — Schriften: Sein spanisches „Handbuch der medic. Kräuterlehre mit praktischen Anleitungen zur Bereitung von Heilmitteln und ihrer Anwendung" wurde sehr oft bis in die neueste Zeit in Mexico, Amsterdam, Madrid aufgelegt (vgl. Sommerv.). Die Spanier machten aus seinem Namen Juan de Esteyneffer. Vgl. Sonora II, 404.

Step [Steb], P. Johann (Bohem.), aus Mähren, kam 1755 nach Mexico. (Misc.; Cat.)

Stiger [Stieger], P. Kaspar (Germ. Sup.), aus Oberried (St. Gallen, Schweiz), geb. 1695, eingetr. 1725 als Priester, ging um 1730 nach Mexico, wirkte anfangs in der Mission von Tarahumara, dann bei den Pimas (Sonora); war Oberer der Mission San Xavier del Bac. P. Segesser rühmt seinen Eifer und sagt, daß die Indianer P. St. sehr geliebt haben. (W.-B. Nr. 528, 109; Nr. 537, 41; Kathol. Schweizerbl. 1886, S. 366. 371. 375; Middendorff, Tagebuch I, 796; Sonora II, 243 ff.) — Schriften: Handschr. Brief im Arch. Prov. Germ.

Strzasnowski [Strasenouski], P. Anton (Bohem.), geb. 12. Jan. 1728 („Megollesdizicensis"), eingetr. 27. Oct. 1753, ging als Novize erst nach Paraguay, dann nach Mexico, wirkte in Tarahumara, kehrte nach der Vertreibung in seine Provinz zurück. (Cat.; Sim.)

Tempis, P. Anton (Bohem.), geb. zu Olmütz 25. Jan. 1703, eingetr. 9. Oct. 1720, ging 1735 (Wiener Verz.) nach Mexico, wirkte in den Missionen von Californien, war Oberer der Reduction Santiago, die er zu einer der blühendsten in Californien machte, starb 6. Juli 1746, wie ein Heiliger verehrt. (Clavigero II, 125 sg.; Ménol. II, 13; Abelung III, 61.) — Schriften: Ein Brief im W.-B. Nr. 768; handschriftl. Bericht über die Mission Santiago, von P. Venegas in seiner Geschichte Californiens benützt. Vgl. Sommerv.

Tirsch [Tirs, Türsch], P. Ignaz (Bohem.), aus Komotau in Böhmen, kam 1755 nach Mexico, wirkte in Californien bis zur Vertreibung, war Oberer der Mission Santiago. (Carayon XVI, 356 s.; „Nachr. aus Calif." 74. 312; Murr, Journ. XII, 222; Cat.; Sim.; Alegre III, 99.) — Schriften: Alegre spricht a. a. O. von einer curiosa relacion que tenemos manoscr. del padre Ignacio.

Verbier [Werbier], P. Johann (Bohem.), ging 1687 nach Mexico, wirkte in Papigotschik, Tarahumara, dann in Sonora. (W.-B. Nr. 55, 85; Wiener Verz.; Cat.)

Vos, Br. Michael, Missionär in Mexico. (Sim.)

Wagner, P. Franz Xaver (Germ. Sup.), geb. 4. Nov. 1708 zu Eichstädt, eingetr. 13. Sept. 1726, ging nach Lang a. a. O. im Jahre 1735 nach Mexico, wirkte in der Mission von Californien, starb 12. Oct. 1744. (Clavigero II, 109 sgg.; Abelung III, 61; Sulzb. Kal. 1890, 22.) — Schriften: Ein handschr. Bericht über die von ihm verwalteten Missionen von San José Comondu und vier dazu gehörigen Pueblos wurde von P. Venegas in seiner Geschichte Californiens benützt (Sommerv.). Handschriftl. Briefe vom 1. Sept. 1735 und 31. Aug. 1735 aus Spanien in München (siehe Friedrich, Beiträge S. 29 Anm.; ebb. S. 30 Anm., S. 71 Anm.).

Weber, P. Anton (Austr.), ging um 1747 nach Mexico. (W.-B. Nr. 684, 123.)

Weiß, P. Franz Xaver (Germ. Sup.), aus Ingolstadt, geb. 22. Febr. 1710, eingetr. 7. Sept. 1728, ging nach Lang a. a. O. S. 87 im Jahre 1740 (al. 1743) nach Mexico. Auf seiner Reise bekehrte er einen deutschen Luthe- raner. Sein Schiff wurde von den Engländern gekapert (W.-B. Nr. 657, 83 ff.). 1760 wirkte er in der Chincpas-Mission. (Sulzb. Kal. 1890, 104.) — Schriften: Sechs Briefe im W.-B. Nr. 746—749.

Werbier siehe Verbier.

Wilhelm, P., um 1687 in Mexico in der Mission Guadelupe. (W.-B. Nr. 33, 110.)

Wille, P. Georg (Rhen. Inf.), geb. 7. Oct. 1692 zu Glückstadt (Schles- wig), eingetr. 12. Mai 1713, ging nach Mexico 1723. (Cat.)

Wirtz [Würz, Wirz], P. Michael (Rhen. Inf.), aus Nieberberg (Diöc. Trier) [1], geb. 10. Oct. 1713, eingetr. 21. Oct. 1737, ging 1741 nach Mexico, gerieth in die Gewalt eines englischen Kapers, starb in Mexico um 1765. (W.-B. Nr. 657, 72 ff.; Cat.)

Wolff, P. Bartholom. (Rhen. Inf.), geb. 27. Jan. 1711 zu Aachen, eingetr. 20. Oct. 1731, ging 1741 nach Spanien (?) als Feldgeistlicher des deutschen Kürassier-Regiments, dann nach Mexico. (Cat.)

Zumziel, P. Bernhard (Rhen. Inf.), geb. 13. Oct. 1707 zu Westkirchen (Westfalen), eingetr. 18. Oct. 1725, ging 1735 nach Mexico; wirkte besonders in Californien. (Misc.; W.-B. Nr. 657, 88; Sonora I, 445.)

Provinz von Peru.

Gegründet 1567, zählte (1618: 370 Mitglieder, 1710: 518) 1750 526 (306 Priester) und 24 Niederlassungen: 1 Profeßhaus, 15 Collegien, 4 Seminarien, 1 Noviciat, 3 Residenzen.

Indianermissionen. 1. Ein Theil der Missionen am obern Marañon. 2. Die Moxos-Mission im heutigen Bolivia. Dieselbe bestand 1752 aus 21 Reductionen mit 31340 christlichen Indianern und 48 Jesuiten, darunter 9 deutschen. Im Jahre 1767 zählte die Mission von Peru 55000 bekehrte Indianer.

Hier wirkten:

Arlet, P. Stanislaus (Bohem.), geb. in Oppeln (Schlesien), eingetr. 30. Oct. 1679, ging 1693 in die Mission (Wiener Verz.), wirkte seit 1697 in der Moxos-Mission, bekehrte die wilden gefürchteten Canicianos, brachte sechs „Nationen" unter das Joch Christi, gründete u. a. die Reduction San Pedro. Er war später Rector in mehreren Collegien, u. a. dem von Plata, und starb zu Potosi 15. Juli 1717. (Saldamando, Los antiguos Jes. del Perú 226; Pelzel 136; Wittmann II, 307; vgl. oben S. 95.) — Schriften: Drei Briefe im W.-B. Nr. 50. 441. 442. Auszüge aus Briefen von 1696—1697 bei Scherer, Atlas Novus II, 113 sqq.

---

[1] Wir bemerken ein für allemal, daß hier auf Grund der alten Kataloge und Quellen durchweg die alte Diöcesaneintheilung und ehemaligen Landesverbände gemeint sind.

Bayer, P. Wolfgang (Rhen. Sup.), geb. zu Schleßlitz in Bayern 14. Febr. 1722, eingetr. 12. Juli 1742, ging 1750 in die Mission, wirkte 1762 bis 1766 in der Mission Juli am Titicaca-See (Chucuito); später Beichtvater und Examinator Synodalis des Bischofs von Santa Fe (Neu-Granada) und dessen Begleiter auf den Pastoralreisen. Kehrte nach der Vertreibung nach Bayern zurück und starb 1772 zu Schleßlitz. — Schriften: „Reise nach Peru" in Murrs Journ. I, 114 ff.; III, 113 ff. Zusätze in Murrs „Nachrichten von verschiedenen Ländern"... (1809) I, 360. B. verfaßte auch eine Grammatik der Aymara-Sprache (Murr, Journ. I, 114). Eine Aymara-Predigt über das Leiden Christi ebb. I, 114; II, 277. 349; III, 55 (vgl. v. Tschudi, Organismus der Khetsua-Sprache S. 47; Abelung-Vater, Mithrib. III, 538; Dahlmann 206; Sommerv.). Ein Brief aus Lima vom 7. Jan. 1752 im W.-B. Nr. 778.

Borinie, P. Franz (Bohem.), geb. zu Malonitz in Böhmen 31. Mai 1663, eingetr. 2. Jan. 1680, ging in die Mission 1693 (Wiener Verz.), wirkte seit 1697 in der Mozos-Mission. Er arbeitete nach dem Zeugniß P. Arlets (W.-B. Nr. 442, 88; vgl. Nr. 441) „allein im Weingarten Christi mehr als 20 Missionaril", entdeckte über 100 bis dahin unbekannte Stämme und brachte sie in Reductionen, gründete eine Reihe neuer Stationen, baute schöne Kirchen, führte Ackerbau, Viehzucht und Gewerbe ein, lehrte die Indianer Musik, die Frauen spinnen, die Männer weben; erhielt vom Vicekönig von Peru im Namen des Königs ein besonderes Dank- und Belobigungsschreiben. Er starb um 1722. (Siehe oben S. 95; Pelzel 142.) — Schriften: Fünf interessante Briefe im W.-B. Nr. 439. 440. 443—445.

Brandt [Brand], P. Georg (Bohem.), geb. zu Wartenberg in Schlesien, eingetr. 11. Oct. 1670, ging 1684 in die Mission (Wiener Verz.), wirkte u. a. in der Reduction St. Martin bei den Mozos (Wittmann II, 369), starb 16. Aug. 1690 zu Santiago (vgl. W.-B. Nr. 70, 30). — Schriften: Ein Brief aus Panama vom 1. Febr. 1686 im W.-B. Nr. 27. Zwei handschriftl. Briefe vom Febr. 1686 aus Panama im Wiener Staats-Arch., Geistl. Angel. 419. Vgl. Pelzel 124.

Deprato [De Prato], P. Kaspar (Germ. Sup.), geb. im Kanton Unterwalden (Schweiz) 10. Dec. 1681, eingetr. 22. Dec. 1704, ging 1716 in die Mission, wirkte 40 Jahre lang in der Mozos-Mission bei den Itines, dann bei den wilden „Herisobonen" (Herseboconas), wo er 1727 die Reduction St. Michael gründete und in wenigen Jahren über 3000 Indianer bekehrte. Er starb um 1757. (Vgl. „Amerikan. Mayerhof" 76 und 197; W.-B. Nr. 531, 116; Lang 85; Arch. Prov. Germ. IX, T.) — Wahrscheinlich identisch mit P. Kaspar Bonderweib, siehe unten.

Detter, Br. Heinrich (Rhen. Sup.), ging 1740 in die Mission. (Cat.)

Dirrheim [Dürrheim, Dierhaimb], P. Franz Xaver (Germ. Sup.), geb. zu Augsburg 8. Dec. 1679, eingetr. 28. Sept. 1695, Professor der Philosophie, ging 1716 nach Peru, wirkte in der Mozos-Mission mit „ohnermeßlichem Eiffer, den die ganze Welt nit begreiffen kann" („Amerikan. Mayerhof" 78. 86. 102). Wird als trefflicher Architekt gerühmt und als der erste Missionär, der in Peru eine (dreischiffige) Kirche aus Luftziegeln selbst gebaut habe. (Sulzb. Kal. 1890, 29; W.-B. Nr. 167, 57.) — Schriften: Zwei Briefe im W.-B. Nr. 205 und 531.

Durst (Durstius), P. **Michael** (Germ. Sup.), aus **Augsburg**, ging 1616 nach **Peru** als einer der ersten deutschen Missionäre. (Kropf, Hist. Prov. Germ. Sup. Dec. VIII, 262.)

Eber, P. **Franz Xaver** (Austr.), geb. 1. Sept. 1727 zu **Schemnitz** in **Ungarn**, eingetr. 20. Oct. 1742, ging 1750 nach **Peru**, wirkte in der **Moxos**-Mission bis zur **Vertreibung**. Er starb 17. April 1773 zu **Neusohl**. (Cat.; Borda II, 105.) — **Schriften**: Von ihm stammt die ausführliche, werthvolle Beschreibung jenes Gebietes, die der Abt **Mako** unter dem Titel: Descriptio Provinc. Moxitarum in Regno Peruano, Budae 1791, herausgab; spanische Ueberf. von Fray Nikolaus **Armentia** in **La Paz** 1888, 4°. — Der „**Magister**" **Eber** (Oesterreicher), W.-B. Nr. 664, 125, mit vorigem jedenfalls identisch.

Faltrel, P. **Franz** (Bohem.), nach den Cat. 1724—1772 in **Peru**.

Gumpenberger, Br. **Willibald** (Bohem.), nach den Cat. 1749—1760 in **Peru**.

Helm, P. **Karl** (Rhen. Sup.), geb. 28. April 1717 zu **Bischofstein** (Eichsfeld), eingetr. 13. Juli 1735, nach den Cat. 1765—1766 in **Peru**.

Henstebed [**Enstebed**], P. **Everard** (Rhen. Inf.), geb. 19. Jan. 1725 zu **Olpe** („Olpensis"), eingetr. 21. Oct. 1742, wirkte in **Peru** bis zur **Vertreibung**.

Herold, Br. **Michael** (Bohem.), nach den Cat. von 1723—1760 in **Peru**. (Vgl. Wiener Verz. und Wiener Staats-Arch., Geistl. Ang., 419.)

Hirschko, P. **Karl** (Bohem.), nach den Cat. von 1749—1760 in **Peru**.

Jacob, Br. **Johann** (Rhen. Sup.), ging 1749 nach **Peru**. (Cat.)

Junck [**Juck**], P. **Robert** (Rhen. Inf.), geb. zu **Trier** 1716, eingetr. 17. Oct. 1734, ging um 1749 nach **Peru**, wirkte dort bis zur **Vertreibung**. (Sim.; Cat.; Sonora I, 445 Anm.; Wittmann II, 369; Jos. Joaq. Borda, Hist. de la Compañia de Jesús en la Nueva Granada [Poissy 1872], tom. II, p. 103.)

Salboch (?), Br. **Peter**, zur Zeit der **Vertreibung** in **Peru**. (Sim.)

Lenz [**Lentze**], P. **Joseph** (Rhen. Sup.), geb. zu **Mainz** 24. Aug. 1717, eingetr. 13. Juli 1734, ging 1749 nach **Peru**. (Cat.) — **Schriften**: Handschr. Brief, datirt 9. März 1750 aus **Sevilla**, dankt für die aus **Köln** ihm nachgesandten Almosen, legt in Abschrift eine Beschreibung der Leiche des hl. Franz Xaver in **Goa** nach dem letzten officiellen Leichenbefund bei. (In Privatbesitz.)

Leyber, P. **Joseph** (Germ. Sup.), „ein gebohrener Bayerischer Baron" („Amerikan. Mayerhof" 77), wirkte als Missionär bei den **Moxos**, „hat durch seinen unermüdeten Eyffer und heiligen Wandel sich ein unsterbliches Lob erworben". Er starb 1713 im Rufe der Heiligkeit zu **Potosi** und liegt in der dortigen Jesuitenkirche begraben. (Sulzb. Kal. 1680, 120; W.-B. Nr. 167, 57.)

Lince (?), P. **Michael**, zur Zeit der **Vertreibung** in **Peru**. (Verzeichniß von Sim.)

Malovetz [**Malonitz**], P. **Franz** (Bohem.), geb. 31. Mai 1663, eingetr. 2. Jan. 1680, ging nach **Peru** 1693, wirkte dort bei den **Moxos**. (Wiener Verz.; Cat.)

Marterer, Br. Adalbert (Bohem.), nach den Cat. 1723—1760 in Peru (Wiener Verz.), wirkte u. a. in der Reduction San Pedro in der Moxos-Mission (Wittmann II, 368).

Mayer, P. Joseph (Germ. Sup.), geb. am 21. Jan. 1689 zu Freiburg (in der Schweiz?), eingetr. 20. Aug. 1722 (al. 1716?) als Laienbruder, Apotheker von Gewerbe, ging 1725 nach Peru (al. Paraguay?), wurde in Lima „zu den Studien befohlen" und zum Priester geweiht und wirkte 1729—1767 in der Moxos-Mission. (Arch. Prov. Germ. IX. T.; „Amerikan. Mayerhof" 145. 191.) — Schriften: Saldamando a. a. O. nennt von ihm „Reisen in Peru". Vgl. Sommerv.

Mayr [Mair, Meyer], P. Dominik (Germ. Sup.), geb. 10. (al. 18.) Aug. 1680 zu Wald in Schwaben (Schwarzwaldkreis?), eingetr. 7. Sept. 1698, ging 1716 nach Peru, wirkte mit großem Eifer und Erfolg in der Moxos-Mission, gründete eine Reduction (W.-B. Nr. 531, 116), starb 1741 im Rufe der Heiligkeit. Sein Leichnam, obschon mit frischem Kalk bedeckt, war nach zwei Jahren noch unversehrt und biegsam. (Sulzb. Kal. 1890, 105.) — Schriften: Drei Briefe im W.-B. Nr. 167. 170. 446; gesammelt und ergänzt unter dem Titel: „Neu aufgerichteter Amerikanischer Mayerhof, d. i. Schwere Arbeiten und reiffe Seelen-Früchten, neuerdings gesammelt von P. D. M., Augsburg 1647".

Meges [Megeß, Meges, Meiß], P. Nikolaus (Germ. Sup.), geb. 3. Jan. 1703 zu Günzburg (Bayern), eingetr. 19. Aug. 1722, ging 1724, noch „Magister", in die Mission, machte in Lima mit Glanz einen actus publicus in der Theologie, wirkte seit 1729 in der Moxos-Mission bis zu seinem Tode (1752). („Amerik. Mayerhof" 145 f. 191; Sulzb. Kal. 1890, 32.) — Schriften: Brief aus Lima, 1724 (Reisebericht), im W.-B. Nr. 231.

Mik, Br. Natal, in Peru zur Zeit der Vertreibung. (Sim.)

Mittermaier, P. Franz Xaver (Germ. Sup.), ging 1714 in die Missionen des obern Marañon. (Handschr. Verz.)

Oehlgartner, Br. Peter (Bohem.), 1749 in Peru. (Cat.)

Piron [Prion], P. Peter (Germ. Sup.), geb. zu Neuhausen (Diöcese Konstanz) 18. Mai 1685, eingetr. 16. Nov. 1701, ging 1716 nach Peru, wirkte in der Moxos-Mission, um 1727 mit „höchstem Lob" als Oberer der Reduction von Santa Cruz genannt. („Amerik. Mayerhof" 78. 87. 102. 140 f.; W.-B. Nr. 167, 57; Nr. 531, 117.)

Reinmann [Rainmann], P. Ferdinand (Germ. Sup.), geb. zu Meran im Juni 1588, eingetr. 18. Juni 1610, ging 1616 nach Peru, wirkte dort als Professor der Philosophie und Theologie, starb um 1637. (Kropf, Hist. Prov. Germ. Sup. Dec. VIII, 262.) — Schriften: Zwei Briefe aus Lima im W.-B. Nr. 334, § 3 und 4.

Reiter [Reitter, Reyter], P. Joseph (Austr.), ging 1723 in die Mission, wirkte in der Moxos-Mission. Oberer der Reduction Magdalena. (Vgl. W.-B. Nr. 210, 39; Nr. 283, 89; Nr. 391, 111; Wittmann II, 368; Borda II, 103.)

Reß [Reß], Br. Stephan (Rhen. Sup.), ging 1749 in die Mission. (Sim.; Cat.)

Reysner [Reysnerius, Reißner], P. Joseph (Germ. Sup.), geb. 2. Febr. 1693 zu Dillingen, machte unter Prinz Eugen den italienischen Feldzug mit, trat dann zu Dillingen in die Gesellschaft, ging um 1725, noch „Magister", nach Peru, wurde in Lima zum Priester geweiht, wirkte 34 Jahre lang in der Mozos-Mission mit außerordentlichem Eifer, war Oberer der Reduction von Loreto (Wittmann II, 368), wurde 1768 als 75jähriger Greis nach Lima transportirt, starb auf der Weiterreise zu Cartagena 14. Mai 1768. Seine Biographie in: Vicennalia Sacra Peruviana sive de Viris Peruvianis ... illustr ... ab Onuphrio Prat de Saba, Ferrarae 1788, p. 43 sqq. (Vgl. „Amerik. Mayerhof" 145; Borda II, 105; Ménol. I, 438.)

Röhr [Rehr], P. Johann (Bohem.), geb. zu Prag 25. Dec. 1691, eingetr. 10. Oct. 1709, ging 1728 nach Peru (Wiener Verz.), wirkte als Professor der Mathematik, später in der Mozos-Mission, starb um 1758. Freb. Villareal (Gazeta Cientffica de Lima III, 233; IV, 2) rühmt R. wegen seiner ausgezeichneten Kenntnisse in der Mathematik, Astronomie und Chronologie. Er war auch ein tüchtiger Architekt, so daß die 1746 durch Erdbeben schwer beschädigte Kathedrale von Lima nach seinen Plänen restaurirt wurde. — Schriften: Brief von 1727 im W.-B. Nr. 544; Handschr. El conocimiento de los tiempos 1750—1756, 7 Bde.

Rueß [Ruß, Ruß, hispanisirt: Ruiz], P. Kaspar (Germ. Sup.), geb. zu Haunstetten in der Diöcese Augsburg 11. Nov. 1585, eingetr. 5. Juli 1601, ging 1616 nach Peru, ein tüchtiger Sprachkenner und Astronom; er starb 12. April 1624 zu Santa Cruz de la Sierra, hoch in einer Mission des Gebirges, angeblich „von den Ungläubigen vergiftet". (Jöcher, Gelehrten-Lexikon s. v.; Kropf, Hist. Prov. Germ. Sup. Dec. VIII, 262; Drews, Fasti, 12. Apr.; Handschr. Verz.; Ménol. I, 337.) — Schriften: Relatio de itineribus in India occidentali, 1618, 23 fol. (Münch. Hofbibl. Manuscr. 26 347). Berichte an P. Chr. Scheiner über die Declination der Magnetnadel in P. Kirchers Magnes (ed. 1654), p. 316. 329. Nach Salbamando (Los antiguos Jesuitas del Perú ..., Lima 1882, p. 97) verfaßte R. auch eine Gramática de la lengua gorgotoqui del Perú. Vgl. auch Murr, Briefe über die Aufhebung des Jesuitenordens (1774) III, 7.

Salis, P. Franz, im Jahre 1752 Oberer der Reduction St. Joachim (Mozos-Mission). Siehe statist. Tabelle bei Wittmann II, 369.

Schmid [Schmidt], P. Sebastian, geb. zu Rottenburg, ging nach Lang a. a. O. im Jahre 1716 in die Mission, wirkte bei den Mozos, Oberer der Reduction St. Anna, „segnete (um 1727) mit Zurücklassung eines überaus großen Lobes dieses Zeitliche". („Amerik. Mayerhof" 78. 87. 140; W.-B. Nr. 167, 55.)

Schmidlehner, Br. Karl (Germ. Sup.), wirkte hier 32 Jahre bis zur Vertreibung.

Schmidt [Schmid], P. Simon (Bohem.), ging 1723 nach Peru (Wiener Verz.), starb um 1732. (W.-B. Nr. 531, 117.)

Schusig [Suschich, Suffiche], P. Nikolaus (Austr.), ging um 1749 nach Peru (W.-B. Nr. 604, 125), wirkte u. a. in der Reduction Magdalena in der Mozos-Mission. (Wittmann II, 368; Borda II, 105.)

Schwendiner, P. Joseph (Germ. Sup.), geb. zu Ellwangen, ging 1717 nach Peru, wirkte mit großem Segen in der Mozos-Mission. Die Spanier tauften seinen Namen in P. Joseph Basilius um. Wird in mehreren Briefen sehr gelobt (W.-B. Nr. 581, 117; „Amerik. Mayerhof" 78. 87. 101 ff.). Er starb um 1732 „mit Hinterlassung eines Beispiels der auserlesensten apostolischen Tugenden" (W.-B. a. a. O. S. 118). — Wohl identisch mit Genanntem ist P. Joseph Schwendner, den Lang a. a. O. aus Luzern stammen und 1718 nach Paraguay gehen läßt.

Speckbacher, P. Anton (Austr.), geb. zu Passau 12. Juni 1652, eingetr. 10. Oct. 1668, ging 1685 in die Mission, erkrankte aber zu Puerto Bello und starb auf der Weiterreise in Panama 27. Dec. 1685, nachdem man ihm vierzigmal zur Ader gelassen hatte. Er liegt in der Jesuitenkirche zu Panama begraben. (W.-B. Nr. 27, 72; Platzweg 149; Sulzb. Kal. 1890, 71.) — Schriften: Ein Brief von 1685 im W.-B. Nr. 19.

Sporer, Br. Georg (Rhen. Sup.), ging 1740 nach Peru. (Cat.) — Jedenfalls identisch mit Jorje Esperer bei Borda II, 105.

Trarbach, P. Franz (Rhen. Inf.), geb. „in valle Ehrenbreitstein" 26. Febr. (al. 13. Oct.) 1718, eingetr. 22. Oct. 1736, ging 1749 nach Peru, wirkte dort bis zur Vertreibung und starb nach seiner Rückkehr zu Bonn 16. April 1770. — Schriften: Brief vom 15. Juli 1751 im W.-B. Nr. 777.

Vonderweid, P. Kaspar (Germ. Sup.), ging 1717 nach Peru, wirkte bei den Itines, Baures und Mures, gründete 1724 die Reduction St. Michael, zog später mit 3000 seiner Neubekehrten in die neuentdeckte Landschaft der wilden „Hersceboconas" („Amerik. Mayerhof" 99. 100. 140 ff.). — Wahrscheinlich identisch mit P. Kaspar Deprato, siehe oben.

Waler (?), P. Rudolf, zur Zeit der Vertreibung in Peru. (Sim.)

Wibmer [Wibiner], P. Joseph (Austr.), ging um 1749 nach Peru. (W.-B. Nr. 664, 125; Wittmann II, 368.)

Winier (?), P. Joseph, zur Zeit der Vertreibung in Peru. (Sim.)

Wittermayer (?), Br. Ferdinand, zur Zeit der Vertreibung in Peru. (Sim.) — Vielleicht identisch mit Mittermaier.

Zacharias, P. (Austr.), ging 1747 nach Peru. (W.-B. Nr. 664.)

Zimmermann, Br. Franz (Rhen. Sup.), ging 1749 nach Peru. (Cat.)

Zlatinger, P. Anton (Germ. Sup.), geb. zu Augsburg 1704, eingetr. 1724, war in Peru 1731—1733. (Sulzb. Kal. 1890, 33.)

Provinz von Quito.

Von Peru getrennt 1608, eigene Provinz seit 1616. Sie zählte 1710: 199, 1750: 209 Jesuiten (117 Priester) und 18 Niederlassungen, darunter 11 Collegien, 2 Seminarien, 1 Noviziat, 4 Missionen.

Die Indianermission am obern Marañon und seinen Nebenflüssen umfaßte etwa 33 verschiedene Hauptstämme, die in mehr denn 30 Reductionen gesammelt waren.

Im Jahre 1767 zählte man in der Mission von Archidona und Maynas 7588 christliche Indianer.

Hier wirkten:

Azzoni, P. Franz (Bohem.), geb. zu Prag 25. Nov. 1717, eingetr. 21. Oct. 1734, ging 1753 nach Quito, wo er 15 Jahre lang wirkte. Er war

6 Jahre Professor der Theologie, Prediger, 5 Jahre Rector und 3 Jahre Vice-Provincial. Nach der Vertreibung in die Heimat zurückgekehrt, wurde er Rector zu Brzeznicz und Novizenmeister zu Brünn. (Pelzel 283; Misc.; Cat.) — Schriften: Philosophische Schriften siehe Pelzel und Sommerv.

Beigel, P. Franz, zur Zeit der Vertreibung in der Mission. (Sim.)

Bosch, Br. Gabriel (Germ. Sup.), geb. 1724 zu Buchloe, bayer. Schwaben, eingetr. 1752, Kunstschreiner, wirkte 14 Jahre in Quito, starb nach der Vertreibung am 26. Jan. 1777 zu München. (Misc.; Cat.)

Bosch, P. Joseph, vielleicht identisch mit dem vorhergehenden. (Sim.)

Brayer [Breyer, Bräuer, Breuer], P. Wenceslaus (Bohem.), geb. 20. Jan. 1662 zu Eiche in Böhmen, eingetr. 1. Jan. 1690, ging 1693 (Wiener Verz.) nach Quito, wirkte 20 Jahre lang als Missionär am obern Marañon „mit solcher Frommheit und so entzündetem Eiffer versehen, daß ihn jedermann allhier insgemein den frommen Priester und heiligen Vater nennt" (W.-B. Nr. 300, 109). Sein Stab und andere ihm gehörige Sachen wurden als Reliquien aufbewahrt (a. a. O.). Auch sonst wird B. wiederholt als Mustermissionär, auch als trefflicher Baumeister gepriesen. Er war zeitweise Oberer der ganzen Mission am obern Marañon (W.-B. Nr. 281, 85). Als hochbetagter Greis arbeitsunfähig geworden, wurde er „von seinen Indianern auf den Schultern nach Quito gebracht", damit er dort seine Tage in Ruhe beschließe. Er starb 20. Juni 1729 zu Quito. (Vgl. W.-B. Nr. 332, 00; Nr. 389, 107; Wittmann II, 314 ff.; Pelzel 141.) — Schriften: Brief vom 18. Juni 1699 aus Laguna mit einem ausführlichen Bericht über alle Missionen des Reiches Quito im W.-B. Nr. 51. Handschriftl. Brief vom 18. Juni 1699 (10 Folioseiten) im Wiener Staats-Arch., Geistl. Angel. 419.

Brentano [Brentan], P. Karl (Austr.), geb. in Ungarn (Komorn, Comaromiensis) am 24. Aug. 1694, eingetr. 3. (al. 10.) Oct. 1714. Wird stets als „Teutscher" aufgeführt. Er kam 1724 nach Quito, wo er seine Theologie vollendete. „P. Brentano", so schrieb 1727 sein Landsmann P. Franz v. Zephyris, „ein Mann von großer Tugend und Wissenschaft, wird wahrscheinlich mit vielen Ehrenämtern bekleidet und in den Collegien beschäftigt werden, wo er seine Talente zur größeren Ehre Gottes verwerthen kann." (Platzweg 322. 337. 346.) B. war später Provincial von Quito 1744—1747 und wurde 1751 als Procurator Missionis nach Rom geschickt, wo er wichtige Privilegien für die Mission erwirkte (Acta S. Sedis in causa S. J. II [Lovanll 1895], 474, 51 sq.). Er starb kurze Zeit später. Als eifriger Apostel gelobt. (W.-B. Nr. 505, 84; vgl. Nr. 210.) — Schriften: B. entwarf eine Karte der Provinz Quito, die 1751 zu Rom gedruckt wurde und sehr selten ist (vgl. Murr, Journ. XVI, 07 ff.), und hinterließ eine handschriftliche Historia de las misiones del Marañon. „Escribió la una extensa historia de las misiones que se perdio en Europe con su muerte." (Borda I, 76; vgl. II, 20.)

Brzoska [Proska], P. Anton (Bohem.), aus Schlesien. (Misc.; Cat.)

Calligari, P. Moriz (Germ. Sup.), geb. 22. Sept. 1723 zu Augsburg, eingetr. 13. Sept. 1747, in der Mission von 1754—1768, starb nach der Vertreibung 14. April 1773. (Sulzb. Kal. 1890, 40; Cat.)

Canau [Kanau], Br. Claudius. (Sim.)

Capuz, P. Franz. (Sim.)

Deubler [bei Borba: Ubler], P. Leonharb (Rhen. Sup.), geb. ju Bamberg 13. (al. 20.) Jan. 1689, eingetr. 14. Juli 1709, ging um 1720 nach Südamerifa, wirfte am obern Marañon. „Seine Wissenschaft in ber Baufunst wirb nicht allein von benen Indianern, sondern auch von benen Spaniern selbst hoch bewundert." (W.-B. Nr. 282, 87; vgl. ebb. Nr. 283, 95.) War um 1728 Rector in Popayan (Borda II, 18). — Schriften: Ein Brief aus Popayan, 8. Dec. 1721 (W.-B. Nr. 208), schilbert seine Reiseabenteuer auf bem Lanbweg von Cartagena bis in bie Mission.

Ebel, P. Joachim. (Sim.) — Jebenfalls ibentisch mit Hebel; siehe unten.

Flenberborffer, Br. Franz (Austr.), in Quito 1753—1760. (Cat.)

Franzen, P. Heinrich (Germ. Sup.), um 1740 am obern Marañon thätig. (W.-B. Nr. 639, 127; Wittmann II, 318.) — Schriften: „Entre los misioneros alemanes", so schreibt Borda I, 76, „muchos de los cuales pasaron larguísimos años entre las distintas tribus de Marañon, hubo algunos célebres también por su instrucción. El P. Enrique Frantzen escribió las memorias de las misiones en las cuales estuvo cuarenta años, tan detalladas que, incendiado el archivo de ellas, no hizo falta."

Frit, P. Samuel (Bohem.), geb. 1656 zu Trautenau in Böhmen, eingetr. 27. Oct. 1673, ging 1684 nach Quito (Wiener Verz.), wirfte 42 Jahre lang am obern Marañon. v. Schütz nennt ihn „ben berühmtesten aller Jesuitenmissionäre" am Marañon, „einen Mann von großer Gelehrsamfeit und unermüblicher Thätigfeit. Er war ber Apostel bes bamals sehr mächtigen Stammes ber Omaynas. ... In zwei Jahren hatte er ihre Befehrung beenbet und siebelte alle seine Zöglinge an ben Ufern bes Amazonas an. Auf einer Strecfe von 550 Stunben Länge, von ber Münbung bes Napo bis zu ber bes Rio Negro, grünbete er 40 Niederlassungen mit 40000 Einwohnern. In allen biesen Ansiedlungen herrschte bie größte Orbnung. Die Inbianer wurden nicht nur in ber Religion, sondern auch im Ackerbau und in ben Hanbwerfen unterrichtet" (Der Amazonas, 2. Aufl. 1895, 167 f.; vgl. S. 202). F. besaß eine seltene Gabe, bie Wilben zu gewinnen, beren Sprachen er mit Meisterschaft sprach. Ein Allerweltsfünstler, baute und schmückte er selbst Kirchen und Häuser zum Staunen ber Spanier. 1689 fuhr er in einer Barfe ben Amazonas herab bis Pará an seiner Münbung und nahm auf bieser abenteuerlichen Fahrt zum erstenmal ben ganzen Strom auf, um seine Karte bes Amazonenstroms zu vollenben. In Pará wurbe er von ben mißtrauischen Portugiesen fast zwei Jahre lang festgehalten und von ben Mitbrübern in Quito als tobt betrauert. Der hochverbiente Mann, bas Ibeal eines echten Missionärs, starb 75jährig, am 20. März 1728 (al. 1725, 1730, 1731), in ber Rebuction ber Cheberes, einer ber blühenbsten, bie er gegrünbet. (Plaßweg 137 ff.; La Condamine, Relation abrégée d'un voyage dans l'intérieur de l'Amérique Mérid., Paris 1745, p. 13. 71. 82. 98. 100. 127. 147 179; Borda I, 72 sg.; Murr, Reisen ... 13. 53; W.-B. Nr. 51 und Nr. 561; Biogr. Univ.; Wittmann II, 309 ff.; Ménol. I, 254; Pelzel 127.) — Schriften: Drei Briefe im W.-B. Nr. 24. 25. 111. Vgl. Murr, Journ. XVI, 133. Ueber seine geogr. Arbeiten siehe Th. Wolf, Geografía y Geología del Ecuador ... (Leipzig 1892) p. 566. „El mapa", schreibt er, „más antiguo y algo detallado, que poseemos del territorio de la actual República del Ecuador, es el del Padre Samuel Fritz, jesuíta alemán. ..." Diese älteste Karte Ecuabors sei 1707 zu Quito gebruckt worben und finbet sich auch in ben Lettres édif. tom. XII, unb W.-B. zu Nr. 111: Der Strom Maragnon auctore

R. P. **Samuel Fritz** e S. J., Pr. Bohem., 1707 delineatus. „Es admirable,“ sagt Wolf, „cómo este ilustrado Misionero pudo hacer lo que hizo con los insignificantes y desperfectos instrumentos que tenía á su disposición, y en las difíciles circunstancias en que se hallaba durante sus viajes.“ Ebendort das anerkennende Zeugniß La Condamines. Die Karte ist auch in die genauere La Condamines eingetragen; sie wurde neu veröffentlicht in: Recueil de voyages et de documents pour servir à l'hist. de la géogr., publ. sous la direction de Ch. Schéfer et H. Cordier, Paris 1893. (Reproduction de cartes et de globes relatifs à la découverte de l'Amérique du 10e au 18e siècle, avec texte explicatif de Gabriel Marcel, Paris 1893.) Von F. wurde zuerst der „epochemachende Vorschlag“ gemacht, den (obern) Marañon als Haupt- und Quellfluß des Amazonas zu betrachten. Siehe v. Schütz a. a. O. S. 101. 170. Ueber die linguistischen Arbeiten F.s siehe Abelung-Vater, Mithrib. III, 2, 611; Pelzel a. a. O. 127.

Gastel [Gastl], P. Johann (Austr.), geb. zu Murau in Steiermark 3. Dec. 1650, eingetr. 10. Oct. 1669, ging um 1684 nach Südamerika und wirkte seit 1695 am obern Marañon. Machte auf der Reise geographische Messungen (W.-B. Nr. 26, 69; vgl. Nr. 25, 67). Sommervogel läßt ihn später nach Neu-Granada gehen. Er starb um 1693. Wird genannt in: Wonderbaere Reyze ... door den ... P. Ignatius Toebast S. J. ..., Gend. (Wittmann II, 314.) — Schriften: Handschr. Brief in München (Cod. lat. 26 473), bei Friedrich, Beiträge zur Gesch. der Jesuiten S. 38. — Wahrscheinlich identisch mit dem P. Lorenz Gastel, der gelegentlich genannt wird.

Gastner [Gaßner], P. Peter (Germ. Sup.), geb. zu Straubing (Bayern) 10. Oct. 1689, eingetr. 28. Sept. 1708, ging nach Quito, wirkte hier zunächst als Lehrer, dann in der Mahas-Mission, erwarb sich durch seine Bußstrenge „den niemals gesuchten Nachruhm eines Heiligen“ (W.-B. Nr. 380, 103). Er starb 3. Febr. 1728 zu Archidoa (a. a. O. Nr. 561, 62). — Schriften: Ein Brief aus Quito vom 21. Mai 1722 schildert seine Reiseerlebnisse von Cartagena bis Quito (W.-B. Nr. 209).

Goldstein, Br. Johann (Germ. Sup.), geb. 17. Dec. 1691 zu Baiersried, Diöcese Augsburg, diente früher in den Türkenkriegen, saß zwei Jahre lang gefangen, eingetr. 1722, wird in einer handschriftl. Information als sehr tüchtig empfohlen, wurde 1722 für Chile bestimmt, kam 1725 nach Quito. Er wird in einem Briefe des P. v. Zephyris als ein „sehr gedultiger, lieber und wahrsamer Mann“ gerühmt. (W.-B. Nr. 283, 90.)

Gröbmer [Grebmer], P. Wilhelm (Germ. Sup.), geb. zu Sterzing (Tirol) 5. Juli 1685, eingetr. 28. Sept. 1705, war seit 1722 Missionär bei den Mahnas. (W.-B. Nr. 209; Cat.) — Schriften: Ueber seine linguistischen Arbeiten siehe Hervas, Catálogo de las lenguas 66; Mithrib. III, 2, 594.

Haller, P. Franz Xaver (Austr.), geb. zu Warasdin in Kroatien 22. Dec. 1716, eingetr. 3. Nov. 1733, in Quito 1750—1760. (Cat.)

Hartmann, Br. Hieronymus (Germ. Sup.), seit 1743 in Quito. (Cat.)

Hebel [Höbl], P. Joachim (Austr.), in Quito 1753—1760. (Misc.; Cat.; Borda II, 93.)

Jentschke [Sim. Jensque], P. Anton (Bohem.), aus Schlesien. (Misc.; Cat.)

Julian, P. Joh. Bapt. (Germ. Sup.), geb. zu Neumarkt, Diöc. Eich-
städt, 16. Oct. 1690, eingetr. 7. Sept. 1710, ging 1720 als Scholastiker in die
Mission des obern Marañon, bekehrte den ganzen Stamm der Payagaras,
arbeitete bei den Omaguas, Ikinates, Xeberos, wird wiederholt als trefflicher
Missionär gerühmt (W.-B. Nr. 332), folgt P. Brewer als Oberer der Marañon-
Mission (ebd. Nr. 390), war Vice-Rector und Novizenmeister in Takunga (Provinz
Quito) und starb dort 28. April 1740. Vgl. Borda I, 74. — Schriften: Drei
Briefe im W.-B. Nr. 281. 760. 770; Sulzb. Kal. 1890, 30 u. 37. Sommerv.

Knestrich, P. Heinrich (Rhen. Inf.), geb. 6. Nov. 1711 zu Siegen, Diöc.
Mainz, eingetr. 18. Oct. 1729, ging in die Mission um 1740. (W.-B. Nr. 654; Cat.)

Koller, P. Maximilian (Bohem.), um 1753 in Quito. (Cat.)

Leitenberger [Sim. Leytemberg, Borba: Sitemberg], P. Ignaz
(Bohem.), aus Böhmen, 1753 in Quito scheint nach Borba (II, 91) zuletzt 1767
in Panama gewirkt zu haben. (Misc.; Sim.; Cat.)

Lyro [Lino], Br. Ignaz (Bohem.), zur Zeit der Vertreibung in Quito.
(Cat.; Borda II, 100.)

Magnin, P. Johann (Germ. Sup.), geb. 14. April 1701 zu Hauteville
(Kanton Freiburg, Schweiz), eingetr. 10. Oct. 1720, ging 1723 in die Mission,
wirkte am obern Marañon. Der französische Reisende La Condamine (Relation abrégée
d'un voyage dans l'intér. de l'Amérique mérid., Paris 1745, p. 57 s.) traf ihn
in San Borja (Maynas-Mission), fand durch ihn freundliche Unterstützung seiner
Arbeiten und erhielt eine von M. entworfene Karte und ausführliche handschriftl.
Beschreibung des Maynas-Gebietes, welch letztere Cond. ins Französische übersetzen
ließ. Nach Dobrizhoffer, Gesch. der Abiponier I, 238, wurde M. Ehrenmitglied
der Pariser Akademie. M. starb nach 1767. Biogr. im Arch. Prov. Germ.
IX, T. — Schriften: Ein Brief von 1744 im W.-B. Nr. 768. Ueber M.s kartographische Arbeiten siehe Sommerv.

Maroni [Maroin], P. Paul (Austr.), geb. im Friaul'schen („Foro-
Iuliensis") 1. Nov. 1695, eingetr. 27. Oct. 1712, ging in die Mission 1723,
wurde in Granada (Spanien) zum Priester geweiht (W.-B. Nr. 210, 37), hielt im
Colleg zu Quito einen actus publicus (ebb. Nr. 282, 87), durfte wegen Kränklichkeit
nicht gleich in die Missionen und bocirte zunächst im dortigen Colleg (ebb. Nr. 333, 91),
war 1736 Procurator der Missionen von Quito (ebb. Nr. 565, 84). — Schriften:
Er verfaßte eine ausführliche Beschreibung des Marañon und seiner Missionen,
die 1889 zu Madrid (8°, 674 p. mit Karte) erschien. Seine kartographischen
Arbeiten des Gebietes zwischen Napo und Marañon wurden von La Condamine
benützt (Journal des Savants 1750, Mars, p. 183). Sommervogel bezeichnet ihn
als Italiener; er wird aber stets als deutscher Missionär aufgeführt.

Marschandt, P. Johann (Bohem.), 1753 in Quito. (Cat.)

Michel [Michl, bei Borba: Mikel], P. Ignaz (Germ. Sup.), geb.
12. Nov. 1692 zu Kauffering in Oberbayern, eingetr. 31. Oct. 1712, in Quito
1731—1768, wirkte am obern Marañon, starb nach der Vertreibung 24. Jan. 1780.
(W.-B. Nr. 282, 87; Sulzb. Kal. 1890, 38; Borda II, 94.)

Niclutsch [Sim. Niclus, bei Borba: Nioluts], P. Franz (Germ.
Sup.), geb. zu Matrah (Tirol) 15. Febr. 1723, eingetr. 8. Oct. 1747, wirkte in
der Mission 15 Jahre bis zur Vertreibung; später (1769) Bibliothekar zu Rotten-

burg, 1772 Spiritual in Ebersperg, starb 6. Dec. 1800 zu München. (Misc.; Sim.; Borda II, 96.) — Schriften: Von ihm stammt ein deutscher Bericht über die Missionen in Quito (8°, 1781). Siehe Sommerv.

Palme, P. Joseph (Bohem.), geb. 1738, eingetr. 1753, ging 1762 nach Quito, wirkte unter den Maynas, Yquitos am obern Marañon, entging mehrere Male wie durch ein Wunder den Mordanschlägen der heidnischen Wilden, führte als Missionär ein Leben strenger Buße. Nach der Vertreibung schmachtete er zunächst in den Kerkern zu Pará, saß dann gefangen im Hafen Santa Maria (Spanien) bis zur Ueberführung nach Italien, wo er 4. Dec. 1770 zu Bologna starb. (Ménol. II, 448. Ebd. Assist. d'Italie II, 337; Synopsis vitae et virtutum P. Jos. P., 4°, 34 p. [handschr.].)

Pundendorff, P. Franz, zur Zeit der Vertreibung in Quito. (Sim.)

Reen [Rhen], P. Franz (Rhen. Inf.), geb. zu Gesecke (Erzdiöcese Köln, jetzt Paderborn) 30. Oct. 1690, eingetr. 15. Juni 1712 (al. 15. Jan. 1711), ging 1721 in die Mission, wirkte als Prediger in Panama, dann in der Maynas-Mission, war später Spiritual in Guayaquil, lebte 1756 noch im Colleg zu Quito. (Siehe W.-B. Nr. 283, 95; Nr. 443, 102; Borda II, 96.) — Schriften: Er hinterließ handschriftlich 9 Bände Exposicion de la sagrada Escritura und Varios tratados de teologia. Vgl. Saldamando, Los antig. Jesuitas del Perú. Sommerv.

Richter, P. Heinrich Wenceslaus (Bohem.), geb. 7. Sept. 1653 zu Czaslau in Böhmen (al. Proßnitz in Mähren), eingetr. 14. Oct. 1668, ging 1684 nach Quito, wirkte mit heldenmüthiger Ausdauer und Geduld unter den Cunivos, Chibaros, Mananahuas und andern Stämmen am obern Marañon, gründete 9 Reductionen und starb im Nov. 1696 von den Wilden erschlagen den Tod des Blutzeugen. (Platzweg 129 ff.; de Boye, Vita et obitus Ven. P. W. Richter, Pragae 1707; Wittmann II, 313 ff.; Ménol. II, 360; Pelzel 120; Murr, Reisen einiger Missionarien ... 106 ff.; Lettres édif. II, 121; W.-B. Nr. 51; Nr. 111, 60 ff. Borda (I, 72) sagt von ihm: „Figuró entre varios ilustres alemanes que evangelizaron el Marañón. Redujo todo el Ucayale y algunas otras tribus y le mataron los Cunibos.") — Schriften: Fünf Briefe im W.-B. Nr. 20—23, 26. Auszug eines Briefes in: Wonderbaere Reyze ... door den ... P. Ign. Toebast (Gend) blz. 52 vv. R. schrieb Wörterbücher und Katechismen in der schwierigen Sprache der Campa, Pira, Cuniva, Conova (Idea dell' universo, tom. XVII, 66) und eine Beschreibung des Rio Ucaya und seiner Anwohner. Siehe Sommerv.

Riermahr, P. Karl, ging 1730 nach Südamerika, für Quito bestimmt, starb aber zu Cartagena „an einem hitzigen Fieber". (W.-B. Nr. 528, 43; Nr. 109.)

Saureck [Zaurek], P. Marcus (Bohem.), ging 1693 in die Mission (Wiener Verz.), „ein überaus eyfriger Mann, welcher zu Quito und der Gegend mehr Gutes würckt als kein Missionarius und danach von Begierd bern Missionen (der Wilden) dergestalt entzündet ist, daß er vor solchem Apost. Eyfer fast stirbt" (W.-B. Nr. 51, 66). Vgl. unter Neu-Granada.

Schaeffgen [Schöffgen, bei Borba: Schellgen], P. Adam (Rhen. Inf.), geb. zu Aschaffenburg (Bayern) 26. Aug. 1698, eingetr. 12. Juli 1718, ging in die Mission 1728, wirkte am obern Marañon (W.-B. Nr. 639, 127, wo verdruckt Scheffpu steht), starb vor 1767. (Misc.; Borda II, 94.) — Schriften: Brief von 1752 im W.-B. Nr. 771. — Jedenfalls identisch mit P. Adam Scheffin im Verzeichniß von Sim.

Schenherr [Schönherr, bei Borba: Schegher], Br. Simon (Germ. Sup.), 1743—1744 auf der Reise nach Quito. (Cat.; Borda II, 90.)

Schindler [Schindeler, bei Borba: Singler], P. Nikolaus (Austr.), geb. zu Pressath (Pfalz) 12. Juli 1696, eingetr. 27. Oct. 1711, ging um 1723 nach Quito, beschloß hier seine Studien durch einen actus publicus (W.-B. Nr. 210, 39; Nr. 282, 87), verlangte inbrünstig nach der Heidenmission, wurde aber zunächst wegen seiner vorzüglichen Talente im Colleg von Quito zurückbehalten, war hier u. a. Schaffner, kam erst später in die Missionen am Napo und Marañon und stand eine Zeitlang „allen Missionen als Superior vor" (W.-B. Nr. 639, 126). Bei einem Einfall der Portugiesen 1732 bewaffnete der „muthige und entschlossene Bayer seine Indianer und trieb die Feinde mit großen Verlusten zurück" (v. Schütz a. a. O. 169). v. Schütz nennt ihn irrig Schingler. Er starb 3. Aug. 1740. (Vgl. Platzweg 332; Sulzb. Kal. 1889, 120.) — Schriften: Drei Briefe im W.-B. Nr. 282. 284. 565. Ein anderer Brief in Noticias auténticas . . . im Boletín de la Soc. Geogr. de Madrid XXVII, 93. Ebb. tom. V, 593, n. 1 ein Reisebericht; vgl. tom. IV, 368. „Nic. Singler", schreibt Borba (I, 74 sg.), „trabajó una exposición en que demostró los derechos y posesiones de la corona de España en todo el río Marañon, con la cual hizo enmudecer al Gobernador del Pará. Esta exposición fué enviado á la Corte en 1737 por el P. Visitadore Andrés de Zárate, que le dió la última mano después de registrar los archivos de Quito."

Schirlyn, P. Martin (Bohem.), 1753 in Quito. (Cat.)

Schnedez, P. Philipp (Austr.), aus Krain, ging 1730 in die Mission, wird in einem Brief (W.-B. Nr. 448, I, 102) „als der gesündeste und fröhlichste" der (in Cadix) neu angekommenen Missionäre bezeichnet, starb aber schon auf der Reise (a. a. O.).

Schonemann, P. Peter. (Sim.)

Schuehna (?), P. Martin. (Sim.)

Sesens (?), P. Franz. (Sim.)

Sigharbt, P. Elias (Bohem.), ging 1698 nach Quito. (Cat.; Wiener Verz.)

Veigl [Veigler], P. Franz Xaver (Austr.), geb. zu Graz 1. Dec. 1723, eingetr. 14. Oct. 1738, ging in die Mission 1753, wirkte bis zur Vertreibung in der Maynas-Mission, war nach seiner Rückkehr Rector und Instructor III. prob. in Judenburg und starb zu Klagenfurt 10. April 1798. (v. Schütz 160: „Weigel".) — Schriften: Zwei Briefe im W.-B. Nr. 743 und 773. „Gründliche Nachrichten über die Verfassung der Landschaft von Maynas . . ." in Murrs „Reisen einiger Missionarien" . . .; latein. in Murrs Journal XVI, 93 ff; XVII, 17 ff.; als Buch erschienen in Nürnberg 1798. Die Schrift trägt nach Adelung-Vater, Mithrid. III, 2, 579, „das Gepräge der verständigsten Auffassung und Darstellung". Vgl. auch Sommerv.

Walprin, P. (Germ. Sup.), segelte 31. Dec. 1723 von Cadix als „Magister" in die Mission. (W.-B. Nr. 283, 89.)

Walpurger [bei Borba: Walburguer], P. Jakob (Germ. Sup.), geb. 8. Juni 1705 zu Innsbruck, eingetr. 1. April 1721, ging 1741 in die Mission, war 1748 „in Missione Darlensi" (Darien), 1752 nicht mehr im Cat. (Lang a. a. O.; Cat.) — Schriften: „P. Jacobo Walburguer, que entró (Darien) en 1745, elevó al rey una exposición en la cual manifiesta que en tres años no pudieron obtener cosa alguna él ni su compañero; pues solo sacaron 120 Indios de los montes, los cuales se les murieron de alombrilla." (Borda II, 22.)

Wibmair, P. Franz (Austr.), geb. in Krain, schiffte sich 1730 in Cabiz als Novize ein, starb mit mehreren Genossen auf der Fahrt. (W.-B. Nr. 448, § 2, S. 104; Cat.)

Wibmann, P. Adam (Germ. Sup.), geb. 25. Dec. 1695 in Eichstädt (Bayern), eingetr. 3. Oct. 1718, ging um 1726 in die Mission, wirkte am obern Marañon 1731—1768. (W.-B. Nr. 282, 87; Nr. 639, 127; v. Schütz, Amazonas 109; Sulzb. Kal. 1890, 89.) — Schriften: Ueber seine linguistischen Arbeiten siehe Hervas, Catál. de las lenguas 66; Mithrib. III, 2, 594 Anm. „Tamblén escribió varios tomos sobre el mismo asunto (Misiones del Marañon) el P. Adam Wldman." (Borda I, 76.)

Wieser [Sim. Wiser, bei Borba: Wizer], Br. Jakob, in Quito zur Zeit der Vertreibung. In Sim. (Est. leg. 5047) Acten seine Befreiung aus spanischer Gefangenschaft betreffend. Vgl. Borda II, 100.

Wolffeisen, P. Franz Xaver, geb. 8. April 1679 zu Rosenheim in Bayern, eingetr. 9. Oct. 1698, ging 1713 in die Mission, wird „von jedermann als ein irdischer Engel angesehen" (W.-B. Nr. 169 Anhang); nach dem Cat. später in Chile thätig, wo er 1755 noch lebte.

Wybra [Wibra], P. Franz (Bohem.), geb. 15. Oct. 1662 in Böhmen, eingetr. 10. Dec. 1680, ging 1693 nach Quito, wirkte in St. Joachim und Guadelupe bei den Omaguas (W.-B. Nr. 51, 67), starb 9. Jan. 1740 in der Maynas-Mission. (Wittmann II, 314 Anm.; Cat.; Wiener Verz.)

Zephyris, v., P. Franz Xaver (Austr.), geb. 27. Sept. 1693 (al. 22. Juli 1695, al. 4. Febr. 1694) in Brixen (al. „Brunopolit."), Tirol, eingetr. 27. Oct. 1712, kam 1723 (al. 1726) in die Mission, wirkte als „eifriger Apostel" am obern Marañon (W.-B. Nr. 565, 84), kehrte 1742 (?), wahrscheinlich wegen geschwächter Gesundheit, nach Europa zurück und starb im Profeßhaus zu Wien 17. Dec. 1769. (Platzweg 331 ff.) — Schriften: Vierzehn Briefe mit werthvollen Reiseberichten und ethnographischen Beiträgen im W.-B. Nr. 283. 326—333. 388—390. 766.

Zurmühlen [Zurmiller, Zurmillen], P. Bernhard (Rhen. Inf.), geb. 28. Jan. 1686 in Warendorf, Westf., eingetr. 21. Jan. 1706, ging 1720 in die Mission, wirkte am obern Marañon, war 1724 Oberer dieses Missionsgebietes. (Vgl. W.-B. Nr. 282, Postscriptum; Nr. 208, 32; Nr. 448, 102.) — Schriften: Ueber seine linguistischen Arbeiten siehe Hervas, Catál. de las lenguas 66; Mithrib. III, 2, 594 Anm.

Provinz von Chile.

Eigene Provinz seit 1624. Sie zählte 1711: 155, 1750: 242 Jesuiten (130 Priester) und 23 Niederlassungen: 9 Collegien, 1 Universität, 1 Seminar, 12 Residenzen.

Indianermissionen. 1. Die Mission der Araucaner. Im Laufe des 17. Jahrhunderts wurden an 500 Ortschaften evangelisirt und über 12 000 Indianer getauft. 2. Die Mission auf den Chiloë-Inseln umfaßte über 20 größere und kleinere Inseln und erstreckte sich auch auf einen Theil des Festlandes und bis zu den Inseln Mabre be Dios an der Magalhäesstraße. 3. Die Mission de Nuestra Señora de Nehuelhuapi für die Puelches und Patagonier. 1767 zählte die Mission von Chile 7718 bekehrte Indianer.

Hier wirkten:

Ambrosi [Ambros], Br. Joseph (Germ. Sup.), geb. 1. März 1732 zu Bargeis, Diöc. Chur („Pargeisensis"), eingetr. 18. Febr. 1753, Maler, 12 Jahre in Chile. (Cat.)

Arnhart [Arnhardt], Br. Joseph (Germ. Sup.?), geb. 2. April 1729 (al. 1724) zu München, eingetr. 5. Jan. 1746, Weber, für die Mission von Chile aufgenommen, wirkte dort 1745—1768, starb nach der Vertreibung 1. Mai 1772 zu Ingolstadt. (Sulzb. Kal. 1890, 106; Carayon, Doc inéd. XVI, 350; Cat. Prov. Bav.)

Bäntel, P. Joseph (Germ. Sup.), ging nach Lang (a. a. O. 85) 1711 in die Mission.

Begenauer [Regenauer?], Br. Jakob (Germ. Sup.), geb. 26. Juli 1697 zu Aufhausen, Bayern (Diöc. Freising), eingetr. 3. Juni 1722, Weber, tüchtig, fromm, lenksam; wurde 1722 nach Chile abgeordnet. (Handschr. Information.)

Bitterich [Bitternich, Pitterich], Br. Johann (Rhen. Sup.), geb. 6. Dec. 1675 zu Landeck in Tirol, eingetr. 11. Mai 1701, Bildhauer, hatte in Chile „über die maßen viel für diese ganze Provinz zu arbeiten, weil unsere Obern aller Orten Bild-Säulen, Altär und Gebau zwar heftig verlangen, aber weder einen Bildhauer, noch Baumeister, die ihre Künsten gründlich verstünden, in diesen Ländern auftreiben können". Enrich weiht diesem deutschen Bruder ein begeistertes Lob und zählt ausführlich seine zahlreichen Arbeiten und Kunstwerke auf. (Hist. de la Comp. de Jesús en Chile [Barcelona 1891] II, 108, 4; 354, 10 sg.; IV, 355, 12 sgs.; vgl. oben S. 78; W.-B. Nr. 206.) Er starb 1722 in Paraguay. — Schriften: Ein Brief aus Santiago vom 15. April 1720 im W.-B. Nr. 207, woraus obige Stelle.

Bobart, P. Joseph (Rhen. Sup.), geb. 7. Nov. 1683 in der Diöc. Namur („Metinii", „Metiniensis"), eingetr. 14. Juli 1706 zu Mainz, ging 1722 nach Chile, war Professor der Philosophie und Theologie, lebte noch 1742. (Cat.; handschr. Information.)

Burger, P. Georg (Bohem.), geb. 12. April 1654 in Mähren („Viscovlin."), eingetr. 30. Sept. 1669, ging 1684 in die Mission (W.-B. Nr. 27, 72). „P. Burger", so schreibt von ihm P. Suppetius (ebb. Nr. 70, 30), „giebt zugleich einen Missionarium Operarium und berühmten Prediger ab in dem Collegio Bonae Spei; dann er übertrifft in der Spanischen Wohlredenheit viel Spanier; er laufft offtmal auf das Land hinaus, wo er die neugetauften Christen in dem Glauben unterrichtet und viel Gutes würcket." (Cat.)

Carl [Karl], Br. Joseph (Germ. Sup.), geb. 28. Febr. 1717 zu Regensburg, eingetr. 16. Febr. 1746, Schreiner, wirkte in Chile 1746—1768. (Sulzb. Kal. 1890, 51; Sim.)

Choller [Choler], P. Michael (Austr.), geb. 10. März 1694 zu Linz, eingetr. 2. Oct. 1711 (al. 1717) als Priester, ging 1722 in die Mission, wirkte auf ben Chiloe-Inseln, starb 6. Dez. 1731. Erwähnt W.-B. Nr. 438. — Schriften: Ein Brief aus Kinchao, vom 3. Jan. 1725, im W.-B. Nr. 249.

Czermak, siehe Gzermak.

Dos, P. Joseph (Germ. Sup.), geb. 1715 zu München, eingetr. 1730, in Chile 1746. (Sulzb. Kal. 1890, 46.)

Engelhard, Br. Adam (Rhen. Sup.), geb. 4. März 1685 zu Hirstein (Erzdiöc. Mainz), eingetr. 27. Sept. 1705, ausgezeichneter Kunstschreiner, bot sich in einem Briefe vom 1. März 1702 dem General der Gesellschaft an, an die Stelle des verstorbenen Br. Bitterich (s. oben) zu treten, ging 1722 in die Mission.

Erlacher [Erlachger], P. Joh. Nepom. (Bohem.), geb. 7. Mai 1723 zu Komotau in Böhmen, eingetr. 9. Oct. 1741, wirkte fast 20 Jahre lang auf den Inseln Chiloe, saß nach der Vertreibung in Puerto de Santa Maria bei Cadiz gefangen und wurde 1776 befreit. (Sim.; Murr, Journ. XII, 261; Carayon XVI, 343 s.; Enrich l. c. IV, 409; A. Kobler, P. Florian Baucke, ein Jesuit in Paraguay [Regensburg 1870] S. 701.)

Erll, Br. Anton (Germ. Sup.), um 1750 in Chile. (Cat.)

Faber, P. Anton (Germ. Sup.), geb. 12. Febr. 1709 zu Dillingen, eingetr. 20. Sept. 1726, in Chile 1746—1764, 1755 als Oberer der Residenz in Baldivia aufgeführt. (Sulzb. Kal. 1890, 47.) [1]

Felix, Br. Joh. Bapt. (Germ. Sup.), geb. 18. Aug. 1718 zu Feldkirchen (Velbkirch), eingetr. 5. Jan. 1746, Glockengießer, 21 Jahre in Chile bis zur Vertreibung. (Cat.)

Fertel [Fertl], P. Joh. Evang. (Germ. Sup.), geb. zu Marklkofen (Bayern) 10. Mai (al. 1. März) 1697, eingetr. 25. Juni 1722, als Philosophiae Magister, SS. Theolog. Baccalaureus, Subdiakon, tüchtig, begabt, wurde 1722 nach Chile abgeordnet (handschr. Information), wirkte dort seit 1728 als Missionär unter den Indianern. (Carayon XVI, 330; Enrich [der ihn Eertel schreibt] II, 187.)

Frankenhauser, Br. Joh. Bapt. (Germ. Sup.), seit 1750 in Chile.

Franzig [Franz], Br. Georg (Germ. Sup.), geb. 30. März 1726 zu Dingolfing in Bayern, eingetr. 1753, Töpfer, wirkte 14 Jahre bis zur Vertreibung in Chile.

Friebl, P. Anton (Germ. Sup.), geb. 1722 zu Hohenzell bei Aichach in Bayern, eingetr. 1749, in Chile 1745—1768, und zwar 1756—1768 auf Chiloe. (Sulzb. Kal. 1890, 45.) — Jedenfalls verschieden von

Friebl, P. Anton (Germ. Sup.), geb. 15. Febr. 1665 in Bayern („Reitensis", vielleicht Reite), eingetr. 21. Oct. 1717, ging nach Lang (a. a. O.) 1721 in die Mission, wird als Rector Coll. Chillensis aufgeführt. Carayon (l. c. XVI, 330) führt einen P. Anton Friebl an, der 40 Jahre lang auf Chile gewirkt habe und als achtzigjähriger blinder Mann gewaltsam deportirt wurde. (Cat. Chilens.)

---

[1] Nach J. Dahlmann a. a. O. S. 79 wäre auch P. Andreas Febres, „der klassische Grammatiker und Lexikograph des Araucanischen", ein Deutscher, aus Köln gebürtig gewesen. Diese Angabe dürfte indessen irrthümlich sein. Vgl. Sommervogel.

Friß, P. Ignaz (Bohem.), geb. 15. Febr. 1715 zu Olmütz in Mähren,
eingetr. 20. Oct. 1732, seit 1748 in Chile, später einige Zeit in Peru, saß nach
der Vertreibung gefangen in Puerto de Santa Maria bei Cadiz und wurde 1776
befreit. Befreiungsacten in Slm. (Vgl. Murr, Journ. XII, 263; Carayon XVI,
843 s. 393.)

Fuschmann, Br. Andreas, in Chile zur Zeit der Vertreibung. (Slm.)

Gainer [Griner?], Br. Benedikt (Germ. Sup.), geb. 19. März 1731
zu Tegernsee in Bayern, eingetr. 18. Febr. 1753, Maurer, wirkte 14 Jahre lang
in Chile bis zur Vertreibung. (Cat.)

Gallemayr, Br. Johann (Germ. Sup.), geb. 21. Juni 1701 zu München,
eingetr. 15. Juni 1722, Schreiner, „ein tüchtiger Mann", wurde 1722 nach Chile
abgeordnet. 1737 nicht mehr in den chilen. Katalogen. (Handschr. Informat.)

Gröbner, Br. Johann (Germ. Sup.), geb. 14. Mai 1694 zu Kemnath in
der Oberpfalz (Diöc. Regensburg), eingetr. 3. Juni 1722, Schneider, „tüchtig und
lenksam", wurde 1722 nach Chile abgeordnet. (Handschr. Informat.)

Grueber, P. Franz (Germ. Sup.), geb. 1736 zu Riedenburg in Bayern,
eingetr. 1752, in Chile bis zur Vertreibung. Nach seiner Rückkehr wirkte er
10 Jahre lang auf der Kanzel in Burghausen, Ingolstadt und München (1780
bis 1781). (Sulzb. Kal. 1890, 57.)

Grueber, Br. Franz (Germ. Sup.), geb. 15. März 1715 zu Thalhofen
(„Thalkorferus"?) in Bayern, eingetr. 2. Febr. 1742, Kunstschreiner und Zimmermann, in Chile seit 1748. (Cat.; Slm.)

Gussenliter, P. Georg (Austr.), 1686 auf dem Wege nach Chile.
(W.-B. Nr. 27, 73.)

Gzermak, P. Joh. Joseph (Austr.?), geb. 11. Mai 1720 zu Budwitz
in Mähren („Budvicensis Moravus"), eingetr. 27. Oct. 1751, in Chile von 1754
bis zur Vertreibung. (Cat.)

Haberkorn [Habecorn], Br. Johann (Germ. Sup.), geb. 1670 in
Bayern, eingetr. 1694, ging nach Lang im Jahre 1711 nach Chile.

Haberl, Br. Georg (Germ. Sup.), geb. 26. März 1696 zu Abensberg
in Bayern (Diöc. Regensburg), eingetr. 3. Juni 1722, Schlosser, „ein tüchtiger
Mann", wurde 1722 nach Chile abgeordnet. (Handschr. Informat.)

Haimbhausen [Haimhausen, Aymausen], P. Karl v. (Germ.
Sup.), geb. 28. Mai 1692 zu München aus dem gräflichen Geschlecht der von und
zu H. in Bayern, verwandt mit dem österreichischen Kaiserhause, eingetr. 20. Oct.
1709, studirte zu Rom, ging von da 1724 nach Chile, wo er, ausgezeichnet durch
Talent und Tugend, eine bedeutende Rolle spielte. Er war u. a. Professor der
speculativen Theologie im Colleg zu Concepcion, 10 Jahre lang Rector des Collegium
maximum von Santiago und 14 Jahre lang Procurator provinciae, Instructor III.
prob., Beichtvater des Bischofs und Statthalters, stellte die prachtvolle Collegskirche
in würdigen Stand, baute ein Noviciat und zwei Exercitienhäuser mit Kirche.
(Carayon XVI, 331 s.) (Ueber seine Verdienste um die Hebung der Gewerbe in
Chile siehe oben S. 75 ff.) „Ein wackerer, jederzeit aufgeräumter Mann" (W.-B.
Nr. 438, 67). Er starb 7. April 1767. (Vgl. Enrich II, 129 sqs. 194 sqs. 243
294 u. a.; Sulzb. Kal. 1890, 41.) — Schriften: Zwei Briefe im W.-B. Nr. 230

und 776. Eine Vertheidigungsschrift der Gesellschaft Jesu gegen ihre Ankläger von 1765 liegt handschriftlich im Archiv des Ministeriums des Innern zu Santiago. Vgl. Sommerv.

Habestadt [Habestadt, Habertab, Haberstab, Sim. Habestebs], P. **Bernhard** (Rhen. Inf.), geb. 27. (al. 25.) Febr. 1714 zu Köln, eingetr. 20. Oct. 1732, ging 1746 nach Chile, wirkte dort 20 Jahre als Indianermissionär bis zur Vertreibung, kam 1770 nach Deutschland zurück. (Biogr. Univ. s. v. Enrich II, 213. 244. 299. 353 u. a.) — Schriften: Er schrieb zu Geisten (Kreis Münster) das linguistisch werthvolle Werk: Chilidugu, sivo Res Chilenses vel descriptio ... regni Chilensis. Münster 1777. 8°. 3. Bde. Neu herausgegeben von J. Platzmann, Leipzig 1883. Im 3. Band. (1. Ausg. S. 893 ff.) erzählt er seine Missionserlebnisse in Tagebuchform. Ein Brief mit geographischen und linguistischen Notizen bei Murr, Journ. I, 122 ff. „Des Pater Bernard Habestab Reise nach Chile 1746—1748, dessen 20jähriger Aufenthalt bis 1768 und seine Rückreise im Jahre 1770" in Murrs „Nachrichten aus verschiedenen Ländern des spanischen Amerika" II, 431 ff. H. arbeitete auch mit an dem Spanisch-chilenischen Wörterbuch des P. L. Valdivia. Vgl. Abelung-Vater, Mithrid. III, 2, 404.

Haz [Haas], Br. **Georg** (Germ. Sup.), geb. 16. Aug. 1723 zu Kelheim in Bayern, eingetr. 5. Jan. 1746, Weber, für Chile aufgenommen, wo er bis zur Vertreibung (1768) wirkte. Nach Cat. Prov. Bav. starb er 12. Juli 1771. (Sulzb. Kal. 1800, 55.)

Hedry, P. **Martin** (Austr.), geb. 31. Oct. 1709 (al. 1708) in Ungarn („Strokiensis", „Schirucae"), eingetr. 14. Oct. 1730, kam nach Chile 1748, wo er bis 1760 wirkte. (Cat. Chilens.)

Heinbl, Br. **Gregor** (Germ. Sup.), geb. 29. Nov. 1731 zu Kühbach („Kuebac"), Diöc. Augsburg, eingetr. 7. Dec. 1753, Tuchmacher, wirkte in Chile bis zur Vertreibung. (Cat.)

Herre, Br. **Michael** (Austr.), geb. 28. Sept. 1697 zu Neufra in Schwaben („Nayrvaensis"; al. „Hachlavensis"), eingetr. zu Graz 14. Oct. 1722 (al. 1720), Schreiner und Baumeister, ging nach Chile 1722, war hier „wohlauf und sehr beliebt" (W.-B. Nr. 249), starb zu Santiago 15. Aug. 1737 (al. 8. Mai 1743). Seine Verdienste rühmt auch Enrich IV, 355 ff. — Schriften: Reiseberichte im W.-B. Nr. 438.

Hoffmann, P. **Joh. Evang.** (Germ. Sup.), geb. 27. Dec. 1727 zu Hunstein (Diöc. Augsburg), eingetr. 14. April 1753, als theologus III. anni der chilenischen Provinz zugeschrieben, ein tüchtiger Indianermissionär, u. a. in der Mission Maqueha, starb bei der Deportation 1768 auf der Reise nach Spanien. (Carayon XVI, 318; Enrich II, 278 sgs. u. a.)

Hogen, Br. **Johann** (Germ. Sup.), geb. zu Tegernsee in Bayern 16. Jan. 1726, eingetr. 18. Febr. 1753, Schreiner. (Cat. Chilens.)

Horsky, Br. (?) **Wenceslaus** (Bohem.), seit 1754 in Chile. (Cat.)

Hueber, P. **Balthasar** (Germ. Sup.), geb. 6. Jan. 1703 bei Innsbruck („Rotholzensis"), eingetr. 15. Juni 1722, seit 1724 in Chile, wirkte auf den Chiloë-Inseln, docirte mehrere Jahre Philosophie und Theologie, war Beichtvater des Statthalters, ging 1755 als Procurator missionis nach Rom, war zur

Zeit der Vertreibung Provincial von Chile (1763—1768), starb zu Hall (Halae) 11. April 1774. (Misc. 119 Anm.; Carayon XVI, 323. 351; Enrich II, 184. 249. 276; IV, 392 u. a.) — Schriften: Eine ausführliche Instruction für die Missionäre (30. Juli 1764) bei Cl. Gay, Hist. de Chile, Docum. tome I, auszüglich bei Enrich II, 276 sg. Vgl. Boero, Vida del P. Vargas.

Imhof, P. Joseph (Germ. Sup.), geb. 1681 in Goms ("Gomesianus"), Kanton Wallis, Schweiz, eingetr. 1706 als Priester, ging 1712 nach Chile, wo er 1744 starb. J. wurde, wie P. Anton Betschon 1719 schrieb, "wegen seiner ungemeinen Eigenschaften und Fähigkeiten denen Unsrigen vorzustehen, von den Obern die Theologie völlig auszustubieren gezwungen, damit er mittelst deren 4 feyerlichen Gelübbe den Staffel deren Professen erreichen möge" (W.-B. Nr. 169, Anhang). Vgl. Neu, Allgem. Schweiz. Lex.; Arch. Prov. Germ. IX. T. Lang a. a. O. — Wahrscheinlich identisch mit dem P. Imonsff bei Enrich II, 97.

[Imhof, P. Christoph Joseph, angeblich aus Bayern ("Iconensis"), geb. 8. Dec. 1681, eingetr. 12. Oct. 1706, kam nach Chile 1710, starb 3. Dec. 1736 zu Balbivia. (Cat. Chilens.) — Wahrscheinlich identisch mit vorigem.]

Joachim [Joackim], Br. Joseph (Germ. Sup.), geb. 19. März 1699 zu Fischach im bayerischen Schwaben, eingetr. 23. April 1722, Weber, in Chile 1731—1734. (Sulzb. Kal. 1890, 42; Cat. Chilens.)

Kellner [Kelner], Br. Jakob, geb. 6. Nov. 1712 (Ceusfeldensis?), eingetr. 17. Januar 1746, 1754 in Chile.

Kelner [Kelnehr], Br. Jakob (Rhen. Sup.), geb. 24. Juli 1720 zu Landshut in Bayern, eingetr. 16. Febr. 1746, Steinmetz oder Bildhauer ("statuarius").

Khuen [Kuen, Kuhn], P. Franz (Germ. Sup.), geb. 4. Oct. 1689 in Tirol ("Instensis", wahrscheinlich Imst), eingetr. 13. Sept. 1708, ging nach Lang im Jahre 1721 in die Mission, wirkte 30 Jahre als Indianermissionär und wird 1755 als "Oberer der Mission" bezeichnet. Nach Enrich II, 142. 164 sgs. 187 gründete er die Mission von Lucapel, die eine der blühendsten von ganz Araucanien wurde, unternahm gewaltige, kühne Missionsfahrten, taufte auf denselben allein 5000 Kinder und gewann das Vertrauen der Indianer in hohem Grade. (Carayon XVI, 330.)

Kisling [Kislig], P. Franz Xaver (Germ. Sup.), geb. zu Eichstädt 17. (al. 15.) Sept. 1715, eingetr. 28. Sept. 1735, in Chile seit 1746; auf den Chiloe-Inseln 1756—1768; war Rector von Castro (Enrich II, 280), wurde 1768 deportirt. Während seiner Haft in Puerto de Santa Maria in Spanien, 1771, verfaßte er eine lateinische Auslegung des Hohenliedes, einen stattlichen handschriftl. Band, 4°, 701 S., der heute noch im Bischöflichen Ordinariats-Archiv in Eichstädt aufbewahrt wird mit dem angeführten Vermerk über dessen Verfasser: Cantica Canticorum, | id est, | Mysteria | Divini Amoris, | quo | Christus Jesus | aeterni Patris Filius | Animam Sanctam | Tanquam | Sponsam Suam | Complectitur, | Sacrae Virgini | Verae Christi Sponsae | Detecta, | Aptata, | Dicataque | Anno 1771. Er starb 30. April 1783 im Kapuzinerkloster zu Cabra, wo er den größten Theil seiner Haft verbracht hatte. (Murr, Journ. XII, 203; Pastoral-Blatt des Bisthums Eichstädt 1855, 45; Sulzb. Kal. 1890, 48; Carayon XVI, 393. 330. 343; Actenstücke in Sim., Est. leg. 5042, fol. 120; Sommerv.

Kleffer [Kleser], P. Nikolaus (Rhen. Inf.), aus Luxemburg, geb. 7. Febr. 1661, eingetr. 29. Sept. 1678, kam 1701 nach Chile, von Enrich als tüchtiger Missionär gerühmt (IV, 354), seit 1737 nicht mehr in den Cat.

Knogler, P. Julian (Germ. Sup.), geb. 18. Jan. 1717 zu Gansheim in Schwaben, eingetr. 1737 als Dr. philos., soll von 1756—1768 auf den Chiloë-Inseln gewirkt haben. (Sulzb. Kal. 1890, 9. 60.) Vgl. indessen bei Paraguay.

Köhler [Koler, Keler], Br. Johann Joseph (Bohem.), geb. 1721 in Böhmen (Diöc. Leitmeritz; „Hamicensis"), eingetr. 10. Mai 1746, Goldschmied, wirkte 21 Jahre in Chile bis zur Vertreibung, 1771 noch am Leben.

Kolb, P. Ernst (Germ. Sup.), 1755 in Chile. (Cat.)

Kollmann, Br. Johann (Germ. Sup.), geb. 28. Dec. 1711 zu Taufkirchen in Bayern, eingetr. 2. Dec. 1745, kam 1748 nach Chile, wo er 1755 als „Dispensator in villa Calera collegii Jacobopolitani" noch lebte. (Cat. Chilens.)

Krazer [Krazer], Br. Georg (Germ. Sup.), geb. 17. Sept. 1722 in Augsburg, eingetr. 16. Febr. 1746, Kunstschreiner und Orgelbauer, ging nach Chile 1748, wo er bis zur Vertreibung wirkte. Er starb 27. Juli 1793.

Kuentz, Br. Johann (Germ. Sup.?), aus Bayern (al. „Freiburgensis"), geb. 22. Juli 1682, eingetr. 15. Nov. 1709, in Chile seit 1724.

Lichteneder [Liezineler], Br. Georg, geb. 15. Juni 1700 in Würzburg („Germanus", „Vispurcensis"), eingetr. 21. Nov. 1722, hatte als Chirurg und Krankenwärter in Oesterreich, Mähren, Sachsen, Tirol gewirkt, ging 1722 nach Chile. (Handschr. Informat.) Seit 1729 nicht mehr im Cat. Chilens.

Lobeth [Lobbeth], P. Bartholomäus (Austr.), geb. zu Nijmegen 10. Nov. 1646, eingetr. in Wien 6. Oct. 1667, Professor der Rhetorik und des Hebräischen, ging 1684 nach Chile (W.-B. 27, 73) und starb 25. April 1709 in Mendoza. — Schriften: Brief vom 12. Dec. 1688 aus Chile im W.-B. Nr. 46; Epigramme. Siehe Sommerv.

Mayr, P. Joseph (Germ. Sup.), aus München, ging nach Lang im Jahre 1711 nach Chile; ist wohl derselbe, der nach Lang 106, nachdem er vorher Missionär in „Indien" gewesen, 1753 zu München als Beichtvater der Markgräfin von Baden, Schwester des Kurfürsten Max von Bayern, starb.

Mesner, P. Anton, zur Zeit der Vertreibung in Chile. (Sim.)

Meyer [Maier, Mayr], P. Michael (Rhen. Sup.), geb. 22. Dec. 1714 zu Worms, eingetr. 11. Oct. 1735, seit 1748 in Chile, wirkte lange Zeit auf Chiloë, saß nach der Vertreibung gefangen im Kloster San Pedro de Montes O. S. B. (al. in Puerto de Santa Maria bei Cadiz), wo er 2. Aug. 1786 starb. (Actenstücke in Sim., Est. leg. 5042, fol. 120. Vgl. Murr, Journ. XII, 263; Carayon XVI, 344. 393; Enrich IV, 309.)

Mezner [Mesmer], Br. Joseph, geb. 12. Nov. 1724 zu Tegernsee in Bayern, eingetr. 18. Febr. 1753, Tischler, wirkte 21 Jahre bis zur Vertreibung in Chile, starb nach der Rückkehr 1. April 1772. (Cat.)

Miller, Br. Anton (Austr.), geb. 17. Jan. 1697 zu Pfaffenhofen, eingetr. 27. Oct. 1720, Drechsler, ging 1722 in die Mission, arbeitete dort vortrefflich,

„wohl auf und sehr beliebt" (W.-B. Nr. 240), erscheint in den Cat. bis 1760. Von Enrich IV, 355 neben Herre und Bitterich als einer der tüchtigsten deutschen Brüder in Chile gelobt.

Millet, Br. Wilhelm, aus Luxemburg, geb. 12. Juni 1683, eingetr. 21. Juni 1707, kommt um 1727 nach Chile. (Cat. Chilens.)

Motsch, Br. Martin (Rhen. Sup.), Sohn des fürstlich-badischen Hofbaumeisters, in der Architektur wohl bewandert, bot sich 1722 dem Pater General für die Missionen an und ging um 1725 (?) nach Chile, wo er 1740 noch lebte. (Cat.) — Schriften: Zwei handschriftl. Briefe, siehe im Anhang.

Oppitz, P. Johann (Bohem.), geb. 11. Jan. 1691 zu Prag, eingetr. 21. Oct. 1716, ging 1722 nach Chile, starb 20. Nov. 1739 in Cuzco (Peru). (Wiener Verz.; Cat.) — Schriften: Handschr. Reisebericht aus Cadix 12. Nov. 1722, im Wiener Staats-Archiv 415, Nr. VI.

Ostermayer [Ossemayr], Br. Philipp (Germ. Sup.), geb. 4. April 1721 zu München, eingetr. 16. Febr. 1746, Weber, ging 1746 nach Chile und wirkte dort bis zur Vertreibung. Er starb 1773 (al. 1768?). (Sulzb. Kal. 1890, 54; Cat.)

Pausch [Pusch], Br. Joseph (Germ. Sup.), aus München, geb. 16. Juli 1680, eingetr. 27. Oct. 1714, Apotheker, wirkte in Chile bis 1768. In diesem Jahre wurde er gewaltsam mit andern Brüdern nach Cadix transportirt. (Sulzb. Kal. 1890, 43.) — Wahrscheinlich identisch mit Br. Joseph Paut, im Verz. von Sim.

Pertel, P. Joseph (Germ. Sup.), geb. 1675 zu Landshut in Bayern, eingetr. 1694, wirkte, wie es scheint, in verschiedenen Missionen, starb 10. April 1731 „in missione Sanctae Fidei".

Pesch, P. Anton, aufgeführt im Verzeichniß von Sim.

Pesch [Pezhc], P. Peter (Rhen. Inf.), geb. 20. Dec. (al. Sept.) 1721 zu Altenborf (Jülich), eingetr. 21. Oct. 1741, in Chile bis 1754. (Misc.; Cat.)

Pollands [Pölland], P. Franz (Germ. Sup.), geb. 3. Oct. 1711 (al. 1714) zu Bobingen in Bayern, eingetr. 26. April 1746, Goldschmied, von 1748 bis zur Vertreibung in Chile, starb nach der Rückkehr 20. Dec. 1791. (Cat.; Sim.)

Pusch, Br. Joseph, siehe Pausch.

Rapp, P. Joseph (Germ. Sup.?), geb. 7. Oct. 1731 zu Dillingen, eingetr. 14. April 1753, kam noch als Scholastiker nach Chile, 1767 deportirt. (Carayon XVI, 324; Sim.; Cat.)

Reble, Br. Johann (Germ. Sup.), geb. 11. Mai 1718 zu Roth, Diöc. Konstanz („Rothiensis"), eingetr. 26. April 1746, Maler, 22 Jahre in Chile, 1771 noch am Leben. (Sim.; Cat.)

Reiner, siehe Weiner.

Rottmair [Rothmayr], Br. Jakob (Germ. Sup.), geb. 1. Jan. 1723 in Legau, bayerisch Schwaben, eingetr. 16. Febr. 1746, Schlosser und Uhrmacher, für Chile aufgenommen, kam dahin 1748 und war dort bis 1768. (Sulzb. Kal. 1890, 56; Cat.)

Ruetz [Ruez], Br. Peter (Germ. Sup.), geb. 14. Juli 1719 zu Oberammergau in Bayern („Obermergaviensis"), eingetr. 26. April 1746, Uhrmacher, wirkte in Chile 21 Jahre bis zur Vertreibung, starb 5. Mai 1787. (Cat.)

Saitor [Sartor? vielleicht Seither], Br. Joh. Bapt. (Germ. Sup.), geb. 9. Mai 1730 zu München, eingetr. 2. Jan. 1754, Apotheker, 16 Jahre in Chile, 1771 noch am Leben. (Cat. Chilens.)

Scheibner, Br. Johann (Bohem.), seit 1754 in Chile. (Cat.)

Schmablpauer [Schmalpauer], P. Anton (Austr.), geb. 13. Jan. 1720 zu Efferding in Oesterreich, eingetr. 27. Oct. 1743 als Bruder, Apotheker, kam 1748 nach Chile, erscheint seit 1756 als „Sacerdos". (Slm.; Cat.)

Schmid, P. Gabriel (Germ. Sup.), geb. 21. (al. 24.) März 1708 zu Amberg in Bayern, eingetr. 28. Sept. 1725, ging 1746 nach Chile, wirkte besonders auf den Chiloë-Inseln (1756—1760), kehrte nach der Vertreibung 1767 in die Heimat und starb zu Amberg 24. April 1775. (Misc.; Carayon XVI, 321; Sulzb. Kal. 1800, 49; Cat.) — Schriften: Ein Brief von 1767 im W.-B. Nr. 798.

Schmidlachner, Br. Karl (Germ. Sup.), geb. 4. Nov. 1684 zu München, aufgenommen für Chile 13. Juli 1722, „faber minutarius seu aeris minutioris", in den Cat. als „zonarius" bezeichnet, wurde 1722 noch in Weltkleidern nach Chile geschickt. (Handschr. Inform.; „Amerik. Mayerhof" 145; Cat.) — Vermuthlich identisch mit Schmidlehner (?), siehe oben bei Peru.

Schmidt, P. Paul (Austr.), geb. 22. Jan. 1655 zu Wien, eingetr. 10. Oct. 1671, war Professor der Rhetorik und Philosophie, ging 1685/86 nach Chile, starb aber auf der Reise zu Puerto Bello (Landenge von Panama) an einem hitzigen Fieber, nachdem man ihm siebzehnmal zu Ader gelassen. (W.-B. Nr. 27, 72.)

Schön, Br. Joh. Bapt. (Germ. Sup.), geb. 19. (al. 29.) Jan. 1724 zu Nabburg in Bayern, eingetr. 26. April 1746, Tuchmacher, Walker, wirkte in Chile 21 Jahre lang bis zur Vertreibung 1768, war zur Zeit der Aufhebung „Laienbruder in Ebersberg, vorher 20 Jahre in ‚Indien'" (Lang 210. Vgl. Sulzb. Kal. 1890, 58; Cat.).

Sebmilener (jedenfalls corrumpirt), Br. Karl, zur Zeit der Vertreibung in Chile. (Slm.)

Seemiller, Br. Thomas (Germ. Sup.), geb. 18. Dec. 1725 zu Frieding in Oberbayern, eingetr. 5. Jan. 1746, Weber, kam 1748 nach Chile, wo er bis zur Vertreibung, 1768, blieb, starb 27. Febr. 1771 zu München. (Cat. Bav. 1771—1772; Sulzb. Kal. 1890, 52.) — Vielleicht identisch mit dem vorigen.

Seitz, P. Joseph (Bohem.), geb. 30. Oct. 1716 zu Komotau in Böhmen, eingetr. 15. Mai 1753, seit 1754 in Chile. (Slm.; Cat.)

Steible [Steibl, Staibl, Steinbl], P. Ignaz (Chilens.), geb. 6. Jan. 1700 zu Dillingen, eingetr. 15. Juni 1722 als Philos. Mag., SS. Theol. et SS. Can. Candidatus, „ausgezeichnet veranlagt, sehr fromm" (handschr. Information), wurde 1722 als Novize nach Chile abgeordnet, wo er 26 Jahre lang als Indianermissionär thätig war. (Cat. Chilens.; Carayon XVI, 330.)

Sterzl [Sterzl, Sterzel], Br. Franz (Bohem.), geb. 7. Mai 1692 in Böhmen („Zealecensis"?), eingetr. 30. Sept. 1712, Apotheker, ging 1722 nach Chile. (Cat. Chilens.; Wiener Verz. Vgl. unter Philippinen.)

Straßer [Straßen], P. Melchior (Germ. Sup.), geb. 1. Oct. 1711 zu Pfinzing in Bayern, eingetr. 10. (al. 1.) Sept. 1736, ging um 1740 nach Chile, wirkte von 1756—1768 auf den Chiloë-Inseln. Vor seiner Abreise in die Mission wurde er sechs Jahre lang in Spanien (Prov. Boetica) zurück- gehalten, war hier Novizenmeister der für die Mission bestimmten jungen Missio- näre und Professor der Philosophie und Theologie. Auf der Reise erlitt er Schiffbruch bei der Insel Santa Catharina (Brasilien), 25 Genossen ertranken. (Carayon XVI, 330. 343. 393; Sulzb. Kal. 1890, 40; Murr, Journ. XII, 263; Lang a. a. O.) Nach der Vertreibung saß er gefangen in Puerto de Santa Maria. (Actenstücke in Sim., Est. leg. 5042, fol. 120; Cat. Bav. 1772—1773; Cat. Chilens.; Enrich IV, 409.) — Schriften: Ein Brief von 1743 im W.-B. Nr. 780.

Suppet [Suppetius, Supezio], P. Andreas (Bohem.), geb. 4. Nov. 1650 (al. 1651) zu Ratibor in Schlesien, eingetr. 14. Oct. 1670, ging 1684 nach Chile, war hier Rector („Rector Chiloensis"), Novizenmeister (W.-B. Nr. 27, 73) und Visitator und starb zu Baldivia 6. November 1712. (Cat.; Wiener Verz.) — Schriften: Ein Brief von 1701 mit werthvollen und interessanten Schilderungen aus Chile im W.-B. Nr. 70.

Tolpelt, P. Joseph (Austr.), geb. 31. Jan. 1711 in Tirol („Morablen- sis"), eingetr. 10. Oct. 1730, kam 1740 nach Chile. (Cat.)

Vieterim, Br. Johann, geb. 6. Dec. 1677 zu Landeck in Tirol, eingetr. 11. Mai 1701, kam um 1720 nach Chile. 1724 nicht mehr im Cat. Chilens.

Vogl [Wogl, Foguel], Br. Peter, geb. 15. Nov. 1692 zu Wetter- hausen in bayer. Schwaben („Wettenhaussensis"), eingetr. 18. Nov. 1722, Gipser, ging 1722 nach Chile, wo er als Architekt gute Dienste leistete; wurde bei der ge- waltsamen Vertreibung 1767 anfangs wegen Krankheit zurückgelassen, dann aber als 70jähriger Greis deportirt. Er starb auf der Reise. (Carayon XVI, 351; Cat.; handschr. Inform.)

Walter, P. Joh. Nepom. (Bohem.), geb. 28. Oct. 1713 zu Glogau in Schlesien („Glogoviensis"), eingetr. 20. Oct. 1734, kam 1748 nach Chile, war 1755 Oberer der Residenz Araucana, erwarb sich als Procurator provinciae um die Provinz große Verdienste. (Enrich II, 17 und Cap. XX, n. 9. 10. 11. 18. 23; XXI, 20. 26. 32.) Blieb bis zur Vertreibung. (Sim.) — Schriften: Ein handschr. Brief aus Santiago, 22. April 1749, an Graf Rogendorf im Wiener Staats-Arch., Geistl. Angel. 415, Nr. VI. Vertheidigungsschriften u. ä. im Archiv des Ministeriums des Innern in Santiago.

Wandermann (Wankerman), Br. Karl (Germ. Sup.), aus Bamberg (al. München), geb. 30. Aug. 1723, eingetr. 8. April 1746, kam 1748 nach Chile, blieb bis zur Vertreibung, starb nach Cat. Prov. Bav. 1770/71 am 12. Mai 1770. (Cat. Chilens.; Sim.)

Weibinger, P. Lambert (Austr.), starb 1688 auf der Reise nach Chile bei Puerto Bello und wurde in Panama begraben. (W.-B. Nr. 27, 73.)

Weiner, P. Philipp (Rhen. Sup.), geb. 22. Mai 1712, eingetr. 12. Juli 1733, 1746 auf der Reise nach Chile, scheint jedoch in Quito gewirkt zu haben und identisch zu sein mit P. Felipe Reiner, der nach Borba (II, 95) 1767 von dort deportirt wurde. (Cat.)

Weingartner, P. Peter (Germ. Sup.), geb. 6. Juli 1721 zu Jedenhof ("Hadenkofensis"?) in Bayern, eingetr. 16. Febr. 1746 als Priester, kam 1748 nach Chile, blieb bis zur Vertreibung, worauf er nach Bayern zurückkehrte. Lebte noch 1773. (Sulzb. Kal. 1890, 59; Sim.; Cat. Chilens.; Enrich II, 294.) — Schriften: Bericht (batirt von Altötting 1770) über die Vertreibung der Jesuiten aus Chile (Arch. Prov. Germ. Ser. VII, fasc. A 3, abgedruckt bei Carayon XVI, p. 307 [Poitiers 1867] und in den Annalen der Universität von Santiago 1869. Vgl. Enrich II, 312, Anm.). Ein handschr. Brief vom 28. Dec. 1769 in Misc. pag. 117. Arch. Prov. Germ.

Wezl, P. Jakob (Germ. Sup.), geb. 21. Juli 1720 zu Landshut in Bayern, eingetr. 2. Dec. 1745, kam 1746 als Scholastiker nach Chile. (Cat.)

Windelmann, P. oder Br. Christoph (Rhen. Inf.), ging 1740 nach Chile. (W.-B. Nr. 654, 51.)

Witgen, Johann (Bohem.), seit 1764 in Chile. (Cat.)

Wolfwisen [Wolfvicen], P. Franz Xaver (Germ. Sup.), geb. 3. April 1679 (al. 5. April 1677) zu Rosenheim (? "Rozengeimensis") in Bayern, eingetr. 0. Oct. (al. 3. Oct.) 1698, kam 1712 nach Quito, dann nach Chile, wirkte 35 Jahre lang als Missionär der Indianer und Operarius. (Lang a. a. O.; Cat.) — Schriften: Ein Brief von 1742 im W.-B. Nr. 779. — Wahrscheinlich identisch mit P. F. X. Bolfesen bei Enrich II, 187. Siehe oben bei Quito unter Wolffeisen.

Zeittler, Br. Joseph (Germ. Sup.), geb. 20. März 1724 zu Waldsassen in Bayern, eingetr. 16. Febr. 1746, Apotheker, für Chile aufgenommen, langte 1748 dort an und wirkte bis zur Vertreibung 1768. (Vgl. oben S. 80; Sulzb. Kal. 1890, 53. Cat. Chilens.)

Provinz von Paraguay[1].

Im Jahre 1606 von Peru getrennt und als selbständige Provinz errichtet, zählte [1613: 119; 1710: 269] 1750: 303 Jesuiten (208 Priester) und 21 Niederlassungen: 9 Collegien, 1 Universität, 1 Noviziat, 1 Seminar, 2 Residenzen, 7 Missionen. **Indianermissionen.** 1. Die **Chiquitos-Mission** (theilweise im heutigen Bolivia) zählte 1767 in 10 Reductionen über 20 000 christliche Indianer. 2. Die **Guarani-Mission** am Paraná und Uruguay (zum großen Theil im heutigen Brasilien [Rio Grande do Sul] und Argentinien [Provinz Corrientes und Missiones]), zählte 1767 über 90 000 christliche Indianer in 30 Reductionen. Von 1610—1768 wurden von den Jesuiten 702 086 Indianer getauft. 3. Die **Chaco-Mission** am rechten Ufer des Paraná zwischen Corrientes und Santa Fé, zählte 1767 in 15 Reductionen etwa 10 000 Indianer. 4. Die **Pampas-Mission** in Nordpatagonien mit 1 Reduction (Nuestra Señora del Pilar).

Im Jahre 1767 zählte die ganze Mission von Paraguay 113 716 christliche Indianer.

Hier wirkten:

Abelgos, Br. Franz Xaver (Germ. Sup.), geb. 11. Juni 1703 in Schwaben ("Merlingensis", vielleicht Merklingen, "Suevus"), eingetr. 4. Aug. 1740, 1750 schon längere Zeit in Paraguay.

---

[1] Siehe Werner, Missions-Atlas, Nr. 17.

Agricola, P. Andreas (Germ. Sup.), aus Engen im badischen See-kreis, ging 1616 nach Paraguay. (Kropf, Hist. Prov. Germ. Sup., Dec. VIII, 262.)

Amslander [Amerlander], P. Franz (Germ. Sup.), geb. 5. Febr. 1681 in München, eingetr. 1704, ging 1717 nach Paraguay, wirkte dort u. a. in der Reduction Corpus. 1724 nicht mehr im Cat. Parag. (Sulzb. Kal. 1889, 120; W.=B. Nr. 168 und 169.)

Aperger [Asperger], P. Sigismund (Germ. Sup.), geb. 28. Oct. 1687 in Innsbruck, eingetr. 9. Oct. 1705, ging um 1715, noch Scholastiker, nach Para-guay, wirkte als vortrefflicher Missionär, berühmt durch seine ärztlichen Kenntnisse. Dabei ein „nicht minderer Seelenarzt". (W.=B. Nr. 558, 45; vgl. ebb. Nr. 168, 60; Nr. 160, 06; Southey, Hist. of Brazil II, 338 Anm.) 1738 war A. Oberer der Reduction St. Nikolaus. (W.=B. Nr. 640.)

Bachmann [bei Techo: Pacman], P. Jobocus, gebürtig aus der Schweiz (Luzern?), ging 1640 nach Paraguay, starb aber schon bald als Opfer seines Eifers. Techo (Hist. Prov. Parag. lib. XII, c. 45) nennt ihn „non minus solidissima in vita virtute, quam morte in Aethiopibus (Negersklaven) peste afflatis iuvandis contractâ, laudabilis". (Handschriftl. Biographie in Arch. Prov. Germ. IX. T.)

Baucke [Paule], P. Florian (Bohem.), geb. 24. Sept. 1719 zu Wißingen in Schlesien, eingetr. 10. (al. 6.) Oct. 1736, ging 1748 als neugeweihter Priester nach Paraguay, wirkte namentlich unter den Macobis der Pampas, brachte die Reduction St. Franz Xaver zur Blüthe und gründete 1763 die neue Reduction St. Peter. B. war der echte Typus eines deutschen Missionärs, praktisch, er-fahren in allen Künsten und Gewerben, ein trefflicher Musiker, voll Humor und voll Geschick in Behandlung der Wilden. 1768 gewaltsam deportirt, wurde er einige Zeit in Puerto de Santa Maria in Haft gehalten, 1769 befreit. Lebte später in Neuhaus (Böhmen) und starb um 1780. (Dobrizhoffer, Geschichte der Abiponier III, 136; Hausblätter, herausgeg. von F. W. Hackländer und E. Höfer, Stuttgart 1855, III, 464—480: „Ein deutscher Mann unter den Wilden Süd-amerikas".) — Schriften: B. schrieb 1778—1780 eine werthvolle Schrift über die Mission der Macobis, handschriftlich (2 Bände 4° mit 1040 S.) im Cistercienser-stift Zwetl. P. Joh. Frast O. Cist. gab davon 1829 einen kurzen Auszug, P. Kobler S. J. 1870 eine ausführliche moderne Bearbeitung (8°, XI und 712 S.) bei Pustet in Regensburg.

Baur [Paur], P. Sigismund (Germ. Sup.), geb. 1719 zu Weißingen in Schwaben, eingetr. 28. Sept. 1740, in Paraguay 1743—1768. (Sulzb. Kal. 1890, 66; Misc.; Slm.; Cat. Parag.)

Betschon [Pechon], P. Anton (Germ. Sup.), geb. 11. April 1687 (al. 1681) in Groß-Laufenburg, schweiz. Kanton Aargau (al. im romanischen Grau-bünden?), eingetr. 1707, Professor der Rhetorik in Luzern, ging 1716 nach Para-guay, wird um 1730 als Oberer der Reduction Yapeyu, 1735 als Oberer der Chiguanos-Mission genannt. (W.=B. Nr. 558, 45; Cat.) „Er ist die Liebe deren Indianern, welche ihn nicht anderst als den ‚Engel' nennen." B. starb um 1738. — Schriften: Ein werthvoller Brief von 1719 im W.=B. Nr. 169. Vgl. Sommerv. (Suppl.).

Bitter, P. **Justus**, stirbt auf der Fahrt nach **Paraguay** 11. Jan. 1744. (Cat.)

Blantisch siehe **Plantisch**.

Böhm, P. **Anton** (Germ. Sup.), geb. 2. Juli 1659 zu Amberg in der Oberpfalz („Palatinus"), eingetr. 10. Dec. 1675, kam 1691 nach **Paraguay**, arbeitete mit opferwilliger Hingabe unter den wilden Yaros am Uruguay, versuchte die Gründung einer Reduction St. Joachim, starb aber bereits 1695 in der Reduction St. Karl im Dienste der Pestkranken. P. Sepp, sein Reisegefährte, widmet dem heiligmäßigen Manne einen rührenden Nachruf (Continuatio oder Fortsetzung der Beschreibung deren . . . Paraguarischen Sachen, Nürnberg 1710, S. 180). — Schriften: Handschriftl. Brief von 1687 aus Sevilla (Spanien) in Arch. Prov. Germ. Ser. IV. Fasc. C. 4.

Botelre [Sim. **Boletre**], P. **Andreas** (Germ. Sup.), geb. 27. Oct. 1706 zu Ellwangen in Schwaben, eingetr. 5. Sept. 1733, ging kurz darauf nach **Paraguay**, lehrte nach der Vertreibung in die Heimat zurück und starb 25. Jan. 1774. (Cat.; Sim.)

Brigniel, P. **Joseph** (Austr.), geb. 24. März 1699 zu Klagenfurt in Kärnten, eingetr. 9. Oct. 1716, ging nach **Paraguay** 1728 (W.-B. Theil X, Einl.), ein trefflicher Musiker und Mathematiker, sprach vollkommen deutsch, französisch, italienisch, spanisch, guaranisch, wirkte 10 Jahre lang als tüchtiger Missionär unter den Guaranis, Abiponiern und Macobis, war 1738 Oberer der Reduction St. Xaverius am Uruguay, später Rector des Collegs von Corrientes und 1753 Oberer der Mission der Abiponier. (W.-B. Nr. 640; Dobrizhoffer II, 231; III, 156 [ed. lat. II, 198; III, 131. 376]; Cat. Parag.) Nach der Vertreibung findet er sich 1770 in Neustadt. — Schriften: Ein Wörterbuch, Grammatik, Katechismus und Predigten in der Sprache der Abiponier. Vgl. Dobrizhoffer a. a. O.; Sommerv. (Suppl.).

Brinesel, P. **Joseph**, im Verz. von Sim., wahrscheinlich aus dem vorigen Namen corrumpirt.

Bugent, P. **Matthias**, stirbt auf der Reise nach **Paraguay** auf dem Meere 11. Jan. 1744. (Cat. Parag.)

Carrer, Br. **Paul** (Bohem.), gebürtig aus Bayern, zur Zeit der Vertreibung in **Paraguay**. (Misc.; Sim.)

Christman [**Chrisman**], P. **Wenceslaus** (Bohem.), geb. 14. Juni 1647 zu Prag, eingetr. 30. Sept. 1664, ging 1678 nach **Paraguay**, wirkte als Missionär am Parana, war Rector des Collegs in Santa Fé und starb, wie es scheint, in der Chiquitos-Mission 28. Juni 1723 „in glorwürdigem Andenken". (W.-B. Nr. 31, 101; Nr. 543, 88; Cat. Parag.) — Schriften: Ein von der spanischen Behörde abgefangener Brief vom 2. Juni 1753, in welchem Chr. die Schuld des Indianeraufstandes dem königl. Commissär P. Altamirano zuschiebt, Handschr. in Sim. Vgl. Revista de Paraguay III (Buenos Aires 1893), 345, n. 1877.

Cirrheim [**Cierheim**, **Cierheimb**, **Cierhaim**], P. **Ignaz** (Austr.), geb. 29. Juli 1703 in Laibach in Kärnten (al. „Hopfenstafen"), eingetr. 14. Oct. 1720 (al. 1722), ging 1730 nach **Paraguay**, wirkte hier 1734 in der Reduction Loreto, 1738 in Concepcion am Uruguay (W.-B. Nr. 640), kommt nach der Vertreibung 1767 nach Wien und stirbt nach 1773. (Cat. Parag.) — Schriften: Vier Briefe im W.-B. Nr. 542. 811. 812. Zwei handschr. Briefe in Sim., Est. leg. 7381, mitgetheilt von P. Duhr, Ungedruckte Briefe zur Gesch. des Jesuiten-krieges in Paraguay (Zeitschrift für kath. Theol. [Innsbruck] XXII, 697).

Clainz (?), P. Joseph (Verz. von Sim.).

Clausner, Br. Joseph, siehe Klausner.

Corbele [Corbule], P. Heinrich (Bohem.), geb. 20. Juli 1658 zu „Bertain" (vielleicht Pürstein), eingetr. 15. Oct. 1675, ging 1689 nach Paraguay. „Er war", so schreibt von ihm P. Dom. Mayr („Amerik. Mayerhof" S. 62), „eines ziemlichen Ehrwürdigen Alters . . . hatte doch aber noch sehr gute Species von Teutschland, besonders von Schwaben, gestalten er als Knabe zu Regensburg sich in Studlis aufgehalten." Er starb 5. Mai 1727 „in glorwürdigem Andenken". (W.-B. Nr. 543, 88; Cat. Parag.; Wiener Verz.)

Dahlhammer [Thalhamer, Sim. Talamer], Br. Rupert (Germ. Sup.), geb. 21. Sept. 1710 zu Lauffen (Diöc. Salzburg), eingetr. 12. Juli 1739, Chirurg, wirkte in Paraguay 1743—1768 bis zur Vertreibung, starb nach der Rückkehr 15. Oct. 1788. (Sulzb. Kal. 1800, 70; Sim.; Cat. Parag.)

Diberif, Br. Johann (Rhen. Inf.?), geb. 9. Juli 1704 in Anholt (Westfalen), eingetr. 13. April 1744, in Paraguay seit 1748. (Cat. Parag.)

Dobrizhoffer [Sim. Dubrisofrer], P. Martin (Austr.), geb. 7. Sept. 1718 (al. 1717) zu Graz (al. Freiburg), eingetr. 17. Oct. 1736, kam nach Paraguay 1748 und wirkte hier 18 Jahre lang unter den Stämmen des Gran Chaco, besonders bei den Abiponiern und in den nördlichen Guarani-Reductionen. Ein gelehrter, kenntnißreicher Mann von scharfer Beobachtung und praktischem Geist. Falkenstein (Ersch und Gruber, Real-Encyklopädie s. v.) rühmt ihn als „einen der ausgezeichnetsten Jesuiten teutschen Stammes". Nach seiner Vertreibung 1767 war D. seit 1773 in Wien als Hofprediger thätig. Er starb 17. Juli (al. 17. März) 1791. (Biogr. Univ. XI, 456; Cat. Parag.; Sim.) — Schriften: Bekannt und geschätzt ist sein Werk Historia de Abiponibus, III voll., Viennae 1784, deutsch von A. Kreil, ebb. 1783—1884, englische Bearbeitung, London 1822. Ratzel (Völkerkunde, I. Ausg. III, 661) rühmt D. mit Bezug darauf als „den gelehrten Jesuiten, dessen ethnographische Kenntnisse sehr umfassende waren". Th. Achelis (Moderne Völkerkunde, Stuttgart 1896, S. 1) nennt ihn und P. Jos. Fr. Lafiteau S. J. „die Pioniere der vergleichenden Ethnographie". Ein Brief an G. v. Murr mit Sprachproben aus Paraguay in Journal IX, 98. (Sommerv.) Seine linguistischen Arbeiten auch erwähnt von Bentley, Gesch. der Sprachwissenschaft 263.

Elvers, Br. Christian (Rhen. Inf.?), geb. 26. Juli 1687 zu Hamburg, eingetr. 6. Nov. 1727, seit 1730 in Paraguay, 1739—1744 im Colleg von Rioja, 1753 noch am Leben. (Cat. Parag.)

Erber [Herber], P. Innocenz (Austr.), geb. 8. Oct. 1694 zu Laibach in Kärnten, eingetr. 6. Jan. 1715, ging 1726 nach Paraguay, war 1738 Oberer der Reduction St. Ludwig am Uruguay. (W.-B. Nr. 510 und 640; Cat. Parag.) — Schriften: Auszug aus einem Brief aus Sevilla von 1727 im W.-B. Nr. 334, § 2.

Ferber, P. Philipp (Austr.), geb. 13. Mai 1713 in Ungarn („Cusovia"), eingetr. 28. Oct. 1729, seit 1746 in Paraguay. (Cat. Parag.; Sim.)

Finck, P. Franz, geht auf der Fahrt nach Paraguay unter am 11. Jan. 1744. (Cat. Parag.)

Fleischauer [Sim. Fleichaver], P. Joseph (Bohem.?), geb. 21. Mai 1718 zu Olmütz, eingetr. 21. Oct. 1733, in Paraguay seit 1748. Vgl. P. Duhr, Ungedruckte Briefe ... in Zeitschrift für kathol. Theologie, Innsbruck 1898, 696. (Cat. Parag.; Sim.)

Frank, (Br.) P. Karl (Austr.?), geb. 4. Nov. 1704 zu Innsbruck, eingetr. 5. Sept. 1733, Schmied, ging als Novize 1735 nach Paraguay, erscheint später als Priester, stirbt 26. Jan. 1744. (Cat. Parag.)

Fribelli, P. Embert (Austr.), nach Cat. 1703—1745 in Paraguay; wahrscheinlich Verwechslung mit P. Friebl in Chile, siehe oben. Ueber Fribelli siehe China.

Gärtner, Br. Leopold (Bohem.), geb. 3. Nov. 1698 zu Iglau in Mähren, eingetr. 5. Sept. 1733, Weber, kam bald darauf nach Paraguay, wirkte in Cordoba und Buenos Aires bis zur Vertreibung. (Cat. Parag.; Misc.; Sim.) — Wahrscheinlich identisch mit dem P. Leopold Gertner im Verz. von Sim.

Galfan [Galkau?], P. Thomas, im Verz. von Sim., wahrscheinlich corrumpirter Name.

Gergens, Br. Thomas (Bohem.?), aus Ratibor in Schlesien, zur Zeit der Vertreibung in Paraguay. (Misc.)

Gertner, P. Leopold, im Verz. von Sim.

Gierhaim, P. Ignaz, siehe Cirrheim.

Gilge, P. Johann (Bohem.?), geb. 20. Aug. 1715 in Schlesien („Schovlchic."), eingetr. 9. Oct. 1738, etwa seit 1750 in Paraguay. (Cat. Parag.)

Gleißner, Br. Wolfgang, geb. 21. Oct. 1693 zu Neustadt in der Pfalz, eingetr. 10. Juli 1726, Weber, seit 1730 in Cordoba, wo er 30. April 1741 starb. (Cat. Parag.)

Hasse [Affé], P. Gregor (Germ. Sup.), geb. 21. Nov. 1686 zu Mindelheim in Bayern, eingetr. 1704, ging um 1717 nach Paraguay, wirkte dort in den Reductionen Santo Angelo, 1738 in St. Nikolaus am Uruguay, wurde durch Gift von einem Zauberer zeitweise des Verstandes beraubt, aber wunderbar geheilt, wiederholt als vortrefflicher Missionär gelobt. 1753 noch am Leben. (Vgl. W.-B. Nr. 169, 63; Nr. 558, 45; Nr. 640.)

Haffner [Hafner], P. Michael (Germ. Sup.), geb. 25. Sept. 1681 zu Bozen in Tirol (al. „Helvetus"), eingetr. 4. Sept. 1702, seit 1717 in Paraguay, wirkte in der Reduction St. Xaver (W.-B. Nr. 169, 63), war 1730 Oberer von St. Thomas (ebb. Nr. 558, 45).

Haffner, Br. Johann, geb. 22. Dec. 1717 („Tentrum."), eingetr. 11. Sept. 1747, Schmied, seit 1753 in Paraguay. (Cat. Parag.)

Haibl, Br. Thomas (Germ. Sup.), seit etwa 1750 in Paraguay. (Cat. Germ. Sup.; Cat. Parag.)

Harber [Harter], P. Konrad (Germ. Sup.), geb. 27. Juni 1686 zu Konstanz, eingetr. 27. Oct. 1704, seit 1719 in Paraguay, machte in Cordoba sein Terziat (W.-B. Nr. 169, 66), wirkte am Paraná, dann in Santa Cruz am Uruguay. (W.-B. Nr. 640; Cat. Parag.)

Harschl, Br. Anton (Germ. Sup.), aus Bayern (Misc.), wahrscheinlich identisch mit

Harls, Br. Anton, geb. 17. Mai 1725 zu Tegernsee in Bayern, eingetr. 11. Sept. 1748, Schreiner, in Paraguay seit 1753. (Cat. Parag.)

Henis [Enis], P. Thabdäus Xaver (Bohem.), geb. 29. Juli 1711 in Böhmen („Secania."), eingetr. 20. Oct. 1732, ging 1748 mit P. Baucke (Kobler S. 704) nach Paraguay. (Cat. Parag.; vgl. auch Revista de Paraguay III, 345.) — Schriften: H. schrieb eine Geschichte des Sieben-Missionen-Krieges, herausgegeben in Buenos Aires 1846 (VII u. 60 S. kl. Fol.) in der Collection des Pedro de Angelis, tom. V. Vgl. Sommerv.

Herl, Br. Georg, geb. 13. April 1702 zu Bergen („Bergensis") in Bayern, eingetr. 10. Juli 1726, Weber, findet sich 1730—1744 im Seminar von Corboba, 1753 noch am Leben. (Cat. Parag.)

Herricht, Br. Martin, geb. 17. Oct. 1679 zu Innsbruck, eingetr. 27. Sept. 1701, Schneider, war 1730—1744 im Colleg von Buenos Aires, starb 6. Oct. 1756 in „Portu Bono". (Cat. Parag.)

Heyrle [Haierle, Heyrel, Herrel], Br. Thomas, geb. 19. Dec. 1697 zu Wilsburg in Bayern, eingetr. 26. Sept. 1725, Chirurg, wirkte in Paraguay 1731—1767 als Apotheker in den Missionen am Uruguay und in Corboba, starb 1767 bei der Deportation nach Europa während der Seereise. (Kobler 886; Sulzb. Kal. 1890, 64; Cat. Parag.)

Iberacker [Überacker, Yberaker], P. Joseph (Germ. Sup.), geb. 28. März 1683 im Salzburgischen („Waquingam."?), eingetr. 8. Oct. 1705, 1738 Oberer der Reduction San Juan am Uruguay (W.-B. Nr. 640, Tabelle); 1753 noch am Leben.

Jenig, Br. Joseph (Austr.), geb. 14. Sept. 1724 zu Brünn in Mähren, eingetr. 11. Sept. 1744, Chirurg und Apotheker, in Paraguay bis 1767. (Misc.; Cat. Parag.)

Kaysler, Br. Anton, ging auf der Fahrt nach Paraguay unter am 11. Jan. 1744. (Cat.)

Kincel [Kuincel], P. Johann, geb. 29. Nov. 1716 in Leoben? („Leoberg."), eingetr. 21. Oct. 1746, seit 1749 in Paraguay. (Cat. Parag.)

Klausner [Clausner], Br. Joseph (Germ. Sup.), geb. 13. Febr. 1685 in München (al. „Camlach.", wohl Kamlach), eingetr. 23. Febr. 1717, Metall-arbeiter und Zinngießer, in Paraguay seit 1718, ein Allerweltskünstler, leistete in Corboba, Rioja ꝛc. als „Laternenmacher, Barbier, Buchbinder u. s. w." der Mission große Dienste, „da bei den Leuten dieses Landes im allgemeinen Mangel an diesen Handthierungen sich äußerte" (vgl. oben S. 70 und 80). Er starb 20. Mai 1741 zu Corboba. — Schriften: Ein Brief aus Corboba von 1710 im W.-B. Nr. 168. Vgl. Muratori, Glückl. Christenthum (Wien 1758) S. 29.

Klein, P. Joseph (Bohem.), geb. 11. Febr. 1710 zu Glatz in Schlesien, eingetr. 21. Oct. 1739, war 20 Jahre lang Missionär in Paraguay bei den Abiponiern und Macobis, ausgezeichnet durch Muth und Charakterstärke, so daß man staunte, „daß eine so große Seele in einem so kleinen Körper wohnte". (Dobrizhoffer, Gesch. der Abiponier III, 195. 330 ff. 344 ff. 501 f.; Cat. Parag.)

Knogler [Sim. **Nogler**], P. **Julian**, geb. zu Gansheim (Bayern) 9. Jan. 1717, eingetr. 13. Aug. 1737, ging 1748 (al. 1750) nach **Paraguay**, wirkte dort 20 Jahre lang bis zur Vertreibung 1767 unter den **Chiquitos**, kehrte dann nach Bayern zurück und starb 20. Mai 1775 (al. 1772) zu Oetting. „Er pflegte zu sagen: ,Ach! warum bin ich nicht lieber bei den Schiquiten geblieben!'" (Lang 87 und 204; Sim.; Cat. Parag.) Nach Sulzb. Kal. 1890, 9. 00. wäre K. zuerst nach China, dann nach Chile (vide ibid.) gegangen, wo er bis 1768 auf den Chiloë-Inseln gearbeitet habe. Ohne Zweifel handelt es sich hier um eine Verwechslung, da die Angaben sich kaum auf einen Mann vereinen lassen. — Schriften: „Von Westindien über das Land und die Nation deren Schiquiten ... an einen Freund", datirt von Oetting, im Arch. Prov. Germ.

Kobl [Kobel, Sim. **Kobell**], Br. **Joseph** (Germ. Sup.), geb. 21. Oct. 1693 in Schwaben („Berlog." ?), eingetr. 10. Juli 1726, Weber, seit etwa 1730 in **Paraguay**, meist zu Corboba, bis zur Vertreibung 1767. (Misc.; Sim.; Cat. Parag.)

Kornmayr [Kornmair], Br. **Peter** (Germ. Sup.), geb. 29. Juni 1691 zu Dillingen (Bayern), eingetr. 16. Sept. (al. 27. April) 1713, Apotheker, wirkte in **Paraguay** in den Missionen am Paraná 1731—1768. (Sulzb. Kal. 1890, 65; Cat.)

Krabath, Br. **Abam** (Austr.), geb. 6. Nov. 1711 in Krain („Schemickensis"), eingetr. 27. Oct. 1739, 1740 in **Paraguay**. (Cat.)

Krammer, Br. **Karl**, für **Paraguay** aufgenommen. (Cat.)

Kraus, Br. **Johann** (Germ. Sup.), geb. 10. Juni 1660 (al. 7. Sept. 1656) zu Pilsen, Böhmen („Pelzna", „Bilsensis"), eingetr. 28. Oct. 1689 (al. 1685), Architekt, ging 1699 nach **Paraguay**, wirkte in den Reductionen St. Thomas, St. Joh. Baptist bei P. Sepp, baute das neue Noviziatshaus in Corboba, „hat vor Jahren hier [Buenos Aires] ein neues Collegium von Kalch und Backsteinen angelegt" (W.-B. Nr. 438, 75). Irrthümlich wohl läßt ihn ein Katalog 1697 nach China gehen. — Schriften: Ein handschriftl. Brief aus der Reduction St. Johann, 25. März 1702, geschrieben von einem Indianer mit der Unterschrift des Bruders, im Arch. Prov. Germ.

Lehmann, P. **Joseph**, geb. 20. Nov. 1723 zu Landeck (Tirol?), eingetr. 11. Sept. 1747, ging, noch Scholastiker, nach **Paraguay**, wirkte in den Reductionen St. Xaver unter den Macobis und in St. Hieronymus bei den Abiponiern. (Dobrizhoffer III, 141. 179 u. a.; Cat.)

Lerbeil, Br. **Franz**, im Verz. von Sim., wahrscheinlich corrumpirter Name.

Leten, Br. **Hieronymus**. (Sim.)

Letten, Br. **Gerhard**, geb. 1. April 1697 zu Huinshoff (?) im Kölnischen, eingetr. 30. Aug. 1726, Schreiner, 1735—1744 im Colleg von Buenos Aires, 1783 noch am Leben. (Cat. Parag.)

Lieper, de, P. **Joh. Nikolaus**, geb. 9. Juli 1704 zu Anholt (al. „Cliviae"), eingetr. 13. April 1744, ging als Novize nach **Paraguay**. (Cat. Parag.)

Limp [Lims], P. Franz Xaver (Austr.), geb. 25. (al. 13.) Mai 1695 zu Buba in Ungarn („Ovariensis"?), eingetr. 18. (al. 31.) Oct. 1713, ging nach Paraguay 1726, wirkte in der Reduction Concepcion, 1738 Oberer der Reduction Loreto am Paraná (W.-B. Nr. 640), später am Uruguay (vgl. P. Duhr, Ungedruckte Briefe 696), starb 1768. (Cat. Parag.) — Schriften: Ein Brief von 1731 im W.-B. Nr. 637.

Lippert [Vipert], P. Christoph (Germ. Sup.), aus Konstanz, reiste 1716 nach Paraguay, ging aber auf dem Meere unter. („Amerik. Mayerhof" 133; W.-B. Nr. 206; Lang a. a. O.)

Lugas (?), Br. Anton, im Verz. von Sim.

Magg [Maag], P. Franz, geb. 16. Febr. 1696 zu Amberg in der Oberpfalz, eingetr. 31. Oct. 1712, seit 1729 in Paraguay, wirkte in der Reduction Santa Cruz am Uruguay und starb 9. Sept. 1737. (Sulzb. Kal. 1890, 61; W.-B. Nr. 543, 87; Cat.) — Schriften: Ein Brief von 1730 im W.-B. Nr. 558.

Maier, Br. Christian, geb. 31. Dec. 1720 zu Wien, eingetr. 11. Sept. 1747, Barbier und Apotheker, seit 1753 in Paraguay bis zur Vertreibung, dann einige Zeit gefangen in Spanien. (Actenstücke bezüglich seiner Befreiung in Sim.; Cat. Parag.)

Marquefeti, P. Joh. Bapt. (Austr.), geb. 10. Dec. 1704, aus Fiume in Istrien, eingetr. 27. Febr. 1720, 1738 in der Reduction San Borja am Uruguay. (W.-B. Nr. 640; Cat. Parag.)

Mahr [Mayer], Br. Anton, geb. 17. Jan. 1711 in (bayer.?) Schwaben („Lautha in Augustan."), eingetr. 14. Sept. 1733, Schmied, in Paraguay seit 1748. (Misc.; Sim.; Cat. Parag.)

Meßner, P. Johann Joseph (Bohem.), geb. 23. Mai 1703 zu Aust in Böhmen, eingetr. 7. Oct. 1722, kam 1733 nach Paraguay, wo er 31 Jahre lang segensreich in der Chiquitos-Mission wirkte, u. a. ein guter Musiker. Er starb während der gewaltsamen Ueberführung über die Anden nach Peru auf den Höhen zwischen Oruro und Tagna 22. April 1768. (Peramas, De Vita et Moribus XIII Vir. Parag. 184 sqq.; Ménol. I, 378; Cat. Parag.)

Negele, Br. Achatius (Germ. Sup.), geb. 13. Juni 1720 zu „Linterberg" (vielleicht Linbenberg) in Bayern, eingetr. 11. Sept. 1747, Maler, seit 1753 in Paraguay. (Misc.; Cat. Parag.) — Wahrscheinlich identisch damit ist

Negle, Br. Thomas, im Verz. von Sim.

Neumann, P. Joh. Bapt., geb. 5. (al. 7.) Jan. 1659 zu Wien, eingetr. 21. (al. 20.) Dec. 1675, ging nach dem Verzeichniß von Wien 1689 nach Paraguay. Wird mehrfach ehrenvoll erwähnt. (W.-B. Nr. 556, 14; Dobrizhoffer III, 500.) — Schriften: Nach P. Sepp (Contin. labor. apost., Ingolst. 1709, 161) gab er 1700 das Martyrologium Romanum auf einer Reduction im Druck heraus. Sommerv.

Nußdorffer [Nusdorf, Nusberffer], P. Bernhard (Germ. Sup.), geb. 17. (al. 6.) Aug. 1686 zu Plattling in Bayern, eingetr. 17. Oct. 1704 (al. 1703), ging 1717 (Sommerv. 1730?) nach Paraguay, wirkte in den Reductionen St. Nikolaus, St. Aloisius (W.-B. Nr. 558, 45), war Oberer von Santa Cruz (Rev. de Parag. III, 330), Rector des Collegs in Santa Fé, zweimal Superior der

Paraná-Missionen (W.-B. Nr. 543, 87) und Provincial von Paraguay (1747). Ueber seine bedeutsame Rolle bei dem Sieben-Missionen-Krieg siehe Dobrizhoffer I, 26; Duhr, Ungedr. Briefe 603 ff. — Schriften: Schrieb eine Reihe Vertheidigungsschriften; besonders bekannt und werthvoll ist die unter dem Pseudonym Don Juan del Campo y Cambroneras verfaßte Widerlegung des portug. Schmählibells „Von der Republik der Jesuiten in Paraguay" in: Neue Nachrichten von den Missionen der Jesuiten in Paraguay, Hamburg 1768, 183 ff. Beytrag zur Gesch. von Paraguay und den Missionen der Jesuiten . . ., Frankfurt 1768, 8°. Ein Brief von 1730 im W.-B. Nr. 804. Ungedruckte Briefe und wichtige Documente in Sim., Est. leg. 7424. 7426. (7434), auszüglich bei Duhr a. a. O. Vgl. Sommerv.

Offener, Br. Jakob, zur Zeit der Vertreibung in Paraguay. (Sim.)

Orosz, P. Labislaus (Austr.), geb. 18. Dec. 1697 zu Csiklova (?) in Ungarn, eingetr. 23. Febr. 1716, ging 1727 nach Paraguay, wurde zu seinem Schmerze als Professor der Philosophie und Theologie in Cordoba zurückgehalten, legte dem Pater General den Plan zur Gründung einer Mission in Patagonien vor (W.-B. Nr. 640), war 4 Jahre Socius Provincialis, Rector des Collegs und Seminars in Cordoba, 9 Jahre lang Novizenmeister. Nach einer Notiz bei Murr (Journal IV, 229) war O. auch Rector des Collegs von Buenos Aires und Provincial von Paraguay (?). (Fehlt in der Liste der Provinciale bei Sans, Misiones Guaran., Buenos Aires 1892, 224.) Ging als Procurator Missionis nach Rom. Im Jahre 1767 deportirt, wirkte er später als Spiritual in Tyrnau und starb 11. Sept. 1773, wenige Tage nach der Aufhebung der Gesellschaft. O. wird wiederholt als „teutscher Missionarius" aufgeführt und rechnet sich selbst dazu. (Decades Virorum illustr. Parag. S. J., Tyrnaviae 1759, p. 177. 375.) — Schriften: Sieben Briefe im W.-B. Nr. 285. 334 § 1. 511. 530. 640. 808. 809. Handschr. Brief vom 3. April 1751 an einen P. Ignaz und 22. Oct. 1753 an die Kaiserin in Sim. (vgl. Revista de Parag. III, 303, n. 1375; 366, n. 1995). Uebersetzte nach Murr (a. a. O.) ein chinesisches Wörterbuch aus dem Spanischen.

Ott, Br. Joseph, geb. 10. Aug. 1719 (al. 10. Jan.) zu Lechbruck (bayer. Schwaben), eingetr. 26. Sept. 1740, Kunstschreiner, in Paraguay 1743—1768, starb nach der Vertreibung 1. April 1772 zu Landsberg. (Sulzb. Kal. 1890, 68; Cat. Bav. 1772/73; Sim.)

Pauer, P. Franz (Germ. Sup.), aus Schwaben, war 18 Jahre lang in den Guarani-Reductionen thätig, später im Colleg zu Buenos Aires. (Baucke [Kobler] 438).

Paur, P. Sigismund, siehe Baur.

Pentl, P. Franz, aus Ellwangen (Württemb.), ging 1718 nach Paraguay. (Lang a. a. O.)

Peschke [Pesqui, Pezli], Br. Heinrich (Bohem.), geb. 5. Oct. 1672 (al. 15. Oct. 1674) zu Glatz, eingetr. 10. Oct. 1694, ging 1697 nach Paraguay, wirkte 22 Jahre lang als geschickter Apotheker und Krankenwärter, starb 13. Nov. 1729 zu Cordoba. (Vgl. W.-B. Nr. 543, 88.) — Schriften: Ein Brief von 1702 im W.-B. Nr. 500. Vgl. Pelzl 157.

Pettola [Petola], P. Tobias (Germ. Sup.), geb. 10. Oct. 1685 zu Charmey (Kanton Freiburg, Schweiz), eingetr. 1705, ging 1716 nach Paraguay,

wirkte in ben Reductionen am Paraná und Uruguay. (W.-B. Nr. 169, 63. 640.)
Er starb 20. Aug. 1752. (Arch. Prov. Germ.)

Pfeiffer, P. Matthias (Rhen. Inf.), geb. 17. Aug. 1712 zu Bullingen (?)
im Luxemburgischen (Erzbiöcese Köln), eingetr. 17. Oct. 1729, reiste 1740 nach
Paraguay, ging aber auf dem Meere unter 11. Jan. 1744. (W.-B. Nr. 654; Cat.)

Pfizer [Pficer, Phycer, Sim. Fitcer], P. Kaspar (Germ. Sup.),
geb. 16. (al. 6.) Jan. 1714 zu Niederalfingen in Schwaben (al. Ellwangen), eingetr.
5. (al. 25.) Sept. 1733, ging als Novize nach Paraguay, war u. a. Professor
ber Philosophie und Moraltheologie und Rector bes Seminars von Montserrat in
Cordoba, wirkte bis zur Vertreibung. (Misc.; Cat. Parag.; Sim.) — Schriften:
Ein Brief vom 14. Juli 1767 bei Peramas, Iter annuum Jesuitarum Parag. in
Letters and Notices, Vol. X, 103 f.

Pirckhaim, P. Xaver (Germ. Sup.), aus Ellwangen (?), ging 1716 nach
Paraguay. (Lang a. a. O.)

Plantich [Plantic, Blantisch, Sim. Planth], P. Nikolaus
(Austr.), geb. 6. Dec. 1720 zu Agram, eingetr. 27. Oct. 1736, kam um 1750 nach
Paraguay. „Aber anstatt (wie er sehnlich wünschte) zu den Indianern, wurde er
[P. Plantich] nach Cordoba geschickt, um an der bortigen Universität zuerst Philosophie, bann Theologie zu lehren. Wiederholt bat er, während er schon Professor
war, den P. Provincial, sein Lehramt aufgeben und in die neuen Missionen gehen
zu dürfen. Umsonst.“ (Bauce [Kobler] 704.) Er kehrte nach der Vertreibung in
die Heimat zurück und starb zu Varasdin 1777. — Schriften: siehe Sommerv.
Ohne Zweifel identisch mit P. Nikolaus Planth im Verz. von Sim.

Pollinger, Br. Joseph, aus Neuburg in Bayern, in Paraguay, 1772
aus der Gesellschaft Jesu entlassen. (Misc.; Sim.)

Prokwebel, P. Johann (Bohem.), geb. 16. April 1701 zu Leitmeritz in
Böhmen, eingetr. 21. Nov. 1718, ging 1733 nach Paraguay, 1734 in der Re-
buction Santa Trinibab (W.-B. Nr. 543, 87), 1738 in Santa Maria Mayor am
Uruguay (ebb. Nr. 640), starb 14. Febr. 1744 zu Asuncion. (Cat.)

Raith [Raibt, Rayth, Sim. Rat], Br. Georg, geb. 12. Juni 1718 zu
Pfreimb in der Oberpfalz, eingetr. 27. (al. 17.) Sept. 1740, Bäcker, in Paraguay
1743—1768, starb nach der Vertreibung in der Heimat 1. Jan. 1776. (Sulzb.
Kal. 1890, 69; Misc.; Sim.)

Rauch, P. Balthasar (Germ. Sup.), aus Westernach (Augsburg), geb.
10. Sept. 1682, eingetr. 27. Dec. 1704, in Paraguay 1732—1736. (Cat.
Parag.) — Wohl kaum identisch mit dem gleichnamigen Missionär in Mexico
(siehe ebb.).

Rechberg, P. Karl (Germ. Sup.), geb. 30. (al. 3.) Aug. 1638 zu Altorf,
Bayern (al. Kanton Uri, Schweiz; al. Altenstein, Baden), eingetr. 28. Sept. 1708,
ging 1716 nach Paraguay, war u. a. Rector des Collegs von Tarija, Pro-
curator der Mission, starb 28. Dec. 1746 im Colleg von Santa Fé. (W.-B.
Nr. 169, 66. Lang a. a. O.; Cat.; Kathol. Missionen 1876, 93.) — Schriften:
Brief von 1725 im W.-B. Nr. 232.

Richerger (?), P. Blasius, geb. 19. Mai 1716 zu Wien, eingetr. 17. Oct.
1734, in Paraguay seit 1753. (Cat. Parag.)

Ribber [Ribben], Br. Andreas, aus Schwaben, in Paraguay zur Zeit der Vertreibung. (Misc.; Sim.)

Ritsch, Br. Martin (Austr.), geb. 17. Oct. 1677 zu Innsbruck, eingetr. 28. Oct. 1701, ging 1726 nach Paraguay, wirkte hier im Colleg zu Buenos Aires als Schneider und Sacristan, wird gerühmt als der „allhier großgeachtete und fast heilige Bruder". (W.-B. Nr. 510; vgl. ebb. Vorwort zum X. Theil; Cat. Parag.)

Röhl [Sim. Reel], Br. Konrad (Germ. Sup.), geb. 17. März 1725 zu „Veiken in Austria" (al. aus Bayern), eingetr. 11. Sept. 1747, Schreiner, in Paraguay zur Zeit der Vertreibung. (Misc.; Sim.; Cat. Parag.)

Roth, Br. Andreas, geb. 31. Sept. 1722 zu Luzern, eingetr. 11. Sept. 1747, Schmied, in Paraguay seit 1753. (Cat. Parag.)

Roth, Br. Jakob, aus Schwaben, geb. 13. Juli 1696, eingetr. 10. Juli 1720, Schmied, findet sich in Paraguay 1730—1739. (Cat. Parag.)

Salig, Br. Michael (Germ. Sup.), aus Mainz, in Paraguay zur Zeit der Vertreibung. (Misc.; Sim.)

Salis, P. August, in Paraguay zur Zeit der Vertreibung. (Sim.)

Saltener, Br. Thomas, im Verz. von Sim. Siehe unter Neu-Granada.

Schmid [Sim. Smit], P. Martin (Germ. Sup.), geb. 29. (al. 26.) Sept. 1694 aus einer angesehenen Familie zu Baar (Kanton Zug, Schweiz), eingetr. 5. (al. 13.) Sept. 1717, ging 1728 nach Paraguay ab; wirkte 41 Jahre mit ausgezeichnetem Erfolg in der Chiquitos-Mission, die nach dem Zeugniß des Spaniers Peramas ihm vor allen ihre Blüthe verdankt (vgl. oben S. 72 ff.). Nach der gewaltsamen Austreibung kam er als siebzigjähriger Greis 1770 in seine Heimat zurück und verlebte die letzten Jahre in Luzern, wo er 10. März 1772 (al. 1773) starb. (Kathol. Missionen 1876, 89 ff.; Peramas 405 sqq.; Arch. Prov. Germ.; Burgener, Helv. Sancta III, 320; Cat.; Sim.) — Schriften: Originalbriefe (4°, 150 S.) in der Bibliothek des Jesuitencollegs zu Löwen. Vgl. Kathol. Missionen a. a. O.

Schmidt, P. Joseph, geb. 1717 zu Schrobenhausen (Bayern), eingetr. 1740, für die Missionen aufgenommen, ging 1743 nach Paraguay. (Sulzb. Kal. 1890, 67).

Schmitt, Br. Joseph, geb. 17. Febr. 1690 zu Mindelheim (Bayern), eingetr. 23. Febr. 1717, Bildhauer, seit 1720 in Paraguay, wirkte in den Collegien von Corboba, Salta und Buenos Aires, starb 11. Juni 1752 in „Portu Bono". (Cat. Parag.)

Sepp von Reinegg, P. Anton (Germ. Sup.), geb. zu Kaltern (Tirol) 21. (al. 22.) Nov. 1655, eingetr. 28. Sept. 1674, ging 1689 nach Paraguay, einer der tüchtigsten deutschen Missionäre, verwaltete und gründete eine Reihe neuer Reductionen, besaß ein praktisches Organisationstalent ersten Ranges, in allen Künsten und Gewerben ein Meister. Er starb in der Reduction San José 13. (al. 16.) Jan. (al. 15. Nov.) 1733. Ein handschriftl. Leben erzählt u. a., daß er aus Bescheidenheit die Erhebung zu den Profeßgelübden abgelehnt, eine furchtbare Verleumdung jahrelang mit heroischer Ergebung getragen, und mehrere wunderbare Heilungen vollbracht hat. Vgl. über sein Leben Platzweg 155 ff.; Menologio (Boero) I, 259;

Ménol. I, 37; A. Kobler, Der christliche Communismus in der Reduction von Paraguay, in Kath. Stud. 1876, VIII; W.-B. Nr. 169, 62 ff., Nr. 558, 44 f. und öfters;
Arch. Prov. Germ. — Schriften: Ein Brief im W.-B. Nr. 48; ein anderer
in Lettres éd. tom. II (1843), 242 ss. Seine „Reißbeschreibung" wurde wiederholt aufgelegt, Brixen 1696, Nürnberg 1697, Passau 1698, Ingolstadt 1712.
Continuation oder Fortsetzung der Beschreibung ... Ingolstadt 1710. Continuatio
laborum apost., Ingolst. 1709 und 1710. Linguistisches bei Abelung-Vater,
Mithrib. III, 2, 448.

Stal [Sctal, Stale], P. Adolf (Bohem.), geb. 27. Juni 1700 zu Groß-
kunzendorf (Schlesien), eingetr. 27. Sept. 1719, ging 1733 nach Paraguay,
wirkte u. a. 1738 in der Reduction St. Luis am Uruguay. (W.-B. Nr. 543.
640; Wiener Verz.; Cat. Parag.) — Schriften: Stück eines Briefes im W.-B.
Nr. 543.

Speth, P. Joh. Bapt., aus Ingolstadt, geb. 20. Mai 1689, eingetr.
25. Oct. 1708, soll nach Lang S. 192 in den ersten Jahren seines theolog.
Studiums nach rasch erhaltener Priesterweihe nach Paraguay gesandt, dort entlassen, wieder aufgenommen, nach 10 Jahren auf eigenen Wunsch wieder entlassen
und 1746 nach seiner Rückkehr nach Europa zum drittenmal aufgenommen worden,
endlich 1747 zu Landsberg im Noviziat gestorben sein. Die Angaben des Cat.
Parag. stimmen damit.

Streicher [Straycher], P. Michael, geb. 30. Sept. 1696 zu Amberg
in der Oberpfalz, eingetr. 15. Oct. 1716, in Paraguay 1731—1765, wirkte in
der Chiquitos-Mission, deren Superior er 1753 war. (Kathol. Missionen 1876, 94;
Peramas 430; Sulzb. Kal. 1890, 60; Cat. Parag.) — Schriften: Brief aus
Spanien bei Friedrich, Beiträge III, 24 ff. 69, III; in den Abhandl. der königl.
bayer. Akad. der Wissensch., III. Klasse, 16. Bb., 1. Abtheilung.

Strobel [Strobl, spanisirt: Strobél und Estrobél], P. Matthias
(Austr.), geb. 18. Febr. 1696 zu Bruck an der Mur, Steiermark („Muraepontanus"),
eingetr. 18. Oct. 1713, seit 1727 in Paraguay, 1738 Oberer der Reduction
San José am Uruguay, 1744 Oberer der Pampas-Missionen, wird 1752 an Stelle
P. Nußdorfers Oberer der Guarani-Missionen in der schwierigen Zeit des Sieben-
Missionen-Krieges. (Siehe Duhr, Ungedr. Briefe 693 ff.; Vertheidigungsschrift
P. Gierhaims zur Rechtfertigung Strobels in Sim., Est. leg. 7381; Revista de
Parag. III, 331; Cat. Parag.; Charlevoix, Hist. de Parag. III, 242 und 256 ss.;
Dobrizhoffer I, 180 ff.) — Schriften: Zwei Briefe im W.-B. Nr. 509. 510.

Szerbaheljic [Serbahély], P. Franz (Austr.), geb. 24. Jan. 1717
zu Raab (Ungarn), eingetr. 27. Oct. 1734, Missionär in Yapeyu am Uruguay,
führte dort mit Erfolg den Anbau von Baumwolle, Tabak und Paraguay-Thee
ein. (Dobrizhoffer I, 514; Cat. Parag.)

Thalhamer, Br. Rupert, siehe Dalhammer.

Tux, P. Karl (Bohem.), geb. 13. Aug. 1700 zu Peterswaldau in Schlesien,
eingetr. 24. Oct. 1718, kam 1733 nach Paraguay, wirkte in der Reduction
San Tomé (W.-B. Nr. 543, 87), San Juan am Uruguay, suchte als Oberer in
San Nicolas zur Zeit, als der Sieben-Missionen-Krieg ausbrach, umsonst, die
Indianer mit den Maßregeln der Regierung zu versöhnen (Cat. Parag.; Wiener
Verz.) — Schriften: Wichtiger Brief vom 6. Juli 1752 über die erwähnten

Unruhen in Sim., Est. leg. 7426, auszüglich bei Duhr, Ungedr. Briefe 695. Vgl. Revista de Parag. III, 830.

Unger [Hunger], P. Joseph (Bohem.), geb. 24. März 1717 zu Eger in Böhmen („Egrensis", al. „Eschenbacam."?), eingetr. 0. Oct. 1737, wirkte bis zur Vertreibung in Paraguay, wurde während des Krieges der Sieben Missionen von den Portugiesen auf der „Schlangeninsel" gefangen gehalten und schmachtete nach seiner Ueberführung nach Portugal im öffentlichen Staatsgefängniß Petroça zu Belem. (Duhr, Pombal 165 ff.; Carayon IX, 161 passim; handschr. Verzeichniß im Arch. Prov. Germ.; Cat.) — Schriften: Nachruf auf seinen Landsmann P. Franz Wolff bei Murr, Journ. VIII, 201 f.

Walthauser, Br. Paul, aus München, geb. 26. Dec. 1718, eingetr. 12. Sept. 1747, Schreiner, Missionär in Paraguay. (Cat Parag.)

Weger [Veger], Br. Petrus, geb. 23. Sept. 1693 zu Kempen, eingetr. 30. Aug. 1726, seit 1730 in Paraguay, starb 28. Juni 1733 in Buenos Aires. (Cat. Parag.)

Weingartner [Weingärtner], P. Paul, geb. 29. Juni 1678 zu Braunau (Diöc. Passau, „Brunoviensis", al. Feldkirchen?), eingetr. 20. Oct. 1697, reiste nach Lang 86 im Jahre 1716 nach Paraguay, ging aber auf dem Meere unter. („Amerikan. Mayerhof" 133; W.-B. Nr. 206; Cat. Parag.)

Werle [Werl, Wörl], P. Thomas (Germ. Sup.), geb. 1. Sept. 1688 zu München, eingetr. 7. Sept. 1708, seit 1730 Missionär am Paraná, seit 1735 Procurator der Mission und Seelsorger („Operarius") in Buenos Aires, starb, von einer Kugel getroffen, als Feldkaplan der 4000 Guaranier, die als Hilfstruppen gegen die Portugiesen bei der Belagerung der Kolonie San Sacramento kämpften, 4. Dec. 1737 (al. 1735). Wird von Philipp V. in seinem Decret vom 28. Dec. 1743 ehrenvoll erwähnt. (Charlevoix, Hist. de Parag. III, Docum. CCLXVI; vgl. Peramas 409, Anm.; Sulzb. Kal. 1890, 63.)

Winter, P. Georg (Germ. Sup.), geb. 11. Jan. 1698 zu Mosbach in Bayern (Diöc. Regensb.), eingetr. 31. Oct. 1706, reiste 1716 nach Paraguay, ging aber mit andern Missionären auf dem Meere unter. (W.-B. Nr. 206; „Amerikan. Mayerhof" 33; Cat. Parag.)

Wittermahr [Mittermahr?], P. Raimund, Sohn eines holländischen in Cadiz convertirten Kaufmannes, wirkte in Paraguay, Gefährte P. Baucses. (Kobler 613. 618.)

Wolff, Br. Johann (Germ. Sup.), aus Bamberg, geb. 30. Aug. 1691, eingetr. 9. Juni 1719, 1723 am Colleg zu Buenos Aires als Tischler thätig, „zugleich ein aufgeräumter Brätel-Geiger," der in der Kirche auf Befehl der Obern bei feierlichen Anlässen alle seine lustigen steierischen Tänze aufspielen mußte. (W.-B. Nr. 438, 75.) Nach Cat. Parag. die meiste Zeit im Colleg von Tarija; 1753 noch am Leben.

Ziulal, Br. Norbert (Bohem.?), geb. 28. April 1715 in Mähren („Grabla") eingetr. 28. Oct. 1742, Chirurg; seit 1753 im Cat. Parag.

NB. Lang läßt auch wohl irrthümlich P. Adam Schirmbeck, den Verfasser der Messis Paraquar. (München 1649), nach Paraguay gehen und dort 1½ Jahre sich aufhalten.

Provinz von Neu-Granada (Santa Fé) und Antillen.

Selbständige Provinz seit 1696. Zählte 1710: 149, 1750: 193 Jesuiten (102 Priester) und 12 Niederlassungen: 9 Collegien, 1 Noviziat, 1 Seminar, 1 Residenz. Indianermissionen. 1. Die Mission der Llanos mit etwa 11 Reductionen. 2. Die Mission de la Meta unter den Caraïben. 3. Die Mission am Orinoco mit etwa 6 Reductionen.

Im Jahre 1767 zählte die Mission 6594 bekehrte Indianer.

Zur Provinz gehörte auch die Mission auf den spanischen Antillen mit mehreren Collegien und Residenzen.

Hier wirkten:

Beck [Pöck], P. Kaspar (Germ. Sup.), geb. 6. Jan. 1640 zu Rottenburg am Neckar, eingetr. 31. Oct. 1622, ging 1678 nach Neu-Granada, wirkte am Orinoco und wurde daselbst von den Wilden erschlagen 15. Oct. 1684. (De Martyrio P. Ignatii Fiol, Casp. Beck, Ignat. Tobast ... Manuscr. im Wiener Staats-Arch., Geistl. Angel. 419; W.-B. Nr. 17, 54; Nr. 20, 58; Nr. 23, 64. Borba (I, 130), der B. irrthümlich einen „flamenco" nennt, schreibt: „Beck y Teobast ('Tobast) eran hombres de sólida instrucción y el primero un eminente humanista". — Schriften: Ein Brief aus Tunca vom 16. Sept. 1681 im W.-B. Nr. 18.

Budowsky, P. Albert (Bohem.), ging 1693 nach Neu-Granada (Cat.; Wiener Verz.)

Burckhart, P. Johann Nep. (Rhen. Sup.), ging 1758 nach Neu-Granada. (Cat.)

Ebeler, P. Jakob (Austr.), aus Wien, 1721 als Priester eingetr., ging 1723 nach Neu-Granada, wirkte dort 40 Jahre lang an der Bekehrung der Indianer, war Oberer der Reduction St. Joseph bei den Guaxibas. (Wittmann II, 214 ff.) und starb um 1762, wohl in der Mission. (Vgl. W.-B. Nr. 210, 35 ff.; Nr. 325, 75.) — Schriften: Brief aus Cartagena vom 15. März 1724 im W.-B. Nr. 323.

Gößfried, P. Candidus (Germ. Sup.), geb. zu Fischbach (Konstanz) 18. Febr. 1691, eingetr. 17. Oct. 1709, ging 1723 nach Neu-Granada, war dort noch 1743, kam später nach San Domingo (Antillen), wo er sich in Port au Prince der deutschen Soldaten annahm und 1755 starb. (Handschr. Brief des P. Franz Xaver Liechtle; Cat.)

Hengstebeck [Hengstebeck, Sim. Enstebel], P. Everard — Eberhard (Rhen. Inf.), geb. zu Olpe („Olpensis"), Erzbiöc. Köln, 19. Jan. 1725, eingetr. 21. Oct. 1742, ging 1756 nach Neu-Granada, von dort nach Peru (siehe oben S. 115). Er starb nach der Vertreibung und Rückkehr zu Bremen 20. Mai 1772. (Misc.; Cat.)

Just, Br. Hans (Bohem.), ging 1684 mit P. Richter in die Mission. (W.-B. 20, 57.)

Lanzenbordffer, Br. Johann (Germ. Sup.), ging um 1742 nach Neu-Granada, lebte dort noch 1750. (Cat.)

Liner, P. Peter (Austr.), aus Wien, 1722 als Priester eingetr., ging 1723 nach Neu-Granada (W.-B. Nr. 210), bocirte dort zuerst am Colleg von Cartagena und übernahm später das Amt und Erbe des hl. Peter Claver als Apostel der Negersklaven. (W.-B. Nr. 283, 90; Nr. 325, 74; Wittmann a. a. O.)

Loessing, Br. Joseph (Rhen. Inf.), um 1619 Missionär in Neu-Granada. (Cat.) — Schriften: Handschr. Brief aus Santa Fé vom 1. Mai 1619 in der Wiener Staats-Bibl. Vgl. Sommerv.

Meisl [Meysel], P. Anton (Austr.), geb. im Oct. 1708 in Steiermark („Peloviensis"), eingetr. 14. Oct. 1726, in Neu-Granada 1741—1760. (Misc.; Sim.; Cat.) — Wahrscheinlich identisch mit P. Antonio Meills bei Borda II, 86.

Neuhauß, P. Andreas (Rhen. Inf.), „Neowahriensis in Ungona", geb. 1684, eingetr. 28. Oct. 1703, wirkte in Neu-Granada. („Adscriptus Prov. Novi Regni", Cat. ms. Rhen. Inf.)

Nulle [Nülle, bei Borda: Nille], P. Jakob (Rhen. Inf.), geb. 11. Juni 1718 in Hannover, eingetr. 19. Oct. 1739, ging 1749 nach Neu-Granada. (Misc.; Sim.; Cat.; Borda II, 81).

Pfab, P. Cajetan (Germ. Sup.), geb. 19. Juli 1724 zu Landshut in Bayern, eingetr. 28. Sept. 1741, ging 1754 nach Neu-Granada, war nach Borba (II, 92) Vice-Superior der Llanos-Mission, kehrte nach der Vertreibung 1767 nach Deutschland zurück, findet sich 1773 als Director des Pensionats zu Ingolstadt, starb 19. Juli 1780. (Wittmann 225, Anm.; Sulzb. Kal. 1890, 28; Misc.; Sim.; Cat.) — Schriften: Ein Brief von 1758 im W.-B. Nr. 765.

Pitzl [Sim. Pilz], Br. Matthias (Germ. Sup.), aus Bayern, zur Zeit der Vertreibung in Neu-Granada. (Misc.; Borda II, 85.)

Rauber, P. Franz (Germ. Sup.), geb. 8. Oct. 1690 zu Steinhart in Mittelfranken, Bayern, eingetr. 28. Sept. 1711, ging nach Lang im Jahre 1723 nach Neu-Granada, arbeitete sich in der Indianermission vollständig ab, übernahm dann die Seelsorge unter den Negersklaven (W.-B. Nr. 528, 74), war Rector in Santa Fé de Bogotá und starb 1763/64. (Sulzb. Kal. 1890, 26; Wittmann a. a. O.) — Schriften: Handschr. Reisebericht, datirt aus Cartagena, 16. Juli 1731, in der kaiserl. Hofbibl. zu Wien, 5961 (al. 1101).

Reitter [Reyter], Br. Kaspar (Germ. Sup.), geb. 1731 zu Schliersee, Oberbayern, eingetr. 1753, Maurer und Baumeister, wirkte 13 Jahre lang in der Mission bis zur Vertreibung. (Misc.; Cat.; Borda II, 82.)

Rübel [Riedl], P. Christoph (Germ. Sup.), geb. 20. Febr. 1648 zu Arnsdorf im Salzburgischen, eingetr. 9. Nov. 1665, einer der ersten Missionäre am Orinoco, gründete um 1680 aus den dortigen Wilden eine Christengemeinde. Beim Herbeiholen von Material zum Kirchenbau schlug der Kahn um, man weiß nicht, ob Bosheit oder Nachlässigkeit der indianischen Begleiter dabei im Spiele war; die Wilden retteten sich durch Schwimmen, der Pater ertrank. (W.-B. Nr. 23, 65; Wittmann a. a. O.) — Schriften: Brief von 1687 im W.-B. Nr. 17.

Schauberger [Schwamberger, Schaumberger], Br. Lorenz (Germ. Sup.), aus Bayern, in Neu-Granada zur Zeit der Vertreibung. (Misc.; Sim.)

Schwab , Br. Anton (Austr.) in Neu-Granada 1748—1756. (Cat.)

Schmitz, P. Georg (Rhen. Inf.), geb. 30. April 1719 zu Falkenhagen (Paderborn), eingetr. 19. Oct. 1739, ging 1749 nach Neu-Granada, starb dort im Colleg von Santa Fé de Bogotá Anfangs 1763. (Cat.)

Schnitzer [Schnitzzer], P. Joseph (Germ. Sup.), aus Bernbeuren in Oberbayern, 1740, 25 Jahre alt, zu Dillingen für die (west-)indischen Missionen aufgenommen, wirkte von 1743—1761 in Neu-Granada. (Sulzb. Kal. 1890, 27; Wittmann a. a. O.)

Steigmiller [hispanisirt: Hernestus Esteymiller, auch Esteigmiller], P. Ernst (Austr.), geb. 11. Febr. 1697 zu Wien, eingetr. 25. Febr. 1715, ging nach Neu-Granada 1724, missionirte bei den Llanos, Guaxibas ꝛc., war Oberer der Reduction St. Theresia, ein sehr tüchtiger, in allen Künsten erfahrener Missionär, starb 4. Nov. 1736. (W.-B. Nr. 210; Borda I, 220.) — Schriften: Fünf Briefe im W.-B. Nr. 229, § 2. 324. 325. 301. 447. Sommerv.

Triffterer, Br. Leonhard (Austr.), in Neu-Granada 1741 bis 1760. (Cat.)

Walch, P. Johann (Germ. Sup.), ging 1744 nach Neu-Granada, lebte dort noch 1758/59. (Cat.)

Zoureck, P. Marcus (Bohem.), 1693 in Neu-Granada. (Cat.) — Jedenfalls identisch mit Zaureck (Saureck), Marcus, in Quito.

Antillen.

Corbier, P. Johann (Rhen. Inf.), geb. 22. Juni 1701 in Luxemburg (St. Vincenz?), eingetr. 8. Juni 1729, Abreise 1736, 1740 in San Domingo. (Cat.)

Gözfried, P. Candidus (Germ. Sup.), wirkte in Neu-Granada (siehe ebb.), dann auf San Domingo, wo er 1731 im Colleg docirte und als Prediger sehr geschätzt war. Er hatte in Port au Prince u. a. die Seelsorge der deutschen Söldner; starb 1755. (W.-B. Nr. 528, 74.)

Haller, P. Joh. Bapt. (Austr.), ging 1687 nach Südamerika, wirkte auf den Antillen und in Florida (?). (W.-B. Nr. 33, 108; Arch. Prov. Germ. IV. C. 1.)

Koch, P. Andreas (Rhen. Inf.), geb. 1. April 1698, eingetr. 26. Oct. 1719, starb auf San Domingo 21. Dec. 1734. (Cat.)

Liechtle [franz. Lumière], P. Franz Xaver (Germ. Sup.), aus Pruntrut, Schweiz, geb. 1723, eingetr. 1738, seit 1754 Missionär in Westindien, starb 1759 auf der Insel San Domingo. (Cat.) — Schriften: Verfasser einer Beschreibung der Insel; handschr. Brief vom 22. Juli 1757 im Arch. Prov. Germ. IX. T.

B. Portugiesisches Amerika.

Provinz von Brasilien.

Gegründet 1553, zählte 1597: 120, 1610: 180, 1750: 445 Jesuiten (228 Priester) und 69 Niederlassungen: 1 Noviziat, 7 Collegien, 1 Seminar, 32 Häuser und Residenzen, 28 Missionen.

Indianermissionen an der Mündung des Marañon und andern Orten.

Vice-Provinz von Marañon.

Von Brasilien getrennt um 1740 (?), zählte 1750: 145 Jesuiten (88 Priester) und 44 Niederlassungen: 2 Collegien und 42 Häuser und Residenzen. Nach einer Angabe waren 1663 vor den Grenzstreitigkeiten mit Spanien am obern Marañon 56 000 getaufte Indianer. Nach der Abgrenzung des Gebietes fanden sich am mittlern und untern Marañon an die zwanzig Missionsstationen unter den eingeborenen Stämmen.

Hier wirkten:

Bellecius, P. Alois (Germ. Sup.), geb. 15. Febr. 1704 in Freiburg i. B., eingetr. 22. Oct. 1719, Professor der Philosophie und Theologie, unterrichtete die für „Indien" bestimmten Missionäre, ging nach Brasilien, wo er 4 Jahre lang in Pará Theologie lehrte und gelegentlich apostolische Ausflüge in die Missionsgebiete machte. 1750 nach Europa zurückgekehrt, wirkte er als Professor der Theologie in Freiburg i. Br. und Instructor III. anni in Ebersperg und starb 27. April 1757. — Schriften: Ein Brief aus Pará vom 20. Sept. 1738 im W.-B. Nr. 639. Seine hochgeschätzten, besonders ascetischen Schriften bei Sommerv.

Bettendorff [Bentendorf], P. Johann Philipp (Gallo-Belg.)[1], geb. in Luxemburg 25. Aug. 1825, eingetr. 5. Nov. 1647, ging 1659 in die Mission von Marañon, starb um 1688. (Neyen, Biogr. Luxembourgoise, tom. III. s. v. In einem handschr. Briefe [Arch. Prov. Germ. ser. IV, fasc. C 3] heißt es von ihm: „Laudant virum magnopere et ob oeconomiae industriam. . . . Millia aliquot arborum pretiosarum plantarum plantasse se, scripsit D. Casparo Warnequa, Viennensi mercatori . . ., qui id mihi narravit, e quorum fructibus coccolata, nobilis Hispaniae et aulis adeo celebrata conficitur." Nach diesem Briefe war B. auch zeitweise Oberer am Marañon.) — Schriften: Compendio da Doutrina christiãa na lingua Portugueza e Brasilea (Lisboa 1678 und 1800); eine portugiesische Grammatik der Tupi-Sprache ins Lateinische übersetzt. Handschr.: Chronica da missão da Comp. de Jesus em o estado do Maranhão pelo Padre João Filipe Betendorf, fol. 502 im Instit. histor. e geogr. Brasileiro, Rio de Janeiro (Cat. dos Mss. [1884] p. 79, n. 104); Informação que deu a S. M. o P. J. Ph. B. sobre o espulsarem e aos mais Padres do Maranhão em Feveireiro de 1684. Carta ao P. J. Paul Oliva (Cat. der Mss. von Evora, I, 48). Andere Missionsberichte und Informationen liegen zu Brüssel, Bibl. Royale, n. 6828/29, fol. 397. Brief vom 27. Mai 1660 aus Lissabon an den Provincial P. Hub. Wiltheim in der Bibl. Pública von Evora, Cod. CXV, 2—11, fol. 77; 2—13, fol. 365. Vgl. Sommerv. s. v. und tom. VIII, col. 1831.

Bourel, P. Philipp (Rhen. Inf.), Sohn des kölnischen Rathsherrn Gabriel Bourel, geb. am 27. (al. 28.) Aug. 1659, trat 14. Mai 1670 zu Trier ins Noviziat der niederrheinischen Provinz („is ein Außbund der vollkommenen Novizen gewesen", sagt die Chronik), segelte im März 1693 nach Brasilien, wo er am 19. Mai desselben Jahres anlangte. Wirkte zuerst im Colleg zu Bahia, dann als Missionär bei dem wilden Volk der „Baharatier", dann bei den „Payacuriern", führte ein außerordentlich strenges, heiligmäßiges Leben und starb „im

---

[1] Ich fand nachträglich, daß P. B. zur Gallo-Belgischen Provinz gehörte; ließ ihn aber stehen, da er doch als deutscher Missionär gelten dürfte.

Rufe der Heiligkeit" 15. Mai 1709 „an dem Pobinifchen See in der Pernambu-
canifchen Miffion". (W.-B. Nr. 49, 61; Compendiosa Vita P. Ph. B. [handfchr.];
Franco, Synopsis; Annalen des hist. Vereins für den Niederrhein 1867, 18. Heft,
S. 237 ff., wo Biographie aus dem „Familienboeck van den Bourellen".)

Brewer [Breuer], P. Johann (Rhen. Inf.), geb. 25. Juni 1718 zu
Köln, eingetr. 21. Oct. 1737, ging 1741 nach Brafilien, wirkte hier u. a. in
Gefellfchaft des berühmten P. Gabriel Malagriba in der Miffion Ypyapába
(Murr, Gefchichte der Jefuiten in Portugal II, 249, Anm.), fpäter in Searã (ebb.),
wurde 1757 nach Liffabon beportirt, faß lange Zeit gefangen im Schloß b'Azeitao
und in St. Julian bis zu feiner Befreiung 17. März 1777. Nach Köln zurückgekehrt,
ftarb er dort 13. Aug. 1789. — Schriften: Neun Briefe von ihm im letzten,
äußerft feltenen 40. Thl. des W.-B.; Bruchftück eines Briefes von 1778 bei Murr,
Journ. XIII, 234; Correfpondenz mit der Königin Maria Anna von Portugal
und P. Malagriba ebb. XVI, 86 ff.; XVII, 260 (vgl. Murr, Gefchichte der Jefuiten
in Portugal II, 200. 249); Annotationes ad librum a me (Murr) editum in:
Reifen einiger Miffionarien der Gefellfchaft Jefu in Amerika, 260 ff.; Annotationes
rerum quarundam, quae Religiosis S. J. contigerunt in Brasilia et Lusitania ab
a. 1758 ad a. 1777, 4°, 150 p., handfch. im Arch. Prov. Germ. (bis) ser. VII,
fasc. A 4 und C 18. Pfefferkorn, Sonora I, 284. 297, theilt aus einigen hinter-
laffenen Blättern P. B.s mehrere naturwiffenfchaftliche Notizen mit über den Grillo
(Stinkthier) und blutfaugende Fledermäufe. Lexicon graeco-latinum constans
vocabulis quae in S. Bibliis Nov. Test., in libello Thomae Kempensis . . . re-
periuntur, collecta studio P. J. B. e Soc. Jesu in carceribus arcis S. Juliani
ad ostia Tagi, anno sal. hum. 1773; handfchr. im Befitz der Jefuiten in Preßburg.
Vgl. Sommerv. s. v. und tom. VIII, col. 1831

Eckart, b., P. Anfelm (Rhen. Sup.), geb. 4. Aug. 1724 zu Bingen am
Rhein, eingetr. 12. Juli (al. 28. Juni) 1740, ging 1753 nach Brafilien, wo er
in der Capitanea von Parã bis zur Vertreibung an verfchiedenen Orten wirkte. Ein
fcharfer, kenntnißreicher Beobachter, wie feine werthvollen Schriften zeigen, und
„unter den Miffionären von Marañon ausgezeichnet durch Einficht und Muth"
(Carayon IX, 114. 283 f.). „Diefem würdigen Geiftlichen hat die Länder- und
Sprachenkunde viel zu verdanken" (Murr, Gefchichte II, 187 Anm.). Die lächer-
lichen Anfchuldigungen, die Pombal in feiner berüchtigten Relação abbreviada
gegen P. E. und P. Meifterberg erhob, find eingehend zurückgewiefen a. a. O. I,
109 ff. Im Jahre 1757 beportirt, faß E. längere Jahre in den Kerfern Liffabons
gefangen, war nach feiner Befreiung (März 1777) in feiner Heimat Bingen fchrift-
ftellerifch thätig als Freund und Correfpondent G. v. Murrs, fpäter Novizen-
meifter in Dünaburg (Weiß-Rußland), und ftarb zu Polozk 29. Juni 1809.
(Biogr. Notizen in Murrs Gefchichte I, 109 ff. 128. 134. 155 Anm.; II, 169
Anm. 187. 194 u. a.; Pfefferkorn, Sonora II, 312, Anm.; J. Alberdingk Thijm,
Levensschets van P. J. J. Roothaan, Amsterd. 1885, 235; Pacca, Nachrichten
über Portugal, Augsb. 1836, 88; vgl. Hift.-polit. Bl. CVI, 187; Ménol. I, 556.)
— Schriften: Briefe und wichtige Notizen zur Gefchichte der Jefuiten in Por-
tugal bei Murr, Journ. VI, 214; VIII, 81; IX, 113. 224. 344. Seine Hist. Per-
secutionis S. J. in Lusit. ebb. VII, 293 ff. Beiträge zum Leben Pombals ebb.
VIII, 267 XII, 286 ff. Vgl. Murr, Gefchichte der Jefuiten in Portugal II, 246 Anm.
Werthvoll find E.s „Zufätze zu Pedro Cubenas Befchreibung der Länder von
Brafilien", von Murr herausgegeben Braunfchweig 1781 und aufgenommen in deffen

„Reisen einiger Missionarien der Gesellschaft Jesu in Amerika 614 ff. „Des Herrn Marquis v. Alorna Beschreibung der Gefängnisse von Junqueira in Portugal mit Nachrichten von dasigen Staatsgefangenen bis 1777. Aus dem Portug. des Herrn Abbé A. von Eckart", herausgegeben von Murr, Nürnberg 1803 (bei Carayon, Docum. inédits I). P. Kosler, Cochinch. descripta in epitome redact. ab A. ab Eckart, herausgeg. von Murr, Nürnberg 1803 (vgl. dessen Geschichte II, 197 Anm.); über E.s linguistische und kartographische Arbeiten bei Murr, Journ. VI, 214 ff.; VII, 121 ff.; Geschichte I, 128 Anm. Abelung-Vater, Mithrib. III, 2, 452. Hand-schriftlich: Descriptio et famosi itineris ad propugnaculum Almeidäense et famosi ibidem carceris et pomposae deportationis ad Arcem Julianam, im Arch. Prov. Germ. aer. IV, fasc. C 18, App.

Fay, v., P. David Alois (Austr.), geb. 22. (al. 28.) Febr. 1721 auf dem Schlosse Fay im Comitat Aba-Ujvar (Abauj), Ungarn, Sohn des Grafen von und zu Fay, Convertit, eingetr. in Wien 9. Nov. 1736, ging 1753 in die Mission des Marañon, wirkte bei den wilden Amanajos am Rio Pinare, zeitweise Professor der Theologie im Colleg von Marañon, „Missionarius sane zelosissimus". Kurz vor der gewaltsamen Vertreibung war es ihm gelungen, die wilden Amanajos am Rio Pinare in eine Reduction zu bringen. (Ueber die von Pombal gegen ihn erhobenen Beschuldigungen siehe Murr, Geschichte I, 127 ff.; vgl ebb. 115. 134 Anm.) F. lag seit 12. Febr. 1762 im Kerker von St. Julian zu Lissabon, wo er 12. Jan. 1767 starb. (Murr, Geschichte II, 194; ein Nachruf P. Eckarts bei Murr, Journ. VIII, 260, vgl. VII, 305 ff.; Murr, Reisen 468; Duhr, Pombal 145. 159 u. a.; Stöger, Script. Prov. Austriae 78; Val. Kacskovitz, Catalogus defunctorum quorundam [handschr.]; Ménol. I, 33; Boero, Menol. I, 232; Kathol. Missionen 1891, 232; Carayon IX, 13 159 u. a.) — Schriften: Von einem aufgefangenen Briefe an den Generalprocurator der Viceprovinz Marañon, P. B. de Fonseca, spricht Murr, Geschichte I, 129. F. übersetzte ins Lateinische eine portu-giesische Vertheidigungsschrift des P. Fonseca, ebb.

P. Franz Xaver [?] (Bohem.), ging 1703 über Portugal nach dem Marañon. (Franco, Syn.)

Ginzl [Gunzel, Ginyl, Ginzel, Günzel; bei Franco Guinse-lius; portug. Guinsol; auch Guabes, Cuebas, Grebeß, Grebez ge-nannt], P. Johann (Bohem.), geb. 8. Oct. 1660 zu Komotau in Böhmen, eingetr. 14. Oct. 1676, seit 1694 in Brasilien, wirkte u. a. bei den Tupuyos am Rio San Francisco, starb 11. Febr. 1743. (Pelzel 130; Franco 303; Cat.) — Schriften: Drei Briefe im W.-B. Nr. 49, 207 u. Thl. 40, S. 21. Vgl. Sommerv.

Grueber, P. Johann (Germ. Sup.), geb. 31. Jan. 1713, wie es scheint in Bayern, eingetr. 13. Sept. 1728, 1731—1742 am Marañon. (Franco l. c.; Sulzb. Kal. 1890, 34.)

Hädel [Hedl], P. Anton, seit 1736 in Brasilien, 1743 noch im Cat. Erwähnt in einem Brief von 1738 (W.-B. Nr. 639, 126 f.), erhält Gruß von der Königin Maria Anna von Portugal.

Hermes, P. Johann, aus Hamburg, ging 1609 nach Brasilien. (Franco l. c.)

Hoffmayr, P. Heinrich (Austr.), ging 1753 in die Mission des Mara-ñon. (Murr, Reisen einiger Missionarien 468; Geschichte der Jesuiten in Por-tugal I, 115.)

Hons, P. Theodor (Rhen. Inf.), aus Aachen, geb. 2. Jan. 1628, eingetr.
11. Aug. 1646, ging in die Mission am Marañon, starb um 1667 in Lissabon. (Cat.)

Hundertpfund, P. Rochus (Germ. Sup.), geb. zu Bregenz (Vorarlberg)
17. April 1700, eingetr. 9. Oct. 1724, ging 1740 (Lang: 1738) in die Mission von
Marañon, gründete mehrere Stationen am Madeira-Strom (v. Schütz, Amazonas, 384), wurde 1749 von der Viceprovinz von Marañon in Geschäften nach
Lissabon geschickt und erwirkte bei der Regentin Maria Anna von Oesterreich, bei
welcher er in hoher Gunst stand, daß deutsche Missionäre künftighin in größerer
Anzahl auch in die portugiesischen Besitzungen gesendet würden (vgl. oben
S. 20; Duhr, Pombal 144; Murr, Geschichte I, 114). Von 1749—1755 Socius
des P. Malagrida, wurde er 19. Nov. 1755 verbannt, erhielt die Vergünstigung
zur Rückkehr nach Deutschland (3. Mai 1756), war hier thätig in Trient, Augsburg, Feldkirch, Freiburg; Murr, Journ. IV, 295 macht ihn fälschlich zum Provincial der Prov. Germ. Sup.; er starb im Jan. 1777. Biogr. bei Murr, Journ.
IV, 295 ff., wo auch ein Brief von 1761 aus Feldkirch; vgl. VII, 298; Carayon
IX, 3 Anm.

Hundt [Hund], P. Rutger [portug. stets Rogerio Canisio genannt],
(Rhen. Inf.), geb. 21. Nov. 1711 in Olpe im Engergau (damals Erzbiöc. Köln),
eingetr. 23. Oct. 1731, reiste 10. Oct. 1742 nach Brasilien, wo er fast 20 Jahre
lang segensreich wirkte, saß nach der Vertreibung seit 14. Nov. 1759 im Kerker
von St. Julian zu Lissabon und starb dort 6. (al. 16.) April 1773. (Vgl. Murr,
Journ. IX, 138; XVI, 88 Anm.; Gesch. der Jesuiten in Portugal II, 180. 189.
251; Kathol. Missionen 1891, 250.) NB. Der 125. Jahrestag seines Todes wurde
in seiner Vaterstadt Olpe feierlich begangen (siehe Sauerländ. Volksblatt, Olpe,
6. April 1898, wo eine biographische Skizze). — Schriften: Briefe von 1746
und 1752 im W.-B. Nr. 797.

Ingram, P. Friedrich, ging 1705 in die Mission des Marañon
(Franco l. c.)

Kaulen [Keulen], P. Lorenz (Rhen. Inf.), geb. Mai 1716 zu Köln,
eingetr. 20. Oct. 1738, ging 1750 nach Brasilien, wirkte in den Missionen am
Marañon (Sommerv. irrthümlich: Paraguay), führte einen ganzen Stamm aus
den Wäldern in eine Reduction (Murr, Journ. VI, 214), Oberer der Mission von
Piraguiri am Rio Xingu (Murr, Reisen einiger Missionarien [Weigl] 468);
schmachtete nach der Vertreibung seit 1759 in den Kerkern zu Lissabon, wo er nach
der Befreiung freiwillig verblieb und starb. (Vgl. Murr, Geschichte I, 109. 122;
II, 171, 193; Carayon IX, 154 ss. und passim; Duhr, Pombal 159 ff.; v. Schütz
384.) — Schriften: Seine Leiden, von ihm selbst geschildert, bei Murr, Journ.
IV, 300 ff., VI, 214 ff.; vgl. ebb. Brief an P. Eckart VIII, 219. Karte des
Staates Pará ebb. IX, 199. Karte der Missionen am Xingu und Tapajos bei
Murr, Geschichte II, 171 Anm. Plan der Kerker von St. Julian, Journ. IX, 236;
Briefe und Briefstücke ebb. XII, 177. 189. 282; XIII, 187; Murr, Gesch. der
Jesuiten in Portugal II, 66 Anm. Handschr. Bericht über die Vertreibung aus
Brasilien, an welchem K. mitgearbeitet, in Evora (Mss. I, 53). Handschr. Brief im
Arch. Prov. Germ. IV, A 17. Siehe unten bei Wolff.

Kayling [Keyling], P. Joseph (Austr.), geb. zu Schemnitz in Ober-
Ungarn, ging 1753 nach Brasilien (Murr, Geschichte I, 115; Reisen einiger

Missionarien 488), wirkte am Marañon, kam nach der Vertreibung in den Kerker von St Julian, war nach seiner Befreiung (März 1777) Pfarrer zu Schemnitz. (Murr, Geschichte II, 186. 100; Journ. VIII, 180. 281 ff.; Duhr, Pombal 145 u. a.; Carayon IX, passim.)

Linch, P. **Thomas**, ging 1709 nach **Brasilien** in die Mission am Marañon. (Franco, Syn.)

Meisterburg, P. **Anton** (Rhen. Inf.), geb. 16. Jan. 1719 zu Bernkastel (Regbz. Trier), eingetr. 24. (al. 21.) Oct. 1737, ging 1750 nach **Brasilien** (Sommerv. irrthümlich: Paraguay), wirkte u. a. in den Missionen der Abacaxis am Rio Madeira (Murr, Reisen einiger Missionarien 613 f. u. a.), saß nach der Vertreibung bis März 1777 gefangen in St. Julian; beschrieb dort seine Leiden in einer eleganten lateinischen Elegie[1]: Suspiria captivorum Patrum S. J. in Arce S. Juliani ad ostia Tagi, in Natali B. V. M., bei Murr, Journ. VIII, 214 ff.; vgl. ebb. XIII, 149 ff. u. 160 Anm.; Murr, Geschichte I, 109. 114; II, 66. 194; Carayon l. c. passim.

Misch, P. **Kaspar** (Rhen. Inf.), geb. in Luxemburg 27. Sept. 1626, eingetr. 24. Aug. 1646, in der Mission am Marañon seit 1662, starb 24. April 1697. (Cat. Rhen. Inf. ms.) — **Schriften:** Handschr. Briefe in der Bibl. Royale von Brüssel, Ms. 6809.

Mittermayer, Br. **Ferdinand** (Germ. Sup.), geb. 1728 zu Freising in Bayern, eingetr. 1754, Chirurg, wirkte 12 Jahre lang in der Marañon-Mission (?) bis zur Vertreibung. Vgl. oben bei Paraguay.

Perret [Perez, bei Franco bald **Perius**, bald **Peres**], P. **Jodocus** (Germ. Sup.), geb. 21. Febr. 1633 zu Freiburg in der Schweiz, eingetr. 15. Oct. 1653, Professor der Philosophie in München und Dillingen, ging um 1671 (Franco: 1687) nach **Brasilien**, docirte in Pará Philosophie, war Oberer der Mission am untern Marañon und starb zu Pará 22. Mai 1707[2]. (Arch. Prov. Germ. IX. T.; Franco l. c., nennt P. fälschlich einen Italus.) — **Schriften:** Philosophische Werke bei K. Werner, Geschichte der kath. Theol. (vgl. Sommerv.). Handschr. Briefe in München, Cod. Lat. Mon. 26473 (al. Moll. 105), fol. 101, zum Theil bei Friedrich, Beiträge 84 f. 36. 46.

---

[1] Seine Beschreibung des Kerkers lautet u. a.:

Corpora consumit descendens pariete lympha,
Consumunt morbi, quos mala lympha trahit.
Indumenta, furor nobis quae pauca reliquit,
Hic fere nudatis caeca putredo vorat.
Tertius excruciat iam putrida corpora carcer,
Posterior primo peior et usque fuit.

[2] De huius egregii viri [P. Jodoci Perez] laudibus aliud hic non dicam, quam illum esse Helveticae nationis, et provinciae nostrae veteris decus, meritoque suo haberi in deliciis primis et honoribus, potissimum a Lusitana gente . . . unumque illum multis laborando praepollere Lusitanis (quod Germanis Patribusque peregrinis omnibus ita proprium certumque est, ut etiam cogantur ii ipsi affirmare, quibus hoc fateri ignominiosum videtur esse) palam et inter saeculares quoque decantetur (aus einem Briefe des P. Alois Pfeil von 1681, bei Friedrich, Beiträge S. 36 Anm.).

Pfeil, P. Konrad (Germ. Sup.), geb. zu Konstanz 4. Jan. 1637, eingetr. 28. Sept. 1654, Missionär in Brasilien, Oberer am Marañon (Xingu), stand bei den Portugiesen in großem Ansehen. — Schriften: Brief aus Evora vom 17. Juni 1678 (Arch. Prov. Germ. IX. T, Brevis Vita P. B. Amrhin). Handschr. Brief in München, Cod. lat. 26473 (al. Moll. 105), fol. 87 sqq., zum Theil bei Friedrich, Beiträge 36 u. a. mit sehr interessanten Angaben über den Stand der Mission 2c.

Piller, Br. Matthias (Austr.), aus Mähren, wirkte in Brasilien bis zur Vertreibung, saß gefangen in Azeitao und St. Julian bis März 1777. (Murr, Journ. IX, 250; Geschichte II, 182. 203; Carayon l. c.; Misc.)

Ribler, P. Joseph (Germ. Sup.), ging nach Lang a. a. O. im Jahre 1714 in die Mission.

Schwarz, P. Julian (Germ. Sup.), nach Cat. Germ. Sup. im Jahre 1759 in der Mission des Marañon, vielleicht am obern (Quito).

Schwarz, P Martin Joseph (Germ. Sup.), geb. 1719 (1722) zu Amberg (Neunburg vorm Wald) in der Oberpfalz, eingetr. 1738, ging 1752 nach Brasilien, wirkte am Marañon bis zur Vertreibung, verblieb im Kerker von St. Julian (17 Stufen unter der Erde) von 1760—1777, lebte nach seiner Befreiung (März 1777) in stiller Zurückgezogenheit zu Amberg, wo er 22. Jan. 1788 starb. „Dieser rechtschaffene Mann war mein zehnjähriger Correspondent und starb den 22. Jänner dieses 1788sten Jahres in seinem 66sten Jahre zu Amberg" (Murr, Geschichte II, 187. 190; Journ. VIII, 180. 217; Carayon 114 et pass.; Sulzb. Kal. 1890, 35 [1]; Lipowsky, Gesch. der Jesuiten in Schwaben II, 201, Anm.).

Stansel [port. Estancel, Estancol oder de Castro], P. Valentin (Bohem.), geb. 1621 zu Olmütz, Mähren, eingetr. 1. Oct. 1637, Professor der Astronomie in Evora (Portugal), sollte sich hier für die Missionen Ostindiens und Chinas vorbereiten, ging aber 1663 nach Brasilien, docirte Theologie in San Salvador, beobachtete dort die Kometen 1664 und 1665, und machte andere astronomische Beobachtungen, die er nach Europa sandte, 1694 Rector des Collegs von Bahia. Er starb 18. Dec. 1705 (al. 1690). (Biogr. Univ.; Moreri; Franco, Syn.; W.-B. Nr. 49, 61.) — Schriften: Dioptra Geodaetica, Pragae 1663, 8°. Propositiones selenographicae ..., Olmucii 1665. Orbe Alfonsino ou Horoscopio Universal..., Evora 1658. Mercurius Brasilicus sive de Coeli et Soli Brasiliensis Oeconomia um 1664, 4°. Phaenomena coelestia sive dissertatio astronom. de 3 cometis, qui proximis annis ... apparuerunt, 4°, 1668. (Die beiden letztgenannten noch handschr. im Privatbesitz.) Zodiacus Divini Doloris, Evorae 1675. Uranophilus coelestis peregrinus ... authore Val. Estancel, de Castro Iulii, Moravo, e S. J., olim in universitate Pragensi, deinde in Regia Ulyssiponensi

---

[1] „Durch meine Großmutter," so erzählt Dr. v. Ringseis in seinen Memoiren S. 4, „eine Marktschreiberstochter von Plattling, denke ich ‚jesuitenverwandt‘ zu sein; denn fünf Brüder ihres Großvaters, des Bürgermeisters Schwarz von Neunburg, befanden sich gleichzeitig im Orden, zum Theil auf Missionen. Einer davon, den meine Mutter noch gekannt, erzählte oft von den Leiden, die er unter Pombal im portugiesischen Gefängniß ausgestanden, wie er z. B. von Ratten und Ungeziefer fast aufgezehrt worden. Ich meine, es sei sogar ein anderer von den Brüdern, wo nicht zwei, im Kerker dort gestorben" (Sulzb. Kal. a. a. O.).

Matheseos Magistro, demum Theol. Moralis in urbe S. Salvatoris, vulgo
Bahia . . . in Brasilia, professore, Gand. 1685. Observat. Americanae Cometae,
Pragae 1683. Siehe vollſtändiges Verzeichniß bei Pelzel 55 und Sommerv. Vgl.
Acta eruditorum, Lips. 235; Journ. des Savants 1685, 309. Jöcher, Gelehrten-
Lexikon IV, s. v.

Szentmartonyi, P. Ignaz (Austr.), geb. zu Kotiri in Kroatien 28. Oct.
1718, eingetr. 27. Oct. 1735, wurde 1749 vom General P. Retz auf Wunſch des
Königs Johann V. von Portugal mit Amt und Titel eines Königl. Hofaſtronomen
und Mathematikers nach Braſilien geſendet, um die ſtrittige Abgrenzungslinie
des ſpaniſch-portugieſiſchen Gebietes durch genaue geographiſche Beſtimmungen feſt-
zuſtellen. 10 Jahre arbeitete er an dieſer Aufgabe, wurde aber 1760 trotz aller
vorausgegangenen Zuſagen deportirt und in St. Julian und Azeitao gefangen gehalten. Im Jahre 1769 (al. 1777) durch Vermittlung der Kaiſerin Maria Thereſia
befreit, kehrte er nach Oeſterreich zurück, wirkte im Seminar von Warasdin und
ſtarb 15. April 1793 in Kroatien. (Ménol. I, 351; vgl. Murr, Journ. VIII, 180.
285; IX, 223. 243; XIV, 279; Murr, Reiſen einiger Miſſionarien 460. 486;
Geſchichte II, 183. 190; Carayon IX, 169. 256. 276 [ebb. Briefchen an P. Eckart];
Duhr, Pombal 145 ff. 159 ff.; Stöger 253; Biogr. Univ.)

Szluha [Slucha], P. Joh. Nepom. (Austr.), geb. zu Gyalu (Ungarn)
23. Aug. 1725, eingetr. 14. Oct. 1738, ging 1753 in die Miſſion am Marañon
in Braſilien, wirkte dort bis zur Vertreibung 1759. Nach kurzer Kerkerhaft
in Portugal kehrte er in die Heimat zurück, wurde Rector des Collegs zu Raab,
ſtarb nach 1773. Ueber ſeine kartographiſchen Arbeiten ſiehe Murr, Reiſen einiger
Miſſionarien (Weigl) 459. 408; Journ. VIII, 239; Geſchichte I, 115. 128: „Vom
Laufe des Marañon hatte der gelehrte Hr. P. Joh. Nepomuzen Szluha 1753 eine
Landkarte nach den neueſten Obſervationen gezeichnet.“ Vgl. Duhr, Pombal 144 u. a.;
Sommerv.

Treher [Treuer], Br. Johann (Austr.), geb. 20. Oct. 1668 in der
Diöceſe Brixen, eingetr. 27. Oct. 1696, Bildhauer und Maler, ging um 1705 nach
Braſilien, ſtarb 4. Mai 1737 in Maracana „ex naufragio“. (Litt. Ann. Prov.
Austr. 1738; Stöger 368; Ménol. I, 416.) — Schriften: Ein Brief aus Pará,
16. März 1705 (Reiſebericht, Zuſtände in Pará) im W.-B. Nr. 822.

Weidenfeld [bei Franco: Uncidenfeld], P. Abam (Rhen. Inf.), geb.
8. Sept. 1645 zu Köln, eingetr. 13. April 1663, ſchiffte ſich 1680 nach Braſilien
ein. Auf dem Schiff brach eine Seuche aus. 40 Miſſionäre ſtarben, an erſter Stelle W.
am 4. Juni 1680. „Insignem exercuerat charitatem suscipiendo in se onus aegrotis
omnibus consulendi. Ex aliquot haereticis 3 ad fidem catholicam traduxit. Inter
acerbes dolores ex ipsius ore solum audiebantur hymni ac divinae laudes“
(Franco 367). — Schriften: Eine vor ſeiner Abreiſe in Portugal aus dem
Portugieſiſchen überſetzte Geſchichte Aethiopiens, handſchr. in der Bibl. de Bourgogne
zu Brüſſel. Vgl. Sommerv.

Wolff [Wolf], P. Franz (Bohem.), geb. in Landeck im Bezirk Glatz
(Klabſto), Nieder-Schleſien, ging 1738 nach Braſilien, wirkte dort 20 Jahre
lang als Miſſionär am Marañon, war zweimal Viſitator der Miſſion, dreimal
Soc. Prov., lag nach der gewaltſamen Vertreibung mehrere Jahre in den Kerkern
von St. Julian und ſtarb daſelbſt 24. Jan. 1767. P. Kaulen ſchrieb ſein Leben
und ſetzt ihm ein Epitaphium. (Murr, Journ. VIII, 180. 261 f.; IX, 243;

Geschichte II, 189; Carayon IX, 148. 161 et passim; W.-B. Nr. 594, 135; Duhr, Pombal 159 ff.; Kathol. Missionen 1891, 252; Ménol. I, 79.) — Schriften: Ein Brief im W.-B. Nr. 586.

Im spanisch-portugiesischen Amerika ohne nähere Ortsangabe wirkten:

Amrhein, P. Joseph (Germ. Sup.), aus Luzern (?), eingetr. 1711, ging 1723 nach Südamerika. (Lang a. a. O.; Arch. Prov. Germ. IX. T.)

Anermaier, P. Karl, ging 1729 nach Südamerika. (Lang a. a. O.)

Bärtl [Bertl, Bertel], P. Franz (Germ. Sup.), wird unter den für Südamerika bestimmten Missionären genannt, die um 1717 auf der Meerfahrt von Spanien nach Cartagena untergingen. („Amerikan. Mayerhof" 183; W.-B. Nr. 206.)

Bakranin, P. Lucas (Austr.), geb. in Ungarn, wird im W.-B. Nr. 334, 93 ausdrücklich als „teutscher" Missionär aufgeführt. Er war für Südamerika bestimmt, starb aber bereits in Spanien (in Sevilla?) 4. Juli 1727 zum großen Schmerz besonders der „Indianischen Procuratores", die große Hoffnungen in den begabten Mann gesetzt hatten. Siehe oben S. 91.

Baum, P. Franz, geb. in Pfaffendorf im Jülichschen 7. April 1693, eingetr. 3. Mai 1712, starb auf der Reise nach Amerika. (Cat. Prov. Rhen. Inf.)

Baur, Br. Franz, „junior" (Germ. Sup.), geb. 1732 zu Naubelstadt in Oberbayern, eingetr. 1754, Zimmermann (praefectus fabricae) und Baumeister, wirkte 12 Jahre in Amerika (Chile?) bis zur Vertreibung. Im Jahre 1771 noch am Leben.

Fischer, P. Matthias (Austr.), geht, wie es scheint, für Südamerika bestimmt, 1678 nach Spanien, stirbt aber daselbst in Sevilla an der rothen Ruhr 11. Oct. 1678. (W.-B. Nr. 31, 93.)

Frankl, Br. Georg, aus der bayer. Provinz, „bei der Aufhebung Laienbruder in Straubing, 16 Jahre lang in Amerika" (Lang 208). Ein

Franc, Br. Sebastian („de Suebia"), war bei der Vertreibung in der Mission von Quito. (Borda II, 95.)

Hagen, Br. Johann (Germ. Sup.), geb. zu Tegernsee in Bayern, eingetr. 1753, Tischler und Zimmermann, wirkte in Amerika („in Indils") 16 Jahre lang bis zur Vertreibung, starb nach der Rückkehr Oct. 1786. (Cat.)

Haushalter, Br. (?), ging 1686 nach Südamerika. (W.-B. Nr. 27, 73.)

Hecke, P. Anton, ging nach Lang im Jahre 1736 nach Amerika.

Kar, P. Philipp, ging 1735 nach Amerika. (Lang a. a. O.)

Mungenest (Germ. Sup.), geht um 1725 nach Südamerika. („Amerikan. Mayerhof" 145.) — Wahrscheinlich identisch mit

Munegast, Br. Matthäus (Rhen. Sup.), geb. in Schnann (Tirol) Sept. 1692 (al. 1693), Kunstschreiner, ging 1722 nach „Indien" (Südamerika). (Handschriftl. Information.)

Neumann, P. Alois (Rhen. Inf.), geb. in Köln, eingetr. 12. (al. 17.) Aug. 1697, ging auf der Fahrt nach Südamerika unter 1718. (Cat. Rhén. Inf.; W.-B. Nr. 206.)

Pellerius, P. Anton, ging 1736 nach Amerika. (Lang a. a. O.)

Riebmiller [Ruebmüller], Fr. Joh. Bapt. (Germ. Sup.), geht als Novize um 1718 nach Südamerika und stirbt um 1720 auf dem Meere. („Amerikan. Mayerhof" 138; W.-B. Nr. 206.)

Scherer, P. Karl (Austr.). Er war durch seinen „vormals vertrautesten Kameraden" P. Zephyris am obern Marañon scherzhaft nach Amerika eingeladen worden „und nahm diesen Scherz so ernstlich auf, daß er mit deren Obern Erlaubniß vergangenen Sommer [1729] nach (West-) Indien aufgebrochen ist". Wahrscheinlich kam er nach Quito. (W.-B. Nr. 388, 98.)

Schmid, Br. Joseph, wahrscheinlich aus Bayern, wird von P. Dom. Mayer („Amerikan. Mayerhof" 12) mit drei andern deutschen Brüdern genannt. Es gehe ihnen in Amerika sehr gut, „besonders Jos. Schmid, so P. Carolus Rechberg (1716) mit sich aus Dillingen geführet, da er nemlich allda in dem Convict eine Zeitlang als ein Schreiner gedienet". — Wahrscheinlich identisch mit Schmid, Jos., unter Paraguay.

Sterzinger, P. (Germ. Sup.), geht nach Lang im Jahre 1701 mit einem Bruder nach Amerika.

Tolpeit, P. Joseph, aus dem Pusterthal (Tirol), ging 1744 auf der Reise nach Südamerika bei der Insel St. Catharina (Brasilien) unter (Lang a. a. O.). — Ob nicht identisch mit P. Jos. Tolpeit (siehe Chile)?

Türck, P. Franz (Germ. Sup.), aus Altkirch im Elsaß, ging von Ellwangen aus 1741 über Innsbruck und Genua nach Südamerika, fand aber bei einem Schiffbruch bei der Insel St. Catharina (Brasilien) mit 24 Gefährten seinen Tod. (Lang a. a. O. 87.)

Waib, P. Paul (Germ. Sup.), aus Kaltern in Tirol, ging 1744 bei einem Schiffbruch bei der Insel St. Catharina (Brasilien) unter. (Lang a. a. O.)

C. Englisches Amerika.

Hier wirkten:

Britt, P. Adam, geb. 10. Oct. 1743 in Fulda, eingetr. 14. Sept. 1764, zum zweiten Male in die neue Gesellschaft 1805, wirkte in den Vereinigten Staaten, starb 12. Juli 1822 (al. 20. Mai 1823) zu Conewago, Pennsylv. (Vivier, Vita funoti in Soc. Jesu [7. Aug. 1814 bis 7. Aug. 1894], Parisiis 1897, n. 347.)

Detrich, P., als Jesuit und Assistent P. Frombachs genannt. (Pastoral-Blatt von St. Louis 1873, 62.)

Ernzen, P. Paul, geb. zu Echternach (Luxemburg) 20. Sept. 1733, eingetr. 21. Oct. 1753, ging nach der Aufhebung der Gesellschaft nach Pennsylvanien, wo er 1791 noch lebte.

Frombach [Frambach], P. Jakob, geb. zu Nideggen (Jülich) 5. Jan. 1723, eingetr. 19. Oct. 1744, ging 1757 nach Pennsylvanien, wirkte der Reihe nach in Conewago, Lancaster, Fredericia, ein Muster apostolischen Eifers, aus- gezeichnet durch Geduld und Sanftmuth. Einer seiner Confratres weiht ihm folgenden Nachruf: Rev. Jacobus Frombach saepius ad sylvas longiores iter peregit ad confortandos tepidos Christianos divina manna. Omnibus exemplo fuit pietate, patientia probata per annos, zelo, mansuetudine, obedientia, modestia, manuum labore et crurium cursu; tandem mortuus est plenus meritis in comitatu Mariae in Marylandia ex febris putridae contagio et omnibus Sacramentis praemunitus. R. I. P. Er ſtarb 27. Aug. 1795 in Conewago (al. in Mary County, Maryland). (Bibliogr. im Arch. Prov. Germ.; Paſtoral-Blatt von St. Louis 1873, 77 ff.)

Geißler, P. Lucas (Rhen. Inf.), geb. 15. Dec. 1735 zu Ehrenbreitſtein bei Koblenz, eingetr. 27. Oct. 1755, reiſte 1768 nach Pennſylvanien, verſah die katholiſche Gemeinde in Lancaſter, Pa., und ſtarb 11. Aug. 1786. (Paſtoral-Blatt von St. Louis 1874, 7; Cat.)

Gräſſel, P. Lorenz (Bav.), geb. 18. Aug. 1753 zu Ruhmanns-felden im Bayeriſchen Walde, trat wenige Jahre vor Aufhebung der Geſellſchaft Jeſu ein, intimer Freund Biſchof Sailers, ging ſpäter nach Nordamerika, wurde hier Mai 1793 Biſchof-Coadjutor von Philadelphia und ſtarb im Dienſte der Peſtkranken. (Sulzb. Kal. 1891, 125; Paſtoral-Blatt von St. Louis 1873, S. 47 ff.) — Schriften: Mehrere Briefe von 1774—1788 im Paſtoral-Blatt 1881 (Mai), Nr. 5. Einen, vom 19. Juni 1793, hat Sailer unter ſeine „Briefe aus allen Jahrhunderten der chriſtlichen Zeitrechnung" aufgenommen und nennt ihn „die Krone dieſer ganzen Sammlung"; abgedruckt im Sulzb. Kal. und im Paſtoral-Blatt a. a. O.

Kohlmann, P. Anton[1], geb. zu Kahyersberg bei Kolmar im Elſaß 13. Juli 1771, wurde 1796 zu Freiburg in der Schweiz zum Prieſter geweiht, war Mitglied der Congregation des heiligſten Herzens Jeſu, wirkte in Oeſterreich, Italien, Teutſchland (Dillingen und Berlin), Holland, England, trat im Juli 1805 in das Noviziat der Geſellſchaft Jeſu zu Dünaburg in Weiß-Rußland, kam 1807 nach den Vereinigten Staaten, war in New York Rector der St. Peters-kirche, ward von Biſchof Concanen zum General-Vicar von New York ernannt, legte 9. Juni 1809 den Grundſtein zur St. Patricks-Kathebrale, war ſpäter Novizen-meiſter in Whitemarſh, Oberer in Georgetown, Regens des Seminars in Waſhington. Im Jahre 1825 nach Rom berufen, wirkte er hier fünf Jahre lang als Profeſſor der Theologie am Collegium Romanum, als Beichtvater, Rathgeber, Conſultor mehrerer Congregationen; von Leo XII. ſelbſt hochgeſchätzt. Starb reich an Ver-dienſten 10. April 1836. (Paſtoral-Blatt von St. Louis 1873, 85 und aus-führlich 1877, 37 ff.) — Schriften: Unitarianism Examined, 2 Bde. 8°. Eine Reihe von Briefen an P. Strickland, Biſchof Carroll u. a. auszüglich im Paſtoral-Blatt a. a. O. Ein Brief von 1812 in Arch. Prov. Germ. ser. IV, fasc. D 1.

Leonard, P. Friedrich (Rhen. Inf.), geb. zu Arnsberg 24. Sept. 1728, eingetr. 22. Oct. 1747, ſtarb in Pennſylvanien. (Cat. Angl. und Rhen. Inf.)

Pellentz, P. Jakob, geb. in Meſenich (Diöc. Trier) 19. Jan. 1727, eingetr. 19. Oct. 1744, ging mit P. Frombach (ſiehe u. b. Namen) 1757 nach Penn-ſylvanien. Er war der Gründer einer feſten Miſſionsreſidenz in Conewago, wo

---

[1] Gehört ſtreng genommen nicht mehr in unſere Liſte, doch glaubten wir den bedeutenden Mann, der in Amerika die alte mit der neuen Geſellſchaft verband, nicht übergehen zu dürfen.

er 1787 Kirche unb Prieſterwohnung baute, lebte 40 Jahre lang in Conewago unb
Umgebung, war zeitweiſe einer ber von Biſchof Carroll ernannten Generalvicare.
Er ſtarb 13. März 1800 in Conewago. (Cat.; Arch. Prov. Germ.; Paſtoral-
Blatt von St. Louis 1873, 61 ff.) — Schriften: Briefe von 1785 unb 1786 in
Woodst. Letters XV, 190 ff. Vgl. Sommerv.

Schneiber, P. Theobor, geb. zu Geinsheim (Diöc. Speier) 7. April
1703, eingetr. 25. Sept. 1721, Profeſſor ber Philoſophie unb Polemik in Lüttich,
Rector magnificus in Heibelberg. Er ging 1741 nach Pennſylvanien, gründete
bie Miſſion in Goſhenhopen, kam auf ſeinen apoſtoliſchen Wanberungen burch
fanatiſche Anbersgläubige mehrmals in Lebensgefahr, gewann aber allmählich burch
ſeine Liebe gegen Arme unb Kranke, benen er ein geſchickter Arzt war, allgemeine
Achtung unb Hochſchätzung. Er ſtarb 10. Juli 1764. (Paſtoral-Blatt von St. Louis
1874, 6.) — Schriften: Briefe von 1742—1750 im W.-B., 40. Thl., 10—18.
Außerbem ein Miſſale, bas er wegen ſeiner Armut eigenhänbig abgeſchrieben,
700 S. 4°, in ber Bibliothek von Georgetown.

Schwenbimann, P. Dominicus (Germ. Sup.), aus Pruntrut (Schweiz),
geb. 1737, eingetr. 1756, Miſſionär im Orient, bann nach Aufhebung ber Geſellſchaft in ben Vereinigten Staaten, wo er angeblich Biſchof wurbe. (Cat.
Germ. Sup.; Arch. Prov. Germ. IX. T.)

Sittensperger [Manners], P. Matthias (Germ. Sup.), geb. 20. Sept.
1719 zu Lanbsberg in Bahern, eingetr. 13. Sept. 1737 (Cat.), ging 1751 nach
Marhlanb, war ſpäter in Conewago, thätig. Er angliſirte ſeinen Namen in
Manners; „wirb in engliſchen Werken, welche bie Kirchengeſchichte jener Zeit melben,
als einer ber ausgezeichnetſten Prieſter zu bamaliger Zeit erwähnt" (Paſtoral-Blatt
von St. Louis 1873, 62). Lang a. a. O. nennt ihn Sintensperger.

Stabmaher, P. Ferbinanb, zur Zeit ber Aufhebung „auf Miſſion in
Pennſylvanien" (Lang 210). — Wahrſcheinlich ibentiſch mit

Steinmahr [Farmer], P. Ferbinanb, geb. zu Weißenſtein in Württemberg 13. Oct. 1720, eingetr. 28. Sept. 1743, ging 1751 nach Marhlanb. Er
wirkte 36 Jahre lang theils in New York, wo er nach einem Brief Biſchof Carrolls
vom 15. Dec. 1785 bie erſte katholiſche Gemeinbe gründete, theils in Philabelphia,
wo er 17. Aug. 1787 „im Rufe ber Heiligkeit" ſtarb. Er hatte ſeinen Namen in
Farmer angliſirt. (Paſtoral-Blatt von St. Louis 1873, 85; Biographie in Arch.
Prov. Germ.; Lang a. a. O.) — Schriften: Brief von 1755 im W.-B., 40. Thl.,
18. Ein anberer Brief von 1764 in Syllabus Rector. Heidelberg. (1786, 4°)
P. II, 204 sq. Vgl. Sommerv.

Wappeler, P. Wilhelm (Rhen. Inf.), geb. 22. Jan. 1711 („Nephen.")
in ber Diöc. Mainz (al. in Weſtfalen), eingetr. 18. Oct. 1728, reiſte 1740 (al. 1749)
nach Pennſylvanien. Mitbegründer ber Miſſion von Conewago. Ueber ihn
ſchreibt Carroll: „Er blieb ungefähr acht Jahre in Amerika unb bekehrte unb
rettete viele für ben Glauben an Chriſtus, mußte aber wegen zerrütteter Geſunb-
heit wieber nach Europa zurückkehren." Er wurbe ſpäter ber engliſchen Provinz
zugeſchrieben. (Paſtoral-Blatt von St. Louis 1874, 6 f.; Cat. Rhen. Inf.)

II. Asien.

A. Spanisch Ostindien.

Proviy der Philippinen.

Errichtet 1594, zählte (1610: 100, 1710: 165) 1750: 126 Jesuiten (97 Priester) und 19 Niederlassungen: 4 Collegien und 1 Universität (seit 1621) in Manila, 1 Seminar, 12 Residenzen, 1 Mission; 1769: 15 Residenzen, 8 Collegien, 1 Universität, 4 Seminarien und Convicte, 6 Missionen. Indianermissionen. 1. Die Mission auf den Karolinen. 2. Die Mission auf den Marianen. 8. Die Mission auf Minbanao.

Im Jahre 1767 bestanden etwa 60 Reductionen oder Doctrinas mit 165 000 christlichen Eingeborenen.

Hier wirkten:

Bant [Banc], Br. Georg, geb. 27. Dec. 1697 in der Diöc. Würzburg („Biment." ?), eingetr. 14. Febr. 1723, kam nach den Philippinen 1732, lebte noch 1755. (Cat.)

Berchtolb [Bertolb], P. Wolfgang (Germ. Sup.), geb. zu Ischl (Diöc. Passau) in Oberösterreich 16. April 1702, eingetr. 18. Oct. 1718, kam 1734 nach den Philippinen („Miss. apud Pictos"), ist 1755 noch dort. (Cat.)

Berlinger, P. Alois (Germ. Sup.), geb. zu Stans (Kanton Unterwalden) in der Schweiz 19. Oct. 1703, eingetr. 23. Sept. 1720 (?), kam nach den Philippinen 1745. Jedenfalls identisch mit dem P. Anton Barlinger, der nach Lang im Jahre 1741 nach den „indischen Missionen" ging. (Cat.) — Schriften: Zwei handschr. Briefe in der Bibliothek des Collegs S. J. in Löwen. Vgl. Sommerv.

Bizel, Br. Matthias (Germ. Sup.), geb. 19. Febr. 1700 zu Haunswies, Oberbayern (Diöc. Augsburg), eingetr. 23. April 1722, Weber, sehr tüchtig, wurde 1722 nach Chile gesandt, findet sich aber 1731—1732 in den Cat. der Philippinen. (Handschr. Information.)

Bonani [Romani], P. Joseph (Austr.), geb. 21. Nov. 1685 zu Ronsberg in Tirol (Diöc. Trient), eingetr. 6. Oct. 1705, seit 1718 auf den Marianen thätig, arbeitete 23 Jahre lang auf den Inseln Rota, Guahan, Agata u. a., war Rector des Seminars in Manila, Vice-Provincial, starb 10. Juli 1752 „Agadnae" (al. 1768 zu Manila?). — Schriften: Vierzehn Briefe im W.-B. Nr. 9. 150. 171—174. 185—186. 218. 300. 541. 618—619. „Viribus fractis postremis annis libros pios in linguam indicam vertit Manilae in Philippinis, ubi etiam typo datI" (Stöger). Vgl. W.-B. Nr. 151 und Nr. 618, 86. Delgado, Hist. Gen. sacro-profana, politica y natural de las islas Filipinas, Manila 1892, n. 131. Sommerv. s. v. und VIII, c. 1362.

Boranga [Borango], v., P. Karl (Austr.), geb. zu Wien den 8. Juli (al. 29. Juni) 1640, eingetr. 7. (al. 5.) Oct. 1656, meldete sich für die gefährliche Mission auf den Marianen, schiffte sich 12. Juni 1678 in Genua mit 17 Mitbrüdern nach Spanien ein und erreichte endlich nach langem Warten auf eine Schiffsgelegenheit und nach unzähligen Drangsalen die Mission. Hier arbeitete er mit hingebendem Opfermuth auf den Inseln Guahan und Rota und starb im Jahre 1684 auf der Insel Zarpane, von den Wilden um des Glaubens willen erschlagen. Seine Ueberreste kamen später nach Wien und wurden in der Gruft der Jesuitenkirche beigesetzt. (Cat.; Platzweg 117—128; Bonbardi, Undeni Graecenses . . . 137; Leben des ehrw. Patris Boranga im M.-B. Nr. 9; ein handschriftl. latein. Leben in der Wiener Hofbibliothek 12 227 aus den Litt. ann. S. J. Austr. 1686. Vgl. Ortiz, Istoria delle Isole Mariane p. 645 sg.; Le Gobien, Hist. des Isles Marianes l. 9, 343; Ménol. II, 247.) — Schriften: Brief im M.-B. Nr. 2.

Buchelt, P. Franz (Bohem.), geb. 10. Juli 1708 zu Reichenberg in Böhmen, eingetr. 21. Oct. 1734, kam nach den Philippinen 1745, lebte noch 1763. (Cat.)

Camell [Kammel], Br. (P.) Georg (Bohem.), geb. 21. April 1661 in Brünn („Brunensis") in Mähren, eingetr. 12. Nov. 1682, Apotheker, ging 1687 nach den Philippinen (Wiener Verz.) und wurde hier, wie es scheint, zum Priesterthum befördert. Ein trefflicher Botaniker und eifriger Naturforscher, beschäftigte er sich eingehend mit der Flora und Fauna, besonders der Hauptinsel Luzon, stand in wissenschaftlicher Correspondenz mit europäischen Gelehrten, denen er seine Beobachtungen und Sammlungen zusandte. „Die japanische Rose oder Camellie (Camellia japonica) wurde im 17. Jahrhundert aus Japan und von den Philippinen durch den Jesuiten Kamel nach Europa gebracht und von Linné nach ihm Camellia getauft" (Die ges. Naturwissenschaften [Essen 1861], 2. Bd.: Botanik [von Dr. Dippel] S. 501). C. starb 1706. (Vgl. Cat.; Wiener Verz.; M.-B. Nr. 52, 75; Biogr. Univers. s. v.; Murillo Velarde, Hist. de la Prov. de Philip. t. IV, cap. 27, n. 892 sgs.; Bulletin de la Soc. de Géogr. II [Paris 1871], 249.) — Schriften: Die meisten Sendungen gingen an die englischen Naturforscher John Ray und James Petiver, Fellows der Königl. Akademie. Die verschiedenen Arbeiten C.s sind veröffentlicht theils in den Philosophical Transactions, London: Bb. XXI (1690), 2 ff. 87 ff.; Bb. XXIII (1702—1703), 1055 ff. 1394 ff.; Bb. XXIV, 1591 ff. 1707 ff. 1763 ff. 1809 ff. 1816 ff. 2043 ff.; Bb. XXV, 2197 ff. 2397 ff.; Bb. XXVI (1708—1709), 241 ff.; Bb. XXVII (1710—1712), 312 ff.; theils in dem 3. Band des großen Werkes J. Rainii S. R. S. Historia Plantarum (Londinii 1704), fol., 1—42 und Appendix 1; theils in den Acta Eruditorum (Lipsiae) 1700, p. 522; 1705, p. 180 sqq. (vgl. Opuscula omnia eisdem Actis inserta [Venetiis 1741] III, 537 sq.); theils im Pharmaceutical Journal 1881. Vgl. Bull. de la Soc. Royale Botanique de Belgique 1886. Siehe Sommerv. „Il est," schreibt die Bibliogr. Univ. l. c., „de tous les voyageurs, celui qui en a le mieux fait connaître les diverses productions des trois règnes. Il les a décrites dans plusieurs mémoires envoyés à la Société Royale des Londres." In der Geschichte der Botanik von Dr. Julius Sachs (München 1875) findet sich über C. kein Wort.

Carlon, P. Dominicus (Austr.), geb. 4. Aug. zu Graz in Steiermark, eingetr. 9. Oct. 1719, kommt 1735 nach den Philippinen, stirbt aber infolge übergroßen Eifers schon 19. Mai 1738. (Cat.; M.-B. Nr. 617, 84; Nr. 619, 87.)

Consbruck, P. Florentin (Rhen. Inf.), geb. 12. Nov. 1687 (al. 14. März 1688) zu Coesfeld (al. „Biffeldi"?), eingetr. 2. Mai 1705, kommt 1728 nach Manila, wo er 7. Juli 1753 starb. (Cat.; M.-B. Nr. 318, 43.)

Cuculin(us), P. Matthias (Bohem.), geb. 17. Januar 1641 zu Müglitz (? „Meolicii“) in Mähren, eingetr. 31. Oct. 1661, kam 1678 nach den Marianen und starb dort 14. Dec. 1696 „als zweyter Vorsteher der marianischen Provinz“. (Wiener Verz.; Pelzel 100; Cat.; W.-B. Nr. 3, 5; Nr. 31, 101.) — Schriften: Zwei Briefe im W.-B. Nr. 7 und 8. Einer handschr. im Privatbesitz.

Eckart [lat.-span.: be Angulo], P. Georg (Germ. Sup.), geb. 1614 in Neuburg (Bayern?), eingetr. 1630, kam 1642 nach den Philippinen. (Cat.)

Fink, P. Leonard (Germ. Sup.), geb. 2. April 1688 zu Bregenz in Vorarlberg, eingetr. 3. Oct. 1713, kam 1718 nach den Philippinen, wo er mit außerordentlichem Eifer und Geschick auf verschiedenen Inseln wirkte, „von jedermänniglich als ein recht Apostolischer Mann gepriesen“ (W.-B. Nr. 212, 42); selbst Wunder wurden ihm zugeschrieben. Er war Rector des Collegs zu Antipolo; ein ausgezeichneter Kenner des Tagalischen (ebb. Nr. 536, 89); lebte noch 1755. (Cat.; W.-B. Nr. 172, 77.)

Frank, Br. Sebastian (Germ. Sup.), geb. 18. Jan. 1693 zu Eiglershofen (Siegertshofen?), Diöc. Würzburg, eingetr. 20. April 1722, Bäcker, sehr tüchtig, wird für Chile bestimmt, findet sich aber später um 1735—1738 auf den Philippinen. Wohl identisch mit Franc, Br. Seb., siehe oben S. 162.

Frisch, P. Ignaz (Bohem.), geb. 18. Febr. 1722 zu Oppau („Oppaviensis“) in Schlesien, eingetr. 20. Oct. 1738, kam nach den Philippinen 1752, wirkte bis zur Vertreibung. (Cat.) In einer wohl fehlerhaften Abschrift von Sim.: Tusch.

Gasteiger, P. Jakob (Austr.), geb. 8. Mai 1710 zu Leoben (Steiermark), eingetr. 9. Oct. 1727, geht 1735 nach den Philippinen. (Cat.)

Gerstlacher, P. Georg (Germ. Sup.), aus Indersdorf in Oberbayern, geb. 19. (al. 20.) April 1697, eingetr. 9. Oct. 1714, reist 1729 nach Mexico (siehe ebb.), wirkt zeitweise als Seelsorger in Pueblo de los Angeles (W.-B. Nr. 528, 100) und geht 5. März 1732 nach Manila. (Sulzb. Kal. 1890, 16; Lang a. a. O.; Cat.)

Göltl [Goltl], P. Joseph (Austr.), geb. 4. Nov. 1697 zu Straßburg, eingetr. 9. Oct. 1722, kam 1732 nach den Philippinen, wirkte auf Samar, einer der Bisayas-Inseln (W.-B. Nr. 616), lebte noch 1768. (Cat.)

Gößner [Gosner, Rößner], P. Ignaz (Austr.), geb. 21. Nov. 1716 (al. 1715) zu Märzhofen (Steiermark), eingetr. 28. Oct. 1738, ging 1749 nach den Philippinen, wirkte dort bis zur Vertreibung, war später in Temesvar thätig und starb nach 1773. (Platzweg 183; Sim.; Cat.) — Schriften: Ein Brief im W.-B. Nr. 664.

Gutmann, P. Franz Xaver (Austr.), reiste für die Philippinen bestimmt 1729 nach Spanien. — Schriften: Brief aus Cadiz vom 31. Jan. 1730 im W.-B. Nr. 302; Uebersetzung eines Reiseberichtes des P. Bonaventura a Plana ebb. S. 116 ff.

Haller, Br. Johann (Bohem.), Apotheker, reist 1688 von Mexico aus nach den Marianen. (W.-B. Nr. 52, 75.)

Halteren, P. Wilhelm (Austr.), geb. 20. Nov. 1699 zu Welkenraedt, Diöc. Mecheln („Belga“), eingetr. als Priester 10. Oct. 1723, ging zuerst in die Miſſion von Malabar, kam 1734 nach ben Philippinen, wirkte u. a. auf der Inſel Leyte und ſtarb 1767. (Cat.) — Schriften: Brief von 1736 im W.-B. Nr. 617.

Havier, P. Franz (Germ. Sup.), geb. 18. Febr. 1691 in der Diöc. Regensburg, eingetr. 22. Sept. 1707, kam nach ben Philippinen 1723. (Cat.) — Schriften: Ein Brief im W.-B. Nr. 212.

Heipel [Heippel], P. Jakob (Rhen. Inf.), geb. in Groß-Holbach (Weſterwalb) 20. (al. 10. Dec., al. 27. Oct.) 1687, eingetr. 28. Sept. 1712 (al. 1715), Profeſſor der Humanität, ſchiffte ſich 1721 nach ben Marianen ein, ſtarb nach Cat. Rhen. Inf. 1758. War nach W.-B. Nr. 658, 80 Vice-Provincial der Philippinen. (Vgl. ebb. Nr. 151, 3; Nr. 654.) — Schriften: Ein Brief vom 30. Dec. 1736 im W.-B. Nr. 666. Vgl. Sommerv.

John, P. Lorenz (Bohem.), geb. 10. Aug. 1691 zu Teſchen (al. Leitmeriß in Böhmen], eingetr. 21. Oct. 1710, kam 1723 nach ben Philippinen, wirkte auf ben Inſeln St. Juan de Jlog, Bohol ꝛc., wird W.-B. Nr. 610, 69 als „eifervoller und arbeitſamer Seelſorger und Apoſtel" und als Oberer der „Schwarzen Inſeln" angeführt, beherrſchte das Spaniſche, Chineſiſche, Tagaliſche und Viſayiſche; war 1772 noch am Leben. (Cat.; Pelzel 201.) — Schriften: Fünf Briefe im W.-B. Nr. 529. 532—533. 612—616.

Kahl [Necrol. Kall], P. Abam (Bohem.), geb. 25. Febr. 1657 zu Eger in Böhmen, eingetr. 17. (al. 27.) Oct. 1673, kam 1687 nach Mexico, vollendete bort ſeine Theologie und ging 1688 nach ben Marianen, ſtarb zu Manila 5. Nov. 1702. (Cat.; Wiener Verz.; Pelzel 129.) — Schriften: Ein Brief im W.-B. Nr. 52. Handſchr. Epistola de itinere suo, Gadibus 22. Jun. 1687, in der Wiener Staats-Bibliothek. Vgl. Sommerv.

Kellner [Keller], P. (Br.) Johann (Bohem.), geb. 21. März 1652 zu Beuthen („Beldae") in Schleſien, kam 1688 nach ben Philippinen, ſtarb 21. Mai 1708 in „Tanavan" (sic). (Cat.; Wiener Verz.)

Kerſchbaumer [Kerſchpaumer, Kerſchpamer, ſpan. Cereſo, Zerezo], P. Anton (Germ. Sup.), geb. 3. März 1643 in Salum (Tirol), eingetr. 20. Sept. 1661, Profeſſor der Humanität, kam um 1680 nach ben Philippinen, 1685 nach ben Marianen, wirkte im Colleg von Agabna (Agaña), bann in ben Indianer-Miſſionen. Bei einem Aufſtanb der Wilben, bei welchem ber ſpaniſche Commanbant, ein Pater und ein Bruber erſchlagen wurden, wurbe auch P. K., ber gerabe die heilige Meſſe las, gewarnt, die heiligen Geheimniſſe abzubrechen. Allein ber muthige Tiroler fuhr ruhig fort. Eben reichte er einem ſpaniſchen Solbaten die heilige Communion, als die bewaffneten Wilben einbrangen. Da trat ber Pater ihnen mit bem Ciborium gottbegeiſtert entgegen und trieb die blutgierige Schar in die Flucht. K. war ſpäter auch Novizenmeiſter und ſtarb in Cebu 11. April 1711. (Plaßweg 113—116; W.-B. Nr. 8, 17; Nr. 31, 101.) — Schriften: Handſchr. Brief aus Sevilla vom 24. Jan. 1680, Cod. Lat. Mon. 26473 (al. Moll. 105), fol. 34.

Ketten, P. Hieronymus (Austr.), kam um 1730 nach ben Philippinen, wirkte auf der Inſel Samar (Viſayas). W.-B. Nr. 617. (Cat.)

Klein [Klain, Clain, Clan], P. Paul (Bohem.), geb. 25. Jan. 1652 zu Eger in Böhmen, eingetr. 16. Sept. 1669, ging 1678 nach ben Philippinen ausgezeichneter Missionär, war Socius des Provincials. (W.-B. Nr. 81, 101; Pelzel 118; Wiener Verz.; Cat.) — Schriften: Ein Brief im W.-B. Nr. 87. Andere bei Scherer, Atlas Novus II, 74; Salmon, Historie der oriental. Inseln (Altona 1783) 69. Vgl. Jagor, Reisen in den Philippinen (Berlin 1873) 204.

Kropf, P. Joseph (Germ. Sup.), geb. 27. März 1700 zu Tirschenreuth in der Oberpfalz, eingetr. 29. Sept. 1719, ging 1730 nach den Philippinen. (W.-B. Nr. 528; Lang a. a. O.; Cat.) — Schriften: Zwei aus dem Spanischen übersetzte werthvolle Berichte und Abhandlungen über die Philippinen im W.-B. Nr. 534—536 und Nr. 539, und ein Bericht über die Entdeckung der Karolinen ebb. Nr. 540.

Löngel, P. Franz, Missionär auf den Philippinen zur Zeit der Vertreibung. (Slm.)

Märdl [Märkel], P. Franz (Bohem.), geb. 8. Mai 1698 zu Karlsbad ("Thermae Carol."), eingetr. 9. Oct. 1717, ging 1729 nach den Philippinen (Ankunft 1732), lehrte in Manila mehrere Jahre canonisches Recht mit "besonderem Ruhm seiner Gelehrsamkeit und Nutzen für seine Schüler" (W.-B. Nr. 853, 49), wirkte als Missionär auf Minbanao und an andern Orten. Er starb auf Cebu (?) 5. Dec. 1754. (W.-B. Nr. 609. 610; Nr. 618, 81; Cat.) — Schriften: Brief vom 4. Mai 1732 aus Mexico im W.-B. Nr. 512.

Maisler [Maysler], Br. Georg (Germ. Sup.), geb. 29. März 1679 zu Rapersdorf, vielleicht Rabelsdorf (Diöc. Regensburg), eingetr. 19. Jan. 1707, Apotheker, ging 1717 nach den Philippinen, wo er "mit dem Nachruf eines geistreichen und sehr nützlichen Ordensmannes" 15. Dec. 1721 zu Manila starb. (W.-B. Nr. 212, 42. Lang a. a. O. 86, der ihn fälschlich als Pater bezeichnet, falls er nicht, was mit deutschen Brüdern öfters geschah, wirklich zum Priesterthum befördert wurde; Cat.)

Malinsky, P. Anton Xaverius (Bohem.), geb. zu Prag 1. Mai 1703, eingetr. 9. Oct. 1718, ging 1729 nach den Philippinen und starb 24. März 1740. Er rechnet sich selbst zu den deutschen Missionären, wirkte auf den sogen. "Schwarzen Inseln", war seit 1735 Oberer der Mission St. Franz Xaver, kam später nach den Inseln Bohol, Leyte und dann nach Manila. (Wiener Verz.; Cat.) — Schriften: Sechs Briefe im W.-B. Nr. 537. 600 bis 611. 652—653.

Mandœr, P. Andreas [spanisch: Alfonso be Castro be Vienna] (Austr.), geb. zu Herzogenburg in Niederösterreich 25. Nov. 1640, eingetr. 31. Oct. 1664, Professor der Grammatik und Humanität, reiste 1678, für die Philippinen bestimmt, ab. Er litt vor Cadiz Schiffbruch, setzte dann die Reise "ohne Sack und Pack, ohne Mantel und Hut, ohne Brevier, ja ohne einen Mitgesellen auf einem andern Schiffe" fort, gelangte über Mexico glücklich nach den Philippinen, bat hier die Obern um die chinesische Mission und ging auf der Fahrt dahin durch Schiffbruch unter im Juni 1682. — Schriften: Zwei Briefe aus Mexico (1681) und den Philippinen (1682) im W.-B. Nr. 12 und 30.

Marcellus, P. (Germ. Sup.), ging 1717 nach den Philippinen. (Lang 86.)

Maurer, P. Joseph (Austr.), geb. 25. März 1721 zu Wien, eingetr. 9. Oct. 1736, kam 1752 nach den Philippinen, lebte noch 1787. (Cat.)

Mesola, Br. Franz (Austr.), geb. 2. Oct. 1724 in Mähren („Niscespurgensis", vielleicht Nikolsburg?), eingetr. 9. Oct. 1740, kam 1749 nach den Philippinen. (Cat.)

Obrecht, Br. Nikolaus (Germ. Sup.), um 1735 auf den Philippinen. (Friedrich, Beiträge 26; Cat.)

Pauer [Paver, Sim. Pafer], P. Joseph (Bohem.), geb. 1. Juni 1722 zu Brünn in Mähren, eingetr. 9. Oct. 1739, kam nach den Philippinen 1752, lebte noch 1768. (Cat.; Sim.)

Pechtl, P. Franz Xaver (Austr.), geb. zu Pottendorf (Niederösterreich) 29. Sept. 1702, eingetr. 14. Oct. 1720, ging 1734 nach den Philippinen, wirkte auf der Insel Leyte (W.-B. Nr. 617), war Rector in Dapitan (Mindanao), starb 17. Mai 1752. (Vgl. W.-B. 36. Thl., Vorrede.)

Rauscher [Sim. Rausker], P. Anton (Austr.), geb. in Kärnten (al. „Regtenberg", Diöc. Salzburg) 4. Jan. 1704, eingetr. 14. Oct. 1720, ging 1730 nach den Philippinen (Ankunft 1734), wirkte in Manila (1737), „wo er nicht allein ein eifriger Prediger ist, sondern noch hierüber die Unsrigen in denen literis humanioribus unterweiset" (W.-B. Nr. 590, 113), später auf Samar, einer der Visahas-Inseln (ebb. Nr. 617), und unter den wilden Stämmen von Luzon als Oberer von Taytay. Wurde später nach Europa deportirt und starb zu Klagenfurt. (Cat.; Sim.) — Schriften: Auszüge aus mehreren Briefen im W.-B. Nr. 665.

Reittenberger [Reitemberg], P. Franz Xaver (Bohem.), geb. 19. Juni 1708 zu Prag, eingetr. 9. Oct. 1722, ging 1735 nach den Philippinen, war 1740 auf der Insel Rota (Marianen) thätig; 1755 noch am Leben. (W.-B. Nr. 617, 84; Cat.; Wiener Verz.)

Riebl [Rielt], Br. Jakob (Austr.), geb. 24. (al. 8.) Juli 1708 (al. 1709) zu Dachau (Diöc. Freising) in Bayern, eingetr. 27. Oct. 1735, Baber und Apotheker, kam 1748 nach den Philippinen, lebte noch 1755. (Cat.)

Rossi, P. Johann (Austr.), geb. zu Kostelez in Böhmen 27. Sept. (al. Dec.) 1700, eingetr. 9. Oct. 1717, Professor der Humanität, ging 1729 nach den Philippinen (Ankunft 1732), wo er „unermüdet gearbeitet" hat und bereits 1733 infolge unkluger Ueberanstrengung voll von Verdiensten starb. (Cat.; W.-B. Nr. 610, 69; Nr. 616.) — Schriften: Fünf Briefe im W.-B. Nr. 448, I—IV und Anhang des 22. Theils S. 176.

Schenk, Br. Leopold (Germ. Sup.), geb. 25. März 1698 zu Würzburg, mit 26 Jahren zu Altötting aufgenommen 31. April 1722, hatte Logik studirt, war dann Apotheker geworden, wurde 1722 für Chile bestimmt, findet sich aber 1731—1734 auf den Philippinen, später in Mexico. (Handschr. Information; Sulzb. Kal. 1800, 7; Cat.)

Schirmeisen [Schirmayser], P. Johann (Bohem.), geb. zu Neiße in Schlesien 17. Jan. 1657, eingetr. 27. April 1677, kam 1687 nach den Philippinen, war 30 Jahre Missionär auf den Marianen, „ein wahrhaftig apostolischer und bewährter Mann aus der böhmischen Provinz", starb 20. Febr. 1719 auf der Insel Rota. (Wiener Verz.; W.-B. Nr. 151, 4.) — Schriften: Handschr. Bericht über ihn an den Provincial der Philippinen vom 27. Mai 1720 im Wiener Staats-Archiv, Geistl. Angel. Nr. 415, VI.

Schmitz, P. Bernhard (Rhen. Inf.), geb. zu Doesburg, Provinz Gelberland (Holland), 18. Nov. 1688, eingetr. 18. Mai 1708, ging nach den Philippinen 1721 (Ankunft 1723), wirkte in Manila, bann 8 Jahre auf Minbanao, 3 Jahre als Rector bes Collegs zu Samboangan, bann Oberer ber Mission auf ben „Schwarzen Inseln" (Ylog), Commissär bes Bischofs von Cebu unb Protector ber Inbianer; stirbt um 1747. Im W.-B. Nr. 600, 65 wirb er genannt „ein in Holland geborener Teutscher unb nicht weniger von seinem abelichen (!) Herkommen als apostolischen Tugenben höchst ansehnlicher Mann". — Schriften: Brief vom 20. April 1783 im W.-B. Nr. 638.

Sonnenberg, v. [span. (be) Monte], P. Ignaz (Germ. Sup.), geb. 20. Juli 1612 zu Luzern, eingetr. 7. Sept. 1628, kam 1676 nach China (siehe ebb.), ging später, nach ben Cat. zu urtheilen, nach ben Philippinen, wirb als Missionär bei ben Inbern unb zweimal als Rector von Selan aufgeführt; scheint nach China zurückgekehrt zu sein. (Cat.)

Stainbeck, P. Wolfgang (Germ. Sup.), geb. 24. Dec. 1699 in ber Diöc. Salzburg („Oberetiensis"?), eingetr. 14. Sept. 1719, kam 1755 in bie Mission, wirb 1761 als Rector bes Collegium Agannalense auf ben Marianen aufgeführt. (Cat.)

Steinhaufer [span. Juan be Pebrofa], P. Abolf (Austr.), geb. 29. Nov. 1613 zu Laibach („Labacum") in ber Krain, eingetr. 17. Nov. 1630, kam 1642 in bie Mission. (Cat.)

Stengel, P. Franz (Bohem.), geb. 1. Juni 1738 zu Pretznitz (Bretznitz) in Böhmen, eingetr. 9. Oct. 1739, kam 1752 in bie Mission, lebte noch 1768. (Cat.)

Sterzl [Sterzel, Br. Franz], P. Franz (Bohem.), ging nach bem Wiener Berg. 1722 in bie Mission, finbet sich 1749—1763 in ben Cat. berselben.

Stiller, P. Matthäus (Bohem.), geb. 1. Sept. 1720 in Mähren (Diöc. Olmütz), eingetr. 9. Oct. 1738, kam 1752 in bie Mission. (Cat.)

Strobach [Strohbach; von ben Spaniern Carlos Calvanese umgetauft], P. Augustin (Bohem.), geb. 1. Jan. 1649 (al. 12. März 1646) zu Iglau in Mähren, eingetr. 23. Aug. (al. 14. Oct.) 1667, Professor ber Humanität, kam 1682 nach ben Philippinen, wirkte bann auf ben Marianen mit außerordentlichem Segen, warb Sept. 1698 (al. Aug. 1684) auf ber Insel Tinian von ben Wilben erschlagen. Der Leichnam wurbe nach Sevilla gebracht unb in ber bortigen Jesuitenkirche beigesetzt. (Platzweg 111 ff.; hanbschr. Brief unb Berichte über sein Martyrium im Wiener Staats-Archiv, Geistl. Angel. Nr. 419; Vita P. Strobach von P. E. be Boye im W.-B. Nr. 4; vgl. W.-B. Nr. 4, 6; Nr. 8, 18; Nr. 30, 88; Nr. 31, 101; Nr. 36, 2; Nr. 52, 74; Nr. 151, 4; Carayon, Bibl. histor. n. 2624, p. 354; Eloglum V. P. Aug. Strobach, hanbschr. in Privatbesitz; Ménol. II, 134; Le Gobien, Hist. des Isles Marianes l. 9, p. 388 ss.; Ortiz, Istoria delle Isole Mariane 634; Pelzel 99.) — Schriften: Brief unb ausführliche Berichte im W.-B. Nr. 4—6.

Tilpe, P. Johann (Bohem.), geb. zu Neiße in Schlesien 10. Oct. 1644, eingetr. 14. Oct. 1666, ging 1678 nach ben Philippinen, 1683 nach ben Marianen unb starb bort 9. Juli 1710. Sein spanischer Deckname war Luis

Turcotti de Nissa de Austria. Wird im W.-B. Nr. 52, 73 als Oberer
der Marianischen Missionen aufgeführt. (Cat.; Pelzel 128.) — Schriften: Drei
Briefe im W.-B. Nr. 3. 64. 81.

Urfahrer [Urfarer, Uhrfahrer], P. Franz Xaver (Germ. Sup.),
aus Regensburg, geb. 28. (al. 18.) Febr. 1691, eingetr. 7. (al. 22.) Sept. 1707,
kam nach den Philippinen 1723, wirkte auf den Marianen 1760—1766, wird
W.-B. Nr. 539, 73 als eifriger und arbeitsamer Missionär, trefflicher Musiker,
Rector des Knabenseminars auf den Marianen gerühmt; vgl. W.-B. Nr. 300, 98.
Die Spanier nannten ihn einfach P. Francesco Xavier. (Cat.; Sulzb. Kal.
1890, 15.)

Victorin, Br. Franz (Bohem.), geb. 10. Oct. 1714 zu Glatz (? „Glatto-
viensis") in Schlesien, eingetr. 23. Oct. 1742, kam nach den Philippinen
1747. (Cat.)

Walter, P. Victor (Germ. Sup.), geb. in der Diöc. Brixen 14. Aug.
1689, eingetr. 24. (al. 18.) Sept 1708, ging nach Lang im Jahre 1721 nach Südamerika, wirkte am Marañon (?), kam dann 1724 nach den Marianen, machte von
hier aus zweimal den Versuch, auf den Karolinen Fuß zu fassen, war 1736 Visitator
der Marianen und Vice-Provincial. Er starb 12. Dec. 1745. (Notizen im W.-B.
Nr. 43, 300; Nr. 533; Nr. 540, 77 ff.; Delgado 128 sg.; Cat.) — Schriften:
Brief im W.-B. Nr. 608.

Wilhelmi, P. Joseph (Rhen. Inf.), geb. zu Linz am Rhein 20. März
1710 (al. 19. März 1716), eingetr. 19. Oct. 1729, reist 1740 nach Spanien,
wird hier von P. Jakob Heipel in der spanischen und indianischen Sprache unterrichtet und geht am 1. Febr. 1744 unter Segel nach Mexico und weiter nach den
Philippinen, wo er im Juli 1745 anlangt. Wirkt in der Mission von Zam-
boanga auf der Insel Mindanao mit apostolischer Hingabe und großem Erfolge
und starb 1748 im Dienste ansteckender Kranken auf den Jolo-(Sulu-)Inseln, wo
er sich die Freundschaft und das Vertrauen eines mohammedanischen kleinen Sultans
erworben hatte. (W.-B. Nr. 663, 122 f.; Ménol. I, 523; Platzweg 192—198.) —
Schriften: Neun Briefe im W.-B. Nr. 654—662. Er verfaßte nach W.-B.
Nr. 661, 105 auch mehrere Schriften in den einheimischen Sprachen.

Zanzini [span. Sanchez], P. Joseph (Austr.), geb. zu Triest 6. März
1616, eingetr. 25. Jan. 1632, kam um 1640 nach den Philippinen, lehrte hier
4 Jahre Rhetorik, wirkte dann 14 Jahre lang als Missionär, war 9 Jahre Rector
in Dapitan, ebensolang in Bohol, 3 Jahre Vice-Provincial; Provincial und starb
zu Manila 1692. — Schriften: Brief von 1670 im W.-B. Nr. 11.

B. Portugiesisch und Französisch Ostindien.

1. Vorderindien.

Provinz von Goa.

Errichtet durch den hl. Franz Xaver 1549, zählte (1616: 280) 1750: 150
Jesuiten (103 Priester) und 46 Niederlassungen: 1 Professhaus, 10 Collegien,
1 Noviciat, 3 Seminarien und Convicte, 3 Residenzen, 28 Missionen, die über

einen großen Theil Süd- und Nordindiens bis nach Tibet hin zerstreut lagen. Besonders zu nennen ist die Mission im Reiche des Großmoguls mit Stationen in Agra, Delhi, Lahor, Patna ꝛc.

Provinz von Malabar.

Von Goa getrennt um 1610, zählte (1616: 150) 1750: 47 Jesuiten (46 Priester) und besaß 49 Niederlassungen (8 Collegien, 2 Seminarien und Convicte, 25 Residenzen und 14 Missionen), die über Malabar, die Fischerküste, Travancor, Madura, Tanjaour, Ceylon, Birma, Bengalen ꝛc. hin zerstreut lagen. Die französischen Patres (1750: 22) bildeten in Bengalen, Carical, Carnate, Pondichery eine eigene Mission unter französischem Protectorat.

Hier wirkten:

Beuber, P. Georg (Rhen. Inf.), geb. in Bingen 13. Oct. (al. 18. Dec.) 1723, eingetr. 17. Oct. 1740, reist nach Ostindien 1752, stirbt in der malabarischen Mission 16. Dec. 1769. (Cat.)

Bischopinck, P. Bernard (Rhen. Inf.), geb. 31. Jan. 1692 zu Borken (Westfalen), eingetr. 23. Mai 1708, Professor der Humanität, ging 1728 nach Ostindien, wirkte an der Malabarküste, war Rector von Ambalacate und ebendort Professor der Philosophie und Theologie, starb um 1746. (Cat.) — Schriften: Brief im M.-B. Nr. 601; Auszüge Nr. 739. Dictionarium Malabar. et Samscr. damicolusitanum, cui praefixa est grammatica P. E. Hanxleden S. J. et in fine addita catechesis christiana lingua malabarica. Omnia descripsit accurate P. Jos. Hauseggor, Ungarus e S. J. Siehe unten bei Hanxleben und bei Sommerv. s. v. und VIII, c. 1843.

Bosquetto, P. Daniel (Germ. Sup.), geb. 25. März 1663 in Friaul, eingetr. zu Landsberg 27. Jan. 1681, wirkte vier Jahre in der Mission von Madura, ging 1705 nach Meliapor und dann nach Pondichery. Er starb am 1. Juni 1706.

Bremer, P. Stephan Joseph (Rhen. Inf.), geb. 30. April 1660 zu Wüschheim („Wuschemii") im Jülicherland, eingetr. 2. Mai 1679, wirkte an der Malabarküste, war Professor der Theologie und Vice-Rector von Ambalacate, ging 1705 im Auftrag des Erzbischofs von Cranganor nach Rom. (Cat.)

Cesqui, P. Anton (Germ. Sup.), starb im Reich des Großmoguls 1656. Handschr. Verz. in Arch. Prov. Germ.

Charandy [Charandius], P. Johann Bapt. (Germ. Sup.), geb. 11. Dec. 1659 in Solothurn (Schweiz), eingetr. 8. Juli 1680, ging 1692 nach Ostindien, starb auf der Seereise. (Franco, Syn.; Arch. Prov. Germ. IX. T.)

Czech, siehe Zech.

Deistermann, P. Georg (Rhen. Inf.), geb. 11. Mai 1692 im Münsterschen, eingetr. 7. Juni 1710, begleitete P. Bischopinck nach Indien, war Oberer der Missionsgemeinden an der Küste von Travancor, starb 1740 in Bengalen. (Cat.)

Emmerich, P. Georg (Germ. Sup.), geb. 23. Mai 1669 in der Diöc. Mainz, eingetr. 13. Juli 1688, ging 1700 nach Ostindien, starb aber auf der Fahrt. (Cat.; M.-B. Nr. 93, 59.)

Freysleben [bei Franco Fruileber], P. Benedikt (Germ. Sup.), geb. 4. Nov. 1669 zu Neustadt an der Saale (Bayern), eingetr. 28. Sept. 1687, ging 1700 nach Ostindien und wirkte an der Küste von Malabar. Starb zwischen 1708—1711. (Sulzb. Kal. 1889, 121; W.-B. Nr. 93, 59; Cat.) Von Franco l. c. fälschlich als Italus bezeichnet.

Gabelsberger, P. Anton (Germ. Sup.), geb. 10. Sept. 1704 zu Mainburg, Diöc. Regensburg (Niederbayern), eingetr. 9. Oct. 1719, ging um 1736 nach Ostindien, zog in Begleitung des P. Strobl 1738 ins Reich des Großmoguls, starb aber schon um 1740 im Reich des Königs Savay-Daepor. (Vgl. W.-B. Nr. 639, 127; Nr. 643; Müllbauer, Gesch. der kathol. Mission in Ostindien [München 1851], 287.) Lang läßt G. fälschlich nach Amerika gehen.

Gast, P. Chrysostomus, ging 1629 über Lissabon nach Ostindien. (Franco l. c.)

Hanxleben, P. Johann Ernst, geb. zu Ostercappeln bei Osnabrück 1681, eingetr. 30. Nov. 1699, machte sein Noviziat während seiner Reise nach Ostindien als Reisegefährte der Patres Wilhelm Weber und Wilhelm Mayer, die beide auf der Reise starben. H. gelangte nach einer abenteuerlichen Reise durch Syrien, Armenien, Persien glücklich in Goa an. „Er hat über 30 Jahre im Malabarschen Weinberg unermüdet gearbeitet, hat sich durch seine ungemeine Tugend, Wissenschaft und Dienstfertigkeit bey allen ein unvergleichliches Lob und ruhmwürdigsten Nachruhm erworben." (W.-B. Nr. 601, 197.) Er starb 20. März 1732 in Palur (Pashur). — Schriften: H. war ein bedeutendes Sprachtalent und ist als ein Begründer und Bahnbrecher der Sanskritstudien zu betrachten. „Er verfaßte die erste Grammatik, welche in Europa im Druck erschien, und in Verbindung mit P. Pimentel auch ein malabar-sanskrit-portugiesisches Wörterbuch" (Müllbauer 289; vgl. oben S. 88 f.). Eine Reihe handschriftlicher Werke in gebundener und ungebundener Rede wird in der Propaganda-Bibliothek aufbewahrt. Vgl. Examen Hist.-Crit. Indicorum librorum bibl. S. Congr. de prop. fide. Auct. P. Paulino a S. Bartholomeo, Carm. Disc. . . . Romae 1792, p. 51. 55. 77, und India Orientalis Christ. desselben Verfassers p. 191. (Siehe auch Dahlmann a. a. O. S. 16 f. und Sommerv.) Notizen bei Platzweg 66 ff.; W.-B. Nr. 93, 59; M. Müller, Vorlesungen über die Wissenschaft der Sprache, 1. Bd., 2. Aufl. 1866, 429. Hervas, Catálogo de las Lenguas II, p. 132 sg., sagt von ihm: „Este jesuita, segun me ha dicho el referido Fray Paulino, llegó á hablar la lengua malabar, y á entender la samscreda con mayor perfeccion que los Brahmanes, como lo demuestran sus insignes manuscritos en dichas lenguas." Bei Müller a. a. O.

Hartmann, P. Jakob (Rhen. Inf.), geb. 1. Mai 1705 zu Hadamar im Nassauischen, eingetr. 18. Oct. 1725, ging 1737 nach Ostindien, wirkte in der Mission von Madura im Distrikt Malcibipatti (W.-B. Nr. 603, 41; Nr. 634, 104); 1752 noch am Leben. (Cat.)

Hausegger, P. Jakob (Austr.), geb. 9. März 1700 zu Schemnitz in Ungarn, eingetr. 27. Oct. 1715, Professor der Humanität und Rhetorik, ging 1730 nach Ostindien, wirkte an der Malabarküste in Meliapor und Travancor, war Rector des Collegs von Ambalacate; starb 1765. (Cat.; W.-B. Nr. 585, 75.) — Schriften: Zwölf Briefe im W.-B. Nr. 636. 724—736. Vgl. Sommerv. s. v. und sub Bischopink.

Hütlin [Hütlein, Hütli], P. Anton (Germ. Sup.), geb. zu Konstanz 6. März 1700, eingetr. 8. Oct. 1715, Professor der Humanität und Rhetorik, ging 1730 nach Malabar, wo er 12 Jahre arbeitete, war u. a. Vice-Rector „Collegii Bengalensis", Oberer der Pfarreien an der Küste von Travancor, dann Missionär im District Talla an der Fischerküste, ging um 1740 nach Europa, um für die Mission Almosen zu sammeln, blieb, wie es scheint, in Deutschland zurück, docirte Moraltheologie und canonisches Recht in Amberg, München und Trient und starb als Studienpräfect zu Landshut 31. März 1761. (Vgl. Lang 198; W.-B. Nr. 636, 111; Cat.; Sommerv.) — Schriften: Ein Brief im W.-B. Nr. 605.

Jackesch, P. Joachim (Bohem.), findet sich 1739 als Professor der Theologie im Colleg von Ambalacate in der Mission von Malabar. (W.-B. Nr. 634, 104.) Hatte wahrscheinlich einen andern Namen angenommen.

Kette, Br. Johann, ein Tiroler, geb. um 1720, eingetr. 1751, 1756 im Colleg von Rachol (Provinz Goa) Sacristan und Kleiderverwahrer. (Cat.)

Koch [Roc], P. Franz Borgia (Austr.), geb. zu Klagenfurt 10. Oct. 1678, eingetr. 20. Oct. 1695, Professor der Humanität, ging nach Vorderindien um 1705, wurde für die Mission von Tibet bestimmt, dessen König um Missionäre gebeten hatte, starb aber schon bald in Agra 8. Oct. 1711. (Cat.) — Schriften: Brief von Goa 1706 im W.-B. Nr. 117.

Röning [Königs], P. Martin (Rhen. Inf.), geb. zu Köln 14. Jan. 1704, eingetr. 19. Oct. 1724, Professor der Humanität und Rhetorik, ging nach der Mission von Mabura 1737, wirkte in Travancor (W.-B. Nr. 634, 104), mußte beim Krieg gegen die Holländer im portugiesischen Heere als Soldat mitbienen (ebb. 604), starb 4. Juli 1741 an der Küste von Travancor („in pago Iacum"). — Schriften: Briefe im W.-B. Nr. 604. 738. Vgl. Sommerv.

Kopff [Koph, bei Franco Rephel], P. Joseph (Germ. Sup.), geb. 21. Nov. 1666 zu Bamberg in Bayern, eingetr. 21. Sept. 1688, geht 1699 nach Ostindien, wirkte an der Malabarküste. (Franco 406; Cat.)

Krening [Kreningh, irrthümlich auch Kroning, Khrening], P. Joseph (Rhen. Inf.), geb. zu Lille 9. Febr. 1705, eingetr. 8. Oct. 1725, Professor der Humanität und Rhetorik, ging 1737 nach Malabar, war Professor der Theologie im Colleg von Ambalacate (W.-B. Nr. 634, 104), diente im Krieg den portugiesischen Truppen als Feldkaplan auf der Festung Travancor und wirkte im District Cotale. Er starb um 1789. (Cat.) — Schriften: Conquistas na India em Apostolicas Missoens da Comp. de Jesus … até o anno de 1744. … Lisboa 1750. 4°, p. 56. Vgl. Sommerv.

Mahl, P. Peter (Rhen. Inf.), aus Ilbenstadt (Diöc. Mainz), geb. 19. Sept. 1709, eingetr. 17. Oct. 1740, geht 1752 nach Ostindien und stirbt auf der Insel Ceylon 26. Sept. 1765. (Cat. mscr.)

Manes [Mansi], P. Vigilius (Germ. Sup.), geb. 12. Juni 1666 in Tirol (Diöc. Trient), eingetr. 27. Sept. 1684, kam in die Mission von Malabar 1701, kehrte 1721 zurück und starb 19. Oct. 1743 zu Trient. (Cat.)

Matter [Mattern, Matern, bei Franco Mater], Br., später P. Christoph (Bohem.), geb. zu Grischau in Böhmen (nach Pelzel 135 in Schlesien) 13. Dec. 1661, eingetr. 9. Oct. 1681 als Bruder, Apotheker, ging 1708 nach Lissabon, wo er zeitweise am Hofe festgehalten wurde, reiste 1709 nach Goa, wo er das europäische Apothekerwesen einführte und hochgeschätzt war (siehe oben S. 81 f.). Um 1719 wurde er Priester und starb zu Goa 21. Mai 1721. (Cat.; Wiener Verz.; Franco l. c.) — Schriften: Ein Brief vom 26. Dec. 1710 im W.-B. Nr. 508. Handschriftl. Brief vom 15. Jan. 1717 und 20. Jan. 1719 aus Goa im Wiener Staats-Archiv, Geistl. Angel., Nr. 415, VI.

Maur, P. Thomas (Rhen. Inf.), aus Hammerstein (Diöc. Trier), geb. 19. Nov. 1716, eingetr. 17. Oct. 1740, geht 1753 nach Malabar, lebt noch 1770. (Cat. mscr.)

Mautner [Mauther], P. Joseph, geb. in Olmütz (Mähren) um 1730, eingetr. 1750 zu Rom, wirkte bis zur Vertreibung u. a. in missione ad flumina Senner (?), starb 7. Mai 1761 auf der gewaltsamen Deportation von Goa nach Lissabon auf hoher See. (Vgl. Carayon IX, 248; Handschr. Verz.; Murr, Journ. IX, 228.)

Mayr [Meyer], P. Wilhelm (Germ. Sup.), geb. zu Deggendorf an der Donau (Bayern) 14. März 1661, eingetr. 15. Aug. 1682, reiste 1699 als Begleiter P. Wilhelm Webers (siehe unten) nach Ostindien und starb auf der Reise 28. Nov. 1700. (Vgl. Platzweg 58 ff.; W.-B. Nr. 93, 60. 65; Sulzb. Kal. 1889, 4.)

Müller, Br. Jakob (Rhen. Inf.), geb. zu Köln 16. Jan. 1717, eingetr. 30. April 1738, Apotheker, reiste 1750 nach Goa und wirkte bis zur Vertreibung 1759, schmachtete längere Zeit in den Kerkern von St. Julian zu Lissabon, wurde 1767 befreit und lebte später im Colleg „tribus a Coronis" als Krankenwärter. 1770 noch dort. (Vgl. Kathol. Missionen 1891, 137 ff.; „Jakob Müllers Erlebnisse und Leiden" . . . nach einem Bericht im Arch. Prov. Germ. S. VII. F. E.¹; Murr, Journ. VIII, 184. 269.)

Obstzierer, P. Wilhelm (Bohem.), geb. 9. Juni 1716 zu Schwersenz in Posen („Schwerecensis"), eingetr. 8. Jan. 1734, kam 1748 für Paraguay bestimmt nach Lissabon, wurde aber als Professor der Theologie nach Goa gesandt (Baucke 704); findet sich dort 1752 als primarius professor Theologiae, 1756 auch als Studienpräfect im Colleg St. Paul zu Goa. (Cat.)

Pfleger, P. Franz (Germ. Sup.), geb. 1. Oct. 1706 zu München, eingetr. 13. Sept. 1724, ging 1737 nach Ostindien, wirkte an der Fischerküste und wird 1739 als todt gemeldet. (W.-B. Nr. 634, 104; Cat.)

Przikril [Pridril, Pizikril, Pridil, Preikwil], P. Karl (Bohem.), geb. 7. Dec. 1718 zu Prag, eingetr. 9. Oct. 1734, Professor der Humanität, Professor und Kanzler an der Universität Prag, ging 1748, anfangs für Paraguay bestimmt (Baucke 704) nach Goa, docirte hier Theologie („lector extraordinarius"), war lange Jahre Studienpräfect im dortigen Colleg und wirkte bis zur Vertreibung 1759. P. verblieb dann bis zum 10. Juli 1767 im Kerker von St. Julian, war nach seiner Rückkehr in die Heimat Instructor III. anni, Rector des Collegs zu Königgrätz und nach Aufhebung der Gesellschaft Spiritual im dortigen Seminar. Er starb 8. (al. 18.) Jan. 1785. (Ménol. I, 23; Litt. ann. Prov. Bohem. 1740; Pelzel 177.) — Schriften: Briefe bei Carayon II, 716 in Vita P. Camerini. Handschr. Brief aus dem Kerker von St. Julian von 1766 im Arch. Prov. Germ. IV. A. 13. „P. P. benützte die Kerkerhaft von St. Julian, um eine Grammatik (Grammatica linguae Canarinae, quam gentiles Goani et circumiacentes ethnici inter se loquuntur) und ein Wörterbuch der Kanaresischen Sprache auszuarbeiten. Den Stoff hatte er während seiner Missionsthätigkeit im Kanari-Gebiete gesammelt und bei der Verbannung glücklich nach Europa gebracht" (Dahlmann 16). Ebendort verfaßte er Dramen und Gedichte und arbeitete an einer griech.-latein. Grammatik. Weitere Notizen bei Murr, Journ. VIII, 183; IX, 239; XIV, 208 ff.; Pelzel 236; Murr, Geschichte II, 191.

Ratkay, P. Nikolaus (Austr.), Bruder des P. Johannes R. (siehe unter Mexico), aus Pettau (Steiermark), ging um 1660? nach Ostindien. „Beide (Brüder) sind nicht ohne Nachruhm der Heiligkeit gestorben" (W.-B. Nr. 29, Schlußnote).

Renon, P. Anton (Rhen. Inf.), geb. 18. Dec. 1723 zu Bonn, eingetr. 21. Oct. 1741, ging 1754 nach Ostindien, wirkte noch 1770 als Missionär an der Malabarküste.

Riebler, P. Joseph (Germ. Sup.), geb. 1. Sept. 1678 zu München, eingetr. 21. Sept. 1695, reiste 1714 mit P. Mittermayr nach Ostindien und ging, wie es scheint, wie dieser bei einem Schiffbruch unter. (Cat.; Franco, Syn. 450.)

Roth [Robius], P. Heinrich (Germ. Sup.), geb. zu Dillingen 18. Dec. 1620, eingetr. 25. Oct. 1639, ging 1650, für Aethiopien (Abessinien) bestimmt (siehe Anhang), nach dem Orient, war 1651 in Smyrna, reiste dann nach Indien, war Pfarrer in Salsette, Rector in Agra. „Hat sehr viele Landschafften in Asien öfters durchreiset und sich endlich zu Agra in der Haupt- und Residenzstadt des Groß-Mogols oder des Indianischen Kaysers beyläuffig Anno 1653 best gesetzt, von wannen er gewisser Geschäfte und absonderlich neuer Gehülffen wegen nach Rom zurückgekehrt und mit solchen wieder zu gedachtem Agra angelangt: letztlich aber daselbst nach so langwierig als fruchtbarer Müheverwaltungen voll des geistlichen Trostes den 20. Junii 1668 gottselig verschieden ist." (W.-B. Nr. 35; Sulzb. Kal. 1890, 3; Ménol. I, 530; Max Müller a. a. O. 427; vgl. oben S. 89.) — Schriften: Schriften über die Lehre der Brahminen und über die Sanskrit-Sprache wurden von seinem gelehrten Ordensbruder P. Athanasius Kircher veröffentlicht. Relatio rerum notabilium Regni Mogor . . . (Aschaffenburg 1664 und 1668). 4°, 15 pag.; Briefe im W.-B. Nr. 35; bei Scherer, Atl. Novus II, 70; Variae relationes de regno Mogol, dum Neoburgi adesset, handschr. in der Bibl. Royale zu Brüssel, n. 6828/29, fol. 415.

Scherpenseel, P. Matthias (Rhen. Inf.), geb. 16. Jan. 1720 in Jülich, eingetr. 20. Oct. 1738, ging 1752 nach Ostindien. (Cat.)

Souveles [bei Franco Sabelit], P. Sebastian (Rhen. Sup.), ein Luxemburger („Alanticensis"), geb. 10. Mai 1662, eingetr. 20. Juli 1683 zu Mainz, Professor der Rhetorik, ging 1698 nach Ostindien. (Cat.; W.-B. Nr. 93, 59; Franco l. c.)

Stocker [Stoker], P. Franz Xaver (Bohem. oder Germ. Sup.), geb. 29. Juli 1706 zu Eichstädt in Bayern, eingetr. 20. Sept. 1723, ging 1737 nach Ostindien, wirkte nach einem Briefe vom Jahre 1739 „an den Fischer-Küsten auf den Missionen" (W.-B. Nr. 634, 104 und Nr. 636, 111; Müllbauer 289), wurde 1742 nach Europa zurückberufen und starb zu Amberg 4. April 1762. (Cat.; Lang 199.)

Strobl [Strobel], P. Anbreas (Germ. Sup.), geb. 23. Jan. 1703 zu
Schwanborf in Bayern, eingetr. 30. Sept. 1721, Professor ber Humanität, ging
1736 nach Ostinbien, folgte 1740 einem Ruf bes heibnischen Fürsten von Jaepor
in bessen Lanb, kam 1743 nach Agra, 1745 zum Großmogul nach Delhi, ber ihn
mit Ehren empfing unb wegen seiner Kenntnisse unb Leistungen in ber Mathematik,
Astronomie, Mechanik unb Gnomonik hochschätzte. Er lebte hier sehr arm, bisputirte
fleißig mit ben mohammebanischen Mollas, wurbe 1749 nach Narwar versetzt unb
starb um 1770. (Müllbauer 287; Sulzb. Kal. 1890, 4; Cat.) — Schriften:
Zwölf Briefe im W.-B. Nr. 641—650; Nr. 806—807.

Tanglerner, P. Paul (Austr.), geb. 1710/11 zu Müllstabt in Kärnten
(„Millestadii"), eingetr. 1731, kam 1748 nach Goa, wirkte 8 Jahre lang in ber
Mission von Maissur unb war 1756 bort Oberer.

Tieffenthaler, P. Joseph (Germ. Sup.), geb. zu Bozen (Tirol) 27. April
1710, eingetr. 9. Oct. 1729, Professor ber Humanität, ging 1740 nach Ostinbien,
kam 1743 ins Reich bes Großmogul, war Rector bes Collegs in Agra, starb um
1770. (Bibl. Univ.; Müllbauer 287.) — Schriften: T. war ein ausgezeichneter
Kenner ber inbischen Literatur, Geographie, Naturgeschichte, stanb in wissenschaftlicher
Correspondenz mit Anquetil Du Perron, Krutzenstein (Professor ber Mebicin in
Kopenhagen) u. a. Ein Theil bieser Correspondenz wurbe von Bernoulli herausgegeben. „Des P. J. T. histor.-geograph. Beschreibung von Hinbustan" (mit Karten
unb Figuren). 3 Bbe. 4°, Berlin unb Gotha 1785—1788; Auszug ebb. 1785 bis
1786, zwei Bänbe in 8°; franz. Ausgabe Berlin 1786—1788; ber zweite Banb
enthält Briefe unb kartographische Arbeiten T.s. Banb II, 2. Theil S. 419 enthält ben Katalog ber an Krutzenstein gesanbten wissenschaftlichen Arbeiten, über
breißig an ber Zahl. Ein Brief im W.-B. Nr. 651. Vgl. auch Journal des
Savants XVII, 17; Hunter, Gaz. of India I, 386; V, 149; VIII, 132; IX, 151 f.;
X, 32; XII, 332. Des Fra Paolino ba San Bartolomeo Reise nach Ostinbien.
Aus bem Französ. von J. R. Forster, Berlin 1798, S. 235 f. Carte Générale du
cours du Gange et du Gagra dressée par les cartes particulières du P. Tieffenthaler par M. Anquetil du Perron à Paris 1784.

Weber, P. Wilhelm (Germ. Sup.), geb. 21. Aug. 1663 zu Erfurt, eingetr.
15. Juli 1685, ging am 3. Nov. 1699 von Livorno aus nach Ostinbien. Der
Weg ging über Cypern, Aleppo, Mesopotamien unb bann unter aufregenben Abenteuern quer burch Armenien unb Persien nach Benber-Abbas am Persischen Meerbusen unb von hier (3. Nov. 1700) zu Schiff nach Goa. Auf ber Seereise brach
an Borb eine ansteckenbe Krankheit aus, bie auch W., ber burch bie Strapazen ber
Lanbreise unb bie hingebenbe Krankenpflege geschwächt war, am 25. Mai 1700
hinwegraffte. (Vgl. oben S. 48 Anm.; Platzweg 54 ff.; W.-B. Nr. 93; Sulzb.
Kal. 1889, 121. „Ostinbische Reisebeschreibung bes Herrn Joh. Kaspar Schillinger."
Nürnberg 1707.)

Weiß, P. Franz, geb. zu Zellingen in Franken (Diöc. Würzburg) 15. Mai
1672, war zeitweise Felbkaplan ber beutschen Truppen in Genua, ging 1699 nach
Lissabon unb trat 11. April 1699 ins Noviziat zu Evora ein, reiste 25. März 1700
nach Ostinbien, wirkte in ber goanischen Provinz bis 1743. (Sulzb. Kal.
1889, 121; W.-B. Nr. 93, 59; Cat.)

Wenbel, P. Franz, ein Deutscher, 1751 mit 25 Jahren zu Florenz aufgenommen, war 1756 im Colleg von Diu in ber Provinz von Goa.

Barth, P. Albert, geb. um 1718 zu Blankenberg, eingetr. 1737, findet sich 1756 als Missionär in Rittar, Provinz Goa. (Cat.)

Zech [Czech], P. Friedrich (Germ. Sup.), geb. 28. Febr. 1678 zu München, eingetr. 20. Sept. 1695, seit 1700 in Ostindien, wirkte an der Fischerküste (Ramesuram), war 1718 Rector in Meliapor, 1722 Rector Collegii Bengalensis, scheint um 1729 gestorben zu sein. (Cat.) — Schriften: Zwei Briefe im W.-B. Nr. 62 und 74.

2. Hinterindien.

Vice-Provinz von Japan.

Die alte Provinz Japan, 1612 errichtet, bestand nach der furchtbaren Verfolgung seit dem Beginn des 17. Jahrhunderts und der Vertreibung aller Missionäre (um 1650) nur mehr nominell weiter und umfaßte nun außer Macao und dem portugiesischen Besitz in China die Länder Hinterindiens: Tonking, Cochinchina, Cambodscha, Siam und später Malacca. Sie zählte 1750: 57 Jesuiten (41 Priester), 18 Residenzen, 1 Colleg und eine größere Anzahl Missionsstationen.

Hier wirkten:

Bürgin [span. Borges], P. Onuphrius (Germ. Sup.), aus Luzern (Schweiz), geb. 1614, eingetr. 1630, Lehrer am Colleg zu Innsbruck, geht 1638 (1640) in die Mission von Japan, von dort nach wenigen Jahren nach Tonking, wo er 1648 Oberer der Mission wird. Zehn Jahre später bei Ausbruch der Verfolgung war B. abermals Missionsoberer und durfte allein mit P. Tissanier zurückbleiben. Nach achtzehnjähriger Wirksamkeit in Tonking 1663 vertrieben, starb er kurz darauf zu Jacatara 18. Jan. 1664. Bald darauf traf vom General in Rom seine Ernennung zum Provincial von Japan ein. (Franco, Syn.; W.-B. Nr. 10, 29; P. de Montéron, Missions de la Cochinch. et du Tonquin 1658, u. a. O. p. 101; Arch. Prov. Germ. IX. T.; Pachtler, Das Christenthum in Tonking 110 ff.; Ménol. II, 28, wo als Todesjahr fälschlich 1633 steht; Cat.) — Schriften: Brief aus Tonking bei Kropf, Hist. Prov. Germ. Sup. Dec. 10, n. 227.

Enggers [Engers], P. Hermann (Rhen. Inf.), aus Salzkotten (Diöc. Paderborn), geb. 4. März 1708, eingetr. 19. Oct. 1727, starb auf der Reise von Macao nach Tonking 2. Dec. 1740 im Kerker zu Kincheu. (Pachtler 287 Anm. und 344; W.-B. Nr. 708, 67; vgl. Nr. 705, 41. „In ihm ist unserem lieben Teutschland eine neue Zierde zugewachsen." W.-B. Nr. 676, 40.)

Gietl, P. Theodor (Germ. Sup.), geb. 9. Nov. 1738 zu Neuburg, Diöc. Augsburg (Bayern), eingetr. 9. Oct. 1755, Professor und Subregens am Convict St. Ignaz zu Ingolstadt, reiste 1772 in die Mission von Tonking ab, wo er 1786 starb. (Cat.; Sulzb. Kal. 1890, 11.)

Graff, P. Jakob (Rhen. Inf.), geb. zu Nieberberg (Diöc. Trier) 13. Aug. 1709, eingetr. 19. Oct. 1727, ging 1738 in die Mission, docirte zu Macao Philosophie, erlitt auf der Fahrt nach Siam 1743 Schiffbruch, blieb und wirkte in Cochinchina bis 1750, war Oberer der Mission (W.-B. Nr. 715, 94), später Procurator der japan.-chines. Provinz, Rector des Collegs von Macao, Socius des Provinzials und Consultor des Visitators. Nach der Vertreibung 1762 kam er nach

Lissabon, kehrte nach seiner Befreiung 10. Juli 1767 nach der Heimat zurück und starb in Trier 28. Febr. 1773. (Cat.; Platzweg 829; Kathol. Missionen 1891, 198. 231; Pachtler 240; Carayon IX, 121. 164. 244; W.-B. Nr. 713, 30.) — **Schriften:** Latein. Bericht über seine Abführung von Macao über Bahia nach Lissabon bei Murr, Journ. VIII, 244. 251 ff. Brief vom 5. Juli 1762 bei Carayon l. c. Auszug aus zwei Briefen im W.-B. Nr. 712.

Gruber [Grueber], P. Johann (Bohem.), geb. 8. Oct. 1708 zu Nimburg in Böhmen, eingetr. 21. Oct. 1725, ging 1737 in die Mission (W.-B. Nr. 590, 100), wirkte in Cochinchina (ebb. Nr. 594) und starb dort 23. Juli 1741 als Opfer seines Uebereifers, indem er trotz schlimmer Erkrankung zwei Tagereisen weit zu einem Sterbenden eilt. Ein Franziskaner nennt ihn einen „büßenden Engel", und P. Siebert (siehe diesen Namen) lobt ihn wegen seiner bewunderungswürdigen Geduld, Demuth, Abtödtung und seines Seeleneifers. (W.-B. Nr. 707, 51.)

Gumb, P. Simon (Rhen. Sup.), geb. in Tirol 28. Oct. 1708, eingetr. 28. Sept. 1736, kam 1751 nach Tonking. Trotz der Verfolgung hielt er mit mehreren Mitbrüdern muthig aus bis zur gewaltsamen Vertreibung. Er hatte, um am Hofe Zutritt zu erlangen, eigens Mathematik und die Feuerwerkkunst gelernt und sich aus Europa auch Bücher über die Büchsenmacherkunst verschrieben. Er starb bei der Deportation auf der Fahrt von Goa nach Lissabon 17. März 1761. (Vgl. Murr, Journ. VIII, 181; IX, 228; Carayon IX, 244; Pachtler 289. 345.) — **Schriften:** Ein Brief im W.-B. Nr. 697.

Hoppe, P. Johann (Bohem.), geb. zu Schweidnitz in Schlesien 12. Juli 1708, eingetr. 20. Oct. 1724, war 1737 in Japan und kam von dort 1740 nach Cochinchina, wurde 1750 mit andern Missionären festgenommen, gefoltert, verbannt, ging nach Macao und von dort nach Tonking, wo er bis zu seinem Tode 1783 unter den schwierigsten Verhältnissen aushielt. (Vgl. W.-B. Nr. 707; Pachtler 253. 289. 340 ff.) — **Schriften:** Zwei Briefe im W.-B. Nr. 719. 720.

Kahser [Kaiser, Keiser], P. Joseph Johann (Germ. Sup.), geb. zu Burghausen in Bayern 8. Jan. 1706, eingetr. 21. Sept. 1727, ging 1738 nach Cochinchina, wurde auf dem Wege dahin an der Grenze Tonkings festgenommen und zu Kincheu eingekerkert, kam dann nach Macao und von hier nach Tonking, wo er 1764 starb. (Vgl. W.-B. Nr. 705, 41; Nr. 676, 49; Pachtler 289. 340 ff.) — **Schriften:** Ein Brief im W.-B. Nr. 708. Handschr. Brief aus Macao, 14. Nov. 1741, im Arch. Prov. Germ. S. IV. F. A. 15.

Koffler, P. Johann (Bohem.), geb. zu Prag 19. Juni 1711, eingetr. 10. Nov. 1726, reiste 1739 über Goa nach Macao, wo er 26. Juli 1740 anlangte, kam 1740 nach Cochinchina, gewann durch seine medicinischen Kenntnisse großen Einfluß, wurde 1747 als königl. Leibarzt an den Hof gerufen, mit dem Titel Nhiem, d. h. „tiefer und verschwiegener Lehrmeister", ausgezeichnet und beim Ausbruch der Verfolgung 1750 allein von allen Missionären am Hofe zurückgehalten, mußte die einheimischen Christen unter den schwierigsten Verhältnissen zusammenzuhalten und neue zu gewinnen, bis 1755 auch er dem Sturme weichen mußte und nach Macao ging. Nach der Vertreibung duldete er lange in den Kerkern von St. Julian, wo er sein Werk Hist. Cochinchinae descriptio verfaßte, das Ch. v. Murr 1803 zu Nürnberg herausgab. 10. Juli 1767 als österreichischer Unterthan in Freiheit gesetzt, begab er sich über Italien nach Oesterreich und arbeitete bis zu seinem

Tode 1780 in Siebenbürgen. (Vgl. Pachtler 241 ff.; Murr, Journ. VIII,'244. 248; IX, 247; Duhr, Pombal 147; Notizen im W.-B. Nr. 707. 716. 719 ff.; Carayon IX, 133. 149. 246.) — Schriften: Briefe im W.-B. Nr. 710. 714. 717. 721. 722. Handschr. Brief vom 16. Aug. 1750 im Wiener Staats-Archiv, Geistl. Angel., Nr. 415. Ein Brief von 1765 bei Carayon IX, 133. 246. „Olim Ulissipone in carcere S. Juliani monachus Vallis Umbrosae", schrieb er scherzhaft auf ein Bildchen an P. Karl S. J., Provincial von Oesterreich (Carayon IX, 261, Note). — Der P. „Kostler" bei Carayon l. c. 149 ist wohl Druckfehler für Kossler.

Kratz [Cratz], P. Johann Kaspar, geb. am 14. Sept. 1698 in Golzheim (Jülicherland), trat nach einem sehr bewegten Vorleben — er war Offizier der niederländischen Armee auf Java, dann Kaufmann — ins Noviziat zu Macao in China am 27. Oct. 1730. Er kam 1735 nach Tonking, wurde gleich nach seiner Ankunft mit seinen vier portugiesischen Begleitern und Mitbrüdern ins Gefängniß geworfen und dann nach Macao zurückexpedirt, ging im folgenden Jahre abermals nach Tonking und wurde hier nach langer Gefangenschaft und grausamen Mißhandlungen am 12. Januar 1737 mit drei portugiesischen Patres und mehreren Christen durchs Schwert hingerichtet. (Vgl. Platzweg 285—330; Kathol. Missionen 1881, 217; Annalen des Histor. Vereins für den Niederrhein, 35. Heft, 1880, S. 93 ff.; Franc. Ortmann S. J., Liber de vita et pretiosa morte V. P. J. Caspari Cratz ... Aug. Vind. et Oenip. 1770; W.-B. Nr. 527 und Anhang; Pachtler 283 ff.; Lettres édif.; Ménol. I, 33 ss.; siehe auch oben S. 97.)

Le Clerc, P. Titus (Germ. Sup.), geb. zu Vassy (?„Vasiacensis") in Burgund 4. Jan. 1741, nach Deutschland eingewandert, eingetr. 6. Sept. 1758, ging kurz vor der Aufhebung der Gesellschaft nach Tonking. (Cat. Germ. Sup. 1772,73.)

Messari, P. Joh. Bapt. (Austr.), geb. zu Görz in Friaul (al. Göritz) 12. Aug. 1673, eingetr. 7. Dec. 1701 als Priester, ging 1705 zuerst nach China (siehe dort), dann 1715 nach Tonking, wo er segensreich wirkte, bis er bei der Verfolgung 1721 in den Kerker geworfen wurde und hier nach unzähligen Leiden starb 25. Juni 1723. (W.-B. Nr. 108, 55; Nr. 160, 43; Nr. 201, 24; Pachtler 268 ff.; Bombardi, Undeni Graecenses ... s. v.) — Schriften: Brief aus China von 1715 im W.-B. Nr. 137, bei Pachtler 266 ff.

Mittermayer [Müttermayer, bei Franco Mittermayo], P. Franz Xaver (Germ. Sup.), geb. 28. März 1686 zu Neu-Oetting (Bayern), eingetr. 28. Sept. 1702, ging 1715, ursprünglich für die Mission am Marañon bestimmt, auf den Wunsch der Königin von Portugal mit P. Riedler nach China, von dort nach Cochinchina, erlitt aber Schiffbruch („ad Chumolum in littore Cochinchinensi") und starb 7. Mai 1717. (Franco, Syn. 450. 456; Sulzb. Kal. 1889, 125; W.-B. Nr. 706, 43; Handschr. Verz. im Arch. Prov. Germ.; Cat.)

Nebel, P. Anton (Rhen. Sup.), geb. 15. März 1711 zu Bamberg in Bayern, eingetr. 28. Sept. 1730, ging 1745 in die Mission von Tonking-Cochinchina, kehrte aber im folgenden Jahre zurück. (Cat.)

Neugebauer, Br. Joseph (Austr.), geb. zu Frankenstein (Schlesien) 14. Mai 1700, eingetr. 27. Oct. 1729 als Bruder; Schreiner und Baumeister. Er ging 1736 nach Macao, wurde wegen seiner Talente zum Priesterthum befördert und kam 1740 nach Cochinchina, wo er theils am Hofe als Mathematiker und

Astronom, theils auf der Landmission thätig war. Im Jahre 1750 verbannt, ging er nach Siam, dann nach Macao; 1759 noch am Leben. (Notizen im W.-B. Nr. 587, 82; Nr. 677, 53; Nr. 709, 74; Pachtler 199. 230 u. a.) — Schriften: Zwölf Briefe im W.-B. Nr. 701—705. 715—716. 718—719. 723.

Palaczek [Palazek], P. Wenceslaus (Bohem.), geb. 10. Juni 1704 zu Prag, eingetr. 20. Oct. 1721, guter Prediger, ging 1738 von Goa, für die japanische Provinz bestimmt, unter Segel (W.-B. Nr. 590, 100), reiste dann von Macao aus den Landweg nehmend nach Tonking, wo er 1742 anlangte. Durch Entzifferung der Inschrift einer holländischen Kanone im Arsenal des Königs Trinh-Dau erwarb er dessen Gunst in hohem Grade, zum großen Heil der hart verfolgten Christen. P. war zeitweise Oberer der ganzen Mission. (W.-B. Nr. 656; Nr. 715, 99; Pachtler 287 ff.

Siebert, P. Johann (Bohem.), geb. zu Iglau in Mähren 28. Mai 1708, eingetr. 10. Oct. 1723, einer der bedeutendsten Missionäre von Cochinchina; anfangs für China bestimmt, wurde er 1738 von Macao nach Cochinchina gesandt, dessen König einen in der Mathematik und Arzneikunde bewanderten Europäer gewünscht hatte. S. gewann die vollste Gunst des Königs, wurde zum Mandarinen erhoben und mit Auszeichnungen überhäuft; entwickelte neben seinen Arbeiten als königl. Leibarzt, Hofmathematiker, Lehrer der physikalischen Wissenschaften, Hausarzt und Rathgeber der Hofmandarine 2c. eine aufreibende Thätigkeit zum Besten der Mission und hielt auf lange Zeit die drohende Verfolgung auf. Er starb zu Huè 12. Sept. 1745. (Pachtler 198—241; Demontézon, Mission de la Cochinchine, Paris 1858, 261 ss.; W.-B. Nr. 589, 89; 594, 135; 699, 2 ff.; 705, 40 ff.; 708, 64 ff.) — Schriften: Briefe im W.-B. Nr. 549. 706. 707. 709. 711.

Slamenski, P. Karl, aus Böhmen [al. Ungarn], studirte Medicin, diente im „O'Olonischen Dragonerregiment" als Oberfeldscherer in Ungarn und Siebenbürgen, reiste über Danzig nach Amsterdam-Lissabon, schloß sich dort den deutschen für Goa bestimmten Missionären an und machte in Goa sein Noviziat. Er kam 1746 nach Cochinchina, wurde hier zum Priesterthum befördert (W.-B. Nr. 714, 91), trat März 1747 als königl. Leibarzt am Hofe an Stelle P. Sieberts, starb aber schon am 7. Juni desselben Jahres zu Huè. (W.-B. Nr. 587, 81; Pachtler 241 u. a.)

Zwerger, P. Sebastian (Germ. Sup.), geb. 22. Jan. 1719 zu München, eingetr. 17. Sept. 1725 (al. 1728), ging um 1746 zuerst nach China und von dort um 1757 nach Siam und wirkte dort als Rector des siamesischen Collegs (1761 bis 1767) und Visitator. (Sulzb. Kal. 1890, 8 und 12; Lang a. a. O.; Cat.) Das Verzeichniß von Sim. versetzt ihn nach den Philippinen.

3. China.

Vice-Provinz von China.

Von Japan als eigene Vice-Provinz getrennt 1619, zählte (1616: 30, 1703: 70) 1750: 49 Jesuiten (37 Priester), wozu noch 23 französische Jesuiten kamen, die seit 1684 unter dem Protectorat Ludwigs XIV. eine eigene französische Mission bildeten. Es bestanden 45 Niederlassungen, darunter 1 Noviziat, 1 Seminar und

1 Resibenz. Die Gesamtzahl der Christen in China (die Missionen der Franziskaner u. s. w. eingeschlossen) betrug um 1720, vor Ausbruch der Verfolgungen,
rund 800 000 [1].

Hier wirkten:

Aigenler [bei Franco **Agenler** und „Aigenius"], P. **Adam** (Germ.
Sup.), geb. 14. Oct. 1633 (al. 1635) zu Tramin in Tirol (Diöc. Trient), eingetr.
14. Oct. 1653, Professor der Mathematik und des Hebräischen an der Universität
Ingolstadt, ging 1671 nach China (siehe unter Amrhyn), starb aber auf der
Fahrt im Dienste der Pestkranken an Bord 26. Aug. 1673. (Vgl. Franco, Syn.;
Arch. Prov. Germ. IX. T. [in Vita brevis P. Amrhyn]; Cat.) — Schriften
bei Sommerv. Vgl. Mederer, Annal. Acad. Ingolst. II, 384; Prantl II, 505.

Albericus [**Alberico**, wahrscheinlich **Alberich**], P. **Johann** (Germ.
Sup.), verließ 1619 mit P. Trigault den Hafen von Lissabon, um nach China
zu gehen, starb aber mit vier andern Missionären auf der Fahrt an einer ansteckenden
Krankheit. (Kropf, Hist. Prov. Germ. Sup. Dec. VIII, 262; Colombel, Hist. de
la Miss. du Kiang-nan [Changhai 1899] I, 283; Franco, Syn. l. c.)

Amrhyn [**Amrhein**, **Amhrym**], P. **Beat** (Germ. Sup.), geb. 31. Oct.
1632 in Luzern, eingetr. 28. Jan. 1649, docirte 10 Jahre lang (1661—1671)
Philosophie und Theologie an der Universität von Ingolstadt, ging, für China
bestimmt, 1671 (al. 1673) mit 27 Ordensgenossen, darunter dem sel. Johannes
Britto, nach Indien, starb aber noch vor Umsegelung des Kaps der Guten Hoffnung im Dienste der Kranken auf dem Schiffe im April 1673. Bald darauf starb
auch sein Gefährte, der Tiroler P. Adam Aigenler (siehe unter diesem Namen).
Ueber beide schrieb aus Evora, 17. Juni 1678, P. Konrad Pfeil, ein Konstanzer:
„PP. nostri Adamus et Beatus p. m. ita celebres adhuc per omnem Lusitaniam
et aestimati longe supra caeteros suos missionarios sunt, ut deplorent serio eos,
velut exstincta virtutum et scientiarum prodigia et Germaniae lumina spesque
Orientis inclytas." Hohes Lob spendet beiden auch Mederer, Annal. Acad. Ingolst. II,
ad a. 1671. Danach hatte die theologische Facultät den beiden durch einstimmigen
Beschluß 50 Gulden Reisegeld votirt. Balthasar, Histor. Aufschriften S. 7, läßt den
P. Beat in China vieles zur größern Ehre Gottes leiden, bis er als Opfer der
Liebe dort gestorben sei. So auch in der 1. Aufl. des Cat. Sin. (1873) und Kathol.
Missionen 1878, 187, wonach A. 1693 in China starb. Die Angabe ist irrig.
(Vgl. auch Franco, Syn. 353; Cat. Sin. 1802, 135; Sulzb. Kal. 1889, 122; Neu,
Helv. Lexikon I, 208; Jöcher, Gelehrten-Lexikon I, 141.) — Philosoph. Schriften
siehe bei Sommerv.

Bahr, P. Florian [chines. Wei], aus der böhmischen Provinz, geb.
16. Aug. 1706 in Fallenberg (Schlesien), eingetr. 9. Oct. 1726, kam nach China
1738, war hier thätig als Hofmusicus in Peking, später als Missionär in Pao-si-
hien, dann wieder in Peking, zeitweise als Superior des dortigen Collegs. „Darf
sich auf der Orgel und in der musikalischen Componirkunst einen Meister nennen"
(W.-B. Nr. 587, 91), arbeitete mit an einem „weitläufigen Wörterbuch von Lateinisch,
Französisch, Wälsch, Portugiesisch und Teutsch" (ebb. Nr. 695, 124). B. wird bei
Murr, Journ. I, 98, als „oberster Vorsteher oder Provincial (?) aller Jesuiten in

---

[1] *Louvet*, Les Missions Cath. au XIX⁰ siècle (Lyon 1894) p. 215.

Sina“ bezeichnet, in einem handschr. Brief vom 30. Sept. 1784 an Gräfin Fugger (Wiener Staats-Archiv [Fil.] 416, fol. 3) als Visitator der japanischen und chinesischen Mission. Er starb 7. Juni 1771 zu Peking (Cat. Sin. 346; Colombel II, 783 ss.). Ehrenvoller Nachruf im W.-B. Nr. 682, 80 ff. — Schriften: Handschr. Briefe in Wien (siehe oben). Ein handschr. Bericht vom 27. Oct. 1708, 4°, 11 S., in St. Andrä, Kärnten. Acht Briefe im W.-B. Nr. 504. 620—630. 684. 602—603. 605. 742. Andere Schriften, wie ein chinesisches Leben des hl. Joh. von Nepomuk und eine chinesische Erklärung des Offic. B. V. M., siehe bei Sommerv.

Bakovsky [bei Franco Bakouski, Pol., chinef. T'ai], P. Joh. Bapt. (Austr.), geb. 22. Juli 1672 in Polen („Viclonensis“), eingetr. 29. Oct. 1603, seit 1708 in China, flüchtete während der Verfolgung nach den Philippinen und starb zu Manila 1731. (W.-B. Nr. 108, 55; Nr. 448, 114; Colombel I, 689.) — Schriften: Briefe im W.-B. Nr. 102 und 200. Brief aus Kanton von 1721 in den Mém. hist. sur les affaires des Jésuites . . . par l'Abbé Platel (Lisbonne 1766) IV, 234. Vgl. Sommerv.

Balbermann, P. Michael (Austr.), geb. zu Wien 10. Aug. 1741, eingetr. 18. Oct. 1756, Professor der Humanität und Rhetorik, scheint kurz vor der Aufhebung in China angelangt zu sein; er starb 1788 in Wien. — Schriften: Sinenses litterae ad P. L. Beivald, 1773, handschr. in der Bibliothek der Benediktiner auf dem Martinsberg bei Raab.

[Benedikt, P. (?), ein geborener Schlesier. „Schreiben eines gebohrenen Schlesiers an seine Freunde in Deutschland, gegeben aus dem großen Kaiserthum China und desselben Residenzstadt Pekin“, Augsburg 1771, 8°. Es sind drei Schreiben vom 25. Oct. 1768, von 1769 und vom 13. Oct. 1770. Angeführt bei Murr, Journ. I, 96 Anm., und IV, 231. Sommervogel vermuthet, daß dieser „Benedikt“ identisch sei mit P. Fl. Bahr, siehe oben.]

Brac [Bracus, vielleicht „Brach“], Br. Christoph, geb. 20. April 1652 zu Rottenburg, eingetr. 16. Juli 1672, Baumeister, reiste 1692 über Lissabon nach China; scheint auf der Reise gestorben zu sein, da er sich in dem chinesischen Cat. nicht findet. (Franco, Syn.; Cat.)

Calmes [chinef. Kin], P. Joachim, geb. 1652 zu Hamburg, eingetr. 1678 in die portug. Provinz. Kam als protestantischer Kaufmann nach Lissabon, ging hier zufällig in die Kirche der Hieronymiten in Belem, hörte dem Chorgesang der Mönche zu, wurde durch ihre Andacht tief ergriffen, erkannte die landläufigen protestantischen Ausfälle als Verleumdungen, ließ sich unterrichten, convertirte und trat zu Coimbra ins Noviziat der Gesellschaft Jesu. „Brevi sic virtutibus excelluit, ut esset omnibus spectabile exemplum. Illius semi-Lusitana et rudia verba ad permovendos animos habebant vim maiorem. Non multum vixit in India“ (Franco, Syn. 872, 5). E. ging 1682 nach China, war in Kanton, dann auf der Insel Hai-nan, wo er 8. Oct. 1636 starb. „Habet multum talentum ad missiones“, heißt es von ihm im Cat. Iapon. 1685. (Cat. Sin. 151.)

Castner, siehe Kastner.

Diestel [chinef. Su], P. Bernhard („Germanus“), geb. 1619, eingetr. 1638, kam 1650 nach China, war „Procurator Indiae orient.“, starb 13. Sept. 1660 in Tsi-nan-fu. (Cat. Sin.) — Schriften: Relatio quorundam mirabilium facta a P. B. Diestell, Soc. Jes. Procurat. Ind. orient., 11 p. fol. („Haec sunt quae P. B. D., dum *Brunae* [Brünn] moratus est, narravit"), handschr. in Brüssel, Bibl. Royale, n. 6828/29, fol. 403.

Dimer [bei Franco Domer, bei Colombel Primer], P. Jakob („Alemanus"), ging 1657 über Lissabon nach China, starb aber während der Reise auf der Insel Celebes 1658. (Franco, Syn.; Colombel II, 137.) Erwähnt in einem handschr. Brief des P. Konrad Pfeil aus Evora. Arch. Prov. Germ. ser. IV, fasc. C. 3.

Fiva [bei Franco Biva, chines. Siu], P. Nikolaus (Germ. Sup.), geb. 1609 zu Freiburg in der Schweiz, eingetr. 20. März 1628, ging 1635 von Lissabon aus mit 32 Gefährten unter Führung des P. Marcell Mastrilli nach Ostindien und weiter nach China, wo er 1638 anlangte und bereits 1640 zu Hang-tscheu starb. (Franco, Syn. ad a. 1635; Cat. Sin. 76; Arch. Prov. Germ. IX. T.; Colombel I, 428.) — Schriften bei Sommerv. [1]

Franchi, P. Hieronymus (Austr.), geb. zu Brescia 1667, eingetr. 1687, kam nach China 1701, wirkte segensreich an verschiedenen Posten der französischen Nord- und portugiesischen Submission, war zeitweise am Hof, später zu Tschi-nan-fu in Schantung thätig und starb daselbst 13. Febr. 1718. — Schriften: F. sandte regelmäßige Berichte an Kaiser Leopold I. Im W.-B. zwölf Briefe: Nr. 67. 68. 82. 85. 86. 100. 104. 105. 108. 133. 134. 154. Handschr. in der Wiener Staats-Bibliothek: Epistola ex Sinis und Iter Cantone Nangasachum et excerpta ex eius 2 epistolis 19. Oct. 1707. (Cat. Mss. [Schwandtner] II, n. 1117; Misc. Sinica fol. 99. 117. 543.) Vgl. Sommerv.

Fribelli [eigentlich Friebel, chines. Fei, bei Franco P. Xavier Emberto], P. Ehrenbert Xaver (Austr.), geb. 11. März 1673 zu Linz an der Donau, eingetr. 12. Oct. 1688, kam 1705 nach China, war u. a. Rector des Collegs in Peking, nach dem Zeugniß des P. Dominik Pinheyro „ein kostbarer Mann und ein um diese Mission hochverdienter Apostel" (W.-B. Nr. 682). Er starb 4. Juni 1743. (Cat. Sin. 270; W.-B. Nr. 292, 69 ff.; Nr. 587, 91; Nr. 594, 135; Colombel II, 687; Franco, Syn.) — Schriften: Mitarbeiter an dem großen von P. Regis herausgegebenen chinesischen Kartenwerke, Peking 1718 (vgl. W.-B. Nr. 154; v. Richthofen, China I, 682; Sommerv. s. v. Regis). Handschr. Bericht in der Wiener Staats-Bibliothek Nr. 1117. Briefe im W.-B. Nr. 103. 116. 194. 589. 674.

Gogeisl [Goggeisl, chines. Pao], P. Anton (Germ. Sup.), aus Siegenburg in Bayern, geb. 30. Oct. 1701, eingetr. 13. (al. 14.) Sept. 1720, glänzend begabt für mathematische Studien, ging 1736 nach China (Ankunft 1738), wird Mandarin, folgt P. Hallerstein in der Stellung eines Kien-fu oder Beisitzers des astronomischen Tribunals (W.-B. Nr. 688, 4), später Vorstand der kaiserlichen Sternwarte in Peking, deren Instrumente er selbst zum Theil verfertigte. „Ein in der

_____

[1] In dem Sammelwerke: Astronomia Europaea sub imperatore Tartaro Sinico Cam Hi appellato ex umbra in lucem revocata a P. Ferd. Verbiest S. J., acad. astron. in Regia Pekinensi Praefecto (Dillingae 1687, 4°), werden als die ersten deutschen Missionäre in China genannt die Deutschen PP. Terenz, Schall, Michael Balta, Nikolaus Fiva, Andreas Koffler, Bernhard Diestel, Joh. Grueber, Christ. Herdtrich.

Astronomia Practica bewanderter Mann" (W.-B. Nr. 590, 114). „Er ließ einen
Quadranten durch Sinenser verfertigen, der zum Observiren noch besser befunden
wurde als der parisische auf der Sternwarte zu Peking" (Murr, Journ. I, 97,
Anm.; vgl. ebb. IV, 233). G. starb 12. Oct. 1771 zu Peking. (W.-B. Nr. 681 u. a.;
Sang 87 und 202; Colombel II, 704. 709. 784; Cat. Sin.; Sulzb. Kal. 1890, 7.) —
S ch r i f t e n : Ein Brief vom 28. Nov. 1746 im W.-B. Nr. 688. G. war Mit-
verfasser des großen astronomischen Werkes: I siang kao tscheng, 1756, 35 Bde.
Vgl. Sommerv.

G r u e b e r [chines. Pe], P. J o h a n n (Austr.), geb. 28. Oct. 1023 zu Linz
an der Donau, eingetr. 18. Oct. 1641, ging nach C h i n a (Ankunft 1659), kam
wegen seiner mathematischen Kenntnisse an den Hof zu Peking, war hier drei Jahre
lang der Gehilfe P. Schalls, wurde 1661 vom General der Gesellschaft zur Berathung
nach Rom berufen, nahm, da alle Häfen von den Holländern besetzt waren, den
Landweg und gelangte durch das Land der Tataren über Indien, Persien, Kleinasien, Messina glücklich nach Rom. Auf dem Rückweg über Rußland wurde er
aufgehalten, ging nach Konstantinopel, wurde hier krank, kehrte um, kam bis Patal
in Ungarn und starb hier 30. Sept. 1665 (al. in Florenz). (Bibl. Univ.; Ménol.
II, 253; Colombel II, 93.) Er ist einer der kühnsten Reisenden der ältern Zeit.
(Vgl. oben S. 17; v. Richthofen, China I, 671, wo auch auf Tafel 11 seine Reise-
route verzeichnet ist; Kircher, China monum. illustr., Prooem.) — S ch r i f t e n :
Ein Brief aus Surat vom 7. März 1658 im W.-B. Nr. 34. Briefe und Reise-
berichte in Kirchers China monum. illustr., Pars II, c. 2, Pars V, c. 1. Drei
andere Briefe bei Thevenot, Relations de divers voyages (Paris 1673), und
Prévôt, Hist. de voyages (Paris 1750) t. VII; desgleichen bei Anzi, Il Genio
Vagante III, 341 sgg. Travels from China to Europe 1661. By John Grueber,
Jesuit (Astley's Collect. vol. IV). Vgl. Sommerv.

H a l l e r s t e i n [Allerstain, chines. Liču], P. A u g u s t i n v. (Austr.),
geb. 2. (al. 18. 27.) Aug. 1703 aus gräflicher Familie zu Laibach (Krain), eingetr.
28. Oct. 1721, ging nach C h i n a 1735, bildete sich zunächst in Lissabon in der Astronomie weiter aus, versah während seines Aufenthaltes in Moçambique das Amt
eines Novizenmeisters, nahm sich zu Malacca der verlassenen deutschen Katholiken
an (W.-B. Nr. 587, 82 ff.; Nr. 590, 109) und erreichte 1738 China. Hier kam er
wegen seines Rufes als Mathematiker an den Hof von Peking, wurde Mandarin
zweiten Ranges und nach dem Tode P. Köglers Präsident des mathematischen
Tribunals, unternahm im Auftrage des Kaisers verschiedene wissenschaftliche Reisen
zum Zweck topographischer Aufnahmen, verfaßte eine Reihe wichtiger mathematischer,
astronomischer, kartographischer Arbeiten, theils allein, theils mit den PP. Kögler
und Pereyra. (Vgl. v. Richthofen I, 690; v. Hellwald, Kulturgesch., 3. Aufl. II, 449;
Maynard, Des études et de l'enseignement des Jésuites à l'époque de leur suppression [Paris 1853], wo die Zeugnisse Lalandes und Montuclas stehen [vgl. oben
S. 86 ff.]; Mädler, Himmelskunde I, 334 ff.) H. war 1751 Visitator der Mission
und 1757—1762 und 1766—1773 Provincial der chinesischen Vice-Provinz. Er
starb 29. Oct. 1774 zu Peking infolge eines Schlaganfalls, der bei der Trauerkunde
von der Aufhebung der Gesellschaft Jesu ihn traf. (Vgl. W.-B. Nr. 590, 109;
Nr. 683, 91; Nr. 688, 4; Nr. 697, 130; Colombel II, 784 ss. 837 u. a.; Platzweg 282.) — S ch r i f t e n : Sieben Briefe im W.-B. Nr. 584. 586—588. 675.
681. 696. Andere in dem Werk Pray, P. Georg S. J., Imposturae CCCXVIII.
in dissertatione R. P. B. Cetto, C. R. Piarum Schol., de Sinensium imposturis

detectae convulsae. Accedunt Epistolae Anecdotae R. P. A. Hallerstein S. J.
(Budae 1781) pag. 1. 17. 29. 33. 40. 45. 49. Eine Reihe Abhandlungen und
Beobachtungen H.s sind aufgenommen in den Mémoires concernant l'histoire des
chinois (Paris) tom. IX, 440; in den Philosophical Transactions (London 1746)
pag. 381; 1747, 383; 1749/50, 305; 1751, 219. 319. 377; 1752, 376 u. f. w.;
endlich in den Petersburger Novi Commentar. Acad. Petropolitanae tom. XIX
[Histor.], 70; [Mem.] 630; 1762/63, 503; Additamentum ad Nova Acta Petrop.
Acad tom. III. Eine Reihe Beobachtungen H.s gab P. Maxim. Hell S. J., der
berühmte Astronom, in Wien heraus (siehe Maynard l. c.). Handschr. Observat.
astron. (206 fol.) in der Wiener Hofbibliothek Nr. 10144. Vgl. Murr, Journ.
I, 98; IV, 229. 239. Sommerv. s. v. und unter Prah, G. .

Herbtrich [Hertrich, bei Franco Christianus Henriques (Enri-
quez), chines. Ngen], P. Christian Wolfgang (Austr.), geb. 25. Juni 1625
zu Graz, eingetr. 27. Oct. 1641, Professor der Humanität und Rhetorik, ging 1656
in die Mission, arbeitete zwei Jahre in Macassar auf Celebes, kam 1660 nach
China, wirkte zuerst in der Provinz Schansi, erbaute in Kaifan (?), der Hauptstadt Honans, eine neue Kirche, mußte 1669 mit andern nach Kanton in die Verbannung, wurde 1671 als Mathematiker an den Hof berufen, wo er fünf Jahre
blieb. Ausgezeichnet durch seine Sprachkenntnisse und wissenschaftlichen Leistungen.
Starb Juni (al. Juli) 1684 zu Kiang-tscheu, Provinz Schansi, wo er neun Jahre
Oberer gewesen. Der Kaiser verfaßte für ihn mit eigener Hand die Grabschrift.
(W.-B. Nr. 16; Franco, Syn.; Cat. Sin. 118.) — Schriften: H. ist Mitarbeiter
des großen Werkes: Confucius Sinarum Philosophus sive Scientia sinensis latine
exposita, Parisiis 1687 (vgl. Dahlmann, Die Sprachkunde und die Missionen 32),
Verfasser eines großen chines.-latein. Wörterbuches (ebb. 33 und 37). Briefe in
Intorcetta, Compendiosa Narrazione (Roma 1672); Greslon, Histoire de la
Chine 56. Handschr. Brief vom 23. Nov. 1610, aus dem Kerker zu Kanton
(14 Folioseiten), im Arch. Prov. Germ. IV. A. 2.

Hinderer [bei Franco Heberer], P. Romanus (Germ. Sup.), geb. zu
Reiningen bei Mülhausen im Elsaß 21. Sept. 1668 (al. 1669), trat am 6. Sept.
1688 (al. 29. Sept. 1686) ins Noviziat zu Landsberg in Bayern (wird daher in Cat.
Patrum ac Fratrum S. J. qui ... in Sinis adlaboraverunt [Chang-Hai 1892] mit
Unrecht als „Gallus" aufgeführt), kam 1707 nach China, gelangte durch seine
mathematischen und kartographischen Arbeiten bei Kaiser Kang-hi in große Gunst,
durchreiste in dessen Auftrag zur Aufnahme einer allgemeinen Landkarte von China
das Reich (v. Richthofen I, 682) und entfaltete 40 Jahre lang eine großartige, allseitige
Thätigkeit. Nach eigenen Aufzeichnungen taufte er allein vom 1. Aug. 1740 bis
31. Juli 1741 1222 Erwachsene und Kinder und hörte 11505 Beichten. Zweimal
war er Visitator der chinesischen Mission. H. brachte auch die Andacht zum göttlichen
Herzen in China zu großer Blüthe. Er starb hochverdient am 24. Aug. 1744 zu
Schang-ho in Kiang-nan. (Vgl. Platzweg 190—211, wo auch ein Brief an den
Provincial der oberdeutschen Provinz mitgetheilt ist; Nilles, De ratione festor.
SS. Cord. [ed. 5] I, 323; Letierze, Étude sur le Sacré-Cœur [Paris 1891] II, 104;
Ménol. II, 156; Colombel, passim; Ein ausführliches Lebensbild schrieb P. Theo-
bor Chaney S. J.: Vie du P. Romain Hinderer de la Comp. de Jésus, l'Apôtre
du Sacré-Cœur dans l'Église de Chine ... [Tournay 1889]; vgl. W.-B. Nr. 669.
685.) — Schriften: Acht Briefe im W.-B. Nr. 161. 199. 200. 293. 294. 548. 580.
Handschr. Brief im Wiener Staats-Archiv, Geistl. Angel., Nr. 419, IV; Friedrich

(Abhandl. der königl. Akademie der Wissensch., III. Klasse, 13. Bd., 2. Abtheilung);
Beiträge zur Kirchengesch. des 18. Jahrh. S. 15.

Kaftner [Castner, Casner, chinef. P'ang], P. Kaspar (Germ. Sup.),
geb. zu München 7. Oct. 1665, eingetr. 17. Sept. 1681, Professor der Philosophie
zu Regensburg, ging 1696 nach China, wurde Vorfißender des mathematischen
Instituts und Hofmeister der kaiserlichen Prinzen, machte 1703 im Auftrag des
Apostol. Vicars von Nanking eine Reise nach Rom, brachte viele Raritäten mit
und kehrte 1706 mit neugeworbenen Missionären, und zwar auf der von ihm der
portugiesischen Regierung vorgeschlagenen neuen kürzern Reiseroute, nach China
zurück (siehe oben S. 43). Er starb 9. Nov. 1709 zu Peking, „vir apud Sinas
Mathesis professione admodum clarus", wie Franco 308. 424 schreibt. (Lipowsky,
Geschichte der Jesuiten in Bayern II, 256; Sulzb. Kal. 1889, 123; 1890, 103;
W.-B. Nr. 66, 17; Nr. 83, 16; Colombel, passim; Cat. Sin. 210.) — Schriften:
Bericht von der Grab-Statt des Heiligen Indianer Apostels S. Franc. Xav. auf
der Insel Sancian (W.-B. Nr. 309). Eine Reihe Schriften über die chinesische
Ritenfrage siehe bei Sommerv. und Murr, Journ. VI, 165 ff. Handschr.: Miss.
Sinens. Hist. relat. controvers. de ritibus aliquot Sin.; Status Miss. Chin. a. 1705,
in der Münchener Staatsbibliothek Nr. 8689, 64 S.

Kirwißer [bei Franco Pantaleon Kobizer], P. Wenceslaus
Pantaleon (Austr.), geb. 1588 zu Raaben (Böhmen), eingetr. 1606, ging 1618
nach China, wo er 1620 anlangte. (Angeblich soll er einige Zeit auch in Japan
gewesen sein.) Er starb in Kai-föng-fu 1642 (al. 22. Mai 1626 zu Macao).
Neunt sich selbst gewöhnlich Wenceslaus Pantaleon. Bei Kircher, Magnes (ed. 1654)
p. 315 wird er Kobizer genannt. (Franco l. c.; Cat. Sin. 44.) — Schriften: Von
ihm stammt ein Bericht über den Martertod des P. Machado in Japan (Antwerpen
1622). Observationes Cometarum Anni 1618 factae a Nostris in India Orientali,
Aschafenburgi 1620, 4°. Auszüge aus Briefen in Narration véritable de la per-
sécution . . . (Paris 1620) 56 ss.; in Relazione delle cose piu notabili . . .
negli anni 1619—1621, Roma 1624, pag. 62; Lettera della China dell' anno 1624
in Lettere annue del Tibet del 1626, Roma 1628, pag. 50 sq. Handschr. Briefe in
der Bibliothèque de Bourgogne in Brüssel, Ms. 4160—4171 und in der Bibliothek
des Grafen Aponi. Siehe Sommerv. und Pelzel 18.

Kögler [chinef. Tai], P. Ignaz (Germ. Sup.), geb. 11. Mai 1680 zu
Landsberg in Bayern, eingetr. 4. Oct. 1696, drei Jahre lang Professor der Mathematik und der orientalischen Sprachen an der Universität Ingolstadt, seit 1716
in China. Er genoß am Hofe wegen seiner ausgezeichneten Gelehrsamkeit hohes
Ansehen, bekleidete 30 Jahre lang die Würde eines Präsidenten des mathematischen
Tribunals, war Mandarin zweiter Klasse und wurde 1731 sogar Beisißer des
„obersten Sittengerichtes", „dergleichen hohe Ehrenstelle noch keinem unserer Vorfahren zu theil geworden" (P. v. Laimbekhoven im W.-B. Nr. 678). Er nahm die
Ehrenämter an, wies aber alle Einkünfte derselben zurück (ebb. Nr. 280, 83).
Hallerstein rechnet ihn unter die „gelehrtesten Köpfe, so jemals in diese Länder
gekommen sind" (ebb. Nr. 587, 91). Neben Schall war K. jedenfalls der bedeutendste
deutsche Jesuit in China. Er war zweimal Visitator der Mission und Provincial
der chinef.-japan. Provinz und zur Zeit der Verfolgung die Hauptstütze der schwer
bedrängten Mission, die er am Hofe ebenso klug als fest vertrat. Er starb 29. (al. 30.)
März 1749 (al. 1745. 1746). (Biographisches siehe in: Sulzb. Kal. 1889, 121; 1890,

103; Bibliogr. Univ.; Plaßweg 272; Ménol. I, 292; Feller, Dictionnaire hist.
III, 478; v. Richthofen I, 688; Mederer, Annal. Acad. Ingolst. III, 130 sq.;
v. Lipowsky II, 259 und Anhang Nr. 3 und 4; W.-B. Nr. 185; Nr. 292, 65. 70 ff.;
Nr. 295, 83 f.; Nr. 684, 101; Nr. 686, 112 f.; Nr. 688; Nr. 689, 26; 696, 128;
Murr, Journ. VII, 240 ff.; IX, 81 f.; Neues Journ. I, 147 ff.; II, 303 ff.;
Colombel II, 778 u. a.; Revue des Questions Hist. 1881, tom. XXIX, p. 525 u. a.;
Gützlaff, Gesch. des chinesischen Reiches, Stuttgart 1847, S. 691 ff. — Schriften:
Zehn Briefe im W.-B. Nr. 157. 162. 190. 196. 198. 202. 228. 575. 578. 669.
Brief vom 20. Nov. 1740 an den deutschen Assistenten zu Rom bei v. Lipowsky II,
Anhang. Brief vom 15. Nov. 1734 bei Laimbeckhoven, Reiß-Beschreibung 47.
Briefstücke in Miscell. Berolin. 1737, V, 185 sqq.; Miscell. Sinica III, 289.
Handschr. Briefe im Wiener Staats-Archiv, Geistl. Angel., Nr. 419, IV. Eine Reihe
Briefe aus den Münchener Handschriften citirt von Friedrich, Beiträge S. 14. 97.
103. 105. 107. 108. 110. 111. Ein handschr. Brief vom 22. Oct. 1710 auch in
Arch. Prov. Germ. S. IV, Fasc. A. 14. Litterae patentes Imperatoris Sinarum
Kang-Hi sinice et latine. Cum interpretatione P. Ign. Kegleri S. J. ed. Christ.
Murr, Norimbergae 1802. Observationes Eclepsium variarumque coelestium con-
gressuum habitae in Sinis a R. P. Ignatio Kegler in Imperiali Acad. Pechin.
Astron. Praeside aliisque PP. Soc. Jesu, Lucae 1745; bildet den zweiten Theil
der Scientia Eclipsium ex imperio et commercio Sinarum illustrata, Lucae 1745.
Das Verzeichniß der wissenschaftlichen, astronomischen, mathematischen und historischen
Schriften K.s füllt bei Sommervogel drei Spalten.

Koffler [in China: Andreas Xavier], P. Andreas Wolfgang,
geb. 1603 in Krems bei Wien von protestantischen Eltern, convertirte, trat 1627 in
die Gesellschaft Jesu, landete 1642 in China, erlangte durch seine mathematisch-
astronomischen Kenntnisse großen Einfluß, war Oberer der Südmission (Nanking),
bekehrte und taufte u. a. drei Kaiserinnen (die regierende, die Kaiserin-Mutter und
eine Kaiserin-Wittwe) und den Kronprinzen Konstantin. Ueber den Tod P. K.s
lautet der wahrscheinlichste Bericht, daß er auf der Reise von einer Schar Tataren
überfallen und um des Glaubens willen erschlagen wurde am 12. Dec. 1652, unweit
Tien-tscheu, in der Provinz Kwangsi. (Vgl. W.-B. Nr. 13, 43 ff.; Nr. 35, 114;
bes. Nr. 219, 2 f.; Kathol. Missionen 1878, 134; Plaßweg 42 ff.; Bonbardi,
Undeni Graecenses … 103; Stöger, Script. 100; Colombel I, 486. 497. 506 s. u. a.;
Ménol. II, 465.) — Schriften: Brief aus Batavia vom 3. Dec. 1642 im W.-B.
Nr. 10. Andere Briefe in Cort begrijp van den Staet van het groot Rijck van
China … van het Jaer 1637 …, t' Antwerpen 1651, 62 vv. 67 vv. Vgl. die
Angaben über weitere Befunde bei Sommerv.

Laimbeckhoven [chines. Nan], R. R. D. D., Gottfried Xaver v.
(Austr.), geb. zu Wien 9. Jan. 1707, eingetr. 26. Jan. 1722, kam 1738 nach
China, wo er nahezu 50 Jahre thätig war. Er war 1748 Visitator der Mission,
wurde 1756 Bischof von Nanking und bald darauf Administrator von Peking und
verwaltete beide Sprengel 30 Jahre lang. „C'était un Prélat de premier mérite.
Esprit ferme et élevé, zèle ardent, constance etc. Il avoit tout. Il a fourni
une carrière d'un demi siècle dans les travaux de l'Apostolat. Il aimoit tendre-
ment sa bonne Mère, la Compagnie, et il en observoit encore fidèlement les Règles,
comme il me l'a écrit lui-même" (P. Fr. Bourgeois bei Murr, Neues Journ. I, 125).
Er starb 22. Mai 1787 in Tong-kia-hang bei Su-tscheu. (Cat. Sin. 340; Ménol.
I, 463; Colombel II, 858 ss. u. a.) — Schriften: Neue umständliche Reiß-

Beschreibung ... von Wien nach China, Wien 1740. Werthvolle Briefe und Berichte im W.-B. Nr. 554. 555. 590—592. 672—673. 676—678. 689. 691. 698. Brief von 1780 bei Murr, Journ. XI, 193—208; vgl. XIII, 172; Neues Journ. I, 104 ff. 119 ff. Siebzehn handschr. Briefe und Acten im Archiv der Jesuiten zu Schanghai. Vgl. Stöger 201.

Liebstain [chines. Le], P. Leopold (Bohem.), geb. 20. Jan. 1667 zu Neiße in Schlesien („Nissensis"), eingetr. 14. Oct. 1685, Professor der Humanität und Philosophie, kam 1707 nach China, wirkte am kaiserlichen Hofe zu Peking (W.-B. Nr. 152) und starb dort 26. April 1711. (Cat. Sin. 274; Colombel II, 583 u. a.; Franco l. c.) — Schriften: Ein Brief vom 14. Nov. 1710 im W.-B. Nr. 109.

Martini [chines. Wei], P. Martin (Austr.), geb. zu Trient 1814, eingetr. 8. Oct. 1631, kam nach China 1643, durchreiste als Missionär und Forscher einen großen Theil des Riesenreiches und war „der bedeutendste Geograph der chinesischen Mission" (v. Richthofen I, 674). Auch als Missionär hochverdient; war sechs Jahre lang Superior, Socius Visit. Iapon. et Sin., wurde 1650 als Procurator Missionis nach Rom gesandt, verhandelte dort wegen der Ritenfrage und brachte 1658 einen vorläufig günstigen Bescheid zurück. Er starb 6. Juni 1661 zu Hantscheu. (Feller, Dict. hist. IV, 363; Bibl. Univ.; Ménol. II, 6. Juni; Patrignani, Menologio, 6. Juni; Colombel I, 584 ss.; II, 120. 132 u. a.; Kathol. Missionen 1878, 187; W.-B. Nr. 84, 111.) — Schriften: Novus Atlas Sinensis (Wien 1655; vgl. über den hohen Werth dieses eminenten Werkes v. Richthofen oben S. 86). Martini Martinii ... Sinicae Historiae Decas I, Monachii 1658. Auszüge aus Briefen bei Kircher, Magnes (ed. III, Romae 1654) p. 316. 318 (verdruckt 294). 348. Vgl. auch Sommerv.

Messari, P. Joh. Bapt. (Austr.), kam um 1705 nach China, wirkte u. a. mehrere Jahre in Macao (W.-B. Nr. 108, 55; Nr. 160, 43), ging April 1715 nach Tonking (siehe oben).

Miller, P. Balthasar (Austr.), geb. 17. Juli 1683 im Friaulschen (al. Görz?), eingetr. 27. Oct. 1702, kam nach China 1718, wirkte dort bis 1727, war nach seiner Rückkehr in Ungarn thätig und starb 1. Aug. 1742 in Posseg (Pozzega?) (Cat. Sin. 298; Franco, Syn. 455). — Schriften: Drei Briefe im W.-B. Nr. 160. 297. 435; handschr. in der Wiener Hofbibliothek Nr. 5885, 2. Relatio hist. Chin. anno Kamhi 45°; adiectis variis decretis d. d. Pragae, 25. Iulii 1709, fol. 32—58. Vgl. Wiener Staatsarchiv 415, Nr. VI.

Moers [bei Franco Moest und Moersius], P. Jakob (Rhen. Inf.), geb. 2. Jan. (Juni) 1658 zu Köln, eingetr. 27. April 1674, Professor der Philosophie, ging 1691 nach China, stirbt auf dem Wege dahin in Moçambique 3. Oct. 1691. (Franco l. c.; Cat. Rhen. Inf.; Cat. Sin. 184 läßt ihn fälschlich 1694 in China ankommen. Handschr. Vita Vener. servi Del P. Iacobi Moers, Miss. Sin., mortui in itinere Mosambici 1691. Latine scripta a Petro Moers fratre germano. Vgl. Hartzheim, Bibl. Coloniensis s. v. und Sommerv.)

Moriz [Moritz], P. Alois (Germ. Sup.), geb. 8. April 1738 zu Landeck (Tirol), eingetr. 9. Oct. 1756, Professor der Grammatik und Humanität, ging 1772 nach China (Cat. Germ. Sup. 1772/73), kehrte 1776 nach Deutschland zurück, schloß sich 1786 den Jesuiten in Weiß-Rußland an, bocirte zu Polozk kanonisches Recht und starb zu Tonkosz (?) 24. Jan. 1805. (Fehlt im Cat. Sin.) — Schriften: Brieffragmente bei Murr, Journ. IV, 237 ff.; XVII, 233 ff. Vgl. Sommerv.

Moser [chines. Luo], P. Franz (Germ. Sup.), aus Bayern, geb. 24. Sept. 1711, eingetr. 3. Oct. 1732, seit 1751 in China. (Bang 87; Colombel II, 792 u. a.; Cat. Sin. 891.) — Schriften: Handschr. Brief (14. Juni 1753) im Arch. Prov. Germ.

Schall von Bell [al. Schaal, Schale, Scial, latinisirt Scaliger, chines. Tang, bei Franco einfach P. Joannes Abam], P. Abam, geb. 1. Mai 1592 (al. 1591) zu Köln aus freiherrlichem Geschlechte (A. Fahne, Geschichte der Kölnischen, Jülichschen und Bergischen Geschlechter [Köln und Bonn 1848] I, 377), kam 24. Juli 1608 ins Colleg. German. nach Rom, vollendete hier mit Auszeichnung sein philosophisches Triennium, trat 21. Oct. 1611 zu Rom in die Gesellschaft Jesu. bereitete sich durch das Studium der Mathematik, Physik und Astronomie für die chinesische Mission vor, schiffte sich 1618 zu Lissabon ein (Franco l. c.) und langte im Sommer 1619 in Macao an; dort machte er die Belagerung durch die Holländer durch und nahm einen holländischen Kapitän gefangen (Carayon, Doc. inéd. IV, Doc. D. p. 43). Nach zweijährigem Aufenthalt daselbst wirkte er längere Zeit in Signanfu (Provinz Schensi), kam dann 1631 an den Hof von Peking und übernahm hier gemeinsam mit dem Mailänder P. Jakob Rho die Reform des chinesischen Kalenders, die er nach acht Jahren glücklich vollendete. Gleichzeitig richtete er die kaiserliche Sternwarte neu ein. Durch seine Gelehrsamkeit und seinen Charakter gewann er in hohem Grade die Gunst des Kaisers Tschung-Tschin, des letzten aus der Ming-Dynastie, und nicht weniger die des ersten Tatarenkaisers Schun-Tschi. Er wurde der Reihe nach Präsident des mathematischen Tribunals, mit dem Titel eines „Meisters himmlischer Geheimnisse", Vorsitzender des Großen Tribunals Tachamsu mit dem Titel eines „großen Mannes des berühmten Rathes", Mandarin erster Klasse mit dem Range unmittelbar nach den Reichsfürsten und wurde sogar in den erblichen Adelsstand erhoben. (Eine Reihe Verzeichnisse der erhaltenen Titel und kaiserlichen Gunstbezeigungen und Panegyrici Mandarinorum Sinensium aliorumque virorum, in laudem P. J. Adami Schall S. J. . . . in der Universitäts-Bibliothek München, Urbansche Sammlung. Die päpstliche Erlaubniß [4. April 1664] zur Uebernahme dieser Würden siehe in Acta S. Sedis in causa S. J., Lovanii 1895, p. 381, n. 81.) Der junge Kaiser ehrte ihn wie einen Vater, zog ihn über die wichtigsten Staatsangelegenheiten zu Rathe und übertrug ihm später die Erziehung seines Sohnes, des spätern Kaisers Kang-hi. Sch. gebrauchte seinen Einfluß allein zum Besten der heiligen Religion, die auch am Hofe und im Schoß der kaiserlichen Familie festen Boden faßte. Der Kaiser selbst war dem Christenthum aufrichtig gewogen. Er baute Sch. zu-liebe eine „herrliche Kirche, welche mit denen schönsten Gottes-Häusern in Europa kann verglichen werden; so viel, ja alles gilt dieser teutsche Jesuiter an dem Hof und in demselbigen Reich, welcher nächst Gott allda eine Grund-Veste und Zuflucht aller Christgläubigen ist" (W.-B. Nr. 35, 114). Nach dem Tode des Kaisers, an dessen Bekehrung Sch. eifrig gearbeitet, fiel er den Hofintriguen zum Opfer, wurde als hilfloser Greis eingekerkert, zum Tode verurtheilt, aber wieder befreit und starb 15. Aug. 1666 (al. 1665. 1669). — Sch. war nicht bloß ein ausgezeichneter Mathe-matiker und Astronom, sondern auch ein technisches Genie ersten Ranges, verfertigte die verschiedenartigsten optischen und astronomischen Instrumente, Uhren, mechanische Kunstwerke aller Art, goß Kanonen, baute Schiffe u. s. w. Dabei blieb er ein ausgezeichneter Ordensmann und seeleneifriger Missionär. — Biographisches: Platzweg 220 ff. 263 ff. Leben des P. Schall (Leben ausgezeichneter Katholiken von A. Werfer, 11. Bd.), Schaffhausen 1854. Ricci und Schall, Missionäre in China, in: Lebensbilder aus der Gesellschaft Jesu von Graf Theodor v. Scherer, Schaffhausen 1854. Colombel a. a. O., wo die erste quellenmäßige Darstellung. Civiltà catt. ser. IV, tom. X (1873), p. 239 sgg. Kathol. Missionen 1873, 11 ff. J. S. v. Mannsegg, Geschichte der chinesischen Mission, Wien 1834, eine Bearbeitung des lateinischen Werkes: J. Ad. Schall, Historica narratio de initio et progressu missionis . . . in Regno Chin., Viennae 1665; Ratisb. 1672. Fries, Geschicht Chinas, Wien 1894, 267. Le Comte, Das heutige Sina, aus dem Französischen übersetzt, Frankfurt 1699, 94 (Kupferstiche der Sternwarte und Instrumente). Publications de l'école des langues orient. vivantes. H. Cordier. Biblioth. Sinica, Paris. 1878. Hartzheim, Bibl. Colon. 156. Kircher, China Monum. illustr. 104 sqq. Du Halde, Descr. de la Chine III, 104 ss. De Rougemont, Hist. Tartar.-Sinica nova, Lovanii 1673, 84. Bartoli, La Cina, Firenze 1829, l. 4, P. 3, n. 283, pag. 71. Steinhuber, Gesch. des Collegium Germanicum I, 384. Ménol. II, 123. Jahrbücher des Vereins von Alterthumsfreunden im Rheinland LXI (1877), 88. Annalen des historischen Vereins für den Niederrhein XXXIII (1879), 154. v. Richthofen, China I, 657 f. Hist. des Voyages, Pariser Ausgabe in 16°. (Vgl. den Registerband, wo Schaal und Scaliger fälschlich unterschieden werden.) Siehe betr. Artikel in Bibl. Univ., Kirchenlexikon und Jedler, Universallexikon aller Wissenschaften und Künste (Leipzig-Halle 1742), Bd. 34, Spalte 831 ff. R. Wolf, Gesch. der Astronomie, München 1877, 437. Allgemeine deutsche Biographie s. v. v. Lipowsky II, 261 Anm. (läßt Sch. fälschlich hingerichtet werden). Schlegel, Kirchengesch. des 18. Jahrh., Heilbronn 1784, I, 51 ff. Heinsius, Unparteiische Kirchengesch. III, passim. W.-B. u. a. Nr. 69, 26, wo P. Fouquet Sch. „jenen weltberühmten . . . Missionarius" nennt; ebd. Nr. 14, 15; Nr. 680, 72 ff.; Nr. 681, 75. Murr, Journ. XII, 252, wo Berichte eines Dominikaners. Duhr, Jesuitenfabeln 319 ff. Cornely in Stimmen aus Maria-Laach III (1872), 280ff. Rémusat, Nouv. Mélanges Asiat. II, 262 ss. Chinese Repository X, 668 ff. Scherer, Atlas Novus I, 181. Abbildungen Sch.s: bei Kircher; Du Halde, Histor. Relatio l. c.; Jules Guiffrey, Hist. gén. de la Tapisserie, Paris 1881, pl. 1, fol. 48, p. 138. — Schriften: Das Verzeichniß seiner astronomischen, mathematischen, apologetischen Schriften bei Sommerv. umfaßt etwa 30 Nummern; gemeinsam mit P. Rho soll er etwa 150 größere und kleinere Schriften verfaßt haben. Die Vaticanische Bibliothek besitzt angeblich 14 Quartbände von ihm, die P. Prosp. Intorquetta dahin gebracht hat. In der Urbanschen Sammlung der Universitäts-Bibliothek zu München sind fünf Bücher mit dem Katalogvermerk von 1774: Volumen hoc continens V Libellos Chinensi Charactere in Charta Chinensi impressos, Roma huc Ingolstadium est allatum 27. Iulii 1671. Collegio isti a R. P. J. Adamo Schall ex ipsa China dono missum. Quo anno non constat. In vol. exterius adscripta Latina haec verba, propria ut apparet ipsius manu: Colleg. Engolstadiano S. J. P. J. Adamus Schall, Colon. S. J.

Sibin [bei Franco Sibim], P. Philipp (Rhen. inf.), geb. 22. Dec. 1678 zu Neuhaus bei Bentheim (Westfalen), eingetr. 10. Mai 1697, kam 1716 nach China, wirkte hier sehr segensreich, war Provincial und Visitator der japanisch-chinesischen Provinz, besuchte die armen verlassenen Katholiken auf Java und stärkte die bedrängten Missionen von Siam, Malacca, Cochinchina und Tonking, wo er zeitweise im Kerker schmachtete. Er starb 30. Nov. 1759 zu Macao.

(Plaßweg 206 Anm.; Pachtler a. a. O. 199; Colombel II, 689 u. a. Franco,
Syn.; W.-B. Nr. 160, 43 u. a.) — Schriften: Zwei Briefe im W.-B. Nr. 43,
668. Brief des Ehrw. P. Ph. Sibin an Se. Churfürstliche Durchlaucht zu
Cöllen ..., Cölln 1737, 4°, 9 S.; vgl. v. Lipowsky II. Auh. 336; IV. Epist. de
miss. Sinica, 11. Nov. 1721, handschr. zu Stonyhurst (England) A. I. 27. Auszüge aus Briefen vom Jahre 1717 im Arch. Prov. Germ. IV. A. 12.

Sidelpart [Sichelbart, Sichelbarb, chines. Ngai], P. Ignaz
(Bohem.), geb. 26. Sept. 1708 in Böhmen („Neodecensis"), eingetr. 20. Oct.
1730, in China seit 1745, geschickter Maler, nahm nach Br. Castigliones Tod
dessen Platz am kaiserlichen Hofe ein, stand in hoher Gunst beim Kaiser, ward
zum Mandarin erhoben und starb 6. Oct. 1780 zu Peking. (Kathol. Missionen
1878, 185; Cat. Sin. 379; W.-B. Nr. 686, 112; Murr, Journ. I, 98; VII, 262 ff.;
IX, 93 ff.; Colombel II, 786 u. a.)

Slawiczek, P. Karl (Bohem.), geb. 24. Dec. 1678 in Böhmen (al. in
Mähren, „Gimaroviensis"), eingetr. 9. Oct. 1694, der Reihe nach Professor der
Humanität, Mathematik, des Hebräischen und der Philosophie, ging 1715 nach
China, gewann durch seine musikalischen und mathematischen Kenntnisse vielen
Einfluß am Kaiserhofe von Peking. Er starb 24. Aug. 1737. (Franco, Syn.;
Lang 85; Colombel II, 687 u. a.; Cat. Sin. 276; W.-B. Nr. 576, 35; v. Richthofen
I, 688.) — Schriften: Fünf werthvolle Briefe im W.-B. Nr. 155. 156. 203. 295.
413. Handschr. Brief im Observatorium von Paris, Portef. 150; in der Bibl.
Nat. ebb. Nr. 17 239; Wiener Staats-Archiv, Geistl. Angel. 415 Nr. VI. Ueber
seine mathematisch-astronomischen Schriften siehe P. Ét. Souciet S. J., Obser-
vations mathém. I, 37. 44. 50. 52; Miscell. Berol. V, Berol. 1723, 4°; Bayer,
De Horis Sinicis ..., Petropoli 1735, 4°. Manuscript über chinesische Musik in
Bibl. Germ. Bd. 40, 198. Vgl. Sommerv. und Pelzel 174.

Sonnenberg, v. [latinisirt Ignatius a Monte, span. Montes,
chines. Ho], P. Walther, aus einer alten Familie Luzerns, geb. 12. Juli 1612,
eingetr. 1628, ging 1644 in die Missionen, soll in Indien, „Aethiopien", China, Japan und auf den Philippinen das Evangelium gepredigt
haben. Nach Cat. Sin. 142 kam er nach China 1678 und starb 1682 zu Fu-tscheu.
(Vgl. Kathol. Missionen 1878, 187.) Er sprach mehrere asiatische Sprachen und
war ein Mann von großer Charakterstärke und feurigem Seeleneifer. (Vgl. Leu,
Schweiz. Lerikon; Balthasar, Histor. Aufschriften 219; Arch. Prov. Germ. IX. T.;
Cat. Sin. Wahrscheinlich werden in den Berichten die beiden Ignaz und Walther
v Sonnenberg (siehe unter Philippinen) mehrfach verwechselt. — Schriften:
Sechs handschr. Briefe, u. a. einer vom 7. Aug. 1644 aus den Philippinen, in welchem
er den Pater General um die Erlaubniß bittet, nach Japan zu gehen.

Stabelin [Stäbelin, Stablin, chines. Lin], Br. Franz Ludwig
(Bohem.), geb 18. Juli 1658 zu Zug in der Schweiz, durchwanderte als Uhrmacher
ganz Deutschland, trat am 28. Sept. 1688 ins Noviziat der böhmischen Provinz zu
Prag ein und ging 1707 nach China. Hier wurde er Hof-Uhrenmacher des Kaisers
Kang-hi und ein besonderer Liebling des Monarchen, der den Bruder oft in seiner
Werkstatt besuchte und mit ihm sich unterhielt. St. war eine überaus fromme, kindlich
fröhliche Seele. „Obschon er die Muttersprache verloren, hat er doch die deutsche Red-
lichkeit nicht abgelegt" (P. Hallerstein, W.-B. Nr. 587, 19). Drei Jahre vor seinem
Tod wurde er durch einen Schlaganfall theilweise gelähmt. Er starb zu Peking am

13. (al. 14.) April 1740 im 82. Lebensjahre. (Vgl. Platzweg 212—219; Chaney, Vie du P. Hinderer 151; W.-B. Nr. 588, 95 [Nachruf von P. Rögler], vgl. 30. Theil, S. 95; Cat. Sin. 275; Arch. Prov. Germ. IX. T.; Franco, Syn.; Ménol. I, 348; Colombel II, 580. 687 u. a.)

Stumpf [portugies. bei Franco **Estum**, chines. **Ki**], P. **Kilian** (Germ. Sup.), geb. 14. Sept. (al. 13. März) 1655 zu Würzburg, eingetr. 11. (al 2.) Juli 1673, kam nach China 1694. Ueber ihn schreibt sein Mitbruder P. Karl v. Gallenfels: „In Peking ist den 24. Juli 1720 selig im Herrn verschieden P. Kilian Stumpf S. J., aus der oberrheinischen Provinz, ein sehr verehrungswürdiger Mann, Präsident des mathematischen Tribunals, eine feste Säule der ganzen chinesischen Mission, besonders in diesen wirren Zeiten, auch Visitator der Gesellschaft Jesu daselbst (1716), welchen der Kaiser wegen seiner herrlichen Eigenschaften hoch achtete und den alle Christen in Peking wie einen Vater verehrten und liebten." — „P. Stumpf, ein von Würzburg in Francken gebürtiger Jesuiter, hat die Sinische Mission, da sie begunne zu wancken, so mächtig unterstützt, daß sie ihme ihre Beharrlichkeit zu bancken hat. Sein unüberwindlicher Muth, kluger Eyfer und heiliges Leben werden sein Lob bey der Nachwelt verewigen" (P. Stöcklein, Vorrede zum 8. Theil des W.-B.). (Vgl. W.-B. Nr. 152. 193; Nr. 198, 21; Platzweg 267. 271; Sulzb. Kal. 1869, 121; Franco, Syn. 387, nennt ihn „magnum fidel columen apud eas gentes"; Cat. Sin. 191; Mémorial du P. K. Stumpf ... in Anecdotes de l'état de la religion dans la Chine [1733] II, 35 ss.; vgl III, 388; handschr. Nachruf in der Wiener Staats-Bibliothek III, 371; Colombel II, 579. 612 u. a.) — **Schriften:** Documenta selecta, quae R. P. K. Stumpf S. J. ... 1717 ... in Europam transcripsit, in der Wiener Staats-Bibliothek; Misc. Sinica tom. II, fol. 294 sqq. Vgl. Marc. di Civezza, Saggio di Bibliogr. Sanfrancescana, Prato 1879, 187. Eine Reihe die Ritenfrage betreffende Schriften in Rom; vgl. Sommerv. Handschr. Brief von 1712 im Arch. Prov. Germ. ser. IV, fasc. A. 10.

Terenz [**Terrenz**, **Terentius**, **Terenzio**, **Terrenzius**, chines. **Teng**], P. **Johann**, ein Schweizer, geb. 1576 in der Diöc. Konstanz, eingetr. in Rom 1. Nov. (al. 4. Dec.) 1611 als Mediciner und als Philosoph und Mathematiker von Namen, ging 1617 nach Ostasien, wirkte vorübergehend in Indien, Cochinchina, auf Sumatra, kam 1621 nach China, wurde vom Kaiser mit der Reform des chinesischen Kalenders beauftragt, starb aber über der Arbeit 13. Mai (al. März) 1630 zu Peking. „Terentius" war die lateinische Form seines deutschen Namens „Schreck". T. war ein vielseitiger Gelehrter. „Non incongrue", sagt Kircher von ihm, „Plinium Indicum appellem ob insignem viri istius in omni scientiarum genere, potissimum medicinae ac Chymiae perfectam notitiam, quae apud ipsos Sinas tantum potuit, ut instar coelestis oraculi ac ipsa Sinica voce Chotampuo, quasi dicas Genius naturae, diceretur" (Magnes [ed. 3, Romae 1654] p. 315). (Carutti, Mem. della R. Accad. dei Lincei, Classe di scienze morali, storiche e filologiche, scr. III, vol. I [1877]; Kathol. Missionen 1878, Sept.; Arch. Prov. Germ. IX. T.; Cat. Sin. 42; Cordara, Hist. Soc. Jesu Pars 6, lib. 15, n. 246; Bartoli, La Cina l. 4, P. 2, n. 136; Juvencius, Hist. manuscr. Soc. Jesu ab anno 1616—1646, Miss. Sin. 177; Colombel I, 574 u. a.; Ménol. I, 436.) — **Schriften:** Sommerv. zählt u. a. acht chinesische Werke über Mathematik, Astronomie, Mechanik und Medicin auf, welche T. mit Beihilfe des chinesischen Gelehrten Wang verfaßte und, wie es scheint, in Peking herausgab. Außerdem unterhielt T. eine rege wissenschaftliche Correspondenz mit Europa, die

13 *

zum Theil erhalten ist, u. a.: J. Terrentii e S. J. Epistollum ex regno Sinarum ad Mathematicos Europaeos missum. Cum Commentatiuncula *Joannis Keppleri*, Mathematici . . ., Sagani Silesiae 1630. Eine Reihe handschr. Berichte und Abhandlungen über China und Japan verschiedenen Inhaltes in der Bibl. de l'Ecole de médecine de Montpellier, n. 104 und 461. Handschr. Briefe an verschiedene europäische Gelehrte in Paris, Bibl. Nat., Fonds franç. No. 14688, Brüssel, Bibl. de Bourgogne No. 4169—4170 und Bibl. des Bollandistes. Siehe Sommerv.

Tillisch, Thillisch, Tillist, bei Franco Tiliscus, chines. Dang], P. Franz (Bohem.), geb. zu Breslau 16. Jan. 1670, eingetr. 1. Oct. 1684, Professor der Humanität, Mathematik, Philosophie, ging 1709 nach China (Ankunft 1710), war Hof-Mathematicus Kaiser Kang-his, machte in dessen Auftrag topographische Aufnahmen; „ein in Mathesi und Theologia, wie auch in seinem auferbaulichen Wandel vortrefflicher Mann . . . alle, die ihn kennen, missen ihn schmerzlich als ein jetzt umgestoßene vorhin veste Säule der Mission" (P. K. Stumpf im W.-B. Nr. 155, 17). Er starb 8. Sept. 1716 zu Peking. (Franco, Syn.; Colombel II, 580. 624 u. a.; Cat. Sin. 280; Pelzel 145.) — Schriften: Brief aus der Ost-Tartarei im W.-B. Nr. 152. Vgl. ebb. Nr. 135, 25; 7. Theil, Vorrede.

Ureman, P. Johann [chines. U], geb. zu Spalato in Dalmatien 1582, eingetr. 1600, wie es scheint, in eine deutsche Provinz, kam nach China 1620, starb aber schon bald nach seiner Ankunft infolge der erlittenen Mühsale 29. April 1621 zu Nanking. (Ménol. I, 328; Cat. Sin. 39; Cordara, Hist. Soc. Jesu p. 6, l. 5, n. 190; Bartoli, La Cina l. 3, P. 2, n. 134; Patrignani, Menologio, 14. Apr., p. 128.)

Walta [Balta, bei Franco Uvalba, chines. Wau], P. Michael (Germ. Sup.), geb. 1606 zu München, eingetr. 1623, kam nach China 1638, wirkte erst in Peking als Assistent des P. Schall, dann in der Provinz Schansi und starb 1643 (al. 1644) bei der Erstürmung von Pu-tschen. (Franco, Syn. ad a. 1635 und p. 266; Sulzb. Kal. 1889, 122; Cat. Sin. 77; Arch. Prov. Germ. IX. T. in Vita P. Fiva. Colombel I, 425. 467 u. a.)

Walter [chines. Su], P. Johann (Bohem.), geb. 6. Jan. 1708 zu Bilin in Böhmen, eingetr. 16. Oct. 1729, ging 1737 nach Malabar, von dort nach China, wo er 1741 anlangte, ein tüchtiger Musiker, war lang am kaiserlichen Hofe und starb 27. Juni 1759 zu Peking. (Cat. Sin. 363; Pelzel 220; W.-B. Nr. 594, 135; Colombel II, 780 u. a.) — Schriften: Sieben Briefe im W.-B. Nr. 633—635. 680. 683. 686. 690. Handschr. Brief aus Peking vom 20. Nov. 1754 im Arch. Prov. Germ. ser. IV, fasc. A. 16.

Werdmayster [Werkmaister], P. Benedikt (Germ. Sup.), geb. 26. Jan. 1676 zu Augsburg, eingetr. 9. Oct. 1691, ging um 1708 nach China, wird auf der Fahrt nach Ostindien an die Küste Brasiliens verschlagen und schreibt von hier 8. Aug. 1708 aus Bahia einen Brief an den deutschen Assistenten (Murr, Journ. VI, 168 ff.); weitere Daten fehlen. (Ob nicht identisch mit P. Benedict, s. oben S. 185.)

Wit [bei Franco corrumpirt Biut], P. Bernhard de (Rhen. Inf.?), geb. 1658 zu Emmerich, eingetr. 21. Aug. 1677, ging mit P. Stumpf und P. Moers 1691 nach China, scheint auf der Reise gestorben zu sein. (Cat.; fehlt wie der vorige im Cat. Sin.; Franco, Syn.)

Zallinger, P. Joseph, geb. in Bayern 16. Febr. 1701, starb 1736 in Peking (China), wo er vor kurzem erst angelangt war. „Ein Mann, welcher wegen seiner ausnehmenden Tugenden, seiner sonderbaren Natur-Gaben und vielen diesen Missionen höchst anständigen Wissenschaften eine Stütze derselben einstens werden sollte. Wir haben mit ihm große Hoffnungen zu Erden getragen" (P. Kögler in einem Brief von 1736 im W.-B. Nr. 577. Cat. Sin. 338.)

III. Afrika.

Portugiesische Kolonien in West- und Südafrika.

Zur portugiesischen Provinz gehörten die Missionen von Angola (1 Colleg zu Loanda, 2 Residenzen, 1 Mission), die am Kongo (1 Residenz, 1 Mission) und die von „Aethiopien" (Abessinien); zur Provinz Goa: Moçambique mit 1 Colleg und die Stationen oder Residenzen von Quilimane, Tete, Sena, Cuama, Luabo, Jnhambane.

Hier wirkten:

Berner, Br. Johann (Germ. Sup.), findet sich 1701—1753 in der Mission von Angola, Westafrika. (Cat. Prov. Germ. 1750/51.)

Höchstetter, Br. Innocenz (Germ. Sup.), geb. 17. Aug. 1691 zu Mindelheim (Diöc. Augsburg), eingetr. 11. April 1722, hatte Philosophie und Moraltheologie studirt, war dann Apotheker geworden und in seiner Kunst sehr erfahren, wurde 1722 für Chile bestimmt, kam aber, vielleicht später, nach Angola, wo er 1731—1734 thätig war. (Sulzb. Kal. 1890, 7; handschr. Verzeichniß.)

Kuenz, Br. Johann (Germ. Sup.), 1750 in der Mission von Angola, Westafrika. (Cat. Germ. Sup. 1750/51.)

Storer [Storrer], P. Franz (Germ. Sup.), geb. zu Konstanz 17. Jan. 1617, eingetr. 3. Sept. 1635, Professor der Humanität, dann der Mathematik, des Hebräischen und der Exegese zu Jngolstadt, ging 1655 mit P. H. Roth nach „Aethiopien" und starb dort 1662; „ein teutscher Jesuit, so unter dem Nahmen eines Wund-Arztes nicht allein in das Reich Aethiopien eingedrungen, sondern auch in die Kayserliche Haupt- und Hofstadt, ja in den Abyssinischen Hof selbst eingedrungen ist" (W.-B. Nr. 34, 112. Sommerv.).

Thoman, P. Moritz, geb. am 19. April 1722 zu Langenargen (jetzt Württemberg) von ehemals lutherischen Eltern, Doctor der Medicin, trat am 13. Dec. 1750 zu Rom in die Gesellschaft, ging 1753 nach Ostindien (Goa) und von hier 1757 nach Moçambique; arbeitete in der Kaffermission am Sambesi bis zur gewaltsamen Vertreibung 1759, wurde 1760 mit zahlreichen Mitbrüdern nach Lissabon transportirt, lag hier bis 1777 im Kerker, kam dann nach Wien und Bozen und starb hier 1790 (al. 19. Dec. 1805). (Vgl. Platzweg 348—362; Dr. Ph. H. Külb, Geschichte der Missionsreisen nach Afrika, Regensburg 1863, III, 2. Abth., Kap. 6—9; Mauriz Thomans, ehemal. Jes. und Miss. in Asien und Afrika, Reise- und Lebensbeschreibungen, Augsburg 1788. Neu aufgelegt: Ein Exjesuit. Eine Selbstbiographie. Herausgegeben von J. B. Kempf, Regensburg 1867; Katholische Flugschriften zur Wehr und Lehr Nr. 36. 38. 30, Berlin 1801; Murr, Journ. VIII, 188; Allgemeine deutsche Biographie Bd. 38, S. 64; Stassler, Tirol und Vorarlberg, Innsbruck 1847, II, 881 ff.

Winterer, Br. Georg (Germ. Sup.), geb. 20. April 1095 zu Mötz in Tirol (Diöc. Brixen), eingetr. 18. April 1722, Kunstschreiner, wird in einer handschriftlichen Information sehr günstig beurtheilt, wurde nach derselben 1722 nach Chile geschickt, findet sich aber im Cat. Germ. Sup. 1750/51 als Missionär in Angola.

IV. Türkei und Persien.

Mission des Orients.

Sie stand unter französischem Protectorat und umfaßte 1750 den griechischen Archipel mit 7 Stationen und 25 Jesuiten; die Mission von Syrien und Aegypten mit Stationen in Aleppo, Antura, Kairo, Damaskus, Saida, Tripoli und 17 Jesuiten; die Mission von Persien mit Stationen in Julfa (Ispahan) und Resch und 7 Jesuiten. Die Missionen in Armenien und in der Krim, welche im Anfang des 18. Jahrhunderts blühten, scheinen später eingegangen zu sein.

Hier wirkten:

Bauman (Buman), P. Franz (Germ. Sup.?), aus Freiburg in der Schweiz, geb. 1644, eingetr. 1662, Missionär in Aegypten. (Arch. Prov. Germ. IX. T.)

Beugen, Br. Wilhelm Volrab, jedenfalls ein Deutscher, am Ende des 17. Jahrhunderts Missionär in Syrien (Damaskus); verstand sechs Sprachen: Deutsch, Niederländisch, Arabisch, Griechisch, Italienisch und Französisch. (W.-B. Nr. 273, 49.)

Cachob [Cachoub], P. Johann (Germ. Sup.), aus Treyvaux, Kanton Freiburg (Schweiz), geb. 1658, eingetr. 1677, ging um die Wende des 17. Jahrhunderts in die Mission von Konstantinopel. P. Tarillon nennt ihn in den Lettres édif. I (Paris 1841), 19 s. „denjenigen Jesuiten, der von Gott ein ganz besonderes Talent erhalten habe zur Bekehrung der Armenier in Stambul". In dem einen Jahre 1712 bekehrte er an 400 Schismatiker. Er heißt der „Vater der Armenier" und „Vater der Sklaven". Letztern Namen verdiente er sich in hingebendem Dienste der christlichen Galeerensträflinge in Konstantinopel und Malta, C. starb am 30. Aug. 1726 zu Konstantinopel. Weitere Einzelheiten über sein Wirken berichten P. Reisacher (siehe diesen Namen) in einem Briefe von 1712 aus Konstantinopel, der mit zwei Briefen P. Cs. im Arch. Germ. Sup. (ser. IV, fasc. G. 2—4) liegt, und P. Jos. Lovina in einem Brief von 1724 (W.-B. Nr. 217; vgl. Nr. 238). Ueber seinen Tod im Dienste der Pestkranken (30. Aug. 1726) siehe Vorrede zum W.-B. 9. Theil und P. Holberman ebb. Nr. 114; Arch. Prov. Germ. XI. T.; Ménol. II, 169.

Cetti, P. Andreas (Germ. Sup.), geb. zu Schlettstadt (Diöc. Straßburg) 1710, eingetr. 1739, findet sich 1750/51 als Missionär in Syrien, wird später im Cat. angeführt als „15 Jahre in der indischen Mission". Er starb 20. Febr. 1774. (Cat.)

Erbschlager, P. Christian (Austr.), geb. zu Wien 1699, eingetr. 1717, war 4 Jahre lang auf den griechischen Inseln thätig. Er starb 2. März 1741 zu Steyr bei der Pflege der Pestkranken. E. kannte fast alle Sprachen Europas (Litt. ann. Prov. Austr. 1741; Stöger 69; Ménol. I, 194; Sommerv.). — Schriften: Von ihm stammt das anonyme Werk: „Erbauliche und angenehme Geschichten deren Chiquitos"..., Wien 1729; eine Bearbeitung nach französischen und spanischen Quellen.

Keller [bei Sommerv. Heller], P. Jos. Franz Dominicus (zuletzt in der Germ. Sup.), aus Schwyz (Schweiz), geb. 1. Oct. 1706, eingetr. 13. Sept. 1725, in Frankreich Professor der Philosophie, dann 22 Jahre lang Missionär in Griechenland, 17 davon als Oberer; starb 5. April 1767 (al. 1769) zu Luzern. (Arch. Prov. Germ. IX. T.) — Schriften: Ein Brief (4. Aug. 1751) aus Konstantinopel. Siehe Sommerv.

Liechtle, P. Ignaz (Germ. Sup.), geb. in Pruntrut (Schweiz) 2. Febr. 1721, eingetr. 3. Oct. 1736, ging 1752 als Missionär nach Griechenland (Archipel), wo er auch nach Aufhebung der Gesellschaft verblieb. Nach Vautrey (Hist. du Coll. de Porrentruy) verfaßte L. eine geographisch-historische Beschreibung des Archipels mit Plänen und Karten. 1797 lebte er noch als geistlicher Vater der Ursulinen, die auf den Inseln so Großes gewirkt, und hochgeehrt von jedermann (Arch. Prov. Germ. IX. T.). Nach Sommerv. existirt von ihm eine Chronik der Insel Naxos im Kloster St. Lazarus daselbst. (Vgl. Roß, Reise auf den griechischen Inseln des Aegäischen Meeres [Stuttgart 1840] I, 27; II, 220.)

Lovina, P. Joseph (Austr.), aus Eibers (al. Brig) in Kanton Wallis (Schweiz), geb. 19. März 1674, eingetr. 14. Oct. 1692 in die österreichische Provinz, diente 15 Jahre in den Bagnos von Venedig, begleitete den kaiserlichen Gesandten nach Konstantinopel, war hier lange Jahre sehr segensreich thätig und starb zu Wien 31. März 1742. (Arch. Prov. Germ. IX. T.; Stöger 210; Sommerv.) — Schriften: Brief über seine Gesandtschaftsreise und sein Wirken im W.-B. Nr. 217.

Meyer, P. Kaspar (Rhen. Inf.), eingetr. 5. Juli 1648, gest. 17. Jan. 1688, Missionär im Orient.

Reisacher, P. Anton (Germ. Sup.), aus Vilshofen in Bayern, geb. 23. Jan. 1676, eingetr. 30. Sept. 1694, Missionär auf den Cykladen 1731 bis 1736. (Sulzb. Kal. 1890.) — Schriften: Handschr. Brief aus Konstantinopel von 1716. Arch. Prov. Germ. ser. IV, fasc. G. 4.

Renschmid, P. Florian, aus Göttlfosen (?vielleicht Göttelhöf) in Bayern, geb. 1718, eingetr. 1735, Missionär in Syrien 1753—1755, dann 1756—1757 in Kairo, Aegypten. Nach Lang reist P. R. 1750 von Neuburg über Livorno nach Syrien. (Sulzb. Kal. 1890 a. a. O.)

Richelius [Chitelio], P. Georg, geb. zu Straßburg 23. April 1611, eingetr. 1628, wirkte lange Jahre sehr segensreich in Syrien, war in den Naturwissenschaften, in Astronomie und Medicin sehr erfahren und gewann durch seine Liebe und Gefälligkeit das Vertrauen auch von Schismatikern und Türken in hohem Grabe. Er starb 21. Juni 1670 bei Sidon. (Ménol. I, 534; Patrignani, der ihn Chilesio nennt; Nouv. Mémoires du Levant IV, 98.)

Roux, P. Spiritus, geb. zu Anniviers im Kanton Wallis (Schweiz), Missionär in Persien, wo er Oberer der Mission Ispahan war. Er starb 11. (al. 12.) Sept. 1686 in Eriwan (Armenien). (Ueber sein Wirken vgl. Lettres édif. Mémoire de la Mission d'Érivan; Furrer, Statistik von Wallis II, 323; Arch. Prov. Germ. IX T.; W.-B. Nr. 204, 3.)

V. Ergänzungen und zweifelhafte oder nicht näher bestimmbare Namen.

Archs, P. Joseph, zur Zeit der Vertreibung in Neu-Granada, vermuthlich ein Deutscher. (Borda, Hist. de la Compañía de Jesús en la Nueva Granada, Poissy 1872, II, 91).

Bohubraslý [Poruhrabiski], Br. Simon (Bohem.), ging 1678 nach Mexico. (Wiener Berz.; W.-B. Nr. 31, 101. Identisch mit Br. Simon, siehe S. 115.)

P. Franz Borgias („Germanus"), ging 1709 nach „Indien". (Franco, Syn.) Wohl identisch mit Koch, Fr. Borgias, S. 170.

Brentano, P. Karl (siehe unter Quito). Verhandlungen mit der Regierung behufs Theilung des Missionsgebietes am obern Marañon siehe bei R. Cáceres S. J., La Provincia Oriental de la República del Ecuador, Quito 1892, p. 23.

Chespue [Chespius], P. Johann, ging 1645 nach „Indien". (Franco, Syn.) Der Name jedenfalls corrumpirt.

Cotter, P. Christian (Germ. Sup.), aus Anniviers im Kanton Wallis („Anniviensis"), geb. 1698, eingetr. 1722, ging in die auswärtigen Missionen. Nichts Näheres bekannt, als daß er bereits vor 1730 starb. (Arch. Prov. Germ. X. T.)

Creußberg, P. Matth. (Ren. Inf.), geb. 17. Oct. 1706 zu Dernau, Erzdiöc. Köln („Dernaw."), eingetr. 16. Oct. 1730, ging 1738 nach „Indien" starb auf der Reise. (Cat.)

Cuculinus, Matthias (siehe Seite 65), war Oberer auf den Marianen, nicht in Paraguay.

Dobrizhoffer, P. Martin (siehe unter Paraguay). Wolfgang Menzel (Die deutsche Literatur, Stuttgart 1836, III, 110) kommt da, wo er von der deutschen Reiseliteratur des 18. Jahrhunderts redet, auch auf die Jesuiten (speciell auf Dobrizhoffer und Tieffenthaler) zu sprechen und sagt von ihnen: „Am merkwürdigsten waren die deutschen Jesuiten, die als Missionäre nach Amerika und China kamen, weil der schlaue Orden die Erfahrung gemacht hatte, daß deutsche Gelehrsamkeit, Ausdauer und Gutmütigkeit zu dem schwierigen Missionsgeschäft am besten taugen. . . . Dobrizhoffer ertheilt uns die ersten genauen Nachrichten von Südamerika . . ."

Falencio, P. Johann, aus Konstanz, ging 1618 über Lissabon nach „Indien" (Franco, Syn.) Bermuthlich Druckfehler für Terenzio, siehe oben S. 195.

Faltius, P. Franz (Bohem.), ging 1723 nach „Indien". (Wiener Berz.) — Bielleicht identisch mit P. Franz Faltrel in Peru.

Folch, P. Matthäus, zur Zeit der Bertreibung in Popayan, Provinz Quito, vermuthlich ein Deutscher. (Borda II, 90.)

Franc, Br. Sebastian („de Suebla"), zur Zeit der Bertreibung in Quito. (Borda II, 95.) — Wohl identisch mit Franck, Sebastian, siehe S. 168.

Fribelli, Embert (siehe unter China, S. 187). Bgl. Ritter, Erdkunde (Asien) III, 4. Abschnitt, § 62, S. 467.

Friß, P. Samuel (siehe unter Quito). Bgl. de Ulloa, Voyage histor. de l'Amérique méridionale, fait par ordre du Roi d'Espagne (Amsterd. et Leipz. 1752), I, 324—326, wo den wissenschaftlichen Arbeiten des deutschen Missionärs warme Anerkennung gezollt wird.

Gastner, P. Peter (siehe unter Quito). Bgl. Lettres édif. V, 170.

Gruber, P. Johann (s. S. 187). Bgl. Ritter a. a. O. 453 ff.: „Aus dessen [P. G.s] Munde hat der berühmte M. Thevenot selbst, der ihn im Jahre 1665, Ende Februar, auf dessen Durchreise in Konstantinopel besuchte, dessen Reisebericht (Peking-Tibet-Hindostan) aufgezeichnet, wobei er dem 45jährigen vielgewanderten Pater das Zeugniß eines heitern, redlichen Deutschen (sincérité allemande) gibt."

Honczicz, Br. Wenceslaus (Bohem.), siehe unten unter Bocht.

Jannske, P. Daniel (Bohem.), ging 1691 nach „Indien". (Wiener Berz.)

Keller, P. Joh. Paul (Germ. Sup.?), aus Tirol, starb 4. April 1761 auf dem Weg von Goa nach Lissabon. (Handschr. Berz.; Murr, Journ. IX, 229.)

Kino [Kühn], P. Franz (siehe unter Mexico S. 108). Bgl. G. vom Rath. Arizona (Sammlung von Vorträgen, herausgegeben von M. Frommel und Friedrich Pfaff, XIV, 7 und 8), Heidelberg 1885, S. 68 ff. Der protestantische Verfasser spricht mit großer Anerkennung von den deutschen Jesuiten, die in Arizona (dem alten Sonora) gewirkt, vergleicht K. mit Las Casas, schreibt ihm die Gründung von acht blühenden Missionen zu. — Alex. v. Humboldt, Versuch über die politischen Zustände des Königreichs Neu-Spanien, Tübingen 1810, S. 227; Father Eusebio Kino S. J. and the Jesuit Missions in Arizona, in American Eccles. Review XXI [1890], 44 ff.

Kögler, Ignaz (siehe S. 189). Bg. Ritter a. a. O. 471. 474.

König, P. Johann [João dos Reys], aus Solothurn, geb. 1639, eingetr. 1657, um 1690 auf dem Weg nach „Indien". War sechs Jahre lang Professor der Mathematik und des Hebräischen in Coimbra. — Schriften: Briefe aus Lissabon und Coimbra vom 15. Oct. 1683, 26. Febr. 1684, 8. Sept. 1687 bei Friedrich, Beiträge 35. Brief vom 20. Sept. 1686 in der Wiener Staatsbibliothek (Fil.) Nr. 419. Brief von 1689 aus Lissabon im Arch. Prov. Germ. IX. T. Bgl. auch Sommerv.

Lansperg, P., war 1718 in der Reduction St. Anna, Moxos-Mission, Peru. (Handschr. Verz.)

Lewacker, Br. Johann (Rhen. Inf.), geb. 6. Jan. 1727 zu Deutz bei Köln, eingetr. 13. Mai 1751, starb in „Indien". (Cat.)

Maiz, Br. Ludwig (Alois), zur Zeit der Vertreibung in Neu-Granada, vermuthlich ein Deutscher. (Borda II, 86.)

Meills, P. Anton, zur Zeit der Vertreibung in Neu-Granada, vermuthlich ein Deutscher. (Borda II, 86; vgl. S. 153.)

Meyer, Br. Franz Joseph (Rhen. Inf.?), geb. zu Freiburg i. B. 23. Jan. 1698, wurde nach Absolvirung seiner Lateinstudien und der Philosophie Maurer und Steinmetz, ging 1722 nach „Indien", warscheinlich Südamerika. Ist vielleicht identisch mit Mayer, P. Joseph, siehe S. 120. (Handschr. Information.)

Muns, Br. Ignaz, zur Zeit der Vertreibung in Quito, vermuthlich ein Deutscher. (Borda II, 100.)

Muther, P. Jakob, aus Köln, Missionär in „Indien". (Misc.)

Nemesbt, P. Franz, aus Sachsen („Saxon."), ging 1698 nach „Indien". (Franco, Syn.) Name jedenfalls corrumpirt.

Nogler, P. Ignaz, ging 1716 über Lissabon nach „Indien". (Franco, Syn.) Wahrscheinlich verdruckt statt Kögler, siehe S. 189.

Ostler, P. Johann (Bohem.), siehe unter Bocht.

Paravicini, Br. Franz (Bohem.), ging 1684 nach „Indien". (Wiener Verz.)

Pitzl, Matthias (S. 153), wohl identisch mit Piller (S. 160) und Bizel (S. 166).

Pfitzer, P. Kaspar (siehe unter Paraguay). Vgl. Kathol. Missionen 28. Jahrgang, 34.

Prenincel, P. Stephan, ging 1698 über Lissabon nach „Indien". (Franco, Syn.) Name jedenfalls corrumpirt.

Ren [Reen], Franz (siehe unter Quito, S. 127), starb bei der Deportation kurz nach der Ankunft in Cadix, 28. April 1768. (Letters and Notices, Roehampton 1875, 363.)

Revell, P. Thomas (Austr.), ging 1680 nach „Indien", wahrscheinlich Südamerika. „Zwar in den Niederlanden geboren, aber in der österreichischen Provinz in die Societät aufgenommen" (W.-B. Nr. 31, 101).

Reyter, Br. Kaspar, zur Zeit der Vertreibung in Neu-Granada. (Borda II, 82.)

Riffen, P. Bernhard (Rhen. Inf.), geb. Juli 1653 zu Paderborn, eingetr. 2. Oct. 1672, starb 21. Oct. 1699 zu Villanueva in Spanien, wie es scheint, auf dem Wege nach „Indien". (Cat.)

Roel, P. Bernhard, zur Zeit der Vertreibung in Neu-Granada, vermuthlich ein Teutscher. (Borda II, 81.)

Roel, P. Dominicus, zur Zeit der Vertreibung in Neu-Granada, vermuthlich ein Teutscher. (Borda II, 84.)

Roux, P. ?, aus Luc (nach Mülinen, Helv. Sacra II, 56, aus Grimenz), Kanton Wallis, ging in die ostindische Mission und starb dort nach opfervollem Wirken als Martyrer. Boccard (Hist. du Valais 347) nennt ihn einen „berühmten Missionär". Nach Mülinen l. c. wäre sein eigentlicher Name Rua oder Ruva, woraus französisch Roux entstanden sei. (Furrer, Statistik von Wallis II, 323; Arch. Prov. Germ. IX. T.)

Schabel, P. Michael (Bohem.), ging 1693 nach „Indien". (Wiener Verz.)

Schermer, Br. Simon, zur Zeit der Vertreibung in Neu-Granada. (Borda II, 90.)

Schevel, Br. Levin, Begleiter des P. Victor Walter bei seiner Expedition nach den Karolinen, allem Anschein nach ein Deutscher. (Delgado, Hist. general ... de las Islas Filipinas, Manila 1892, 128.) — Vielleicht identisch mit Br. Leopold Schenk (siehe unter Philippinen). Aehnliche Verschreibungen und Corruptionen sind nicht ungewöhnlich.

Schuech, P., jedenfalls ein Deutscher, wird als Reisebegleiter des P. Phil. Grimaldi (gest. 8. Nov. 1712) bezeichnet, starb in Persien. (W.-B.- Nr. 49, 61.)

Sellens, Br. Anton, zur Zeit der Vertreibung in Neu-Granada, vermuthlich ein Deutscher. (Borda II, 88.)

Sepp, P. Anton (siehe unter Paraguay), erwähnt bei Friedrich, Beiträge 27.

Shuarc (wahrscheinlich für Schwarz), Br. Aolan („Aleman"), zur Zeit der Vertreibung in Quito. (Borda II, 95.) Vermuthlich identisch mit Schwarz, P. Julian (S. 160).

Staubacc, P. Johann („Fuldensis"), ging 1690 nach „Indien", zeitweise Professor der Mathematik in Lissabon. (Franco, Syn. 384.)

Stulz, Johann, aus Stans, Kanton Unterwalden (Schweiz), geb. 1612, eingetr. 1632, Missionär in „Indien". (Arch. Prov. Germ. IX. T.)

Tieffenthaler, P. Joseph (siehe unter Vorderindien, S. 179). „T. war der erste unter den Reisenden des 18. Jahrhunderts, welcher die Aufmerksamkeit auf die kolossalste Gebirgsgruppe der ganzen Erde, auf die Riesen des Dhawalagiri, gerichtet hat" (Ritter a. a. O. 456; vgl. Menzel a. a. O.).

Uvens, P. Franz, wird von Franco, Syn., als „deutscher" Missionär angeführt, der 1790 nach „Indien" reiste. Der Name Uvens ist niederländisch.

Valcans, P. Wenceslaus, zur Zeit der Vertreibung in Neu-Granada, wahrscheinlich ein Deutscher. (Borda II, 91.)

Vergel, Br. Raimund, zur Zeit der Vertreibung in Neu-Granada, wahrscheinlich ein Deutscher. (Borda II, 84.)

Vilhelm, Br. Leonard, zur Zeit der Vertreibung in Neu-Granada. (Borda II, 83.)

Vocht, P. Franz (Bohem.), war um 1709 mit P. Johann Ostler und Br. Wenceslaus Honczicz aus der böhmischen Provinz nach Spanien gekommen. Hier verging ihnen die Lust, nach „Indien" abzusegeln. „Vielleicht werden sie nach Böhmen zurückkehren, wenn ihnen nicht belieben sollte, nach Brasilien zu segeln" (aus dem Briefe des Br. Christoph Mattern vom 26. Dec. 1710, W.-B. Nr. 508, 111).

Weißenbach, P. Franz, aus Zug (Schweiz), geht, für „Indien" bestimmt, nach Spanien, stirbt aber im Februar 1648 in Sevilla. (Arch. Prov. Germ. IX. T.)

Welseberger, Br. Marcus (Rhen. Sup.), geb. 2. Febr. 1697 zu Imst in Tirol, Maurer und Steinmetz, ging 1722 nach „Indien". (Handschr. Inform.)

Wolf, P. Jakob (Diego), zur Zeit der Vertreibung in Peru. (Borda II, 104.)

Wolff, P. Bartholomäus (Rhen. Inf.), siehe oben unter Mexico S. 117, starb nach der Rückkehr aus Indien in Portu S. Mariae 1769. (Handschr. Cat. Prov. Rhen. Inf.)

Xenobofen, P. Franz, ging 1690 über Lissabon nach „Indien". Der Name ist corrumpirt. (Franco, Syn.)

* * *

Außerdem war eine ziemliche Anzahl deutscher Jesuitenmissionäre im Verbande anderer Provinzen, wie der französischen, belgischen und besonders polnischen. Letztere erstreckte sich bis an die Ostsee und umfaßte einen großen Theil deutschen Gebietes. Von den deutschen Missionären der polnischen Provinz seien kurz genannt: Bartsch, P. Jakob (Abreise 1698, Bestimmung: China); Brichius, P. Joseph (1695, China); Cytler, P. Martin (1654, Persien und Indien); Herlacher, Br. Ignaz (1722, „Indien"); Hutter, Br. Th. (1722, „Indien"); Koborff, P. Alex. (1722, „Indien"); Los, P. Franz (1723, „Indien"); Pinter, P. J. (1679, „Indien"); Preußhoff, P. J. (1695, China); Protman, P. Andreas (1660, „Indien"); Reuth, P. J. (1697, Persien, China)[1].

---

[1] Der Verfasser erlaubt sich an dieser Stelle die Bitte auszusprechen, ihm allenfalsige Berichtigungen und Ergänzungen zur Liste deutscher Jesuitenmissionäre gütigst zukommen zu lassen und ihm von etwa in Privatbesitz vorhandenen Briefen und Handschriften derselben Kunde zu geben.

Anhang.

I. Bittgesuche deutscher Jesuiten an den Ordensgeneral.

1. Brief des P. Ad. Schall an A. R. P. Mutius Bitelleschi, 2. Jan. 1616.

(Er bittet um die chinesische Mission.)

Admodum R in Christo Pater Noster.

Ego Adamus Schall quamvis indignissimus, confisus tamen in eadem Dei
benignitate qua vocari me sentio, expono desiderium meum, quod est proficisci
ad Indos Orientales, praecipue vero ad Sinas, quod a multo jam tempore
summopere optavi, cum scilicet adhuc essem Novitius. Itaque cum jam non
videatur amplius celandum, post maturam considerationem, et multas orationes
ac opera pia, quae Deo in hunc finem obtuli, post exercitia spiritualia quae
istis diebus ad eundem finem direxi, patefacio id R. P. V. sperans me non
aegre id impetraturum ad quod a Spiritu Sancto tantopere mihi videor impelli:
syncere enim fateor non humanas ab causas moveri me, sed potius Dei gloriae
et animarum saluti desiderio; nam humanas rationes attendere si voluero,
illae potius in Germaniam me reverti suadent. Verum obedire Deo satius duxi,
hoc enim me facere arbitror cum vocationem meam aperio. Offero igitur me et
resigno in manus R. P. V. et cum animo prompto, vires simul corporis, et
sanitatem bonam offero. A. R. P. V. nutu in utrumque paratus pendo. Quam
Deus etc.

Anno 1616, 2. Ian.

Idem ego
Adam Schall.

2. Brief des Kölner P. Joh. Gommersbach an A. R. P. Mutius Bitelleschi, 11. Mai 1617.

(Er bittet um die indische oder chinesische Mission.)

Admodum Reverende Pater.

Pax Christi.

Nolui hactenus, adeoque nec ausus Reverendae admodum Vae Paternitati
meis litteris molestus esse tum, quod zelum isthunc, quo in Ethnicorum con-
versionem jam ab aliquot annis flagravi, puerilem atque indiscretum, subverebar;
tum vero maxime, quod aliquorum sermonibus, qui *germanis spem omnem in
Chinam vel Indos proficiscendi aiebant praecisam*, absterritus, huc usque moestus
sane meoque cum dolore tacui. Cum tandem, nescio quo fato, P. Ioanni Ter-
rensio ex itinere ad nos divertenti Bambergam cogitationes meas aperire non

erubui, et ne quid attentarem temerario ausu, eundem Patrem hac super re in consilium adhibui. Suasit ille duo: Orationem ad Deum, litteras et libellum supplicem ad R̨ᵈᵃᵐ admodum Vᵃᵐ Paternitatem. Ecce, R̨ᵈᵉ Pater, neutri defui; prius enim quam hasce exararem, ad preces confugi. Quocirca admodum R̨ᵈᵉ Pater, quod si ad divinam gloriam maiorem, et ad meam proximorumque salutem spectare judicabit, rogo supplex et ad genua Paternitatis Vᵃᵉ prostratus obsecro, ne vota mea in ventos abire patiatur, neve tam humili meae petitioni deesse velit. Spem impetrandi ab admodum R̨ᵈᵃ Vᵃ Paternitate P. Ioannes Terrensius summa animi mei laetitia, ostendit: et vero difficilem, si rem serio [?] Paternitas Vᵃ animadverteret, negabat. O, quanto beneficio, praeter alia, Deo Paternitatique Vᵃᵉ obstrictus forem, si divino nutu, vel pedissequum eorum quinquaginta, qui jam tum ad Chinenses destinati, esse me contingeret! Anne spes aliqua? O annue Deus! annuat Paternitas Vᵃ. Conterraneorum meorum unus *Adamus Schal* [sic!] Coloniensis, me aetate minor impetravit: et ego, qui quartum iam annum, post biennium novitiatus et tricteridem in Philosophico pulvere Herbipoli exactam pervarios scholasticos et labores et sudores exercitus sum, desperem? absit ut ea sim erga Vᵃᵐ Paternitatem diffidentia. Quare iterum, iterumque Reverende pater, pulso. aperi. Respice, Pater, obsecro, ardens meum desiderium, votum respice pium, respice mentem seriam et sinceram. At vela contraho, ne importunus audire merear, et R̨ᵈᵃᵉ admodum Vᵃᵉ Paternitatis SS. sacrificiis me demississime commendo.

Adm. R̨ᵈᵃᵉ Vᵃᵉ Paternᵗⁱ .

Humillimus servulus
Ioannes Gommersbach, Socᵗⁱˢ religiosus.

Bambergae 5. Idus Maij 1617.

3. Briefe des P. Kilian Stumpf an A. R. P. Thyrsus Gonsalez, 1. April 1688 und 19. Mai 1689.

(Er bittet um die Missionen.)

Admodum Reverende Pater.

P. Ch.

Placuit divinae bonitati me undequaque indignissimum homuncionem singulari quodam favore prosequi et contra omnia mea demerita iam a compluribus annis ad transmarinas S. Evangelii expeditiones vocare: ea enim mihi mens fuit cum S. Societatis nostrae tyrocinium subii, eadem nunc est, totum me cum voluntate Superiorum Indorum saluti promovendae superimpendere. Tempore Novitiatus quidem animus meus in re tanta quasi dubius nutabat, sed de die in diem ad hanc usque horam constantissime firmabar. Aperio igitur Adm. Rdãe Paternitati vestrae cor meum, et quod pius Iesus a me petere dignatur, id ego ab adm. Rdã paternitate vestra suplex de genibus et cum lacrymis peto.

Ah! Ad. Rdᵉ Pater, liceat mihi vocante Domino, annuente Paternitate vestra, aliquando illuc ire, ubi seminem cum fletu, aut introeam in aliorum labores et congregem cum exultatione in horream Ecclesiae. Nihil peto nisi tantis viris ad Dei gloriam et animarum salutem non socius sed famulus fieri, itaque in abjectissimis laboribus convivere et gravissimis periculis commori. Haec mea vota Admodum R. P. Carolus [Noyelle] p. m. rata habuit anno 1683, confirmavit 1685 et 1686. Reverendi item PP. Philippus Coupplet et Alexander Ciceri procuratores Sinarum benigne acceptarunt, unde me votorum meorum compotem fore hactenus speravi. Sed hac spe ne excidam per Iesum nostrum atque Indorum redemptorem, perque D. Xaverium earum gentium apostolum flagrantissimo cordis affectu oro.

Badenae 1. Aprilis, Anno 1688.

Adm. R. Paternitatis Vestrae

servus in Christo
Chillanus Stumpf.

Am 23. Juni besselben Jahres banlt Stumpf mit innigen Worten für die Hoffnung, die ihm gemacht worden. Er erneuert bann, 2. April 1680, von Bamberg aus bemüthig seine Bitte. Er wurde auf spätere Zeiten vertröstet. Darauf erwiberte er 18. Mai 1689:

Adm. Reverende in Christo Pater.

P. Ch.

Responsorias Adm. Rdae Paternitatis Vestrae debita cum submissione exosculatus sum, quae frigidam, imo calidam aestuanti ad Indos desiderio affuderunt: calidissimo enim lacrymarum imbre dolens immadui, cum spem meam tam longe a me factam esse cognovi. reliquum est, ut tota anima in obsequium s. obedientiae captivata, ignem illum, quem coelitus immissum credidi, quemque annos pene 16 constanter alui, fletu exstinguam, aut exstinguar eodem. Dignetur, obsecro, Adm. Rda Paternitas Vestra impatienti calamo, quos in his aut nuperis barbarismos teutonicos commisit, paterne indulgere, et mei benigne meminisse, ubi occasio iter sinense aperuerit. Ego interim Missionem Hungaricam aut castrensem, tanquam secundum Indipetarum tyrocinium, a superioribus meis impetrare laborabo, ut vel sic per gravia ad graviora eluctari cum bono Deo valeam. Commendo me Adm. Rdae Paternitatis Vestrae paternae dispositioni.

Unter biesen Brief schrieb ber General Thyrsus Gonsalez, wie es scheint, mit eigener Hanb: Pulchrae litterae. Facienda est spes huic viro, magna spes obtinendae Missionis Indicae.

4. Briefe des Br. Martin Motsch an A. R. P. Michael Angelus Tamburini, 25. Juli unb 19. Dec. 1722.
(Bietet sich an für bie Missionen.)

Admodum Reverende Pater Noster in Christo Pater Generalis.

Euer Hochw. kann ich nicht verbergen mein herßinnigliches Anligen, welches ich von einer geraumen Zeit in meinem Herßen empfunbten, unbt für einen warhafftigen göttlichen Beruff unbt Einsprechen erkönne unb ahnnehme.

Denselben nun Euer Hochw. zu entdecken, gebe ich deroselben Unbterthänigst zu Vernehmen, daß mein Vatter am hohfürstlichen baabtischen Hoff zu bter Zeit bauwwerkmeister geweßen unbt noch biß bato ist, unb mich von Kinbtheit auff zu der Architectur, unbt bießer schöne Bauw-Kunst gezogen unbt embßig unterricht, unbt zwar nit, ohn meinen großen fortgang unbt Nutzen. Dann gleich wie ich ein große Lieb bazu gehabt, also hab ich mich mit allem Ernst barauff begeben, selbe recht zu begreiffen. Hab auch | kans in warheit sagen | so vill zugenohmen, baß ich mich getrauw, ainen Bauw der Kunst nach auffzuführen. Ich hab auch, wie bey Unß gebräuchlich, mich zu perfectioniren, nach bem rath Meines Vatters, auff schwer reißen begeben, unbt ahn Unbterschibtlichen Königlichen, Churfürstlichen unb hochfürstlichen Höffen, ba bergleichen Kostbahr gebäuw auffgeführt worbten, gearbeithet unb in specie zu Rastatt ahn ber hohfürstlichen baabtischen Recibentz, ahn bem Churfürstlichen Schloß zu Pomersfelbt (Pommerselben) nit weit von Bamberg, auch in ber Churfürstl. Resibentzstatt Maynz, ahn bem hohfürstl. Schloß zu Heßen-Caßel, ahn bem Königlichen Hoff zu Berlin, in ber Churfürstl. Statt Cöllen, unbt ahn Vielen anbteren Orten unter lauther vornehmen Meistern, ba ich bann überall meine Kunst gezeigt unb Satisfaction gethann, hab mich auch gleich-sam mit Gewalt von meinen Bau-Meistern abreißen müßen, ba ich Anno 1714 mich in bie Societet Jesu begeben, ein heiliges Leben barinnen zu führen. Dießes hab ich Euer Hochw. enbtecken wollen, bamit sie erkönnen, baß ich in ber ameri-kanischen Mißion bie Apostolische Arbeit R. R. P. P. Missionariorum mit meiner von Gott mitgetheilten Kunst unbterstützen unb befürttern hoffen könnte. Ich hab aber gleich vom Novitiat ahn ein Verlangen getragen in Inbien zu reißen, welches ich benn R. P. Nicolao Pottu, alß bazumahlen P. Provinciall in ber Rechenschafft bes Gewißens offenbahret, welcher mir bann bißen Trost geben: es könne mit ber Zeit geschehen. Welche Zeit weilen ich barvor halt itzt erschienen zu sein, sonbter-lich ba ich vernehm, baß auch anbtere auf bißer Unserer ober Rheinischen Provintz, sowohl Patres alß Brübter in Americam sich zu begeben auff bem Weg sein. Alßo bitte Euer Hochw. umb Gottes willen, sie geruhen boch bißes Mein anligen Vätterlich zu beherzigen, unbt mir zu erlauben meinen ohne Zweiffel göttlichen Beruff nach zu kommen mit anbteren in Americam zu vereißen, unb ber Bekehrung ber Inbianer meiner Profeßion nach mit zu würden, bamit ber allerhöchst Gott von allen Völckern erkant, ahngebett, verehrt, geliebet unb glorificiret werbe. Himit befehle ich mich in ben göttlichen Schutz unb Willen, ber mir burch Euer Hochw. wirb intimirt werbten unb verbleib Euer Hochw.

allergeringster Diner
Martinus Motsch
S. J.

Heiligenstabt, ben 25. Julii 1722.

In einem anbern Schreiben vom 10. December 1722 bankt ber gute Bruder für ben erhaltenen freundlichen Antwortbrief, „ber mir so lieb geweßen, alß er vom Himmel kohme, indem sie mir bie nahe Hoffnung gemacht, mich burch ihre gnabenvolle Disposition bahin zu beförbern. Bin auch von Unßerem R. P. Pro-vincial also balb meines Ambts entlaßen unb von Heiligenstatt naher Baaben verschickt worben. Die weilen ich aber zu Kochen wiber mein Verhoffen wiber — applicirt worben bin, alba 2 Jahr alß Koch ber Societet gebienet. Bey welchem ambt ich offt kränklich geweßen, wie mir bann bie Herrn Medici zu Speyer auß-trücklich gesagt, ich werbe babey nit gesunb bleiben, ba ich boch, so lang ich in ber

welt Meiner profession nach gelebt, unb in ber Societet anbern ambtern ab-
gewarthet, burch bie gnab Gottes allezeith bin ftarck, frifch unb gefunb geweffen,
auch fobalb ich vom Herb unbt Feuer hin weg kommen werbe, meine vorige ge-
funbheit unb ftärck wieber zu erhalten hoffe, ja fittlicher menschlicher weis zu reben,
verfichert bin. Alßo bitt ich Euer Hochwürben umb Gottes willen, mich babon
burch kräfftigen Befelch ahn Unfern R. P. Provincialem zu erlöffen unb nicht auff-
zuhalten, alß ban werben Euer Hochwürben fehen, bas, waß ich hier gefchriben,
wirb burch bie gnab Gottes wahr werben, unb mich ber liebe Gott wirb ftarcken,
biefe an fich fchwehre Miffion, wenn mich Euer Hochwürben bazu gnäbig deptiloiren
wirb, glücklich auff mich zu nehmen unb zu gröfferer Glory bes allmächtigen Gottes
glücklich zu vollbringen, wie ich bann in bifer Hoffnung Euer Hochwürben gnäbige
Disposition mit höchftem Verlangen erwart, unb verharr zu fein,

Euer Hochwürben

Unberthänigfter Knecht
Martiny Motsch S. I.

Baaben, ben 17. Decemb. 1722.

II. Zulaffung beutfcher Miffionäre in bie fpanifchen Kolonien.

Schreiben bes Orbensgenerals A. R. P. Paulus Oliva, 29. Nov. 1664.

Accipio laetum nuntium *ex Hispania*, quo veluti classico excitabuntur
plures ad Indias Hispanicas sive occidentales expetendas, id est, paraquariam
philippinas, mexicum, peruanam, chilensem et novi regni. Interclusus erat ab
annis pluribus ad illas aditus omnibus aliis praeter Hispanos. Nunc aliquid
laxamenti obtentum est, non sine ape extendendae circumscriptae nunc non-
nibil facultatis. Iam plurium literis ad me perfertur quod Indicum Catholicae
suae majestatis consilium revocato priore decreto exteris nostris pro Indica
missione veniam concesserit ea lege ut quarta cujusvis missionis pars constare
possit e subditis regis Catholici ac etiam Imperatoris aut cujusvis principis
austriaci, quo in numero fere omnes qui sunt in provincia Austriae Bohemiae
Flandro-Belgicae Gallo-Belgicae ac etiam Germaniae superioris illa pars quae
austriacis Archiducibus Oenipontanis paret. Idem aiunt extendi ad subditos
aliorum principum domui Austriacae addictorum. Quocirca R. Vestram vo-
candam censui in partem laetitiae meae; ut suppetias ferant regionibus albis
ad messem il, quos eo vocat magnus paterfamilias, cujus filii familias sumus
omnes in Societate Jesu. Ut autem fiant omnia cum delectu, ii, qui se desiderio
illo ardere sentiant, dent ad R. V. literas, et R. Vᵃ eorum nomina ad me
mittat una cum suo judicio quid de singulorum habilitatibus sentiat, circa vires
corporis animaeque, nam et valetudine et virtute firma illic opus esse videmus
experimentis in dies manifestis. Si qui vero aspirent ex glorioso illo calore ad
iter tam longinquum, sed sanctae obedientiae id est Dei manu retineantur in
provincia, ostendant domi quales fuissent fores, utrinque Xaverii.

29. Nov. 1664.

[Provincialibus Austriae, Flandriae, Gallo-Belgicae, Bohemiae, Germaniae
superioris.]

14 *

III. Das kaiserliche Patronat für den Landweg nach Indien.

Brief des Kaisers Leopold I. an den Ordensgeneral A. R. P. Paulus Oliva, 17. Sept. 1664.

Honorabili Religioso Devoto Nobis Dilecto Patri Ioanni Paulo Oliuae Societatis Jesu Praeposito Generali [außen als Abresse].

Leopoldus Divinâ favente Clementiâ Electus Romanorum Imperator semper Augustus etc.

Honorabilis, Religiose, Devote, Dilecte. Habuerunt semper Avus et Genitor Noster Colendissimi Ferdinandus Secundus et Ferdinandus Tertius felicissimae recordationis in votis, ut Evangelium Christi quam latissime inter gentes divulgaretur, maxime vero in vastissimo regno Chinarum, pro quo etiam Ferdinandus Tertius ante decem annos aliquam summam pecuniae, mille videlicet florenos annuos assignaverat, ut Patres Societatis ad illam missionem mitti possent in eaque sustentari, hinc est quod unice gaudeamus hoc tempore viam esse apertam multo meliorem securioremque ad Evangelium Christi non solum Chinensibus sed etiam plurimis aliis Barbaris annunciandum. Verum cum aliunde intelligamus passus omnes maritimos per quos Operarii Apostolici ad illas Missiones submitti deberent, ab Haereticis Hollandis esse interclusos, et pecuniam destinatam ad ejusdem Missionis subsidium per mare sine evidenti periculo mitti non posse, econtra vero Patres aliquos Societatis feliciter itinere terrestri ex Europa in Chinas et inde in Europam iterum venisse, optimum e re fore credimus si imposterum pecunia quotannis pendi solita ad hoc iter terrestre applicetur, nec ex ea quidquam amplius in Lusitaniam mittatur, sed tota ab Assistentia Germaniae administretur, quod etiam omnino habere volumus. Ut autem hoc firmius stabiliatur hisce nos Fundatorem ac Protectorem hujus itineris terrestris ad illas Missiones declaramus quod olim felicissimae memoriae dicti Ferdinandus Secundus et Ferdinandus Tertius per Societatis Jesu homines aperiri unice peroptabant, prouti hanc nostram piissimam mentem peculiaribus literis ad Summum Pontificem exponimus petimusque Sedis Apostolicae confirmationem, ut hoc tam insigne opus Evangelii tanto solidius promoveatur, ac impedimenta quae fortasse objici possent auctoritate Summae Sedis amoveantur. Sed ut hoc eo melius et felicius peragi et consolidari possit, vos perbenigne requirimus, ut hanc nostram tam sanctam Fundationem Vos quoque omni modo promovere, et non solum assistentiae Germaniae administrationem memoratorum annuorum millium florenorum eo quo desideramus modo injungere, sed etiam quamprimum Patres modo in Chinas destinati per Moscoviam in Persiam propere transierint, socios qui vel per Moscoviam vel per Turciam sequantur, assignare ac tandem ut haec omnia melius geri possint, quendam Patrem Viennae constituere velitis qui ibidem resideat totoque conatu negotia missionis Chinensis promoveat et pecuniam ad eum finem assignatam administret. Quae omnia Vos omnino facturos confidimus cum ea ad Majorem Dei gloriam, Evangelii propagationem, plurimam animarum salutem, nec non nostram singularem satisfactionem et Societatis Vestrae honorem atque augmentum meritumque apud Deum majus cedant, a Vobis desuper proxime responsum expectantes. Interea Vos totamque Nobis amantissimam Societatem solitâ eaque singulari gratia nostra Caesarea intense complectentes. Datum in arce nostra Ebersdorfñj, decimâ septima die Mensis Septembris, Anno Millesimo sexcentesimo sexagesimo quarto Regnorum Nostrorum Romani septimo, Hungarici decimo Bohemici vero nono.

Leopoldus.

Ioannes Ioachimus Comes a Sinzendorff.

Christophorus Abele D.

IV. Instructio [A. R. P. Generalis Francisci Piccolomini] pro P. Henrico Roth Ingolstadio ad Missionem Aethiopicam profecturo [1].

Cum Divina Providentia R^{am} V^{am} ad Missionem Aethiopicam laboresque pro Christo subeundos prae tot aliis praestantibus candidatis elegerit, necessarium duxi ad hunc scopum melius attingendum, perbrevi hac R^{am} V^{am} instructione praemunire, quae ad finem propositum multum fortassis conducet.

1. Iter R^a V^a non solum habitu dissimulato aggredietur et conficiet, sed etiam statu Sacerdotali et religione Societatis nemini indicatis. necesse erit ab Sacrificio Missae per Turciam et Persiam, et toto itinere a controversiis fidei atque disputationibus abstinere.

2. Accuratam curet vitae, periculorum, commoditatum proficiscendi et aliarum rerum huc spectantium a Patribus nostris seu Smirnae, seu Alepi, seu alibi accipere instructionem; nec temere caput periculis obiiciendum zelo indiscreto. moderatam rationem valetudinis habeat, nec eam afflictionibus corporis indiscrete atterat, ut missionis laboribus par sit ad majus Dei obsequium.

3. Mochae seu Moccae [2] R^a V^a diligenter in militem D. Torquatum Parisianum inquiret; est is Pater e nostris et fere cum Anglis commoratur, curatque Missionem Aethiopicam; ab eo consilia et de rebus Aethiopicis notitiam accipiet.

4. Quod si D. Torquatus Parisiensis Goam discesserit, R^a V^a recta Dium vel Surratum [3] perget, ubi tam diu subsistet, donec a P. Provinciali Goano responsum habeat, et interea linguas necessarias addiscet, explorabitque prudenter omnia, quae ad missionem seu Aethiopicam seu Mogorensem pertinent.

5. Quotiescumque occasio erit in Europam ad nos scribendi, id ne omittat: etiam duplicatas aut triplicatas diversis viis destinet.

6. Ubique caute et prudenter incedendum, nulli nimium fidendum; exemplo suo omnibus prodesse conetur: omnes comitate, humanitate et obsequio religioso sibi devinciat.

7. In laboribus missionis ad conatus nostros divinam opem crebro implorare oportebit, nec despondendus animus, si operae pretium non ferat.

8. Ad extremum patientia obfirmandus animus ad crucem Domini ferendam nec ita in alienam salutem procurandam effundendus, ut propria obliviscamur:

---

[1] Solche Instructionen wurden regelmäßig ausgestellt, wo es sich um Uebernahme neuer, schwieriger Missionen und Unternehmungen handelte.

[2] Mocha an der Südwestecke Arabiens.

[3] Diu an der Südspitze der gleichnamigen Insel im Süden der Halbinsel Gujarat, und Surat unweit des Golfs von Cambay, beides wichtige portugiesische Plätze.

Quid enim prodest homini, si universum mundum lucretur etc. Cogitet Deum
ubique praesentem, se Societatis esse membrum, Jesu Socium, ad gloriam eius
ubique propagandam. Benignissimus Jesus euntem Kᵃᵘ Vᵃᵐ et strenue labo-
rantem copiosa sua gratia comitetur et plurimis olim meritis auctam coronet.

2. Julii 1650.

V. Schreiben Alfons' VI. von Portugal (1656—1667) an den Ordensgeneral A. R. P. Goswin Nickel[1].

(Der König beklagt sich, daß manche ausländische Jesuiten nicht über Portugal in
die Missionen reisten, und verlangt, daß Portugiesen, und nicht Ausländer, zu Obern
in den Missionsgebieten gemacht würden.)

Rex Lusitaniae.   Admodum Reverendo Patri Nostro.   17. Julii. 1644.
Ulyssipone.

Geral da Companhia de Jesus.   Eu el Rey vos envio muito saudar.
Son informado, que as partes da India Oriental passaó Religiosos da Vossa
Companhia por diversos Caminhos, que se introducem por terra, sem virem
embarcarse deste Reino de Portugal, como sempre foi costume com tanta gloria
de Dios e credito da mesma Companhia. E tambem me chigaó noticias, de
que assi Religiosos, que vaó per aquelles caminhos, como alguns dos Extrangeros,
que se vem embarcar neste Reino procedem nas ditas partes muito contra meu
serviço e a o que se deue a esta Minha Coroa, falando e intrometendose em
materias seculares, com grande paixáo per el Rey de Castella, contra o que
se pudera esperar de Religiosos e muito em particular dos da Companhia
de Jesus.

Estes inconvenientes pedem remedio, nao só per lo temporal do Estado,
mas juntamente per lo augmento da fee, que he o vosso intento principal porque
he certo que os Pregadores evangelicos, que vaó per ordem e com favor dos
meus ministros da quellas partes saó mais respeitados e assy. melhor ovvidos:
e per lo contrario vendoos a quellas gentes odiosas a Portugal e apaixonadas,
como nao deveró alem de os estimarem menos, em lugar de exemplo conçibem
escandalo de sus procedimentos; per lo que me pareceo [sic] dezervos que tomem [?]
que por nenhum caso consintaes, que religioso algun vosso subdito passe ao
Oriente sem vir a este Reino seguir o caminho e as pizadas de tantos varoes
insignes que devem imitar. E que não ... [?] somente o não consintaes, mas ainda
entendendo que [vaó?] sem consentimento vosso, procureis con todas as diligencias
impedirlos. Tenho ordinado que os Religiosos extrangeiros que neste Reino
se vierem embarcar per a India nao seiao de naçoes Vassallos e dos dominios
de Castella. e com esta advertencia elegereis os que hao de hir. Tudo isto vos
encomendo muito por ser materia de tantas consequencias que fazerse o contrario me abrigaria a hum grande sentimento.

---

[1] Das Actenstück ist nach einer Abschrift, die von einem schwer leserlichen
Original genommen wurde. Das erklärt die stellenweise schwierige Lesart.

E quando eu dezeio fazer em tudo favor e merce a esta Religiao sentiria mais o darseme causa para não ser assy. A India manda orden a o Padre Martino Martines e alguns outros religiosos, que neste particular nao proçedem conforme seu instituto, seraõ buscados e remetidos a este Reino e quero que assi o tenhaes entendido. E para que se veija quanto Eu estimo na quellas partes a quellos, de que nao ha esta queixa, estimarei que se Jacinto de Magistris quizer tornar a ellas, lhe deis todo o favor esso, por que se gera segundo as informaciões, que tenho nao fes contra meu serviço.

Tambem não posso deixar de vos dezir, que ha neste Reino desconsolaciaõ dos muitos Vezitadores e superiores estrangueiros, que nomeais para as Provincias delle. Vos sabeis quantos homens grandes delle sahirao e hese pella bondade de Deos. Me parece que os ha de talento e virtude grande. Encomendouos muito ponhaes neste ponto remedio conveniente para que cesse esta queixa tanque justa de toda a nacion. E per que de vossa prudencia e zelo espero, que a tudo avedereis como pede o serviço di Deos, bem da vossa Religiao e meu serviço vos nao encareco mais estas materias.

A carta que mi escrivestes em 4 de Novembro passado que mei fui dada ha poucos dias Vos manderei responder brevemente con todo o de | parte | e di quelle faça, o que mais convem a o serviço de Deos e satisfaxeo de todos.

Escrita en Lisb^a 17 de Julho de 1664.

Rey.

(Die Namen der deutschen Missionäre sind gesperrt gedruckt.)

Karl VI., Kaifer 49. 50 f.
Kaftner, Kafpar 43⁴. 87. 90. 189.
Kaulen, Lorenz 30. 158.
Kayling, Joseph 30. 158.
Kahfer [Keifer], Jof. Joh. 181.
Kaysler, Anton 144.
Keler f. Köhler.
Keller f. Kellner.
— [Köller], Ignaz 110.
— Joh. Paul 201.
— Jof. Franz Dominicus 199.
Kellner, Jakob 134.
— Joh. 169.
Kelner, Jakob 134.
Kephet f. Kopff.
Kern, Philipp 110.
Kerfchpaumer, Anton 22. 169.
Kette, Johann 176.
Ketten, Hieronymus 169.
Keulen f. Kaulen.
Khuen, Franz 65. 134.
Kincel, Johann 144.
Kino, Franz Eufebius 65. 87. 110.
   201.
Kircher, Athanafius 12⁴. 49. 90.
Kirhel [Kürhel], Heinrich 111.
Kirwiher, Wenceslaus Pan-
   taleon 87. 189.
Kisling, Franz Xaver 66. 134.
Klausner, Joseph Joh. 70. 80. 144.
Kleffer, Nikolaus 135.
Klein, Joseph 74. 144.
— Paul 169.
Klefinger, Johann 111.
Kling, J. 113.
Kloeber, Emmanuel v. 111.
Knapp, Alois 111.
Kneftrich, Heinrich 126.
Knogler, Julian 74. 135. 145.
Kobizer f. Kirwiher.
Kobl, Joseph 145.
Koch, Andreas 154.
— [Roc], Franz Borgias 176.
Koдorff, Alex. 204.
Kögler, Ignaz 64 f. 67 f. 87 ff. 90 f.
   189. 201.
Köhler, Joh. Joseph 135.
König, Johann 201.
Köning [Königs], Martin 176.
Köhner f. Göhner.
Koffler, Andreas Wolfgang
   22. 65. 98. 100.
— Johann 57⁵. 67 f. 79. 81. 87. 131.
Kohlmann, Anton 164.
Kolb, Ernft 135.
Koler f. Köhler.
Koller, Maximilian 126.
Kollmann, Joh. 135.
Kolowrat, Graf v. 60.
Konfag [Konfchak], Ferdinand
   65. 89. 111.

Kopff, Joseph 176.
Koph f. Kopff.
Korff, Baron v. 91.
Kornmayr, Peter 70. 145.
Kovell f. Kobl.
Krabath, Abam 145.
Krammer, Karl 145.
Krah, J. Kafpar 98. 182.
Krahhoffer, Johann 112.
Kraus, Johann 71. 145.
Krazer, Georg 135.
Krening [Khrening], Joseph 92.
   176.
Kroning f. Krening.
Kropf, Joseph 34. 36. 170.
Kruhenftein 90.
Kühn f. Kino.
Kuenz, Johann 135. 197.
Kuincel f. Kincel.

Lager, Johann 112.
Laimbedhoven, Gottfried v. 38.
   44¹. 52. 64. 87. 190.
Lalande 89.
Lalbod, Peter 119.
Lausperg 202.
Lanzendorffer, Johann 151.
Laurical, Marchefe di 76.
Lautner, Georg 112.
Lechner, Kafpar 14.
Le Clerc, Titus 132.
Lehmann, Joseph 74. 145.
Leibniz 90.
Leitenberger, Ignaz 126.
Lenhe f. Lenz.
Lenz, Joseph 29. 61. 119.
Leo X., Papft 15.
Leouard, Friedrich 164.
Leopold I., Kaifer 47 f. 47⁴. 49. 212 f.
Lerbeil, Franz 145.
Lerchenfeld, Leonhard 12⁴.
Leten, Hieronymus 145.
Letten, Gerhard 145.
Lewader, Johann 202.
Leyber, Joseph 119.
Leytemberg f. Leitenberger.
Lichteneder, Georg 135.
Liebftain, Leopold 191.
Liechtle, Franz Xaver 154.
— Ignaz 199.
Lieper, Joh. Nikolaus be 145.
Liezinefer f. Lichteneder.
Limp [Lims], Franz Xaver 66. 146.
Lince, Michael 119.
Linch, Thomas 159.
Lind [Linch], Wenceslaus 112.
Liner, Peter 153.
Linné 90.
Lino f. Lhro.
Lippert, Chriftoph 146.
Lobeth, Barthol. 135.

Ortsregister.

In der Herder'schen Verlagshandlung zu Freiburg im Breisgau erscheinen und sind durch alle Buchhandlungen zu beziehen:

Ergänzungshefte zu den „Stimmen aus Maria-Laach".

Im Laufe der Zeit sah sich die Redaction der „Stimmen aus Maria-Laach" wiederholt genöthigt, verschiedene Stoffe, deren Behandlung ihr an sich höchst wichtig schien, in der Zeitschrift unberücksichtigt zu lassen, weil dieselben entweder einen mehr oder weniger fachwissenschaftlichen Charakter trugen oder einer ausführlichern Darstellung im Zusammenhange bedurften, als der hier zugemessene Raum ihnen zuzuwenden gestattete. Solche Stoffe wurden nun seit einer Reihe von Jahren in den „Ergänzungsheften" behandelt, und insofern bilden letztere eine wesentliche Vervollständigung der Zeitschrift.

Die einzelnen Hefte von durchschnittlich 10 Bogen gr. 8° erscheinen in unbestimmten Zwischenräumen. Vier Hefte bilden einen Band; jedes Heft und jeder Band ist einzeln käuflich.

Verzeichniß der bis jetzt erschienenen Ergänzungshefte:

1. **Pesch, T.**, Die moderne Wissenschaft betrachtet in ihrer Grundfeste. (Fehlt.)
2. **Baumgartner, A.**, Lessings religiöser Entwicklungsgang. Ein Beitrag zur Geschichte des modernen Gedankens. M. 2.
3. **Pesch, T.**, Die Haltlosigkeit der „modernen Wissenschaft". Eine Kritik der Kantischen Vernunftkritik für weitere Kreise. M. 1.70.
4. **Hummelauer, F. v.**, Der biblische Schöpfungsbericht. (Fehlt. Dafür ist im gleichen Verlage als Bestandtheil der „Biblischen Studien" erschienen: Nochmals der biblische Schöpfungsbericht. M. 2.80.)
5. **Baumgartner, A.**, Longfellow's Dichtungen. (Ist in anderem Formate neu erschienen.)
6. **Knabenbauer, J.**, Das Zeugniß des Menschengeschlechtes für die Unsterblichkeit der Seele. (Fehlt.)
7. u. 8. **Kreiten, W.**, Voltaire. (Ist in anderem Formate neu erschienen.)
9. **Schneemann, G.**, Die Entstehung der thomistisch-molinistischen Controverse. (Fehlt.)
10. **Baumgartner, A.**, Göthe's Jugend. (Ist in anderem Formate neu erschienen.)
11. u. 12. **Aleß, Jf.**, Das Geburtsjahr Christi. Ein chronologischer Versuch, mit einem Synchronismus über die Fülle der Zeiten und zwölf mathemat. Beilagen. M. 3.
13. u. 14. **Schneemann, G.**, Weitere Entwicklung der thomistisch-molinistischen Controverse. Dogmengeschichtliche Studie. (Fortsetzung zum 9. Ergänzungsheft.) M. 3.20.
15. **Cathrein, V.**, Die englische Verfassung. Eine rechtsgeschichtliche Skizze. M. 1.00.
16. **Pesch, T.**, Das Weltphänomen. Eine erkenntniß-theoretische Studie zur Säcularfeier von Kants Kritik der reinen Vernunft. M. 1.80.
17. **Ehrle, F.**, Beiträge zur Geschichte und Reform der Armenpflege. M. 1.80.
18. **Epping, J.**, Der Kreislauf im Kosmos. M. 1.40.
19. u. 20. **Baumgartner, A.**, Göthe's Lehr- und Wanderjahre in Weimar und Italien (1775—1790). M. 4.80. (Ist in anderem Formate neu erschienen.)
21. **Cathrein, V.**, Die Aufgaben der Staatsgewalt und ihre Grenzen. Eine staatsrechtliche Abhandlung. M. 1.90.
22. **Dressel, L.**, Der belebte und der unbelebte Stoff nach den neuesten Forschungsergebnissen. M. 2.60.
23. u. 24. **Beissel, St.**, Die Baugeschichte der Kirche des heiligen Victor zu Xanten. Nach den Originalrechnungen und andern handschriftlichen Quellen dargestellt. Mit vielen Abbildungen. M. 3.
25. u. 26. **Plenkers, W.**, Der Däne Niels Stensen. Ein Lebensbild, nach den Zeugnissen der Mit- und Nachwelt entworfen. M. 2.75.
27. **Beissel, St.**, Geldwerth und Arbeitslohn im Mittelalter. Eine culturgeschichtliche Studie im Anschluß an die Baurechnungen der Kirche des heiligen Victor zu Xanten. Mit einer Illustration und vielen statistischen Tabellen. M. 2.50.
28. **Dreves, G. M.**, Ein Wort zur Gesangbuchfrage. Zugleich Prolegomena zu einem Büchlein geistlicher Volkslieder. M. 1.70.
29. **Cathrein, V.**, Die Sittenlehre des Darwinismus. Eine Kritik der Ethik Herbert Spencers. M. 2.
30. u. 31. **Gietmann, G.**, Die Göttliche Komödie und ihr Dichter Dante Alighieri. M. 4. (Ist in anderem Formate neu erschienen.)
32. **Pesch, Chr.**, Der Gottesbegriff in den heidnischen Religionen des Alterthums. Eine Studie zur vergleichenden Religionswissenschaft. M. 1.90.
33. u. 34. **Baumgartner, A.**, Göthe und Schiller. Weimars Glanzperiode. (Fehlt.)
35. u. 36. — Der Alte von Weimar. Göthe's Leben und Werke von 1808—1832. M. 3.80.
(35—36 sind in anderem Formate neu erschienen.)
37. **Beissel, St.**, Geschichte der Ausstattung der Kirche des hl. Victor zu Xanten. Nach den Originalbaurechnungen und andern handschriftlichen Quellen dargestellt. Mit sechs Illustrationen. M. 2.

(23, 24, 27 und 37 sind gesammelt u. d. T.: Die Bauführung des Mittelalters in neuer Ausgabe erschienen. M. 7.50.)

38. **Spillmann, J.**, Die englischen Martyrer unter Heinrich VIII. (Fehlt).
39. u. 40. — Die englischen Martyrer unter Elisabeth bis 1583. Ein Beitrag zur Kirchen-geschichte des 16. Jahrhunderts.
(Eine neue Auflage der Hefte 38/40 als Separat-Ausgabe in kleinerem Formate wird zu Beginn des Jahres 1900 erscheinen.)
41. u. 42. **Pesch, Chr.**, Der Gottesbegriff in den heidnischen Religionen der Neuzeit. Eine Studie zur vergleichenden Religionswissenschaft. M. 3.30.
43. **Nostitz-Rieneck, R. v.**, Das Problem der Cultur. M. 2.
44. **Epping, J.**, Astronomisches aus Babylon oder das Wissen der Chaldäer über den gestirnten Himmel. Mit Copien der einschlägigen Keilschrifttafeln und anderen Beilagen. Unter Mitwirkung von P. J. N. Straßmaier. M. 4.
45. **Gruber, H.**, August Comte, der Begründer des Positivismus. Sein Leben und seine Lehre. M. 2.
46. **Zimmermann, A.**, Die Universitäten Englands im 16. Jahrhundert. M. 1.80.
47. **Beissel, St.**, Die Verehrung der Heiligen und ihrer Reliquien in Deutschland bis zum Beginne des 13. Jahrhunderts. M. 2.
48. **Zimmermann, A.**, Maria die Katholische. Eine Skizze ihres Lebens und ihrer Regierung. M. 2.20.
49. **Pesch, Chr.**, Gott und Götter. Eine Studie zur vergleichenden Religionswissen-schaft. M. 1.70.
50. **Dahlmann, J.**, Die Sprachkunde und die Missionen. Ein Beitrag zur Charak-teristik der ältern katholischen Missionsthätigkeit (1500—1800). M. 1.70.
51. **Pesch, H.**, Die Wohlthätigkeitsanstalten der christlichen Barmherzigkeit in Wien. M. 1.90.
52. **Gruber, H.**, Der Positivismus vom Tode A. Comte's bis auf unsere Tage. 1857 bis 1891. M. 2.60.
53. **Duhr, B.**, Pombal. Sein Charakter und seine Politik nach den Berichten der kaiserlichen Gesandten im geheimen Staatsarchiv zu Wien. Ein Beitrag zur Geschichte des Absolutismus. M. 2.30.
54. **Beissel, St.**, Die Verehrung der Heiligen und ihrer Reliquien in Deutschland während der zweiten Hälfte des Mittelalters. (Fortsetzung zum 47. Ergänzungsheft.) M. 1.90.
55. **Fell, G.**, Die Unsterblichkeit der menschlichen Seele philosophisch beleuchtet. M. 1.70.
56. **Zimmermann, A.**, Englands „Oeffentliche Schulen" von der Reformation bis zur Gegenwart. Ein Beitrag zur Culturgeschichte. M. 1.90.
57. **Braunsberger, O.**, Entstehung und erste Entwicklung der Katechismen des seligen Petrus Canisius. M. 2.50.
58. **Dreves, G. M.**, Aurelius Ambrosius, „der Vater des Kirchengesanges". Eine hymnologische Studie. M. 2.
59. **Kneller, K. A.**, Des Richard Löwenherz deutsche Gefangenschaft (1192—1194). M. 1.60.
60. **Schmitt, J.**, Der Karmeliter Paulus Heliä, Vorkämpfer der katholischen Kirche gegen die sogenannte Reformation in Dänemark. M. 2.80.
61. **Schmitz, W.**, Der Einfluß der Religion auf das Leben beim ausgehenden Mittelalter, besonders in Dänemark. M. 2.20.
62. **Baumgartner, A.**, Das Râmâyana und die Râma-Literatur der Inder. Eine literatur-geschichtliche Skizze. M. 2.30.
63. **Boese, H.**, Die Glaubwürdigkeit unserer Evangelien. Ein Beitrag z. Apologetik. M. 1.80.
64. **Lingens, C.**, Die innere Schönheit des Christenthums. M. 2.
65. **Hammerstein, L. v.**, Das katholische Ordenswesen. M. 2.
66. **Beissel, St.**, Die Verehrung U. L. Frau in Deutschland während des Mittelalters. M. 2.
67. **Schmitt, J.**, Der Kölner Theologe Nikolaus Stagefyr und der Franziskaner Nikolaus Herborn. M. 2.40.
68. **Zimmermann, A.**, Die Universitäten in den Vereinigten Staaten Amerikas. Ein Beitrag zur Culturgeschichte. M. 1.60.
69. **Wasmann, E.**, Instinct und Intelligenz im Thierreich. Ein kritischer Beitrag zur modernen Thierpsychologie. 2. Aufl. M. 1.60.
70. — Vergleichende Studien über das Seelenleben der Ameisen und der höhern Thiere. M. 1.60.
71. **Braun, J.**, Die priesterlichen Gewänder des Abendlandes nach ihrer geschichtlichen Entwicklung. M. 2.50.
72. **Müller, A.**, Nikolaus Copernicus, der Altmeister der neuern Astronomie. Ein Lebens- und Culturbild. M. 2.
73. **Braun, J.**, Die pontificalen Gewänder des Abendlandes nach ihrer geschichtlichen Entwicklung. M. 2.80.
74. **Huonder, A.**, Deutsche Jesuitenmissionäre des 17. u. 18. Jahrhunderts.

Die Ergänzungshefte können nur durch den Buchhandel bezogen werden.